WARTBURG-JAHRBUCH 2004

WARTBURG-JAHRBUCH 2004

Herausgegeben von der
Wartburg-Stiftung
in Zusammenarbeit mit dem
Wissenschaftlichen Beirat

S†2

SCHNELL UND STEINER

Regensburg 2005

Herausgeber:
Wartburg-Stiftung Eisenach,
Burghauptmann Günter Schuchardt

Wissenschaftlicher Beirat:
Prof. Dr. Ernst Badstübner (Berlin), Vorsitzender
Prof. Dr. G. Ulrich Großmann (Nürnberg)
Prof. Dr. Jens Haustein (Jena)
Prof. Dr. Gunther Mai (Erfurt)
Prof. Dr. Matthias Werner (Jena)
Prof. Dr. Eike Wolgast (Heidelberg)

Bilbliografische Information der Deutschen Bibliothek
Die Deutsche Bibliothek verzeichnet diese Publikation in der Deutschen
Nationalbibliografie; detaillierte bibliografische Daten sind im Internet
über http://dnb.ddb.de abrufbar

© Wartburg-Stiftung Eisenach
ISBN 3-7954-1804-6

INHALT

Vorwort

Gleichwohl sich der 13. Band des Wartburg-Jahrbuchs wiederum vornehmlich dem 19. Jahrhunderts zuwendet und mit Aufsätzen über das imposante Burgmodell von 1857, einer Darstellung des noch unrestaurierten Rittersaals und der Beziehung des Wartburgkommandanten Hermann von Arnswald zu dem bekannten Thüringer Pädagogen Friedrich Fröbel neue Forschungsergebnisse vorstellt, steht die Bearbeitung eines nahezu unbekannten Sammlungsbestandes der Wartburg im Zentrum. Der so genannten wettinischen Ahnengalerie, die bislang ein Schattendasein in den Depots gefristet hatte, wurde 2004 erstmals eine Ausstellung zuteil. Ihr wissenschaftlicher Ertrag, dem eine eigene Publikation aus Kostengründen versagt bleiben musste, präsentiert zahlreiche neue Erkenntnisse und Zusammenhänge, rückt das Augenmerk jedoch vor allem auf den über 600-jährigen Zeitraum wettinischer Herrschaft in Thüringen. Von Luthers Aufenthalt 1521/22 und dem entsprechenden Kontext abgesehen, weist die Wartburggeschichte hierfür zum Teil markante Lücken auf, die zu schließen künftiger Forschungsarbeit vorbehalten sein wird.

Ein ebenfalls in diesem Band veröffentlichter Beitrag zur Burgkapelle zeigt, dass das 17. und 18. Jahrhundert nicht nur den baulichen Verfall zu konstatieren hatte, wie es bis heute gängige Lesart geblieben ist, sondern durchaus Traditionspflege betrieb und Eigenständiges hervorbrachte. Bisher kaum Gegenstand der Betrachtung, doch zeitgeschichtlich aufschlussreich, sollten spätes Mittelalter und Neuzeit eingehender erforscht werden, um die Höhepunkte der Wartburghistorie faktenkundiger miteinander verbinden zu können.

AUFSÄTZE UND MISZELLEN

Eine mittelalterliche knöcherne Kernspaltflöte aus dem Umfeld der Wartburg

Ralf-Jürgen Prilloff

Kernspaltflöten erregten in der Vergangenheit schon oft das Interesse der Archäologen wie auch der Archäozoologen. So geschehen wohl auch 1924 und 1925 bei der Anlage eines Rosenfeldes in der Umgebung des «Elisabethbrunnens» unterhalb der Wartburg. Nach 1851 und 1910 stießen die Spaten zum wiederholten Male auf mittelalterliche Mauerreste. Aber das Erdreich gab noch weitere Geheimnisse preis. Unter anderem Reste von Dachziegeln, Tonscherben und ein als «Knochenpfeife (Hirtenflöte)» bezeichnetes Musikinstrument[1].

Leider haftet diesem archäologischen Fund der Makel einer unsachgemäßen Grabung und Fundbergung an. Standen die Mauerreste dominant im Mittelpunkt des Interesses, so blieb für die begleitenden Funde kaum noch ein Blick der Würdigung übrig. Nach Grabungsplänen sowie den Schichtzuweisungen der archäologischen Funde sucht das Auge vergebens.

In unregelmäßigen Abständen von 1956 bis 1964 drangen die Spaten der Archäologen erneut in das historische Archiv unter der Erde ein. Obwohl einige interessante Baustrukturen und auch Kleinfunde zu tage kamen, steht eine archäologische Auswertung der Befunde und Funde noch aus. Nach ersten vorsichtigen Einschätzungen datieren die Keramikreste hauptsächlich in das 14. und 15. Jahrhundert. Es sind jene Jahrhunderte, in denen auch das Franziskanerkloster existierte[2]. Mit dem Mute der Verzweiflung möchte man die Kernspaltflöte ebenfalls diesen Fundschichten zuordnen.

---

1 Herrn Günther Schuchardt, Burghauptmann der Wartburg, und Frau Petra Schall, wissenschaftliche Mitarbeiterin, danke ich für die Anfertigung und Zusendung der Kopien des gesamten die Kernspaltflöte betreffenden Schriftverkehrs von 1924 bis 1950 sowie der Beiträge aus den Wartburg-Jahrbüchern von 1926 und 1995. Hermann Nebe: Das Wartburgjahr 1925/26. Bauarbeiten, Funde, Ausgrabungen. In: Wartburg-Jahrbuch 1926. 4(1926), S. 21–64, hier S. 50–51.
2 Der Elisabethplan unterhalb der Wartburg. In: Wartburg-Jahrbuch 1995. 4(1996), S. 59–90, hier S. 80–84.

DAS FUNDSTÜCK:
KERNSPALTFLÖTE AUS KNOCHEN VON SCHAF ODER ZIEGE[3]

Beschreibung: Diaphyse einer rechten Tibia von einem kleinen Hauswiederkäuer der Altersgruppe subadult-adult. Der Schaft ist von proximal nach distal
längs gerissen. Der Riss beginnt plantar bis zum Aufschnitt, wechselt hier
schräg nach lateral und erstreckt sich in Längsrichtung bis fast zum distalen
Ende der Diaphyse, ohne dabei die Dorsalseite zu berühren. Größte
Länge/Breite/Dicke der Flöte: 94,1/14,8/17,3 mm. Die folgenden Angaben
nach Christine Brade[4]: Plantarseite Längenmaße – LG1 22,5 / LG2 12,8 / LG3
10,8 / LA 18,1 / LR 13,5. Plantarseite Durchmesser (größter/kleinster) der
Grifflöcher – G1 4,3/2,8 / G2 4,6/2,2 / G3 4,4/3,1 / Aufschnitt (Länge/Breite)
3,4/5,8. Dorsalseite – LD 55,6 / Daumenloch Durchmesser (größter/kleinster)
4,5/3,3 mm (Abb. 1).

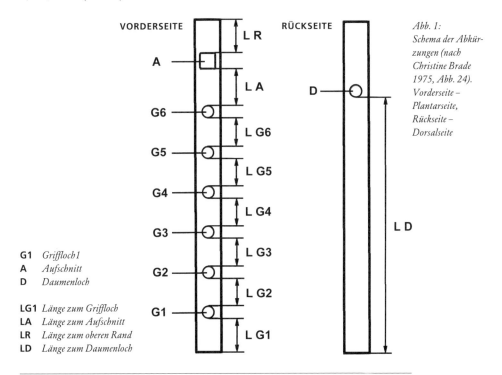

Abb. 1:
Schema der Abkür-
zungen (nach
Christine Brade
1975, Abb. 24).
Vorderseite –
Plantarseite,
Rückseite –
Dorsalseite

G1   *Griffloch 1*
A   *Aufschnitt*
D   *Daumenloch*

LG1 *Länge zum Griffloch*
LA   *Länge zum Aufschnitt*
LR   *Länge zum oberen Rand*
LD   *Länge zum Daumenloch*

---

3 Erfassungs-Nummer in Datenbank Tierreste Wartburg bei Dr. Prilloff: 1187; Aufbewahrung:
  Wartburg-Stiftung Eisenach, Kunstgutbestand, Inv.-Nr. KE 11.
4 Brade, Kernspaltflöten 1975 (wie Anm. 5) S. 61.

Herstellung: Die gesamte Oberfläche wurde sorgfältig geglättet. Infolgedessen sind nicht mehr in jedem Fall die Bearbeitungsspuren eindeutig zu identifizieren. Etwa dort, wo der Margo dorsalis (Crista tibiae) beginnt sich zu erheben, kam es zur Abtrennung des proximalen Gelenkendes. Die Trennfläche ist glatt und glänzend. Zudem bedecken sie zahlreiche hauptsächlich quer, aber auch schräg verlaufende feine Schrammen. Beim ersten Hinschauen möchte man das Wirken einer Säge vermuten. Am distalen Ende der Diaphyse ist die Trennfläche ebenfalls glatt und glänzend, außerdem weist die Kante eine kaum wahrnehmbare Schräge auf. Die gebohrten Grifflöcher und das Daumenloch verlaufen konisch. Im Unterschied hierzu wurde der Aufschnitt ausgeschnitten, nicht gebohrt. Die kurzen Längsseiten und die Querseite distal, also zu den Grifflöchern hin, weisen Abschrägungen auf. In Kreisen und Rechtecken angeordnete Verzierungen bestehen ausschließlich aus Punktaugen unterschiedlicher Anzahl. Sie ähneln jenen auf mittelalterlichen Spielwürfeln vorhandenen Punktaugen.

Funktion: Hervorgerufen durch häufigen Gebrauch überzieht die gesamte Knochenoberfläche eine intensiv glänzende Patina. Die typologischen Merkmale weisen das Musikinstrument eindeutig als Kernspaltflöte aus.

TYPOLOGISCHE MERKMALE

Moderne Analysen entsprechender Neufunde orientieren sich im Wesentlichen an den Ergebnissen der richtungsweisenden Arbeit zu den mittelalterlichen Kernspaltflöten Mittel- und Nordeuropas von Christine Brade (Abb.1)[5]. Mit 94,1 mm größter Länge gehört die Kernspaltflöte aus dem Sammlungsbestand der Wartburg-Stiftung zu den kleinen Flöten und innerhalb dieser Gruppe sogar zu jener der kleinsten Fundstücke bis 110 mm.

Als Rohstoff verwendeten unsere Vorfahren überwiegend die Schienbeine der kleinen Hauswiederkäuer. Eine Unterscheidung nach Schaf oder Ziege ist für dieses Skelettelement nur unter großen Schwierigkeiten möglich[6]. Liegen

---

5 CHRISTINE BRADE: Die mittelalterlichen Kernspaltflöten Mittel- und Nordeuropas. Ein Beitrag zur Überlieferung prähistorischer und zur Typologie mittelalterlicher Kernspaltflöten (Göttinger Schriften zur Vor- und Frühgeschichte 14). Neumünster 1975; URSULA LEHMKUHL: Knöcherne Kernspaltflöten aus Mecklenburg. In: Ausgrabungen und Funde. 30(1985)3, S. 136–144, Taf. 23.
6 JOACHIM BOESSNECK, HANNS-HERMANN MÜLLER und MANFRED TEICHERT: Osteologische Unterscheidungsmerkmale zwischen Schaf (Ovis aries LINNÉ) und Ziege (Capra hircus LINNÉ). In: Kühn-Archiv. 78(1964)1/2, S. 1–129; NORBERT SPAHN: Untersuchungen an großen Röhrenknochen von Schafen und Ziegen aus der frühmittelalterlichen Siedlung Haithabu (Schriften aus der Archäologisch-Zoologischen Arbeitsgruppe Schleswig-Kiel. Heft 3). Kiel 1978; WIETSKE PRUMMEL und HANS-JÖRG FRISCH: A Guide for the Distinction of Species, Sex and Body Side in Bones of Sheep and Goat. In: Journal of Archaeological Science. 13(1986), S. 567–577.

aber nur die Diaphysen, also die Schäfte vor, so lässt sich eine Artbestimmung nicht durchführen. Diesbezügliche Fundstücke lassen sich nicht ausschließlich dem Schaf zuordnen, wie bei Christine Brade geschehen. Sie können lediglich als von Schaf oder Ziege kommend eingestuft werden[7].

«Kernspaltflöten werden durch ihre Anblasart charakterisiert. Mit einem Kern (Block) wird im oberen Teil des Pfeifenrohres ein unveränderlicher Windkanal (Kernspalt) gebildet, durch den der Luftstrom des Bläsers gegen die Schneidekante (Labium) des vorderständigen Anblasloches geleitet wird. Damit wird ein Schneidenton erzeugt, der seinerseits die Luftsäule des Rohres in Schwingungen versetzt»[8]. Das vorliegende Fundstück besitzt ein rechteckiges Anblasloch und gehört somit zu den eher ausgefallenen Aufschnittformen. Weiterhin fällt das sorgfältig bearbeitete Labium auf. Nicht nur die Labialkante, auch die Labialseitenwände weisen deutliche Abflachungen auf.

Der Abstand zwischen dem Anblasloch (Aufschnitt) und dem nächstgelegenen Griffloch ist größer als zwischen den Grifflöchern selbst. Die Maße für das Anblasloch befinden sich in dem mitgeteilten Variationsbereich: Höhe (Länge) 4 bis 7 mm und Breite 5 bis 9 mm. Am Fundstück aus dem Umfeld der Wartburg betragen die Maße 3,4 x 5,8 mm. Der Abstand vom oberen (proximalen) Knochenrand befindet sich mit 13,5 mm im unteren Variationsbereich von 10 bis 30 mm[9].

Mit drei Grifflöchern gehört die Flöte in jene am häufigsten vorhandene Gruppe. Die Reihe der Grifflöcher nimmt annähernd zwei Drittel des gesamten Tubus ein, weshalb sie auch als hochständig bezeichnet wird. Flöten mit drei Grifflöchern besitzen am häufigsten mittelständige Grifflochreihen. Es folgen die tiefständigen vor den hochständigen Grifflochreihen (n = 24, 9 und 7)[10]. Von den bekannten Kernspaltflöten mit hochständigen Grifflochreihen kommen fünf aus den Niederlanden und je ein Fundstück aus Norwegen und Schweden. Aus Deutschland führt Christine Brade kein diesbezügliches Fundstück an[11]. Bei einem weiteren Stück aus Mecklenburg-Vorpommern wird mittel- bis hochständige Grifflochreihe vermutet. Aber im Unterschied zu den übrigen Fundstücken wurde diese Flöte aus dem Oberschenkelknochen (Femur) von Schaf oder Ziege gefertigt[12].

Die Anordnung der Grifflöcher ergibt sich aus dem Abstand zwischen dem unteren (distalen) Rand des Grifflochs zu dem unteren (distalen) Rand des Tubus: G1 – 22,5 mm, G2 – 39,6 mm und G3 – 54,8 mm. Diese Werte jeweils

---

7 Brade, Kernspaltflöten 1975 (wie Anm. 5) S. 31 ff.
8 Brade, Kernspaltflöten 1975 (wie Anm. 5) S. 33.
9 Brade, Kernspaltflöten 1975 (wie Anm. 5) S. 34.
10 Brade, Kernspaltflöten 1975 (wie Anm. 5) S. 36.
11 Brade, Kernspaltflöten 1975 (wie Anm. 5) S. 37, Tab. 10.
12 Lehmkuhl, Kernspaltflöten 1985 (wie Anm. 5) S. 141, Abb. 2,3.

Abb. 2:
Die Anordnung
von drei Grifflöchern
innerhalb einer
hochständigen Griff-
lochreihe: Jeweils
links die ersten Linien
sind die Werte für
die Flöte aus dem
Umfeld der Wartburg:
1. Griffloch – 23,9 %,
2. Griffloch – 42,1 %
und
3. Griffloch 58,2 %.
Maßangaben
prozentual zur
Gesamtlänge
(nach Christine
Brade 1975,
Abb. 17)

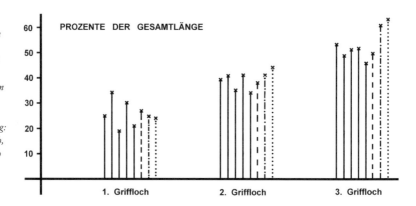

ins Verhältnis zur Gesamtlänge des Tubus gesetzt, ergeben die folgenden Prozentwerte: 23,9, sowie 42,1 und 58,2 Prozent. In die Abbildung 17 bei Christine Brade[13] eingetragen, lassen die Prozentwerte keine Unterschiede zu den bereits vorhandenen Werten erkennen (Abb. 2).

Die Grifflöcher verlaufen nicht senkrecht, sondern konisch. Deshalb weisen die Außen- und Innendurchmesser auch unterschiedliche Größen auf. Dieser Eindruck konisch verlaufender Grifflöcher verstärkt sich noch durch kaum wahrnehmbare randbegleitende, durch Schabungen hergestellte Abflachungen. In seiner Ausfertigung entspricht das Daumenloch den Grifflöchern. Sein Vorhandensein, noch zumal in hochständiger Lage an Tuben mit drei Griffen, charakterisiert einen der häufigsten Flötentypen. Am vorliegenden Fundstück überschneiden sich das Daumenloch und das zu oberst gelegene Griffloch etwa zur Hälfte.

ORNAMENTIERUNG

Verzierungen an Kernspaltflöten treten höchst selten auf. Lediglich elf der 120 untersuchten Fundstücke wiesen Ornamentierungen auf[14]. In diese Gruppe auserwählter Stücke reiht sich nun die Kernspaltflöte aus dem Umfeld der Wartburg als weiteres Fundstück ein. Das Muster besteht ausschließlich aus flach gebohrten Punktaugen, angeordnet in kreisförmigen oder rechteckigen Gruppen. Man kann sich nur schwer des Eindrucks erwehren, dass ein Würfelmacher das Flötenrohr verzierte.

---

13 BRADE, Kernspaltflöten 1975 (wie Anm. 5) S. 42.
14 BRADE, Kernspaltflöten 1975 (wie Anm. 5) S. 50.

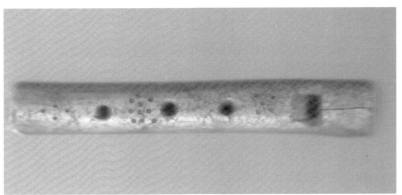

Die Oberseite (Dorsalseite) zieren je zwei kreisförmig und viereckig positionierte Punktaugengruppen. Das obere (proximale) Ende des Tubus weist, entsprechend den natürlichen Gegebenheiten an einer Tibia, zu beiden Seiten hin steil abfallende Knochenwände auf. Auf der Außenseite (dorsolateral) besteht die Verzierung aus drei Reihen Punktaugen: Obere drei, mittlere vier und untere Reihe fünf Bohrungen. Auf der gegenüber liegenden Innenseite (dorsomedial) finden sich ebenfalls drei Reihen: Obere drei, mittlere vier und untere Reihe wieder drei Bohrungen. Befinden sich die bisher beschriebenen Zierelemente in rechteckiger Form oberhalb (proximal) des Daumenlochs, so weisen die beiden Zierelemente unterhalb (distal) desselben kreisförmige Anordnung auf. Fünf und vier Punktaugen gruppieren sich jeweils um eine zentrale Bohrung.

Auf der Unterseite (Plantarseite) finden sich drei Zierelemente. Zwischen Aufschnitt und drittem Griffloch gruppieren sich vier Punktaugen um eine zentrale Bohrung. Zwischen dem ersten und zweiten Griffloch bilden die Punktaugen ein aus drei Reihen bestehendes Viereck, ähnlich jenem auf der Innenseite. Nur die Anzahl der Bohrungen variiert geringfügig: Drei – fünf – drei Punktaugen. Als letztes kreisen unterhalb (distal) des ersten Grifflochs vier Punktaugen um ein imaginäres Zentrum.

Ähnliche aus Punktaugen bestehende Ornamentierungen besitzen die Kernspaltflöten aus Bornholm, Dänemark (DK 3 bei Brade)[15], Erding, Deutschland (D 6 bei Brade)[16] und Maastricht, Niederlande (NL 42 bei Brade)[17]. Auf die sich ähnelnden Zierelemente dieser drei Flöten weist Christine Brade hin.

---

15 BRADE, Kernspaltflöten 1975 (wie Anm. 5) S. 72, Taf. 10a.
16 BRADE, Kernspaltflöten 1975 (wie Anm. 5) S. 72, Taf. 12a.
17 BRADE, Kernspaltflöten 1975 (wie Anm. 5) S. 69–70, Abb. 26.

DATIERUNG

In der schon mehrfach zitierten Arbeit wird die Existenz urgeschichtlicher Flöten abgelehnt. Für Nordeuropa verkörpern die Flöten von Haithabu und Birka die ältesten Nachweise ihrer Art. Sie datieren «in die Zeit vor 900 n. Chr.»[18] Um 900 bis in das 16. Jahrhundert umfasst der Zeitraum, in dem die bisher bekannten Kernspaltflöten aus Deutschland, den Niederlanden, Norwegen und Schweden einzuordnen sind[19].

Auf die Schwierigkeit einer Datierung der Kernspaltflöte aus dem Umfeld der Wartburg wurde bereits hingewiesen. Möglicherweise gehört die Flöte ebenfalls dem Zeithorizont des 14. und 15. Jahrhunderts an. Zumindest das äußere Erscheinungsbild einschließlich der Verzierungen würde dieser Annahme nicht widersprechen. Somit erscheint eine behutsam vorgenommene Datierung in das späte Mittelalter als möglich, ohne hierbei konkret ein Jahrhundert benennen zu können. Da es auch jene Jahrhunderte sind, in denen das Franziskanerkloster unterhalb der Wartburg existierte, könnte die Kernspaltflöte in diesem gesellschaftlichen Umfeld eine gewisse Bedeutung besessen haben. Um eine «Hirtenflöte», wie bisher angenommen, handelt es sich beim Wartburgexemplar offenbar nicht.

---

18 Kernspaltflöten 1975 (wie Anm. 5) S. 48, 57.
19 LEHMKUHL, Kernspaltflöten 1985 (wie Anm. 5) S. 144.

«Bels dous amicx, fassam un joc novel» – Das erotische Schachspiel in der mittelalterlichen Dichtung und Kunst

Katharina Glanz

In der Berliner Handschrift[1] von Heinrichs von Veldeke «Eneas»-Roman, dessen Geschichte auf besondere Weise mit dem thüringischen Landgrafengeschlecht verbunden ist[2], zeigt auf Fol. 6r eine zweiregistrige Miniatur das Geschehen nach der Ankunft des Helden in Karthago (Abb. 1). Während im oberen Register die Boten des Eneas der Herrscherin von Karthago, Dido, ihre Aufwartung machen, zeigt die untere Darstellung bei starker Abweichung vom Text Eneas nicht seinen Kundschaftern entgegengehend. Vielmehr ist er bei einer Partie Schach wiedergegeben, mithin bei einem elitären Zeitvertrieb, der den herausragenden Rang des Helden besonders illustriert. Denn das Schachspiel galt als ein edles, als «ein herren spil», dessen bis zu den Entstehungslegenden zurückreichender Ruf als königlicher Zeitvertrieb von der lateinischen Dichtung des Mittelalters verbreitet und von der volkssprachlichen Literatur weiter gefestigt worden war[4]. Schach wurde von Laien und Klerikern, Männern und Frauen gleichermaßen gespielt. Es war Bestandteil der aristokratischen Kultur und gehörte zu den wichtigsten Formen höfischer Unterhaltung. Da Schach als Vorrecht und Kennzeichen des Adels galt, gehörte seine Kenntnis zu den wesentlichen Elementen kultivierter Umgangsformen sowie zur höfischen Erziehung[5]. Neben dem Reiten, Schießen, Schwimmen und anderen Fähigkeiten galt es als eine der sieben «Künste» des Ritterstandes[6].

---

1 Berlin, Staatsbibliothek Preußischer Kulturbesitz, Ms. germ. fol. 282 (Heinrich v. Veldeke: Eneas), c. 1215, Pergament, Federzeichnung, Deckfarben, 74 Bll., 25,5 x 17 cm, Regensburg; Hans Fromm, u. a. (Hrsg.): Heinrich von Veldeke. Eneasroman. Die Berliner Bilderhandschrift mit Übersetzung und Kommentar (Bibliothek des Mittelalters. 4; Bibliothek deutscher Klassiker. 77). Frankfurt a. M. 1992.

2 Wie aus dem Epilog des Romans hervorgeht, wurde der von Heinrich von Veldeke erst zu vier Fünfteln abgeschlossene Text auf dem Hochzeitsfest Ludwigs III. mit Margarethe von Kleve gestohlen und nach Thüringen entführt. Erst nach neun Jahren erhielt der Dichter vom Pfalzgrafen Hermann von Sachsen und von dessen Bruder, dem Grafen Friedrich, vielleicht aus dem Nachlass des 1180 verstorbenen Bruders Heinrich Raspe (III.), der als Dieb des Manuskripts vermutet wird, die Handschrift mit dem Auftrag zur Vollendung zurück.

3 Vgl. Dieter Kartschoke (Hrsg.): Heinrich von Veldeke. Eneasroman. Mhd./Nhd. Nach dem Text von Ludwig Ettmüller ins Nhd. übers., mit einem Stellenkommentar u. einem Nachwort. Stuttgart 1986, 32,21–33,18.

4 Vgl. ALBRECHT CLASSEN: Erotik als Spiel, Spiel als Leben, Leben als Erotik. Komparatistische
   Überlegungen zur Literatur des europäischen Mittelalters. In: Mediaevistik. 2(1989), S. 7–42;
   RAINER A. MÜLLER: Vom Adelsspiel zum Bürgervergnügen. Zur sozialen Relevanz des mittelalter-
   lichen Schachspiels. In: Concilium medii aevi. 5(2002), S. 51–75, hier S. 53 f.

Die geistige Auseinandersetzung mit dem Schachspiel begann im Zusammenhang mit dessen weiterer Verbreitung vor allem in der seit dem 12. Jahrhundert einsetzenden Schachliteratur. Zu ihr zählen neben moralisierenden, mystifizierenden oder allegorisch ausgerichteten Traktaten auch die an der Schilderung des eigentlichen Spielvorgangs interessierten Abhandlungen, etwa das großangelegte und aufwendig ausgestattete Buch der Spiele, «Libro de Acedrex, Dados e Tablas», des Königs Alfons von Kastilien[7] oder die «Bonus Socius» und «Civis Bononiae» Traktate[8], welche sich neben der Darstellung von Spielpartien auch mit deren Regeln und Problemstellungen befassten[9]. Darüber hinaus beschäftigte man sich in ihnen mit den grundsätzlichen Fragen nach der Legitimität des Schachs, nach Nutzen und Unwert derartigen Vergnügens sowie nach den mit dem Spiel verbundenen moralischen und existenziellen Gefährdungen. Einerseits wurden die Vorteile des Spiels, etwa die Anregung zu Denken und Konzentration, die aus ihm resultierende Entspannung oder das Erlernen des Umgangs mit Niederlagen, anerkannt. Andererseits warnte man vor den mit ihm verbundenen Lastern wie Zeitverschwendung, Gewinnsucht, Willkür oder Maßlosigkeit[10]. Die aus derartigen Aspekten resultierende, hauptsächlich klerikale Kritik blieb jedoch weitgehend wirkungslos. Im Hinblick auf das Schachspiel gab das kanonische Recht zudem keine eindeutigen Weisungen vor, denn es schloss allein Glücksspiele ausdrücklich aus.

---

5 Vgl. Wilhelm Wackernagel: Das Schachspiel im Mittelalter. In: Wilhelm Wackernagel: Kleinere Schriften. Bd. 1: Abhandlungen zur Deutschen Alterthumskunde und Kunstgeschichte. Leipzig 1872, S. 114; Alwin Schultz: Das höfische Leben zur Zeit der Minnesinger. Bd. 1. Nachdruck der Ausgabe von 1889. Kettwig 1991, S. 120.

6 Vgl. Disciplina Clericalis auctore Petro Alfonsi, exjudae hispano. Pars prima. Parisiis 1824, Kap. 44, S. 41, 43; vgl. ferner Hans Wichmann und Siegfried Wichmann: Schach. Ursprung und Wandlung der Spielfigur in zwölf Jahrhunderten. München 1960, S. 23; Markus Müller: Minnebilder. Französische Minnedarstellungen des 13. und 14. Jahrhunderts. Köln/Weimar/Wien 1996, S. 120; Müller, Adelsspiel 2002 (wie Anm. 4) S. 59 f.

7 Vgl. Arnald Steiger: Alfonso el Sabio: Libros de Acedrex, Dados e Tablas. Das Schachzabelbuch König Alfons des Weisen. Nach der Handschrift J. T. 6 Fol. des Escorial. Mit Glossar und grammatischem Abriss hrsg. und übers. Genf 1941; vgl. auch Harold J. R. Murray: A History of Chess. Oxford 1913. Neudr. 1962, S. 485 ff., 568 ff.

8 Vgl. dazu Walter Benary: Die europäischen Schachspielsammlungen des Mittelalters mit besonderer Berücksichtigung der romanischen. In: Zeitschrift für romanische Philologie. 48(1928), S. 332–360; Murray, History 1962 (wie Anm. 7) S. 618 ff., 643 ff.; Hans R. Jauss und Erich Köhler (Hrsg.): Grundriss der romanischen Literaturen des Mittelalters. Volume 6. La littérature didactique, allégorique et satirique. Tome 2. Partie documentaire. Heidelberg 1970, Nr. 3532; Joachim Petzold: Das königliche Spiel. Die Kulturgeschichte des Schach. Stuttgart 1987, S. 77; Müller, Adelsspiel 2002 (wie Anm. 4) S. 54.

9 Vgl. auch Jauss/Köhler, Grundriss 1970 (wie Anm. 8) Nr. 3532, 3556, 3568 und 3600.

10 Vgl. Müller, Adelsspiel 2002 (wie Anm. 4) S. 63 f.

Förderlich für die Akzeptanz des Schachs innerhalb des sakralen Bereichs war die Moralisierung des Spiels, das mit didaktischer Intention auch zur allegorischen Darstellung der menschlichen Welt diente[11]. Von Bedeutung war hier vor allem die auf um 1300 datierte lateinische Prosaschrift «Libellus de moribus hominum et de officiis nobilium super ludo scaccorum» des Jacobus de Cessolis, in der die mittelalterliche Gesellschaft mit Hilfe des Schachs und seiner Spielgeräte allegorisch beschrieben wurde. Dabei wurde aber weder ein exaktes Abbild der bestehenden historischen Gesellschaft noch deren Utopie entworfen. Das Schachspiel fungierte vielmehr als ein Ordnungsangebot, da es das Bild einer Gesellschaft samt ihrer hinsichtlich Rang und Beziehungen festgelegten Regeln unterworfenen Mitglieder vermittelte[12]. Dieses intensiv rezipierte und durch die Übersetzungen in die Volkssprachen weit verbreitete Werk begründete die Gattung der Schachzabelbücher, in der das Schachspiel unter Ausnutzung des ihm immanenten Ordnungsangebots metaphorisch ausgedeutet wurde[13].

I. Die Rolle des Schachspiels im Rahmen der höfischen Liebesdichtung

Ursprünglich Abbild und Lehre des Krieges[14] ging das Schachspiel auf vielfältige Weise – sei es als szenisches Motiv, als Metapher oder als Gliederungsprinzip konkreter Texte[15] – in die mittelalterliche Dichtung ein[16], wobei es aufgrund des ihm inhärenten Dualismus die Grundstrukturen mittelalter-

---

11 Vgl. Wackernagel, Schachspiel 1872 (wie Anm. 5) S. 118; Müller, Adelsspiel 2002 (wie Anm. 4) S. 52 f., 61 ff., 69 ff.

12 Vgl. Wichmann/Wichmann, Schach 1960 (wie Anm. 6) S. 36 ff.; Müller, Adelsspiel 2002 (wie Anm. 4) S. 69 f.; vgl. auch Thomas Cramer: Geschichte der deutschen Literatur im späten Mittelalter. München ²1995, S. 106; Ingeborg Glier: Allegorien des 14. Jahrhunderts. Normen, Vernunft, Phantasie. In: J. F. Poag und Th. C. Fox (Hrsg.): Entzauberung der Welt. Deutsche Literatur 1200–1500. Tübingen 1989, S. 133–145, bes. S. 136 f.

13 Zur Nachfolge und zu den Übertragungen des Cessolinischen Traktats vgl. Cramer, Geschichte 1995 (wie Anm. 11) S. 106 f.; Lexikon des Mittelalters. Bd. 7. München 1995, Sp. 1428 f.; Kurt Ruh, u. a. (Hrsg.): Die deutsche Literatur des Mittelalters. Verfasserlexikon. Bd. 3. Berlin/New York 1981, Sp. 696–699 (Heinrich von Beringen); jeweils mit weiterführender Literatur.

14 Die Ursprünge des heutigen Schachs liegen wohl in einem indischen Vier-Parteien-Spiel, dessen Figurenaufbau auf dem Spielbrett dem altindischen Heer in verschiedenen strategischen Situationen entsprach; vgl. dazu Wichmann/Wichmann, Schach 1960 (wie Anm. 6) S. 19 f.

15 Vgl. Walter Haug: Der Artusritter gegen das magische Schachbrett oder Das Spiel, bei dem man immer verliert. In: Jahrbuch der Oswald von Wolkenstein-Gesellschaft. 1(1980/81), S. 7–28; Classen, Erotik 1989 (wie Anm. 4) S. 24 ff.; Ursula Katzenmeier: Das Schachspiel des Mittelalters als Strukturierungsprinzip der Erec-Romane. Heidelberg 1989, S. 15 ff.

16 Zum Aspekt des Spielcharakters der Dichtung vgl. Classen, Erotik 1989 (wie Anm. 4) S. 7 ff., mit weiterführender Literatur.

lichen Denkens ebenso wie menschliches Verhalten zum Ausdruck zu bringen vermochte. Als fester Topos erschien es im Rahmen der volkssprachlich-höfischen Literatur und wurde dort in vielfältiger Weise zur Veranschaulichung gleichermaßen kriegerischer wie verbaler Auseinandersetzungen[17] sowie zur Charakterisierung von Heldenfiguren eingesetzt. Darüber hinaus wurde das Schachspiel auch zur Schilderung amouröser Situationen verwendet. Entsprechend dem bereits bei Ovid formulierten Motto «ludendo saepe paratur amor»[18] erschien es in profan-erotischen Zusammenhängen zum einen als Element männlicher Werbetaktik. Schach wurde von den Liebestraktaten ausdrücklich als Mittel zur Annäherung an die Frau empfohlen, denn, so der in der Ovid-Nachfolge stehende «Clef d'Amors»:

«Les gieuz des eschés et des tables te sont propres et couvenables ... Par jouer solon nos souvent, entrer en l'amoureuse couvent.»[19]

In Anlehnung an die schon bei Ovid gegebenen Hinweise wurde dem Mann zudem geraten, durch Aufmerksamkeiten sowie den lancierten Gewinn der Dame diese zur Liebe geneigt zu machen, wobei man en passant auch seine Liebe gestehen könne[20].

Die Situation des Schachspiels wurde in profan-erotischen Zusammenhängen zum anderen als metaphorisches Bild für die Liebeswerbung selbst gebraucht, wobei hier einerseits die Idee des Liebeskrieges, andererseits die Vorstellung von der Liebe als komplexes und reglementiertes Ritual eine Rolle spielte[21]. So bittet in einer anonymen Alba, die vom Beisammensein eines

---

17 So etwa bei Herbort von Fritzlar, der im Trojanerkrieg den Kampf der Amazonen und Griechen in Bildern des Schachspiels darstellt; vgl. KARL FROMMANN (Hrsg.): Herbort's von Fritzlar liet von Troye. Quedlinburg, Leipzig 1837, S. 166 f. Bei Reinmar dem Alten und Walther von der Vogelweide wird das Vokabular des Schachspiels ebenso zur Beschreibung ihres literarischen Streits gebraucht wie in der Darstellung des Sängerwettkampfes zwischen Wolfram von Eschenbach und der fiktiven Gestalt des Klingsor auf der Wartburg; vgl. REINMAR DER ALTE. In: HUGO MOSER und HELMUT TERVOOREN (Bearb.): Des Minnesangs Frühling. Bd 1. Texte. Stuttgart [38]1988, Nr. 159, 1, S. 305 sowie KARL LACHMANN (Hrsg.) und HUGO KUHN (neu Hrsg.): Die Gedichte Walthers von der Vogelweide. Berlin [13]1965, L 111, 23 ff., S. 151 f; vgl. dazu auch JOHAN HUIZINGA: Homo ludens. Vom Ursprung der Kultur im Spiel. Reinbek 1956, S. 48 f.

18 MICHAEL VON ALBRECHT (Hrsg.): Publius Ovidius Naso. Ars amatoria, Liebeskunst. Stuttgart 1992, III, 368; vgl. dazu ROY S. ROSENSTEIN: Iocus Amoenus. Love, Play and Poetry in Troubadour Lyric. Diss. Columbia University 1980, S. 63 ff.

19 (Die Schach- und Tafelspiele sind sehr geeignet und angemessen, da das Spielen unter unsereins oft bewirkt, dass die Liebe erwacht.) Vgl. AUGUSTE DOUTREPONT: La clef d'Amors. Halle 1890, V 2617 ff. Zum Text vgl. JAUSS/KÖHLER, Grundriss 1970 (wie Anm. 8) Nr. 3156; ANNA M. FINOLI: Artes amandi. Da Maître Elie ad Andrea Capellano. Mailand 1969, S. XIX ff.; ALFRED KARNEIN: De Amore in volkssprachlicher Literatur. Untersuchungen zur Andreas-Capellanus-Rezeption in Mittelalter und Renaissance. Heidelberg 1985, S. 132 ff.

20 Vgl. ALBRECHT, Publius 1992 (wie Anm. 18) II, 203–216.

21 Vgl. MERRITT BLAKESLEE: Lo dous jocx sotils. La partie d'échecs amoureuse dans la poésie des troubadours. In: Cahiers de civilisation médiévale. 28(1985), S. 213–222, bes. S. 216 ff.

Paares im Garten unter einem Weißdorn erzählt, die Dame ihren Geliebten mit den Worten «Bels dous amicx, fassam un joc novel»[22] um eine Wiederholung der Liebesnacht. Basis für die metaphorische Verbindung von «Amor» und «Ludus» war die Auffassung von dem der Liebe selbst innewohnenden Spielcharakter[23].

Den Zusammenhang von Liebe und Schachspiel belegen zahlreiche Beispiele aus Epen- und Lieddichtung[24]. So beklagt etwa Trouvère Conon de Béthune in seinem Liebeslied «Si voirement con cele don je chant» mit den Worten

«Ains que ie fuisse sopris de ceste amor / sauoie ieu autre gent ensignier / et or sai bien autrui ieu ensigniers / et si ne sai mie lou mien iueir si seux com cil ki as eschas uoit cleir / et ki tres bien ensaigne lautre gent / et quant il iue si per pert si son san / kil ne seseit escoure de maiteir[25]»

seine aus dem Gefangensein in der Liebe resultierende Ohnmacht. Guiot de Provins äußert in einem Lied seinen Liebesschmerz, wobei sich die Zeile «les poins de leschaiquier doubleir de ma dolor»[26] eindeutig auf eine der sich um die Entstehung des Schachspiels rankenden Legenden bezieht[27]. Auch

---

22 (Lieber süßer Geliebter, lasst uns ein neues Spiel machen.) Zit. und übers. nach DIETMAR RIEGER: Mittelalterliche Lyrik Frankreichs. Bd. 1. Lieder der Trobadors. Stuttgart 1980, S. 140 f., Lied XX, 4, 1.

23 Für den Spielcharakter der Liebeswerbung lassen sich zahlreiche Belegstellen in der mittelalterlichen Literatur zitieren. So nennt etwa WALTHER VON DER VOGELWEIDE die Liebe «Das besser spil» (LACHMANN/KUHN 1965 – wie Anm. 17– L 46, 26, S. 64) und für REINMAR DEN ALTEN ist die «minne ein ... swaerez spil» (MOSER/TERVOOREN 1988 – wie Anm. 17 – MF 187, 19, S. 365).

24 Vgl. ROSENSTEIN, Iocus 1980 (wie Anm. 18) S. 24 ff., 159 ff., 226 ff.

25 (Ehe ich von dieser Liebe ergriffen war, wusste ich andere das Spiel zu lehren, und auch jetzt weiß ich wohl, eines anderen Spiel zu ersinnen, und mein eigenes weiß ich nicht zu spielen. Ich bin wie jener, der klar beim Schach sieht und andere Leute gar wohl lehrt, und wenn er spielt, so seinen Sinn verliert, dass er sich nicht vor dem Matt zu decken weiß); vgl. AXEL WALLENSKÖLD (Hrsg.): Les chansons de Conon de Béthune. Paris 1921, II, 17–24. Übers. nach WACKERNAGEL, Schachspiel 1872 (wie Anm. 5) S. 120.

26 (Ich kann die Felder des Schachbretts mit meinem Leid verdoppeln.) Vgl. WILHELM WACKERNAGEL: Altfranzösische Lieder und Leiche aus Handschriften zu Bern und Neuenburg. Mit grammatischen und litterarhistorischen Abhandlungen. Basel 1849, 6–7 13, 5. Übers. nach WACKERNAGEL, Schachspiel 1872 (wie Anm. 5) S. 120; vgl. auch BLAKESLEE, Lo dous 1985 (wie Anm. 21) S. 216.

27 Der Dichter bezieht sich hier auf die auf arabische Quellen zurückgehende Legende vom Weizenkorn. Nach ihr soll ein Weiser das Schachspiel zur Unterhaltung seines Königs erfunden haben. Dieser versprach im Gegenzug, dem Weisen einen Wunsch zu erfüllen. Dessen Wunsch bestand darin, auf das erste Feld des Spielbretts ein Weizenkorn und dann auf jedes weitere Feld die doppelte Anzahl von Körnern zu legen. Der König machte sich darüber lustig, bis seine Berater ihm die errechnete Getreidemenge mitteilten, welche die Vorstellungskräfte des Herrschers überstieg. Zum mythischen Ursprung des Schachspiels vgl. WICHMANN/WICHMANN, Schach 1960 (wie Anm. 6) S. 14 f.

zahlreiche Stellen der mittelhochdeutschen Literatur, darunter das von
Walther von der Vogelweide parodierte Schachlied Reinmars, lassen sich als
Beleg für den erotischen Bedeutungsgehalt des Schachspiels und seiner
Terminologie anführen[28]. Im Leich Ulrichs von Gutenburg wird das gewalt-
same Vorgehen der Dame an einer Stelle mit den Worten «mich leit ir süezen
ougen schâch»[29] zusammengefasst. Und der Wolfram-Nachfolger Ulrich von
dem Türlin hat in seine Willehalm-Arabel-Erzählung zwei subtil erotisierte
Schachpartien der Protagonisten eingebettet. Schach erscheint hier als eine
Form des Liebeskrieges, als spielerisch-erotischer Zweikampf des Liebenden
mit der Minne selbst[30]:

> «Arabel mit ir rotem mvnde
> tet im wol schach, als ir gezam.
> ir minne sueze im benam
> mit gedanken hie spiles kvnst.
> doch naem er, daz vro Minn ir gvnst
> im gaebe, fvir den besten schach.
> mat hie volget dem schaden nach:
> ob er geschehe, so lachet mir.»[31].

Der Zusammenhang von Liebe und Schachspiel wird ferner durch den
Prolog einer im ersten Drittel des 14. Jahrhunderts in französischer Sprache
aufgezeichneten «Bonus Socius» Handschrift in Paris[32] bestätigt. In Abwand-
lung der Entstehungslegende des Schachspiels vor Troja[33] wird dargelegt, dieses sei dort von einem trojanischen Ritter und seiner Geliebten durch Übertragung des Kampfgeschehens in ein Spiel erfunden und nach dem Fall der
Stadt in die Lombardei gebracht worden[34]. Die hier greifbare Verbindung von

---

28 Vgl. REINMAR DER ALTE, MF 159, 1 (wie Anm. 17), sowie WALTHER VON DER VOGELWEIDE, L 111,
    23 ff. (wie Anm. 17).
29 Vgl. ULRICH VON GUTENBURG (MOSER/TERVOOREN 1988 – wie Anm. 17), MF 71, 32, S. 153.
30 Vgl. ERIKA KOHLER: Liebeskrieg. Zur Bildersprache der höfischen Dichtung des Mittelalters.
    Stuttgart, Berlin 1935, S. 49; nach HOLGER HÖCKE: Willehalm-Rezeption in der Arabel Ulrichs
    von dem Türlin. Frankfurt/M., Berlin/Bern/u. a. 1996, S. 215, handelt es sich bei dieser Passage
    der um die Mitte des 13. Jahrhunderts verfassten Willehalm-Arabel-Dichtung «um die früheste
    uns bekannte Schachallegorie im Bereich der deutschen Literatur».
31 WERNER SCHRÖDER (Hrsg.): ULRICH VON DEM TÜRLIN: Arabel. Die ursprüngliche Fassung und
    ihre Bearbeitung kritisch herausgegeben. Stuttgart/Leipzig 1999, V 101,18–25; vgl. dazu auch
    HÖCKE, Willehalm-Rezeption 1996 (wie Anm. 30) S. 208 ff.
32 Paris, Bibliothèque Nationale, Ms. fonds fr. 1173 (Bonus socius), 1. D. 14. Jh., Pergament, 217
    Bll., 26,3 x 18,3 cm, Hennegau; vgl. dazu BENARY, Schachspielsammlungen 1928 (wie Anm. 8)
    S. 340–342, sowie MURRAY, History 1962 (wie Anm. 7) S. 621.
33 Dieser Legende nach soll Odysseus vor Troja zur Zerstreuung Schach gespielt und dabei die
    Idee zum Einsatz des Trojanischen Pferdes gehabt haben. Zum mythischen Ursprung des
    Schachspiels vgl. WICHMANN/WICHMANN, Schach 1960 (wie Anm. 6) S. 14 f.

Abb. 2:
Q-Initiale mit
schachspielendem
Paar, Paris,
Bibliothèque
Nationale, Ms.
fonds fr. 1173
(Bonus socius),
Fol. 2r (Detail),
1. D. 14. Jh.,
Pergament,
26,3 x 18,3 cm,
Hennegau,
Q: Müller,
Minnebilder 1996
(wie Anm. 6),
Abb. 83

Schach und Liebe wird zusätzlich durch die den Prolog begleitenden Illustrationen bezeugt. Denn während auf Folio 1v des Codex eine zweiregistrige Miniatur oben eine Kampf- und unten eine Belagerungsszene zeigt, führt eine figurierte Q-Initiale zum Prolog dem Betrachter auf Folio 2r in direktem Textbezug innerhalb des Buchstabenkörpers ein schachspielendes Paar vor Augen (Abb. 2). Auch ein wohl gleichzeitig entstandener lateinischer «Bonus socius» Codex[35] desselben Überlieferungszweiges, bei dem es sich jedoch nicht – wie bisweilen vertreten – um die «lateinisch[e] Urfassung»[36] dieses Textes handeln kann[37], bietet auf Folio 1v eine vergleichbare Illustration (Abb. 3). Dabei sind hier auf den beiden Registern Kampf und schachspielendes Liebespaar einander direkt gegenübergestellt, so dass der Zusammenhang von Gefecht, Spiel und Liebessituation hier noch sinnfälliger erscheint.

Im Rahmen der volkssprachlich-höfischen Dichtung wurde das Schachmotiv aber nicht nur in erotisch-metaphorischem Sinne gebraucht, sondern auch in allegorische Zusammenhänge eingebettet. Zu verweisen ist insbesondere auf die allegorische Kanzone «Celeis cui am de cor e de saber» des Guiraut de Calanso[38]. In Anlehnung an den Topos der «quinque lineae amoris» schildert der Dichter ebenda ein allegorisches «palais» mit fünf Toren und vier sehr glatten Stufen. Vor dem Liebesschloss befindet sich ein mit kostbaren gläsernen Schachfiguren besetzter wunderbarer Spieltisch. Nur derjenige, der die Stufen überwindet und sich im Spiel bewährt, das heißt, nur der, der richtig wirbt, darf die Türen des Liebestempels durchschreiten, wobei das Motiv des Schachspiels hier gleichsam einen allegorisch vorausweisenden Charakter auf Liebessituation und Minneschicksal hat[39].

Die eigentlichen erotischen Schachallegorien entstanden jedoch erst vergleichsweise spät. In ihnen wird das Liebesspiel als tatsächlicher Schachkampf dargestellt, wobei die Doppelreihen der Figuren jeweils die weibliche bzw. die männliche Seite vertreten[40]. Ältestes Beispiel ist die auf um 1370/80 datierte

---

34 Vgl. MURRAY, History 1962 (wie Anm. 7) S. 628. Ein Abdruck des Prologs findet sich ebenda, S. 701; vgl. auch MÜLLER, Minnebilder 1996 (wie Anm. 6) S. 121 f.

35 Paris, Bibliothèque Nationale, Ms. lat. 10286 (Bonus socius), 1. D. 14. Jh., Pergament, 256 Bll., 25,7 x 18 cm, Hennegau; vgl. dazu BENARY, Schachspielsammlungen 1928 (wie Anm. 8) S. 342; MURRAY, History 1962 (wie Anm. 7) S. 621.

36 MÜLLER, Minnebilder 1996 (wie Anm. 6) S. 122.

37 Diese Handschrift gehört vielmehr ebenso wie das oben besprochene französische Manuskript Ms. f. fr. 1173 zum Überlieferungszweig y1, dem darüber hinaus noch ein dritter Codex in New York zuzurechnen ist. Die Angaben zur Überlieferung richten sich nach dem Stemma bei BENARY, Schachspielsammlungen 1928 (wie Anm. 8) S. 349. Der ebenda, S. 339, auf um 1300 datierte Archetypus ist heute verloren. Zur handschriftlichen Überlieferung des Bonus socius vgl. auch MURRAY, History 1962 (wie Anm. 7) S. 618 ff.

38 Vgl. WILLY ERNST: Die Lieder des provenzalischen Trobadors Guiraut de Calanso. In: Romanische Forschung. 44(1930), S. 255–406, hier S. 322 ff., Lied 7, V, 1 ff., sowie die Übersetzung S. 340 f.

39 Vgl. BLAKESLEE, Lo dous 1985 (wie Anm. 21) S. 219 f.

Abb. 3:
Verbindung von Kampf
und schachspielendem
Paar, Paris, Biblio-
thèque Nationale,
Ms. lat. 10286 (Bonus
socius), Fol. 1v, 1. D.
14. Jh., Pergament,
25,7 x 18 cm,
Hennegau, Q:
Müller, Minnebilder
1996 (wie Anm. 6),
Abb. 82

anonyme Verserzählung «Échecs amoureux»[41], in deren Handlungsverlauf das Spiel allerdings nur einen kleinen Teil einnimmt. Erzählt wird, wie der Autor von einer alle weiblichen Reize in sich vereinigenden Dame in einem der Schilderung des Rosenromans ähnlichen paradiesischen Garten beim Schach besiegt wird, wobei ihn die Schönheit der Dame, ihre Gewandtheit im Spiel sowie die von «Doux Penser» evozierten Bilder gleichermaßen verwirren. Ausführliche Darstellung erfahren dabei die mit sich erst allmählich erschließenden Symbolen besetzten kostbaren Spielfiguren. Unter Rückgriff auf die bereits aus dem Rosenroman bekannten Personifikationen verkörpern sie menschliche Affekte und Eigenschaften, welche wiederum auf das Spielbrett als Schauplatz des Liebeskampfes übertragen werden. Die «Échecs amoureux» waren Vorbild weiterer Allegorien, unter anderem für das um 1396/98 verfasste «Livre des Échecs amoureux» des Evrart de Conty, welches den allegorischen Gebrauch «am konsequentesten durchgeführt und auch theoretisch begründet»[42] hat[43].

Die enge Verbindung der Motivkomplexe Schach und Liebe lag dabei in einer ganzen Reihe von Faktoren begründet. Von großer Bedeutung war zunächst der beiden Vorgängen gleichermaßen immanente geordnete Spiel- und Kampfcharakter[44]. Die Verbindung von erotischer Werbung und Kampf, die ihrerseits in dem Bestreben nach Verlebendigung seelischer Empfindungen wurzelte, war ein bereits seit der Antike verbreiteter Topos. Das Liebesspiel konnte in mehrfacher Hinsicht als Konflikt dargestellt werden, etwa als Streit, der sich in der Seele des Liebenden abspielt, ferner als Auseinandersetzung von Leidenschaften und Vernunft, als Kampf gegen die sich dem Liebenden entgegenstellenden äußeren Hindernisse und nicht zuletzt als eigentlicher Liebeskrieg[45]. Darüber hinaus lieferte das Schachspiel eine ganze Anzahl von Zeichen zur Strukturierung zwischenmenschlicher Beziehungen. Denn gemeinsames Spielen bedeutet, auf gleichermaßen vorhersehbare wie veränderliche Weise im Sinne der aktuellen Spielsituation mit-

---

40 Hier liegt auch der Unterschied zu den moralisierenden Schachallegorien, die im Rahmen ihrer Darstellung mit der Beschreibung einer Figurenreihe auskamen.

41 Vgl. Ernst Sieper: Les Échecs Amoureux. Eine altfranzösische Nachahmung des Rosenromans und ihre englische Übertragung. Weimar 1898; Anne-Marie Legraré: Le Livre des Échecs amoureux. Paris 1991.

42 Lexikon des Mittelalters. Bd. 7. München 1995, Sp. 1429.

43 Ein gehäufteres Auftreten der Schachallegorie kann dann noch einmal in der zweiten Hälfte des 15. Jahrhunderts bei den katalanischen «Scachs d'Amor» festgestellt werden; vgl. Lexikon des Mittelalters. Bd. 6. München 1993, Sp. 643.

44 Vgl. Huizinga, Homo 1956 (wie Anm. 17) S. 90 ff., der bereits im Aspekt des geordneten Kampfes ein wesentliches Merkmal des menschlichen Spieltriebes sieht; vgl. auch Classen, Erotik 1989 (wie Anm. 4) S. 7 ff.

45 Vgl. Kohler, Liebeskrieg 1935 (wie Anm. 30) passim.

einander zu kommunizieren. Es bedeutet ferner, Differenzen nach festgelegten Regeln auszutragen, Emotionen Einhalt zu gebieten sowie die Akzeptanz
verbindlicher Normen. Die Parallelen zur höfischen Liebeskunst sind evident.

Daneben handelte es sich sowohl beim Schach- als auch beim Liebesspiel
um gleichermaßen exklusive wie zeremoniell stilisierte Ereignisse mit beson-
derem Unterhaltungswert, die den Beteiligten zugleich das Gefühl einer arti-
stischen Kompetenz verliehen[46]. Denn sowohl auf dem Schachbrett als auch
beim höfischen Werbevorgang kann sich der Liebende seinem Ziel nur langsam nähern, wobei er gleichzeitig geprüft und zur Unterdrückung seiner
Affekte gezwungen wird. Befriedigung erfährt er dabei einerseits aus der an das
regelrechte Verhalten gebundenen Hoffnung auf Erfolg, andererseits aus dem
Spiel- bzw. Werbevorgang selbst. Da die der höfischen Liebe eigene Dynamik
ebenso wie sozial-repräsentative Aspekte im Motiv des Schachspiels ihre
unmittelbare Entsprechung fanden, eignete sich dieses besonders auch zur
bildlichen Darstellung höfisch Liebender[47].

2. Zur Ikonographie des erotischen Schachspiels

Darstellungen schachspielender Liebespaare haben sich auf einer ganzen
Anzahl höfischer Bildzeugnisse aus allen künstlerischen Bereichen von der
Buchmalerei über die Holz- und Elfenbeinschnitzerei bis hin zur Wand-
malerei erhalten. Dabei ist die Ausbildung und Verwendung des Motivs in
engem Zusammenhang mit der Topik der volkssprachlichen Lied- und
Romandichtung sowie der amortheoretischen Didaxe zu sehen. Die in Umset-
zung literarischer Vorstellungen entwickelte Bildformel des schachspielenden
Paares kann dabei als eine Darstellung aufgefasst werden, welche variable
Konnotationen des höfischen Lebens transportierte und für den zeitgenössischen Betrachter Assoziationsfelder mit Blick auf die volkssprachlich-höfische
Dichtung beinhaltete.

Auffällig ist die relativ homogene Anlage aller erhaltenen Zeugnisse, die als
primäre Bildformel stets ein zu Seiten eines Spielbrettes sitzendes, zumeist

---

46 Vgl. Classen, Erotik 1989 (wie Anm. 4) S. 11.
47 Müller, Minnebilder 1996 (wie Anm. 6) S. 123 f. betont zu Recht, dass im Rahmen einer
    Ikonographie höfischer Liebe «allein das Schach als edelste aller Spielformen seine Existenz-
    berechtigung» hatte. Zwar begegnen gelegentlich auch Szenen mit Paaren bei der Beschäf-
    tigung mit anderen Brettspielen, es handelt sich hierbei jedoch meist um Negativdarstellungen.
    Als Beispiel ließe sich die Miniatur eines mit Würfeln beschäftigten Paares auf Fol. 76v des
    Luttrell Psalters in London, British Library, Ms. Add. 42130, anführen. Dass es sich hier um ein
    Negativexempel handelt, ergibt sich nicht nur aus der Relation des Bildes zum Text des 38.
    Psalms, sondern u. a. auch aus der Art des gewählten Spieles – des diskreditierten Würfelns –
    und aus den Gesten der Figuren; vgl. dazu Michael Camille: Mirror in parchment. The
    Luttrell Psalter and the making of medieval England. Chicago 1998, S. 117, Abb. 36.

bewegt gestikulierendes Paar bei der Beschäftigung mit dem Spiel zeigen. Neben stilistischen Unterschieden ergeben sich Variationen lediglich hinsichtlich einer Erweiterung der Szene um Assistenzfiguren oder der Beigabe höfischer Attribute, der Gestaltung als Außen- oder Innenraumszene bzw. im Hinblick auf die Position des Spielbretts, das entweder vertikal in die Bildfläche geklappt oder in der Horizontale wiedergegeben ist[48].

2. 1 Die erotischen Schachspielszenen in Zeugnissen der Buchmalerei

Eine der ältesten erhaltenen höfischen Darstellungen des schachspielenden Liebespaares begegnet in der Münchner Handschrift des «Wilhelm von Orlens»[49](Abb. 4). In engem Anschluss an die ausführliche Schilderung der ersten Begegnung der Helden Wilhelm und Amelie illustriert dort auf Folio 29v eine ganzseitige Miniatur auf zwei Registern oben die Szene, in der die von Gefolge begleiteten Kinder einander als Gefährten zugeführt werden[50]. Der englische König hält den Knaben und das Mädchen, die entsprechend der ausdrücklichen Betonung ihrer Jugendlichkeit im Text deutlich kleiner als alle übrigen Figuren dargestellt sind, bei den Händen. Die andere Hand haben die Kinder jeweils grüßend erhoben. Dabei geht diese Bildformel über die der reinen Begegnung hinaus und orientiert sich an Verlobungs- bzw. Hochzeitsszenen. Damit, so Weigele-Ismael, nehme die Szene voraus, was im Text erst später geschehe[51] – die sich entwickelnde Liebesbeziehung, welche im Liebesgeständnis Wilhelms ihren ersten Höhepunkt erreicht.

Im unteren Register der Miniatur sind in Anlehnung an die Schilderung der gemeinsam verbrachten Zeit die beiden jugendlichen Protagonisten in einem Innenraum bei der Beschäftigung mit einem Brettspiel wiedergegeben. Während sich die Sitzhaltung Amelies aufgrund des starken Farbabriebs nicht sicher feststellen lässt, ist Wilhelm links mit übergeschlagenen Beinen wiedergegeben. Er hat seinen rechten Arm auf dem Oberschenkel abgestützt und hält die Linke erhoben. Amelie hingegen scheint mit ihrer Linken das Brett zu berühren, wobei sie ihre Rechte mit geschlossener Faust erhoben hat. Beide

---

48   Vgl. Raymond Koechlin: Les ivoires gothiques français. Paris 1924, Bd. 1, S. 387.

49   Vgl. München, Bayerische Staatsbibliothek, cgm 63 (Rudolf von Ems: Wilhelm von Orlens), Fol. 29v, c. 1280, Pergament, 111 Bll., 21 x 15,3 cm, Straßburg (?), Zürich (?); zum Bild vgl. Maria-Magdalena Hartong: Willehalm von Orlens und seine Illustrationen. Köln, Diss. 1938, S. 10 ff.; Julia Walworth: The Illustrations of the Munich Tristan and Willehalm von Orlens. Bayerische Staatsbibliothek Cgm 51 and Cgm 63. Yale, Diss. 1991, S. 441; Erika Weigele-Ismael: Rudolf von Ems, Wilhelm von Orlens. Studien zur Ausstattung und zur Ikonographie einer illustrierten deutschen Epenhandschrift des 13. Jahrhunderts am Beispiel des Cgm 63 der Bayerischen Staatsbibliothek München. Frankfurt/M./Berlin/Bern u. a. 1997, S. 92 f., 106 f., 208, Abb. 9.

Abb. 4:
Zuführung der
Kinder von Wilhelm
und Amelie,
München, Bayerische
Staatsbibliothek,
cgm 63 (Rudolf
von Ems: Wilhelm
von Orlens),
Fol. 29v, c. 1280,
Pergament,
21 x 15,3 cm,
Straßburg (?),
Zürich (?),
Q: Weigele-Ismael,
Rudolf von Ems
1997 (wie Anm. 49),
Abb. 9

50 Vgl. Victor Junk (Hrsg.): Rudolf von Ems: Willehalm von Orlens. Aus dem Wasserburger Co-
    dex der Fürstlich Fürstenbergischen Hofbibliothek in Donaueschingen. Berlin 1905, V 3676 ff.
51 Vgl. Weigele-Ismael, Rudolf von Ems 1997 (wie Anm. 49) S. 107; vgl. bereits Walworth,
    Illustrations 1991 (wie Anm. 49) S. 441.

Protagonisten sind dem vertikal in die Bildfläche geklappten Spielbrett, auf dem die Spielsituation durch die Figuren schematisierend angegeben ist, leicht zugeneigt. Aufgrund des schlechten Zustands der Miniatur lässt sich die Art des Spiels aber nicht sicher bestimmen. Auch der Rückgriff auf den Text bietet in dieser Hinsicht keine Hilfe, denn er spricht, ohne weiter zu spezifizieren, ganz allgemein vom «spil» bzw. «spiln»[52].

Unter Verweis auf die Handhaltung Amelies, welche mit derjenigen eines Würfelspielers in einer Miniatur auf Fol. 91r der «Codex Burana» verglichen und als Würfeln gedeutet wurde, sowie auf die viereckige Form der Spielsteine ging Weigele-Ismael in ihrer Untersuchung der Münchner «Wilhelm von Orlens»-Miniaturen davon aus, dass es sich «offenbar nicht um ein Schachspiel»[53] handeln kann. Doch auch wenn aufgrund des Erhaltungszustands sowie der nur fragmentarisch überlieferten und daher nicht aussagekräftigen Malanweisungen nicht sicher zu entscheiden ist, welches Spiel dargestellt wurde, scheint die Illustration eines Schachspiels[54] wahrscheinlicher als die des diskreditierten, allein vom Zufall abhängigen und zu den verbotenen Glücksspielen zählenden Würfelns[55]. Das Schach würde sich im Zusammenhang mit der sich entwickelnden Liebesbeziehung auch inhaltlich besser einfügen, da ihm ebenfalls ein auf die Liebessituation verweisender Gehalt zugesprochen werden kann. Den Zusammenhang von Spielsituation und Liebeshandlung bestätigt auch der Text, in welchem zunächst geschildert wird, wie der eben in Liebe entbrannte Wilhelm zur Beunruhigung Amelies beim gemeinsamen Spiel derart in sich versinkt, dass er nur noch mit «ir lere / Mûste spiln fúrbas / Und er sin selbes gar vergas». Und in einer vergleichbaren Situation «ob ainem spil» beschließt der sich in Liebesqualen windende Wilhelm dann auch, der Geliebten seine Gefühle zu gestehen[56].

Als exklusiv dem Adel vorbehaltenes Spiel entspräche das Schachmotiv darüber hinaus dem höfischen Ambiente des «Wilhelm von Orlens» viel eher als das Würfeln, wobei das in der «Disciplina Clericalis» ausdrücklich als Element der ritterlichen Künste und Adelsbildung ausgewiesene Schachspiel gleichermaßen auf das gehobene Niveau wie auf den elitären Status der dargestellten Protagonisten verweisen würde[57]. Auch das bisweilen gegen das

---

52 Vgl. Junk, Rudolf von Ems 1905 (wie Anm. 50) V 4045, 4073 und 4201.

53 Weigele-Ismael, Rudolf von Ems 1997 (wie Anm. 49) S. 177.

54 Vgl. schon Hartong, Willehalm 1938 (wie Anm. 49) S. 83, 100 sowie zuletzt Elmar Mittler und Wilfried Werner (Hrsg.): Codex Manesse. Die Große Heidelberger Liederhandschrift. Texte. Bilder. Sachen. Ausst.-Kat. Universitätsbibliothek Heidelberg. Heidelberg 1988, S. 300, 312, Abb. 6.

55 Vgl. dazu Mireille Schnyder: Glücksspiel und Versuchung. Die Würfelspielmetaphorik im «Parsival» Wolframs von Eschenbach. In: Zeitschrift für deutsches Altertum und deutsche Literatur. 131(2002), S. 308 – 325.

56 Vgl. Junk, Rudolf von Ems 1905 (wie Anm. 50) V 4045 ff. und V 4200 ff.

Schachspiel angeführte Argument der würfelförmigen Gestalt der Steine lässt sich in Frage stellen. Denn ein Vergleich mit den zahlreich überlieferten Szenen der Elfenbeine ergibt, dass derartige abstrakte Spielfiguren ebenda als motivische Konstante wiederholt begegnen[58].

Als ein weiteres Beispiel für ein schachspielendes Liebespaar innerhalb der Buchkunst kann eine der zahlreichen Marginalillustrationen einer aufwendig ausgestatteten picardischen Psalterhandschrift[59] herangezogen werden. Am unteren Seitenrand von Folio 61r sieht man den über einer roten Notiz namentlich bezeichneten jugendlichen Monsieur «Jehan de Lens» im Spiel mit einer Dame, deren zu «cornettes» gedrehte Haare von einem transparenten Schleier bedeckt sind. Zwischen ihnen steht das aufrecht gestellte figurenbesetzte Spielbrett. Beide Spieler haben mit einer Hand einen Stein ergriffen und führen mit der anderen einen Gestus der Rede bzw. des Weisens aus. Zudem ist hinter jeder Gestalt ein sitzender Hund wiedergegeben. Auf den aristokratischen Stand der Dargestellten verweisen neben der Beischrift, die den Mann als Mitglied des franko-flämischen Adels ausweist, auch das der Dame beigegebene Attribut des Falken. Ein erotischer Gehalt kann diesem Randbild zum einen vor dem Hintergrund des der Handschrift eigenen umfangreichen Marginalbildzyklus höfisch-kultivierter Liebeswerbung unterstellt werden[60]. Auf eine sinnliche Bedeutungsebene verweisen darüber hinaus auch die zwei kauernden Hunde, welche als Zeichen animalischer Triebe und sexuellen Begehrens gedeutet werden können. Im Unterschied zu den beiden illustrierten Pariser Handschriften des «Bonus Socius», die den Zusammenhang von Schachspiel und Liebe am nachhaltigsten belegten, und zum Münchner Codex des «Wilhelm von Orlens», dessen Spielszene in enger Relation zur

---

57 Die Interpretation der Darstellung als Schachszene wird auch durch weitere Bildzeugnisse zum «Wilhelm von Orlens» unterstützt. So setzt die von Spruchbändern begleitete Bildfolge des 1410–20 datierten mittelrheinischen «Wilhelm von Orlens»-Bildteppichs im Frankfurter Museum für Kunsthandwerk mit der Begegnung von Wilhelm und Amelie beim Schachspiel ein; vgl. Christina Cantzler: Bildteppiche der Spätgotik am Mittelrhein 1400–1500. Tübingen 1990, S. 187 f., Abb. 1. Eine nur wenig später, 1419, entstandene Handschrift in Stuttgart, Württembergische Landesbibliothek, Ms. HB XIII (poet. germ. 2), zeigt Wilhelm und Amelie einander umarmend, wobei das Schachbrett vor ihnen liegt; vgl. Hartong, Willehalm 1938 (wie Anm. 49) S. 100.

58 Der abstrakte arabische Spielstein war auch im Abendland bis ins hohe Mittelalter hinein weit verbreitet; vgl. Wichmann/Wichmann, Schach 1960 (wie Anm. 6) S. 23.

59 Paris, Bibliothèque Nationale, Ms. lat. 10435 (Psalter), Fol. 61r, 4. V. 13. Jh., Pergament, 186 Bll., 18 x 12,5 cm, Picardie (Amiens-Corbie); zur Handschrift und ihren Bildern vgl. u. a. Günther Haseloff: Die Psalterillustration im 13. Jahrhundert. Kiel 1938, S. 34 ff., 56 f.; Müller, Minnebilder 1996 (wie Anm. 6) S. 11, 91 ff., 135 f., Abb. 60–63, 67, 80; L'art au temps des rois maudits. Philippe le Bel et ses Fils 1285–1328. Ausst.-Kat. Galeries Nationales. Paris 1998, Nr. 203.

60 Vgl. Müller, Minnebilder 1996 (wie Anm. 6) S. 91 ff.

Romanhandlung stand, erscheint das Motiv des spielenden Paares in der zuletzt besprochenen sakralen Handschrift als eine aus vergleichbaren Illustrationsbezügen herausgelöste Einzelszene höfischer Liebe und aristokratischen Vergnügens. Im selben Sinne sind dann auch die vielen anderen textabgelösten Darstellungen schachspielender Paare als Ausdruck der Liebeskultur höfischer Kreise zu bewerten.

2. 2 DIE EROTISCHEN SCHACHSPIELSZENEN IN ZEUGNISSEN DER ELFENBEINKUNST

Als beliebtes Motiv erschien das Schachspiel auch innerhalb der profanen Elfenbeinkunst, wobei sich die meisten Darstellungen dieser Thematik auf Spiegelkapseln erhalten haben. Exemplarisch kann zunächst ein fein gearbeitetes Objekt in Cleveland[61] herangezogen werden, dessen kreisrundes Bildfeld eine typische Szene des erotischen Schachspiels zeigt (Abb. 5). Die Liebenden befinden sich innerhalb eines über welligem Bodengrund aufgerichteten Zeltes, eines sogenannten Pavillons, dessen Mittelstange nicht nur die Hauptachse der Komposition betont, sondern die Bildfläche zugleich in zwei Hälften unterteilt. Mann und Frau sitzen auf einer Kastenbank zu Seiten eines unmittelbar vor der Zeltstütze platzierten Schachtischchens, auf dem die würfelförmigen Steine aufgestellt sind. Beide sind dem Spielbrett über Körperhaltung und Gesten zugewandt. Der in Seitenansicht gezeigte, in ein Kapuzengewand gekleidete Mann ist mit übergeschlagenen Beinen links dargestellt. Sein lockiges Haupt wird von einem schmalen Schapel bedeckt. Er hält mit seiner Linken die Zeltstange umfasst, während er mit seiner Rechten offenbar einen Spielzug ausführt. Die ihm gegenüber sitzende Dame ist annähernd in Frontalansicht wiedergegeben. Sie trägt ein einfaches bodenlanges Gewand, das zwischen ihren Beinen eine tiefe Falte bildet. Ihr geneigtes Haupt mit dem modisch zu «cornettes» aufgedrehten Haar ist von einem Gebende bedeckt. Während sie in ihrer linken Hand eine Anzahl von bereits gewonnenen Spielsteinen hält, führt sie mit ihrer Rechten einen auf das Spielbrett gerichteten Zeigegestus aus und scheint so dem Mann die Richtung seines nächsten Zuges vorzugeben bzw. diesen auf etwas aufmerksam machen zu wollen.

Abb. 5:
Schachspiel in der profanen Elfenbeinkunst, Cleveland, Museum of Art, Wade Fund, Inv.-Nr. 40.1200, Spiegelkapsel, 1325–50, Elfenbein, ø 9,8 cm, Frankreich, Paris (?), Q: Images on Ivory 1997 (wie Anm. 61), S. 232

---

61 Cleveland, Museum of Art, Wade Fund, Inv.-Nr. 40.1200, Spiegelkapsel, 1325–50, Elfenbein, ø 9,8 cm, Frankreich, Paris (?); vgl. dazu RICHARD H. RANDALL: The Golden Age of Ivory. Gothic Carvings in North American Collections. New York 1993, Nr. 184; Images on Ivory. Precious objects of the Gothic Age. Ausst.-Kat. Detroit Institute of Arts. Princeton 1997, Nr. 58.

Dass hier eine durchaus erotische Situation dargestellt ist, wird anhand zahlreicher Details deutlich. So verweist der Ort des Geschehens einerseits auf den gehobenen Stand der Protagonisten, denn kostbare und große Zelte aus wertvollen Stoffen waren Unterkunft für Heerführer oder Fürsten und galten als Zeichen adligen Prunks[62]. Daneben wurde bereits früh auf die Bedeutung des Pavillons als Sitz der Frau Minne bzw. Venus hingewiesen[63]. Darüber hinaus verweisen das vertraute gemeinsame Sitzen sowie das Gespräch des spielenden Paares auf die Gleichstellung beider Partner sowie auf eine bereits fortgeschrittene Werbesituation. Selbst wenn die Liebenden hier in scheinbar körperlicher Distanz, welche durch die als Barriere fungierende Zeltstange noch betont wird, wiedergegeben sind, deuten Einzelheiten auf die mit körperlicher Nähe einhergehenden Liebesstufen hin. So wird die intime Annäherung der Protagonisten durch das Umfassen der Zeltstange durch den Mann sowie durch die zwischen den Beinen der Frau auffällig tiefe Gewandfaltung illustriert. Als motivische Konstanten kehren diese deutlich erotisch aufgeladenen Einzelheiten auf der Mehrzahl der Schachspieldarstellungen wieder. Auf eine vertrauliche Situation deuten auch die sich mit den Spitzen berührenden Füße der Spielenden hin, welche die Distanz des Paares als eine nur scheinbare enthüllen.

Den erotischen Gehalt belegt darüber hinaus die in der Szene dargestellte Spielsituation. Denn die Zahl der bereits gewonnenen Steine in der Hand der Dame scheint die bevorstehende Niederlage des Mannes anzuzeigen[64]. Dass dem Motiv der Bezwingung des Mannes beim Spiel durch Mattsetzen eine sinnliche Bedeutung zukam, belegen zahlreiche literarische Texte, darunter auch der von Marcabru bereits Anfang des 12. Jahrhunderts verfasste Vers «M'ai pensat / Ses cujat / Si.m ditz: mat / Que l'amors embria»[65]. Der aus dem Spielverlauf resultierende Triumph der Frau entsprach dabei einerseits der Geschlechtersituation der höfischen Liebeskonzeption, andererseits «ergab sich ein Bezug zur amortheoretischen Traktatliteratur, welche den Rittern nahe legte, die Frau beim gemeinsamen Spiel auf jeden Fall gewinnen zu lassen»[66].

---

62 Vgl. SCHULTZ, Minnesinger 1991 (wie Anm. 5) Bd. 2, S. 213 ff., mit zahlreichen Beispielen.

63 Vgl. ROGER S. LOOMIS: The Allegorical Siege in the Art of the Middle Ages. In: Journal of the Archaeological Institut of America. 23(1919), S. 255–269, hier S. 265.

64 Aufgrund der komplizierten Spielregeln war im Mittelalter der Spielverlauf des Schachs langwierig und eine Mattstellung nur schwer zu erreichen. Daher wurde der sogenannte «Beraubungssieg» eingeführt. Bei ihm galt ein Spiel als verloren, wenn der König ohne Gefolge auf dem Brett stand; vgl. MURRAY, History 1962 (wie Anm. 7) S. 63 f. Das Motiv der gehäuften Spielsteine im Besitz der Dame scheint auf eine solche Spielsituation zu verweisen.

65 (Ich dachte, ohne groß zu überlegen, dass, wenn sie mir «Matt» sagte, die Liebe sich näherte.); vgl. JEAN M. L. DEJEANNE: Poésies complètes du troubadour Marcabru. Toulouse 1909, Lied XXV, 74–77; vgl. auch ebenda, Lied XXVI, V 78–84: «S'al mati / L'es aqui / On vos di / E.us

Zuletzt sei noch auf die zurückgezogenen Zeltvorhänge hingewiesen, welche die intime Spielsituation umrahmen und eine Assoziation zu den Bettvorhängen bei den Darstellungen des Sexualakts erlauben[67]. Sie haben jedoch noch eine weitere Funktion, denn die Möglichkeit des Öffnens und Schließens impliziert die nur für einen Augenblick freigegebene Möglichkeit zum Schauen, wodurch dem räumlichen Moment des Bildes ein zeitliches hinzugefügt wird. Durch das geöffnete «Fenster» der Vorhänge kann der Betrachter dem sich im Inneren des Zeltes abspielenden Vorgang zusehen, wobei er von seiner außerhalb der geschlossenen Bildebene gelegenen Position aus zum heimlichen Zeugen des Geschehens, zum Voyeur, wird.

Demselben Atelier wie die Spiegelkapsel in Cleveland entstammt auch eine stilvolle und vergleichsweise große Spiegelkapsel in Paris[68], die als eines von nur wenigen Objekten unterhalb des Baldachins eine vierfigurige Schachszene

aufweist[69](Abb. 6). Die übliche Darstellung des spielenden Paares wurde hier um die assistierenden Gestalten eines hinter dem Ritter stehenden Dieners mit flacher Mütze sowie einer Magd in einfachem Ärmelgewand und mit schapelbedecktem Haupt erweitert. Mit nach vorn gebeugten Körpern und geneigtem Haupt beobachten beide das Spiel der Protagonisten. Während der Knecht auf seiner zur Seite gestreckten Rechten einen mit der Langfessel gebundenen Falken trägt und diesem mit der anderen Hand das Luder reicht, hält die Zofe in ihrer nach hinten gestreckten Linken einen Kranz bereit. Die höfischen Attribute verweisen dabei gleichermaßen auf den erotischen Gehalt der Szene wie auf den aristokratischen Stand der am

Abb. 6:
Vierfigurige Schach- Spiel beteiligten Personen. Mit ihrer Rechten vollführt die Magd darüber hin-
szene auf einer Elfen- aus einen Zeigegestus, der auf die bereits gesammelten Spielsteine in der Hand
beinkapsel, Paris, der Dame verweist und damit als subtile Anspielung auf den für den Ritter
Louvre, Inv.-Nr. wohl aussichtslosen Stand des Spiels verstanden werden kann.
OA 117, Spiegel-
kapsel, c. 1300,
Elfenbein, ø 12 cm,   mandi, / Quel ardi / Del jardi E que.us mat e.us vensa!» (So seid Ihr am Morgen dort bei ihr, wo
Frankreich, Q: L'art   sie Euch «Matt» sagt und schlägt und Euch besiegt.); vgl. ferner Blakeslee, Lo dous 1985 (wie
au temps 1998 (wie   Anm. 21) S. 216 f.
Anm. 59), S. 162   66 Vgl. Müller, Minnebilder 1996 (wie Anm. 6) S. 125 f.

67 Vgl. unter anderem die Marginalillustration eines Psalters in Oxford, Bodleian Library, Ms. Douce 5–6, Fol. 160v, oder auch die Miniatur einer Handschrift von Aldobrandino von Sienas «Régime du Corps» in London, British Library, Ms. Sloane 2435, Fol. 9v. Camille sieht in derartigen Vorhängen sogar eine Parallele zur Anatomie des weiblichen Geschlechtsteils; vgl. Michael Camille: The Medieval Art of Love. London 1998, S. 124.

68 Paris, Louvre, Inv.-Nr. OA 117, Spiegelkapsel, c. 1300, Elfenbein, ø 12 cm, Frankreich; vgl. Koechlin, Ivoires 1924 (wie Anm. 48) Bd. 2, Nr. 1053; L'art au temps 1998 (wie Anm. 59) Nr. 98.

Aufgrund der relativen Gleichförmigkeit der Schachbildzeugnisse wurde mehrfach die Möglichkeit erwogen, diese seien von Passagen aus konkreten literarischen Texten inspiriert. Raymond Koechlin warf zuerst die Hypothese auf, die Spielszenen der Elfenbeine illustrierten jene Passage des Romans «Huon de Bordeaux», in welcher der als Knecht verkleidete Held um sein Leben gegen die Tochter des Admirals Yvorin spielen muss und gewinnt[70]; Koechlin relativierte seine Vermutung aber sofort[71]. Trotzdem wurde sie mehrfach unreflektiert wiederholt, zuletzt jedoch von Müller mit überzeugenden Argumenten als wenig plausibel verworfen[72]. Auch die Annahme, die Bildzeugnisse mit Schachthematik seien Illustrationen zum «Tristan»-Roman muss skeptisch hinterfragt werden. Diese Auffassung wurde im Wesentlichen durch einen Eintrag in dem 1379/80 angelegten Inventar des Louis von Anjou gefördert, in dem ein heute verlorenes wertvolles Emailobjekt mit den Worten «sont dessous un pavillon Tristan et Yseut et jouent aus esches»[73] Erwähnung fand. Allerdings verweisen andere Inventareinträge darauf, dass bei vergleichbaren Schachspieldarstellungen die Protagonisten nicht als Romanhelden identifiziert wurden. Aufgrund der Tatsache, dass den Szenen der Elfenbeine vor allem jene spezifische Erweiterung fehlt, die einen illustrativen Bezug zu einem konkreten literarischen Text erst erlauben würde, und angesichts des Faktums des in der höfischen Dichtung und Bildkunst des Mittelalters weit verbreiteten Topos des schachspielenden Liebespaares kann daher festgehalten werden, dass die Schachszenen nicht als Illustrationen konkreter Texte, sondern primär als «scènes courtoises indéterminées»[74], als «représentation d'un jeu pratiqué par l'aristocratie» sowie als Zeichen des «amour courtois, régi par des règles précises»[75] anzusehen sind[76].

Den sinnlichen Gehalt der Schachszenen bestätigt auch deren Einbindung in Bildsequenzen höfischer Liebe wie sie vor allem auf den elfenbeinernen Kästchen begegnen, wobei die Spielszene hier weit häufiger im Detail modifiziert und bevorzugt auf einer der beiden Schmalseiten wiedergegeben wurde[77]. Dieser Beobachtung entsprechend, hat auch das Schachbild einer Kassette in Köln[78] auf der linken Seitenwand seinen Platz gefunden (Abb. 7). Im Unter-

---

69 Für weitere Beispiele vgl. Koechlin, Ivoires 1924 (wie Anm. 48) Bd. 2, Nr. 1019, 1054–56 und 1265.

70 Vgl. François Guessard (Hrsg.): Huon de Bordeaux. Chanson de geste; publiée pour la première fois d'après les manuscrits de Tours, de Paris et de Turin. Paris 1860, V 220–225.

71 Vgl. Koechlin, Ivoires 1924 (wie Anm. 48) Bd. 1, S. 388 f.

72 Vgl. Müller, Minnebilder 1996 (wie Anm. 6) S. 124 f.

73 Vgl. Les Fastes du Gothique. Le siècle de Charles V. Ausst.-Kat. Galeries Nationales. Paris 1981, S. 171.

74 Koechlin, Ivoires 1924 (wie Anm. 48) Bd. 1, S. 389.

75 L'art au temps 1998 (wie Anm. 59) S. 163.

76 Ähnlich argumentierte auch Müller, Minnebilder 1996 (wie Anm. 6) S. 125.

Abb. 7:
Schachbild auf einer
Kassette, Köln,
S. Ursula, Schatz-
kammer, Kästchen,
linke Schmalseite,
A. 14. Jh.,
Elfenbein, Silber,
9 x 24 x 12 cm,
Köln (?), Paris (?),
Q: Koechlin, Ivoires
1924 (wie Anm. 48),
Bd. 2, Nr. 1266

schied zu den zuvor besprochenen Spiegelkapseln wurde hier jedoch auf die Wiedergabe des
Pavillons verzichtet, was eine Abänderung der
Gestik des männlichen Spielers nach sich zog.
Die rahmende Funktion des Zeltes wird nun von
zwei links und rechts am Bildrand erscheinenden
Bäumen übernommen, welche einen Außenraum
evozieren. Anstelle der aufgerichteten Zeltstange
betont ein dritter Baum die Hauptachse der
Komposition und unterteilt die Bildfläche in
zwei gleich große Hälften. Dabei ist die Krone
des Baumes so gestaltet, dass die Protagonisten gleichsam von einer Arkade
aus Laubwerk umgeben sind. Vor dem Stamm ist der kleine, mit hochrecht-
eckigen abstrakten Figuren besetzte Spieltisch platziert, an dem sich Ritter
und Dame in der bekannten Position gegenübersitzen. Der Mann ist gerade
im Begriff, mit seiner Linken einen Stein zu setzen, während er mit der
Rechten den Rand des Tisches berührt.

Im Rahmen des Bildprogramms der Kassette, deren Einzelszenen sich im
Uhrzeigersinn zu einer lesbaren Abfolge ergänzen, folgt das Schachbild auf
eine Darstellung der unhöfischen und daher abgewiesenen Annäherung eines
Mannes, die im linken Kompartiment der Front wiedergegeben ist (Abb. 8).
Die Funktion der Spielszene kann dennoch als auf die Liebessituation voraus-
weisend gedeutet werden. Denn im Anschluss an sie entrollt sich auf der

Abb. 8:
Vorderseite der
Kassette, Köln,
S. Ursula, Schatz-
kammer, Kästchen,
Front, A. 14. Jh.,
Elfenbein, Silber,
9 x 24 x 12 cm,
Köln (?), Paris (?),
Q: Koechlin, Ivoires
1924 (wie Anm. 48),
Bd. 2, Nr. 1266

77 Vgl. KOECHLIN, Ivoires 1924 (wie Anm. 48) Bd. 2, Nr. 1263–1266 sowie 1269–1270. Gelegent-
    lich lassen sich bei den mit Liebesszenen geschmückten Kassetten auch in zwei Bildfelder unter-
    teilte Seitenflächen nachweisen, wobei die Schachszene dann in Gemeinschaft mit einer weite-
    ren höfischen Liebesszene, etwa einer Geschenkübergabe oder einer Bekrönung, erscheint; vgl.
    ebenda, Nr. 1269 und 1270. Daneben wird das Schachspiel gelegentlich mit der Baumgarten-
    episode des «Tristan-Romans» kombiniert; vgl. u. a. RANDALL, Golden Age 1993 (wie Anm. 61)
    S. 126 f., Nr. 190.
78 Köln, S. Ursula, Schatzkammer, Kästchen, A. 14. Jh., Elfenbein, Silber, 9 x 24 x 12 cm, Köln (?),
    Paris (?); vgl. KOECHLIN, Ivoires 1924 (wie Anm. 48) Bd. 2, Nr. 1266.

Rückseite des Objekts das umfangreiche Spektrum verschiedener Etappen höfischer Werbung. Diese findet ihren Höhepunkt in der Wiedergabe des im Freien stattfindenden Liebeslagers, welches direkt gegenüber der Schachszene auf der rechten Schmalseite der Kassette dargestellt ist und sowohl den letzen Grad des Liebeswerbens illustriert als auch das intime Zusammensein der Liebenden im rechten Kompartiment der Front rechtfertigt. Die Korrespondenz der beiden Schmalseiten bestätigt dabei noch einmal den erotischen Bedeutungsgehalt des Schachspiels, da der in ihm metaphorisch verborgene sinnliche Gehalt im Bild des Liebeslagers unmittelbar fassbar ist.

Deutlich aufgewertet erscheint das bei den Kästchen sonst zumeist «am Rande» platzierte Motiv des schachspielenden Paares durch seine Verwendung auf der Schauseite einer nur fragmentarisch erhaltenen kleinen Schatulle in Paris[79](Abb. 9). Die einst die Vorderseite bildende querrechteckige Tafel ist

Abb. 9:
Schachspielendes
Paar auf der Schau-
seite einer kleinen
Schatulle, Paris,
Louvre, Kästchen-
fragment (Vorder-
seite), M. 14. Jh.,
Elfenbein,
6,1 x 18,8 cm,
Frankreich, Paris (?),
Q: Eigenes Foto

durch einen flachen Streifen links sowie eine Säule mit Kapitell rechts in drei Bildfelder geteilt. Die zentrale Szene ist unterhalb einer Kleeblattarkatur wiedergegeben. Dort sieht man den mit übergeschlagenen Beinen auf einem Faltstuhl thronenden geflügelten Liebesgott. In seinen zur Seite ausgebreiteten Händen hält er jeweils einen Pfeil, der auf die Körper eines zu seinen Seiten knienden Liebespaares mit Falken und Hund gerichtet ist. In Variation dieses relativ statischen Gestaltungsschemas hat sich der Jüngling, zu dem Amor mit geneigtem Haupt herabblickt, hier jedoch umgewandt und führt mit seiner Rechten einen auf das linke äußere Kompartiment, zum spielenden Paar, weisenden Gestus aus. Auf diese Weise wird eine Verbindung zwischen den beiden allegorischen Szenen hergestellt. Die Bildformel des Schachspiels erscheint unterhalb der zweibögigen Arkatur in der üblichen Form, wobei auch hier auf den Pavillon verzichtet und die Handhaltung des Mannes entsprechend variiert wurde. Dieser trägt nun auf seiner Linken den Beizvogel, während er mit seiner Rechten auf das Spielbrett verweist. Eine von den bei-

---

79 Paris, Louvre, Kästchenfragment (Vorderseite), M. 14. Jh., Elfenbein, 6,1 x 18,8 cm, Frankreich, Paris (?); vgl. KOECHLIN, Ivoires 1924 (wie Anm. 48) Bd. 2, Nr. 1275.

den anderen Szenen eigentümlich losgelöst wirkende Gesprächsszene rechts vervollständigt die Szenerie.

Auch bei dieser nur fragmentarisch erhaltenen Kästchensequenz wird deutlich, dass Illustrationen schachspielender Paare nicht als genrehafte Darstellungen fehlinterpretiert werden dürfen. Sie müssen vielmehr als Element einer spezifischen Ikonographie der höfischen Liebe gesehen werden, wobei im Falle des zuletzt besprochenen Objekts vor allem die Verbindung der Spielszene mit dem triumphierenden Liebesgott, dessen Figur «als ikonographisches Wesensmerkmal der Darstellungen der ‹Hohen› Minne gehobener Stände eingesetzt wurde»[80], eine solche Auslegung bestätigt. Denn in der zentralen Szene wird die Liebe der über Kleidung, Benehmen und Attribute als höfisch ausgewiesenen Protagonisten nicht durch unmittelbar trieb- und damit schuldhaftes Verhalten, sondern in einem schicksalhaften Akt durch die Pfeilschüsse Amors begründet. Auf den Charakter der so entstandenen Liebe verweist das metaphorisch zu deutende Motiv des Schachspiels, auf das der männliche Protagonist explizit hindeutet. Es steht zeichenhaft für die im Rahmen einer als erlernbare Materie, als «ars» begriffenen Liebeskunst erfolgende Überführung des körperlichen Verlangens in eine reglementierende Werbung sowie für eine höfische Form, die Liebe selbst zu einem Modell elitären Verhaltens werden lässt, wobei im Bild des Schachspiels sowohl die jener Liebe eigene Dynamik als auch sozial-repräsentative Aspekte ihren Ausdruck fanden.

3. Eine erotische Schachszene im Codex Manesse?
– Die Miniatur des Markgrafen von Brandenburg

Auch innerhalb der Großen Heidelberger Liederhandschrift finden sich neben Darstellungen höfischer Unterhaltung wie Turnier, Jagd oder Tanz mehrere Szenen spielerischen Vergnügens, darunter eine Illustration des Steinstoßens im Bild des Burggrafen von Lienz auf Fol. 115r oder eines Wurfspiels beim Meißner auf Fol. 339r[81]. Liegt der Spielcharakter hier eher im körperlichen Wettkampf beim Messen der Kräfte unter Männern, geht es bei den in zwei weiteren Miniaturen illustrierten Brettspielen vor allem um geistige Anstrengung. Die Darstellung des edlen Schachs auf Fol. 13r ist mit dem Markgrafen Otto von Brandenburg[82] einem aristokratischen Minnesänger zu-

---

80 Müller, Minnebilder 1996 (wie Anm. 6) S. 194.

81 Vgl. Hella Frühmorgen-Voss: Text und Illustration im Mittelalter. Aufsätze zu den Wechselbeziehungen zwischen Literatur und bildender Kunst. München 1975, S. 70, die jedoch die Spieldarstellungen des Codex Manesse mit den Trinkszenen zu einer Gruppe zusammenfasst und hinsichtlich ihrer ikonographischen Tradition auf den Bereich der Didaxe sowie den Illustrationszyklus der «Carmina Burana» verweist.

geordnet[83]. Das vom Grundstockmaler gestaltete Trictrac des Ministerialen Göli folgt hingegen erst im hinteren Teil der Handschrift auf Fol. 262v, so dass die Abfolge der Bildmotive eine der hierarchisch-ständischen Gliederung der Handschrift analoge Ordnung der Spielarten erkennen lässt.

Dabei gehört das Bild des schachspielenden Markgrafen, dessen Name mit dem Zusatz «mit dem Pfeil» versehen ist, zur Reihe der den ursprünglichen Miniaturenbestand ergänzenden und von der Hand des ersten Nachtragsmalers ausgeführten Darstellungen, welche sich sowohl durch Figurenreichtum als auch durch einen gesteigerten narrativen Charakter auszeichnen. Ebenso wie die vom selben Maler stammende und der Schachszene vorangehende Miniatur des Herzogs von Breslau auf Fol. 11v und wie die ihr nachfolgende Darstellung des Markgrafen von Meißen auf Fol. 14v lässt sich das Bild des Brandenburgers dem thematischen Bereich des «spils», des mit Freude verbundenen kurzweilig-höfischen Vergnügens zuweisen, dem auch Turnier und Falkenjagd zuzurechnen sind[84]. Zugleich bietet es, ähnlich der Miniatur des Herzogs von Breslau, eine Szene höfischer Unterhaltung mit Bezug zur Liebesthematik, denn die vergleichsweise kleinfigurig und detailreich angelegte Darstellung zeigt den sitzenden Markgrafen Otto beim Schachspiel mit einer Dame (Abb. 10).

Gemäß der üblichen Bildformel des schachspielenden Paares sitzen sich die beiden Protagonisten auf einer geschlossen und blockartig wirkenden, sich quer über die gesamte Bildfläche erstreckenden Kastenbank mit Sitzpolster gegenüber. Zwischen ihnen steht aufrecht das Spielbrett, auf dessen in

---

82 Es handelt sich hier um Markgraf Otto IV. von Brandenburg (ca. 1238–1308), an dessen Hof traditionell Dichtung gefördert wurde und der sich auch selbst als Minnesänger betätigt hat. Seine im ersten Nachtrag der Handschrift zusammen mit den Liedern weiterer ostdeutscher Fürsten aufgezeichneten siebzehn Strophen sind sowohl formal als auch inhaltlich von herkömmlicher Form und stellen nach INGO F. WALTHER und GISELA SIEBERT (Hrsg.): Codex Manesse. Die Miniaturen der Großen Heidelberger Liederhandschrift. Frankfurt/M. ⁵1992, S. 12, hinsichtlich Sprache und Reim «keine Glanzstücke» dar. Zu Person und Werk des Minnesängers vgl. KURT RUH, u. a. (Hrsg.): Die deutsche Literatur des Mittelalters. Verfasserlexikon. Bd. 7. Berlin/New York 1989, Sp. 213 ff.; CARL VON KRAUS (Hrsg.): Deutsche Liederdichter des 13. Jahrhunderts. Tübingen ²1978, Bd. 1, Nr. 42 sowie Bd. 2, S. 380–382.

83 Heidelberg, Universitätsbibliothek, cpg 848 (Große Heidelberger Liederhandschrift), Fol. 13r, Miniatur des Markgrafen Otto von Brandenburg, 1. D. 14 Jh., Pergament, Deckfarben, 426 Bll., 35,5 x 25 cm, Zürich.

84 Zu dieser Reihe, die zugleich Element einer Herrscherreihe ist, zählen auch die Miniaturen König Konrads des Jungen auf Fol. 7r sowie König Wenzels von Böhmen auf Fol. 10r, der jedoch in der Pose des thronenden Herrschers dargestellt wurde; vgl. auch EWALD M. VETTER: Die Bilder. In: WALTER KOSCHORREK und WILFRIED WERNER (Hrsg.): Codex Manesse. Die große Heidelberger Liederhandschrift. Kommentar zum Faksimile. Kassel 1981, S. 43–100, hier S. 74, der darauf verweist, dass der engen Verbindung der Miniaturen der einheitliche Nachtrag der zugehörigen Liedtexte entspricht.

Abb. 10:
Schachspiel in der
Manessischen Hand-
schrift, Heidelberg,
Universitätsbiblio-
thek, cpg 848
(Große Heidel-
bergerLiederhand-
schrift), Fol. 13r,
Miniatur des Mark-
grafen Otto von
Brandenburg,
1. D. 14 Jh., Perga-
ment, Deckfarben,
35,5 x 25 cm, Zürich,
Q: Die Manessische
Liederhandschrift.
Faksimile-Ausgabe.
Einleitungen von
Rudolf Sillib/
FriedrichPanzer/
Arthur Haseloff.
Leipzig 1929

Schwarz und Gelb gehaltenen Feldern die fiktive Spielsituation durch präzise dargestellte Steine schematisierend angegeben ist[85]. Der in ein hellgrünes Untergewand und einen goldgesäumten Überwurf mit Hermelinfutter gekleidete Markgraf, der einen flachen pelzgesäumten Hut auf dem blondlockigen Haar trägt, sitzt seiner Spielpartnerin gegenüber. Diese ist mit einem einfach geschnittenen, hermelingefütterten Ärmelgewand über rotem Unterkleid bekleidet. Ihr Haupt ziert ein schlicht über die blonden Locken herabfallender goldgesäumter Schleier. Die Spieler sind dem Spielbrett über Körperhaltung, Blickrichtung und Gesten zugewandt. Beide halten je einen Spielstein in der Linken und führen mit der Rechten einen auf das Brett weisenden Zeigegestus aus. Offenbar befinden sie sich in angeregter Unterhaltung. Unmittelbar über dem Markgrafen ist im oberen Bilddrittel links sein goldener Topfhelm mit fliegender roter Decke und einem mit goldenen Blättern besetzten schwarzen Flügel als Zier zu sehen, wobei diese Darstellung im Detail von der Wiedergabe der heraldischen Zeichen des Brandenburgers in der Zürcher Wappenrolle abweicht. Rechts neben dem Helm befindet sich der aufrecht stehende Schild, der mit dem roten brandenburgischen Adler auf Silber verziert ist[86].

Auffällig ist die von der im Codex sonst üblichen Miniaturengestaltung abweichende Platzierung des Sitzmöbels in der mittleren Bildfläche, aus der nicht zuletzt eine stärkere Einbindung der heraldischen Elemente in die Szenerie resultiert. Sie erklärt sich aus dem Versuch des Malers, auch den vor der Bank liegenden Raum als solchen darzustellen, was ihm jedoch nicht gelang. Im Ergebnis der einfach flächenhaften Anordnung der Bildräume übereinander kam das vor dem spielenden Paar zu denkende Orchester aus vier Musikanten - zwei Buisinenbläser, ein Trommler sowie ein Dudelsackspieler - unterhalb der Sitzenden zur Ausführung[87]. Entsprechend dem hieratischen Prinzip der Figurenanordnung sind die am unteren Bildrand auf welligem Bodengrund stehenden Musikanten deutlich kleiner als die Hauptpersonen dargestellt. Dabei wurden die Spielleute so platziert, dass allein ihre Köpfe sowie ein Teil der Instrumente in jene Bildebene hineinreichen, in der die Kastenbank des Markgrafen mit dem maßwerkdurchbrochenen Podest beginnt, auf welchem die Füße des Paares ruhen.

---

85 Auch wenn die Spielfiguren über ihre Form genau identifizierbar sind, konnte eine konkrete Spielsituation nicht nachgewiesen werden. Die ungenaue asymmetrische Anlage des Bretts, die nicht der tatsächlichen Gestalt desselben entspricht, scheint aber gegen die Annahme einer realistischen Situation zu sprechen. Es ging hier wohl weniger darum, eine konkrete Spielpassage zu visualisieren, als darum, eine möglichst authentische Szene zu gestalten.

86 Zur Miniatur vgl. u. a. ADOLPH VON OECHELHAEUSER: Die Miniaturen der Universitäts-Bibliothek zu Heidelberg. Bd. 2. Heidelberg 1895, S. 106 ff.; GISELA SIEBERT-HOTZ: Das Bild des Minnesängers. Motivgeschichtliche Untersuchungen zur Dichterdarstellung in den Miniaturen der Großen Heidelberger Liederhandschrift. Marburg, Diss. 1964, S. 284 ff.; VETTER, Die Bilder 1981 (wie Anm. 84) S. 47; WALTHER/SIEBERT, Codex 1992 (wie Anm. 82) S. 12.

87 Zur Deutung des kleinen Orchesters vgl. DAGMAR HOFFMANN-AXTHELM: Markgraf Otto von Brandenburg mit dem Pfeile (Codex Manesse, fol. 13). Zum höfischen Minne-, Schach- und Instrumentalspiel im frühen 14. Jahrhundert. In: H. HECKMANN, M. HOLL und H. J. MARX (Hrsg.): Musikalische Ikonographie. Laaber 1994, S. 164 ff. Zum repräsentativen Zusammenspiel verschiedener Instrumente vgl. SCHULTZ, Minnesinger 1991 (wie Anm. 5) Bd. 1, S. 427 und 439.

Nach Siebert-Hotz genügte die Verbindung des Schachspiels mit der Gestalt des Fürsten, die bereits aus dem Rückbezug eine charakteristische Wertaussage ergeben würde, hier nicht mehr zur alleinigen glanzvollen Vorstellung des Markgrafen. Um den repräsentativen Charakter der Miniatur zu erhöhen und den gehobenen Rang der Protagonisten zusätzlich zu unterstreichen, sei daher als szenisches Element das kleine Orchester eingeführt worden[88], welches analog zum Bild König Wenzels von Böhmen auf Fol. 10r «als eine Darstellung des Fürstenlobes»[89] gedeutet werden kann. Wie Welker herausgestellt hat, ist hier jedoch bereits aufgrund der Besetzung mit «lauten» Instrumenten nicht von einer musikalischen Begleitung des Schachspiels auszugehen. Vielmehr verweisen die Instrumente auf die Sphäre des höfischen Fests und der Herrschaftsrepräsentation, in dessen Rahmen musikalische Darbietungen nachweislich einen breiten Raum einnahmen[90].

Die Betrachtung der sieben unter dem Namen des Brandenburgers überlieferten Lieder[91], die ganz allgemein Liebe und Liebesleid zum Gegenstand haben und mehrfach Anklänge an die Dichtungen Heinrichs von Morungen aufweisen, ergibt keinerlei Verbindungen von Text und Miniatur. Denn trotz einer besonderen Vorliebe des Markgrafen für alles Visuelle bewegen sich seine in Aufbau, Anlage, Motivik und Reim konventionellen Texte weitgehend im Rahmen der üblichen Formeln und Vorstellungen. Eine Interpretation der Lieder in der Absicht, mit dem Bild gemeinsame Motive ausfindig zu machen, führt daher zu keinem befriedigenden Ergebnis[92]. Im Falle des Markgrafen von Brandenburg scheint die Darstellung des Schachspiels somit weder mit Blick auf konkrete Textinhalte noch auf die Charakteristik des literarischen Werkes verwendet worden zu sein. Zwar ergibt sich vom Gesichtspunkt der mit dem Spiel verbundenen höfischen Freude eine ganz allgemeine Relation des Bildes zu der in den Liedern des Brandenburgers geschilderten «fröide», allerdings muss bedacht werden, dass es sich hierbei um einen im Minnesang vielfältig thematisierten Topos handelt[93].

Die Wahl gerade der Schachbildformel innerhalb der höfischen Liederhandschrift lässt sich zunächst ganz einfach aufgrund der Bedeutung des

88 Vgl. Siebert-Hotz, Das Bild 1964 (wie Anm. 86) S. 286.

89 Walther/Siebert, Codex 1992 (wie Anm. 82) S. 12.

90 Vgl. Lorenz Welker: Melodien und Instrumente. In: Mittler/Werner, Codex Manesse 1988 (wie Anm. 54) S. 113–126, bes. S. 122; Thomas Cramer: brangend unde brogend. Repräsentation, Feste und Literatur in der höfischen Kultur des späten Mittelalters. In: Hedda Ragotzky und Horst Wenzel (Hrsg.): Höfische Repräsentation. Das Zeremoniell und die Zeichen. Tübingen 1990, S. 259–278.

91 Vgl. Kraus, Liederdichter 1978 (wie Anm. 82) Bd. 1, Nr. 42 sowie Bd. 2, S. 380–382.

92 Bereits Oechelhaeuser, Miniaturen 1895 (wie Anm. 86) S. 108, formulierte, «[d]er Gegenstand unseres Bildes ist, … ohne Bezug auf den darauf folgenden Text der Lieder gewählt.»

93 Vgl. Günther Schweikle: Minnesang. Stuttgart ²1995, S. 126 f., 201.

Schachs als königliches Spiel sowie der damit verbundenen besonderen Eignung zur Darstellung aristokratischen Zeitvertreibs erklären. Den Gehalt der Miniatur aber allein auf den Aspekt der repräsentativen Vorstellung des Herrschers und als reine Schilderung adligen Pläsiers zu reduzieren, wird der komplexen Bildaussage nicht gerecht. Denn wie Hoffmann-Axthelm in der bislang ausführlichsten Interpretation der Miniatur herausgestellt hat, kann diese im Zusammenhang mit einer Selbstdarstellung des Markgrafen gleichermaßen als kämpferischen Helden wie als Minneritter gesehen werden. Der sich als Nachkomme der antiken Helden Eneas und Ascanius verstehende Markgraf stilisiere sich dabei mit Hilfe des über den Namenszusatz evozierten Pfeilsymbols und im Anschluss an den «Eneas»-Roman mit seiner Schilderung der mit zwei Pfeilen bewaffneten Venus einerseits als ritterlicher Krieger. Zugleich inszeniere er sich, ebenfalls in Anschluss an die Pfeilsymbolik des Romantextes sowie unter Rückgriff auf den erotischen Gehalt des Schachs als Minneritter[94].

Aber auch ohne diese Verbindung zum «Eneas»-Roman kann das Bild des Brandenburgers nicht nur mit Blick auf den Gesamtkontext der Großen Heidelberger Liederhandschrift sowie die Thematik der in ihr enthaltenen Texte, sondern bereits aufgrund des gewählten Darstellungsmusters als Liebesszene und das Schachspiel dementsprechend als «Minneschach»[95] gedeutet werden. Vor dem Hintergrund der aus ihrer literarhistorischen Tradition auch in der Kunst vorgeprägten und bei auffälliger Motivkonstanz weit verbreiteten Schachbildformel erscheint es naheliegend, dass sich der Manessemaler zur Gestaltung der Miniatur des Brandenburgers aus dem allgemein kursierenden Bildvorrat höfischer Liebe bedient hat. Von daher kann die Darstellung weder als singuläre Erfindung von ihm angesehen, noch eine konkrete Bildvorlage festgestellt werden[96].

Die Miniatur des Markgrafen von Brandenburg bedient sich mit dem schachspielenden Paar einer bereits etablierten Bildformel. Allerdings fällt im Vergleich sowohl mit den Schachdarstellungen der französischen Elfenbeine als auch mit der Spielszene einer wiederholt mit der Miniatur des Branden-

---

94 Vgl. Hoffmann-Axthelm, Markgraf Otto 1994 (wie Anm. 87) S. 157 ff.

95 Hoffmann-Axthelm, Markgraf Otto 1994 (wie Anm. 87) S. 164.

96 Vetter, der im Zusammenhang mit der Problematik der Vorlagen der Nachträge eine Vorbildwirkung des Grundstocks in Erwägung zog, erwog in vorsichtiger Argumentation als mögliches Modell der Miniatur des Brandenburgers das Bild des Von Buochein auf Fol. 271r; vgl. Vetter, Die Bilder 1981 (wie Anm. 84) S. 77. Als Zeichen für eine derartige Relation beider Bilder deutete Vetter das Faktum, dass Von Buochein im Inhaltsverzeichnis nicht in der Reihe erscheine, obwohl er dem Grundstock zugehöre und in die Zählung der abschließenden Redaktion einbezogen sei. Ferner verweist Vetter darauf, dass sich in unmittelbarer Nachbarschaft des Von Buochein das Bild des brettspielenden Herrn Göli auf Fol. 262v befinde, wobei beide auf das gleiche Doppelblatt gemalt seien.

burgers in Verbindung gebrachten bemalten Holzkassette in Zürich[97] auf, dass die Manesse-Miniatur das standardisierte Motiv auf sinnreiche Weise variiert (Abb. 11). So verzichtet das Heidelberger Bild auf die sonst üblichen erotisch besetzten Nebenmotive und Attribute sowie auf das intim Abgeschlossene der Szene. Statt dessen erscheint das Spiel hier gleichermaßen als Element des höfischen Fests, der Liebe und der adligen Repräsentation.

Abb. 11:
Schachspiel auf
einer bemalten
Holzkassette,
Zürich, Schweizeri-
sches Landesmuseum,
Inv.-Nr. IN 6957-4,
Kästchen, rechte
Schmalseite, c. 1320,
Ahorn- sowie
Apfel- oder Birnen-
holz mit ausgeschnit-
tenen und bemalten
Zierfüllungen,
Metallbeschläge,
14 x 28,5 x 15,5 cm,
Konstanz,
Q: Camille,
Art of Love 1998
(wie Anm. 67),
Abb. 93

Auch die dargestellte Spiel-situation lässt sich nicht analog den bisher besprochenen Bei-spielen als vermutliche Nieder-lage des Mannes deuten. Denn hier halten sowohl der Markgraf als auch seine Partnerin je einen Spielstein in der Hand. Dabei hat man dem Brandenburger die Figur des Springers (Pferd) beige-geben, der als Bild des Ritters fungierte[98]. Im Schachbuch des Alfons von Kastilien gilt er als eine Figur mit höherem Wert als alle anderen, abgesehen vom Turm[99]. In den moralisierenden Schachallego-rien wurden dem Springer ritterliche Tugenden und Pflichten wie Klugheit, Maß, Treue, Großmut, Barmherzigkeit und Gerechtigkeit zugeordnet[100]. Über das Attribut der Schachfigur wird dem Markgrafen hier mithin die Rolle des

---

97 Zürich, Schweizerisches Landesmuseum, Inv.-Nr. IN 6957–4, Kästchen, c. 1320, Ahorn- sowie Apfel- oder Birnenholz mit ausgeschnittenen und bemalten Zierfüllungen, Metallbeschläge, 14 x 28,5 x 15,5 cm, Konstanz. Das mit weltlichen Motiven bemalte Objekt bietet, umgeben von einem floralen Rahmen, verschiedene gerahmte höfische Szenen. Auf Schau- und Rückseite sind dem Rahmen zusätzlich acht Wappen eingefügt, von denen sich eines nach Konstanz loka-lisieren ließ. Während der Deckel links eine Gruppe Männer beim Erklimmen eines blühenden Baumes und rechts eine Tischrunde zeigt, ist auf der Rückseite vor den Toren einer Stadt eine Gruppe Ritter wiedergegeben, die vor den Augen eines Hirten eine Herde Kühe wegtreibt. Zu diesem Bildtopos sowie zum Zusammenhang dieser Kästchenszene mit dem Bild des Von Buwenburg in der Großen Heidelberger Liederhandschrift vgl. zuletzt CLAUDIA BRINKER und DIONE FLÜHLER-KREIS (Hrsg.): «edele frouwen-schoene man». Die Manessische Liederhand-schrift in Zürich. Ausst.-Kat. Schweizerisches Landesmuseum. Zürich 1991, S. 254 sowie Nr. 157. Die Schauseite der Kassette bietet hingegen zwei Jagdszenen. Die Schmalseiten thematisie-ren in Gegenüberstellung zwei Situationen höfischen «spils», wobei rechts ein Paar beim Schach, links ein ritterlicher Zweikampf dargestellt ist. Zur Kassette vgl. u. a. HEINRICH KOHLHAUSSEN: Minnekästchen im Mittelalter. Berlin 1928, Nr. 27; Camille, Art of Love 1998 (wie Anm. 67) S. 107 f.

98 Vgl. MURRAY, History 1962 (wie Anm. 7) S. 421 f.

99 Vgl. STEIGER, Alfonso el Sabio 1941 (wie Anm. 7) S. 21.

vorbildlichen Ritters zugewiesen. Die Dame hält hingegen die Figur des Turms, der aufgrund seiner langen Züge als mächtigste Gestalt des mittelalterlichen Schachspiels galt[101] und Ausdauer, Gerechtigkeit, Geduld, Selbstlosigkeit und Güte veranschaulichte[102]. Darüber hinaus kommt hier eine vor allem im Zusammenhang mit dem Sturm auf die Minneburg greifbare Symbolik zum Tragen, in deren Rahmen der Turm als Bild des weiblichen Körpers und der Frau fungierte. Vor diesem Hintergrund sowie auf der Basis der Deutung des Schachspiels als visualisierter höfischer Werbevorgang können die Spielsteine im Bild des Markgrafen von Brandenburg als Sinnbild des erobernden Ritters sowie der sich verteidigenden Dame ausgelegt werden[103]. In der Schachszene des Brandenburgers durchdringen sich somit die Themen Rittertum, höfische Liebe und Repräsentation auf eindrückliche Weise.

4. Resümee

Die Bildwelt der höfischen Liebe besaß mit dem Darstellungsmuster des erotischen Schachspiels ein Illustrationsschema, das sich der Natur der menschlichen Liebe über die Metaphorik des die Bedingungen und Regeln des Werbeverlaufs illustrierenden Spielverlaufs annäherte. Spiel und Liebe waren dabei gleichermaßen reglementierte wie zeremoniell stilisierte Vorgänge, welche geistige und körperliche Vollkommenheit voraussetzten und veredelnde Wirkung hatten. Entsprechend der im Zusammenhang mit der Liebesthematik elementaren Bedeutung des Spiels begegnen schachspielende Paare als darstellungsgeschichtliche Konstante höfischer Galanterie gleichermaßen in Wort und Bild, wobei sich hier wie dort in der Darstellung sozial-repräsentative und erotische Bedeutungsebenen durchdrangen. Das interpretierte System des erotischen Schachspiels war zugleich ein exklusives, da allein ein elitärer aristokratischer Personenkreis Zugang zur Sphäre derartigen Vergnügens besaß.

---

100 Vgl. Wichmann/Wichmann, Schach 1960 (wie Anm. 6) S. 45 ff., bes. S. 47; Hoffmann-Axthelm, Markgraf Otto 1994 (wie Anm. 87) S. 162.
101 Vgl. Steiger, Alfonso el Sabio 1941 (wie Anm. 7) S. 23.
102 Vgl. Wichmann/Wichmann, Schach 1960 (wie Anm. 6) S. 45 ff., bes. S. 47; Hoffmann-Axthelm, Markgraf Otto 1994 (wie Anm. 87) S. 162.
103 Vgl. ebenda.

Die Leuchterengel auf der Wartburg und ihre «Verwandten» im Oeuvre des Würzburger Bildhauers Tilman Riemenschneider und seiner Werkstatt

Claudia Lichte und Manfred Schürmann

Die Sammlungen auf der Wartburg in Eisenach beherbergen ein Leuchterengelpaar aus Lindenholz, das viel mit den Arbeiten des Würzburgers Tilman Riemenschneider und seiner Werkstattmitarbeiter gemein hat (Abb. 1). Die beiden Figuren wurden 1873 von der Großherzogin Sophie von Sachsen-Weimar-Eisenach für ihren Gemahl erworben, schmückten – mit einer neuen Fassung versehen – danach das südliche Reformationszimmer, wo sie auf Pilastern zu Seiten einer Mauernische aufgestellt waren[1]. Heute sind sie, von ihren späteren Überfassungen wieder befreit, in den Museumsräumen der Wartburg in einer Vitrine ausgestellt[2]. Hier rufen die Engel bei den Besuchern oftmals Verwunderung hervor, denn obwohl sie der allgemeinen Vorstellung vom Schaffen des allseits bekannten Tilman Riemenschneiders ganz unmittelbar entsprechen, ist doch nur wenigen bekannt, dass sich heute ein Figurenpaar aus seiner Werkstatt auf der Wartburg befindet. Tatsächlich hat auch die Fachliteratur zu Tilman Riemenschneider die Wartburger Leuchterengel bislang nur wenig beachtet. Justus Bier, der die immer noch grundlegende vierbändige Riemenschneider-Monographie verfasste, erwähnte sie gar nicht[3], spätere Autoren, wie Asche 1954[4] und Kalden 1990[5] stellten nur einen der beiden Engel vor. Das mag seine Ursache darin haben, dass der den Leuchterschaft zu seiner linken Seite haltende Engel als neuzeitliche Kopie nach seinem Gegenstück galt – eine Hypothese, die lange Zeit unüberprüft blieb. Eine

---

1 Georg Voss: Die Wartburg (P. Lehfeldt und G. Voss: Bau- und Kunstdenkmäler Thüringens. Heft 41. Großherzogtum Sachsen-Weimar-Eisenach. Amtsgerichtsbezirk Eisenach). Jena 1917, S. 282.

2 Jutta Krauss: Welterbe Wartburg. Porträt einer Tausendjährigen. Regensburg 2000, S. 149.

3 Justus Bier: Tilmann Riemenschneider. Die frühen Werke. Würzburg 1925; Justus Bier: Tilmann Riemenschneider. Die reifen Werke. Augsburg 1930; Justus Bier: Tilman Riemenschneider. Die späten Werke in Stein. Wien 1973; Justus Bier: Tilmann Riemenschneider. Die späten Werke in Holz. Wien 1978.

4 Sigfried Asche: Die Wartburg und ihre Kunstwerke. Eisenach ²1954, S. 46 f.

5 Iris Kalden: Tilman Riemenschneider. Werkstattleiter in Würzburg. Ammersbek bei Hamburg 1990, S. 122.

*Abb. 1:
Wartburg Stiftung,
Leuchterengel,
Tilman Riemen-
schneider und
Werkstatt,
um 1505*

eingehende Würdigung der Wartburg-Engel mit ihrer Einordnung in das Oeuvre Tilman Riemenschneiders fehlt bis heute.

Im Zuge der Vorbereitungen zu der Ausstellung «Tilman Riemenschneider – Werke seiner Blütezeit»[6], die im Jahre 2004 im Mainfränkischen Museum Würzburg gezeigt wurde, konnten die Wartburger Leuchterengel dank der kollegialen Großzügigkeit des Teams auf der Wartburg von den Autoren dieses Aufsatzes und Frau Dr. Iris Kalden-Rosenfeld eingehend untersucht und in die Objektdokumentationen Einsicht genommen werden. Schließlich wurde das Figurenpaar zu der oben genannten Ausstellung nach Würzburg ausgeliehen und war dort dann mit weiteren Engelfiguren aus der Werkstatt Tilman Riemenschneiders zu vergleichen. Die aus dieser direkten Gegenüberstellung gewonnenen Erkenntnisse sind das Thema des vorliegenden Aufsatzes. Dabei kommt den Engeln von der Wartburg eine ganz besondere Bedeutung zu: Von keinem anderen Bildhauer der Spätgotik haben sich so viele Leuchterengelpaare erhalten, wie von Tilman Riemenschneider. Ihre Einordnung innerhalb seines Oeuvres ist ebenso umstritten wie die Chronologie ihrer Entstehung sowie die Frage nach ihrer ursprünglichen Aufstellung und Funktion. Hier

---

6 Claudia Lichte (Hrsg.): Tilman Riemenschneider. Werke seiner Blütezeit. Katalog zur Ausstellung im Mainfränkischen Museum Würzburg. Regensburg 2004, zu den Engeln auf der Wartburg vgl. S. 295 f.

erscheinen die Wartburger Leuchterengel wie ein «missing link», denn einerseits stehen sie zwischen eigenhändiger Meister- und viel wiederholter Werkstattarbeit, zwischen den «Frühen Werken»[7] und den «Werken seiner Blütezeit», andererseits machen sie aufgrund ihrer Bearbeitungsart und -technik eine Einteilung der Leuchterengelpaare aus der Riemenschneider-Werkstatt in zwei Gruppen möglich, eine Einteilung, die sich mit den unterschiedlichen Funktionen deckt, der diese beiden Gruppen genügten. Wenden wir uns den Engel-Paaren nun im Einzelnen zu.

1. Der Bestand

Engelsdarstellungen treten im Oeuvre Tilman Riemenschneiders und seiner Werkstatt häufiger auf. Dabei ist zwischen ihrem Auftauchen in Szenen, wie z. B. der Verzückung der hl. Maria Magdalena aus dem Schrein des Münnerstädter[8] oder der Himmelfahrt Mariens im Creglinger Retabel[9], und ihrer paarweise, isolierten Aufstellung zu unterscheiden. Zu diesen eigenständigen Paaren gehören unter anderen die Leuchterengel, von denen sich aus der Riemenschneider-Werkstatt drei Paare erhalten haben: eines im Victoria and Albert Museum in London, eines auf der Wartburg in Eisenach und eines im Mainfränkischen Museum Würzburg.

Von diesen drei Paaren galten die Londoner Engel von jeher als eigenhändige Arbeiten Tilman Riemenschneiders, als Meisterwerke im wahrsten Sinne des Wortes[10] (Abb. 2). Schon Weber rühmte 1888 die «zarteste Ausführung»[11], für Justus Bier gehörten «die Londoner Engel zum Schönsten, was Riemenschneider geschaffen hat»[12], und auch Iris Kalden nahm 1990 eine Ausführung «wohl unter Beteiligung des Meisters» an[13]. Die beiden Londoner Engel sind 64 cm bzw. 63 cm hoch, vollrund aus Lindenholz gearbeitet und waren ur-

---

7 So der Titel der Riemenschneider-Ausstellung von 1981: Tilman Riemenschneider. Frühe Werke. Ausstellung im Mainfränkischen Museum Würzburg veranstaltet von der Skulpturengalerie der Staatlichen Museen Preußischer Kulturbesitz Berlin, der Stadt Würzburg und dem Bezirk Unterfranken. Berlin 1981.

8 Heute im Bayerischen Nationalmuseum München. Zum Münnerstädter Altar vgl. ausführlich: Frühe Werke, Ausstellung 1981 (wie Anm. 7) S. 115–166.

9 Vgl. zuletzt Julien Chapuis in Lichte, Blütezeit 2004 (wie Anm. 6) S. 19 ff.

10 Ausführliche Beschreibung der Engel und ihrer Provenienz in den beiden Bestandskatalogen des Victoria and Albert Museums: Michael Baxandall (Bearb.): South German Sculpture 1480–1530. London 1994, S. 46; Norbert Jopek (Bearb.): German Sculpture 1430–1540. London 2002; vgl. Lichte, Blütezeit 2004 (wie Anm. 6) S. 293 f.

11 Georg Anton Weber: Leben und Wirken des Bildhauers Dill Riemenschneider. Würzburg/Wien 1888, S. 54 f.

12 So Justus Bier in seinen Manuskripten, die sich in seinem wissenschaftlichen Nachlass befinden, den er an das Mainfränkische Museum Würzburg gegeben hat, wo er heute bewahrt wird.

13 Kalden, Werkstattleiter 1990 (wie Anm. 5) S. 111, Anm. 411.

Abb. 2:
London,
The Victoria and
Albert Museum,
Leuchterengel,
Tilman Riemen-
schneider,
um 1500–1505

sprünglich farbig mit großflächigen Blattsilber- und Blattgoldauflagen gefasst. Sie sind als gegengleich kniende Figuren gegeben. Mit beiden Händen halten sie jeweils den Fuß eines Leuchters, wobei die untere Hand auf dem angewinkelten, nach vorn gesetzten Bein ruht. Beide Engel sind mit Alba, Dalmatik und in den Halsausschnitt eingestecktem Amikt in Diakonstracht gekleidet; auf ihrem schulterlangen, lockigen Haar tragen sie einen aus Bändern geschlungenen und mit Perlen besetzten Reif. Während der eine Engel entrückt in die Ferne schaut, hat der andere sein Haupt andächtig geneigt.

Das Engelpaar hat sein Vorbild in den Engeln, die am Fuße des zwischen 1496 und 1499 von Riemenschneider gearbeiteten Grabdenkmals Fürstbischofs Rudolf von Scherenberg im Würzburger Dom die Inschrifttafel halten[14]. Allerdings wurde die Armhaltung bei den Londoner Engeln variiert und vor allem in der Gestaltung der Gewänder die Plastizität zurück genommen. Die ovalen Gesichter der Londoner Engel mit ihren melancholischen Zügen, gerahmt von schulterlanger, gesträhnter Lockenpracht, erinnern mit ihren mandelförmigen, von schmalen Lidern begrenzten Augen, der geraden, schmalen Nase und dem kurzen Mund mit dünnen Lippen über dem kleinen mit einem Grübchen versehenen Kinn an die Werke Tilman Riemen-

---

14 BIER, Riemenschneider 1925 (wie Anm. 3) S. 78 ff.

schneiders, die er vor 1500, zu Beginn seiner Würzburger Zeit, noch weitgehend eigenhändig fertigte. Vor allem das Gesicht der Eva vom Marktportal der Würzburger Marienkapelle scheint für die Londoner Engel Vorbild gebend gewesen zu sein[15]. Allerdings erreichen auch bei diesem Vergleich die Engelköpfe nicht die Differenziertheit in der plastischen Modellierung. Den frühen Werken des Meisters eng verwandt, in Gesichts- und Gewandgestaltung im Vergleich zu diesen aber großflächiger und linearer, schließen sich die Londoner Engel mit anderen kurz nach 1500 entstandenen Bildwerken zusammen, wie der Maria im Schrein des Creglinger Retabels, um 1505 entstanden, oder der Trauernden Maria aus Acholshausen, die sich heute im Mainfränkischen Museum Würzburg befindet[16] (Abb. 3). Aufgrund ihrer stilistischen Nähe zu den frühen Arbeiten Riemenschneiders kann auch bei diesen Werken eine eigenhändige Ausführung durch den Meister angenommen werden, obwohl Riemenschneider mittlerweile einem mehrköpfigen Betrieb vorstand, in dem Mitarbeiter recht eigenständig nach seinen Vorlagen arbeiteten.

Auch die Londoner Engel sind relativ zeitnah in der Werkstatt Riemenschneiders noch einmal wiederholt worden: Die Wartburg-Engel folgen ihrem Vorbild. Auch sie sind aus Lindenholz gearbeitet, mit 64,5 cm bzw. 65,5 cm Höhe nur einen bzw. zwei Zentimeter größer, und auch sie waren ursprünglich farbig gefasst. Die Gesamtanlage der beiden Engel wurde vollständig von den Vorbildern übernommen. Allerdings sind die Köpfe hier nach außen gedreht und geneigt, so dass ihr Blick jeweils über die äußere Schulter in die Ferne schweift. Gleichzeitig erscheint die Faltenführung in den Gewändern an einigen Stellen vereinfacht: So wurde die Binnenzeichnung auf der Dalmatik bei dem nach links gewandten Engel über dem vorgesetzten Knie zu einem einfachen Faltengrat ohne umgebende Fältelungen reduziert, bei seinem Gegenstück das weit nach hinten reichende Gewand in seiner Länge ein Stück gekürzt. Außerdem haben die Falten an räumlicher Tiefe eingebüßt. Auch die schnitzerischen Details wurden vereinfacht: Die Haare sind nicht mehr so kräftig

Abb. 3:
Würzburg,
Mainfränkisches
Museum,
Trauernde Maria
aus Acholshausen,
Tilman Riemen-
schneider, um 1505

---

15 Vgl. zuletzt LICHTE, Blütezeit 2004 (wie Anm. 6) S. 316 ff.
16 Mainfränkisches Museum Würzburg, Inv.-Nr. S. 32639, H. 180 cm; HANSWERNFRIED MUTH (Bearb.): Tilman Riemenschneider. Die Werke des Bildschnitzers und Bildhauers, seiner Werkstatt und seines Umkreises im Mainfränkischen Museum Würzburg. Würzburg 1997, S. 134 ff.; Blütezeit 2004 (wie Anm. 6) S. 259; jeweils mit weiterführender Literatur.

gelockt, die Stirnreifen fehlen, die Fransen entlang der Saumborten sind einfacher gestaltet. In
beiden Gesichtern dominiert nun eine länglich-
ovale, fast flächig aufgefasste Grundform, die an
Arbeiten aus dem engsten Werkstatt-Umkreis
Riemenschneiders wie dem heiligen Stephanus
aus dem Mainfränkischen Museum Würzburg
denken lässt[17](Abb. 4). Es ist deshalb anzunehmen, dass die Leuchterengel von der Wartburg
in der Werkstatt des Meisters kurze Zeit nach
ihren heute in London befindlichen Vorbildern
geschaffen wurden.

Abb. 4:
Würzburg,
Mainfränkisches
Museum,
hl. Stephanus,
Tilman Riemen-
schneider und
Werkstatt,
um 1520

 In Bearbeitungsart und -qualität schon
wesentlich weiter von den Londoner Meisterwerken entfernt erscheinen die Würzburger Leuch-
terengel im Mainfränkischen Museum[18] (Abb. 5). Sie folgen anderen
Vorbildern aus der Riemenschneider-Werkstatt, denn ihre Gesamtanlage findet sich in dem zwischen 1501 und 1505 entstandenen Rothenburger Heiligblutretabel, wo in der Predella zwei Engel mit Geißelsäule und Kreuz zu Seiten
des Schmerzensmannes knien[19](Abb. 6). Wieder sind die beiden Engel jeweils
gegengleich zueinander angelegt. Jeweils auf dem linken Bein kniend halten

Abb. 5 (a+b):
Würzburg,
Mainfränkisches
Museum, Leuchter-
engel, Tilman
Riemenschneider
und Werkstatt,
um 1505

Abb. 6:
Rothenburg o.d.T.,
St. Jakob,
Engel mit Geißelsäule
und Kreuz aus der
Predella des Heilig-
blut-Retabels,
Tilman Riemen-
schneider und
Werkstatt,
1501–1505

17 Mainfränkisches Museum Würzburg, Inv.-Nr. H. 14063, H. 78 cm; MUTH, Sammlungskatalog
   1997 (wie Anm. 16) S. 166 ff.; LICHTE, Blütezeit 2004 (wie Anm. 6) S. 292.
18 Mainfränkisches Museum Würzburg, Inv.-Nr. S. 32688, S. 32689; MUTH, Sammlungskatalog
   1997 (wie Anm. 16) S. 128 ff.; LICHTE, Blütezeit 2004 (wie Anm. 6) S. 297.
19 BIER, Riemenschneider 1930 (wie Anm. 3) S. 11 ff.; KALDEN, Werkstattleiter 1990 (wie Anm. 5)
   S. 160; jeweils mit weiterführender Literatur.

*Abb. 7:
Heidelberg, Kur-
pfälzisches Museum,
Paulus, Judas
Thaddäus (?) und
Philippus auf dem
linken Flügel des
Zwölfbotenretabels
aus Windsheim,
Tilman Riemen-
schneider und
Werkstatt, 1509*

sie zur Seite gewandt mit beiden Händen die Leidenswerkzeuge bzw. die
Leuchter. Sie tragen pontifikale Kleidung, die Kapuze der Chormäntel ist
jeweils auf dem Rücken erkennbar. Die Engel sind vollrund gearbeitet, das
Würzburger Paar ist 59 cm bzw. 60 cm hoch und war ursprünglich farbig gefasst. Mit der etwas starren Faltengebung in den Gewändern, die die Stoffe wie
zerknittertes Papier erscheinen lässt, den dicken, gelockten Haaren, die die
lang gezogenen Gesichter wie eine Haube umgeben, den tief eingeschnittenen
Augenlidern und Mundwinkeln und den wenig differenzierten Modellierun-
gen wird in den Würzburger Leuchterengeln ein Mitarbeiter der Riemenschneider-Werkstatt greifbar, der sich aufgrund dieser Formgebung auch
andernorts ausmachen lässt: Iris Kalden konnte diese Art der Gestaltung unter
anderem in den Apostelköpfen auf dem vom Betrachter aus gesehen linken
Flügel des 1509 gearbeiteten Windsheimer Zwölfbotenaltars nachweisen[20]
(Abb. 7), wodurch sich auch die Würzburger Engel auf um 1505–1510 datieren lassen. Gegenüber den Würzburger Engeln erscheinen ihre Vorbilder im

---

20 Zuletzt in LICHTE, Blütezeit 2004 (wie Anm. 6) S. 78.

Rothenburger Heiligblutretabel den Meisterwerken der Frühzeit Riemen-
schneiders in der Formgebung eng verwandt. Die Gegenüberstellung der
Würzburger und der Rothenburger Engel macht einmal mehr deutlich, welche
Stilvielfalt in Zeiten höchster Produktivität durch die weitgehend selbstständi-
ge Tätigkeit verschiedener Mitarbeiter innerhalb der Riemenschneider-
Werkstatt möglich war.

2. Technische Gruppierungen und Besonderheiten

Die aufgezeigte Zusammenhörigkeit der Londoner und der Wartburger Engel
einerseits und der Rothenburger und Würzburger Engel andererseits findet bei
allen vorliegenden individuellen Ausformungen in der jeweilig übereinstimmenden Herstellungstechnik ihre Fortsetzung.

Abb. 8:
Wartburg,
Leuchterengel b
(Leuchter rechts),
Detail mit Stoßfuge,
Dübel und Nagelung

Abb. 9:
Wartburg,
Leuchterengel b
(Leuchter rechts),
Detail, horizontale
Stoßfuge

Bei den Londoner und den Wartburger Engelpaaren ist die Technik der
Blockverleimung angewendet worden (Abb. 8, 9). Hierbei wird der Werk-
block, aus dem im Weiteren die Skulptur herausgearbeitet wird, aus mehreren
Einzelblöcken oder Einzelbohlen zusammengesetzt. Die Verbindung der
Einzelteile erfolgt durch Leimung und Holzdübel. Üblicherweise wurde von
Bildschnitzern der Gotik ein natürlich gewachsener Hauptblock, also der kom-
pakte Teil eines Holzstammes, für die Herstellung einer Skulptur verwendet.
Oft genug wurden dabei kleinere Holzstücke angesetzt, wenn der vorhandene
Block nicht die notwendige Breite für die geplante Skulptur aufwies. Auch bei
diesen kleineren Anstückungen erfolgte die Verbindung mittels einer Leimung

und oft mit zusätzlichen Dübelverbindungen. Weit vorragende Teile, ein Schwert, gefaltete Hände oder Heiligenattribute wurden meist separat gearbeitet und mittels Dübelverbindungen arretiert. In der Werkstatt Riemenschneiders war es zudem nicht ungewöhnlich und oft genug praktiziert, dass ein nicht ausreichend breiter oder tiefer Holzblock auf die notwendigen Maße mit Hilfe von Anstückungen erweitert wurde. Prominentes Beispiel ist die Acholshausener Madonna[21], bei der relativ breite seitliche Anstückungen erst den notwendigen Umfang entstehen ließen (Abb. 3). Genannt sei in diesem Zusammenhang auch die Doppelmadonna im Mainfränkischen Museum Würzburg[22]. Die Werkstatt Tilman Riemenschneiders unterscheidet sich dabei nicht allzu sehr von zeitgleichen Werkstätten.

Wenn diese Vorgehensweise in den Bildhauerwerkstätten des späten 14. und des 15. Jahrhunderts auch überwiegend anzutreffen ist und damit die Regel darstellt, so ist die Ausnahme von der Regel, die Blockverleimung, nicht so selten wie zunächst gedacht. Seit einem Aufsatz von Michael Rief findet diese Herstellungstechnik von Werkblöcken verstärkte Beachtung und Erwähnung[23]. Rief hat deutlich belegt, dass in der älteren Literatur und Forschung die Blockverleimung als weniger qualitätvoll angesehen und deshalb häufig auch nicht weiter beachtet und bearbeitet wurde. Folglich sind auch die verschiedenen Spielarten dieser Technik kaum bekannt. Die von Michael Rief erbrachten Nachweise belegen eine häufigere Verwendung in den Niederlanden und den übrigen nördlichen Regionen Europas und fallen in diesen Regionen meist mit der Verwendung des Materials Eiche zusammen. Dabei werden im günstigsten Fall radial geschnittene Bretter oder Bohlen zu einem Block mittels Leimung und Holzdübelverbindungen zusammengefügt. Nachweise für diese Form der Blockverleimung in den Werkstätten des süddeutschen Raumes liegen dagegen bisher kaum vor.

Ein prominentes Beispiel ist die Skulpturengruppe Nicolaus Gerhaerts van Leyden im Friedrich Herlin Retabel in der St. Georgs Kirche in Nördlingen[24]. Die Skulpturen des hl. Georg und des Christus sind jeweils aus mehreren Holzblöcken zusammengefügt. Bei dem verwendeten Holz handelt es sich jedoch um Nussbaum und nicht um Linde, die so weit bekannt, in der Werk-

---

21 Lichte, Blütezeit 2004 (wie Anm. 6) Abb. 97, S. 145, Trauernde Maria aus Acholshausen, Ausschnitt.

22 Mainfränkisches Museum Würzburg, Inv.-Nr. A. 32633, H. 90,5 cm; Lichte, Blütezeit 2004 (wie Anm. 6) Abb. 98, S. 145, Doppelmadonna, Ausschnitt, Madonna B.

23 Michael Rief: Blockverleimte spätgotische Holzskulpturen aus dem Gebiet der alten Niederlande. In: Manfred Koller und Rainer Prandtstetten (Red.): Gefasste Skulpturen. I. Mittelalter (Restauratorenblätter. 18). Wien 1998, S. 77–84.

24 Rief, Holzskulpturen (wie Anm. 23) Anm. 6, S. 83; K. W. Bachmann: Friedrich Herlins Nördlinger Altar von 1462. In: Johannes Taubert (Hrsg.): Farbige Skulpturen. Bedeutung – Fassung – Restaurierung. München 1978, S. 161 f., Abb. 170.

statt Tilman Riemenschneiders ausschließlich verwendet worden ist. Vielleicht resultiert die Bevorzugung von Eiche oder Nussbaum bei der Blockverleimung aus der dichten und festen Struktur dieser Hölzer, die gegenüber klimatischen Einflüssen, insbesondere der wechselnden relativen Luftfeuchtigkeit, weniger anfällig ist als die weichere und in der Struktur weniger dichte Linde. Die Zusammenfügung einzelner Bohlen oder Blöcke setzt wiederum eine sorgfältige Bearbeitung und Glättung der zu verleimenden Flächen und ebenso eine sorgfältige Holzauswahl voraus. Nur ausreichend gelagertes und getrocknetes Holz kann Verwendung finden. Der Arbeitsaufwand ist demnach keinesfalls geringer als bei der herkömmlichen Herstellungstechnik in der Bearbeitung nur eines Stammabschnittes.

In der Werkstatt Riemenschneiders wurden nach heutigem Wissen neben den beiden Engelpaaren nur die Madonna mit Kind aus Dumbarton Oaks in der Technik der Blockverleimung erstellt[25]. Dieser aus vier unterschiedlich großen Blöcken bestehende Werkblock, ein flacher Block nimmt dabei den größten Bereich der Vorderseite der Skulptur ein, wurde nach der Verleimung von unten beginnend bis knapp über die halbe Höhe der Skulptur ausgehöhlt. Dabei ist unklar, ob diese Aushöhlung original oder erst zu späterer Zeit erfolgte, als bereits Holzbewegungen zu Rissbildungen geführt hatten und eine Reduzierung der Holzblöcke zum Abbau von Spannungen geboten schien.

Eine derartige Aushöhlung weisen die Skulpturen der Leuchterengelpaare nicht auf. Bei dem Londoner Paar wird ein hoher rechteckiger Hauptblock, der den wesentlichen Teil von Vorder- und Rückseite bildet und in der Achse des Kopfes liegt, seitlich durch einen kleineren Block erweitert, so dass in der Vorderansicht eine treppenförmige Abstufung entsteht. Diese Abtreppung füllt der dritte, kleine Block aus. Die Blöcke wurden verleimt und zusätzlich mit Holzdübeln und Vierkantnägeln fixiert (Abb. 8). Es ist dabei nicht geklärt, ob die Nägel bereits zur Entstehungszeit als zusätzliche Fixierung eingeschlagen wurden, oder ob sie späteren Datums sind. Die entstehende Stossfuge zwischen den Blöcken durchschneidet in der Vorderansicht vertikal den Gesamtblock. Bei einer holzsichtig konzipierten Skulptur wäre diese teilende Fuge sicherlich in geschickter Weise in die Seitenansicht der Skulptur verlegt worden. Bei diesen Engeln wurden die Stöße jedoch – ebenso wie bei denen von der Wartburg – von der anschließend aufgetragenen Fassung abgedeckt[26]. Gleiches gilt für das Engelpaar in Würzburg[27]. Einzig das Engelpaar in

---

25 Washington D. C., Dumbarton Oaks House, Tilman Riemenschneider um 1521–1522; LICHTE, Blütezeit 2004 (wie Anm. 6) Abb. 291, S. 336 und Abb. 298, S. 343 f.

26 Wartburg-Stiftung Eisenach, Archiv, P 1 (Leuchterengel), Restaurierungsbericht SUSANNE GERLACH, 1992; Viktoria & Albert Museum in London, Restaurierungsbericht JOSEPHINE DARRAH, 2. 6. 1997.

27 Mainfränkisches Museum Würzburg, Restaurierungsbericht MANFRED SCHÜRMANN, 2001.

Rothenburg kann als holzsichtig konzipiert eingestuft werden und weist auch gegenüber den übrigen Skulpturen in den Detailausbildungen der Ornamentik, der Haare und der Gesichtszeichnung eine weitaus schärfere und feinere Oberflächenbearbeitung auf.

Die Engel auf der Wartburg bestehen ebenfalls aus je drei bzw. vier Blöcken, die jedoch in der Zusammensetzung nicht die systematische und geradlinige Vorgehensweise wie bei den Londoner Engeln zeigen. Denn bei den letzteren scheinen die Blöcke auf die Kontur und den Umfang der im Vorfeld konzipierten Skulpturen zugeschnitten worden zu sein. Bei den Engeln der Wartburg sind die Einzelblöcke nicht in diesem Maße der Kontur unterworfen und folgen mehr der konzipierten plastischen Form. Während der Engel a (Leuchter links) wiederum aus drei Blöcken zusammengesetzt ist, wurden bei dem Engel b (Leuchter rechts) vier Blöcke verwendet. Die Einzelblöcke sind nicht wie in London nebeneinander gesetzt, sondern hintereinander gestaffelt, und der hintere hohe Block wurde dabei aus zwei Einzelstücken zusammengefügt (Abb. 9). Von diesem Unterschied abgesehen, ist die Größe der Einzelblöcke jeweils am anderen Engel wieder zu finden. Im Bereich der ehemaligen Stossfugen am Engel b (Leuchter rechts) sind heute deutlich hellere und neuere Ausspänungen zu entdecken, die darauf hindeuten, dass die Blockverbindung im 19. oder dem 20. Jahrhundert gelöst oder ausgeprägte Verwerfungen ausgespänt wurden.

Die in der Literatur gelegentlich zu findende Einstufung dieses Engels als eine Kopie oder als eine zeitlich spätere Ergänzung mag auch aus diesen Spuren resultieren. Viel gewichtiger war jedoch für diese Einschätzung der starke Unterschied in der Ausbildung der Haare und der Physiognomie gegenüber dem Engel a (Leuchter links). Die Haare, insbesondere über der Stirn flacher ausgebildet und erstaunlich gut erhalten und dabei kantiger geschnitten als bei dem Gegenstück, aber auch das Gesicht, insbesondere die rechte Hälfte, weisen deutliche Spuren einer Überschnitzung auf und sind ursächlich für den unterschiedlichen Gesamteindruck[28](Abb. 10 und Abb. 11). Zusätzlich störend ist bei der Betrachtung die fleckige und stellenweise tief in weichere Holzpartien eingedrungene Beize einer historischen «Restaurierung». Diese natürlich für die optische Bewertung ungünstigen Aspekte ließen verständlicherweise den Gedanken aufkommen, dass es sich nicht mehr um das originale Gegenstück handelte – ein Gedanke, der nach den jüngsten Untersuchungen nicht bestätigt werden kann. Fassungs- und Grundierungsreste, die im Rahmen der Restaurierung 1992 analysiert wurden, erbrachten ebenfalls den Beleg für eine Entstehung der Skulptur im 16. Jahrhundert. Auch die Art der ausgebildeten Fransen an den Gewändern beider Skulpturen ist identisch (Abb. 12, 13).

---

28 Der Aspekt wurde bereits 1992 von SUSANNE GERLACH in Ihrem Restaurierungsbericht (wie Anm. 26) zur Diskussion gestellt.

Abb. 10:
Wartburg,
Leuchterengel a
(Leuchter links),
Detail, reduzierte
Oberflächen am Kopf

Abb. 11:
Wartburg,
Leuchterengel b
(Leuchter rechts)
Detail, überschnitzte
Partien am Kopf

Der heute bei allen Engeln annähernd gleichen Blocktiefe von ca. 20 cm lag vor der Bearbeitung sicher eine Tiefe von 30 cm oder mehr zugrunde. Dies kann für die Gruppe der blockverleimten Engel voraus gesetzt werden. Ein deutlicher Überstand in der Blocktiefe erleichterte dem Bildschnitzer die Findung der endgültigen Form, ohne dass er von einem zu knapp bemessenen Blockvolumen eingeengt wurde.

Diesen Grundmaßen entsprechen aber auch die Engel aus der Predella des Rothenburger Heiligblutretabels, und selbst die etwas kleineren Würzburger Engel bleiben nur um zwei bis drei Zentimeter unter der Blocktiefe von ungefähr 20 cm. Wie die Rothenburger Engel gleichfalls nicht ausgehöhlt, wurden

Abb. 12:
Wartburg,
Leuchterengel a
(Leuchter links),
Detail der Fransen

Abb. 13:
Wartburg,
Leuchterengel b
(Leuchter rechts),
Detail der Fransen

die Würzburger Engel sogar nur aus je einem einzigen natürlich gewachsenen Holzblock gefertigt. Einzig die frei aufragenden oberen Abschnitte der Leuchter oberhalb der Hände sind angestückt. Und auch die Rothenburger Engel bestehen, abgesehen von einer seitlichen Anstückung im Bereich des weit ausladenden Gewandbausches, aus je einem Block. Dank einer ausgesuchten Holzqualität erschien eine Aushöhlung zur Zeit der Entstehung als offensichtlich nicht notwendig. Dadurch konnte auch die Anbringung eines rückseitigen Verschlussbrettes vermieden werden.

Es bleibt die Frage, warum bei einer übereinstimmenden Blocktiefe von den Bildhauern verschiedene Herstellungstechniken angewandt wurden. Die Engel auf der Wartburg sind relativ kompakt gebildet, weisen in vielen Bereichen eine kontinuierlich hohe Holztiefe auf und übertreffen in dieser speziellen Ausformung auch die Londoner Engel, die selber zwar auch sehr kompakt, aber im Ganzen schlanker ausgebildet sind. Den Bildhauern der Würzburger Engel und der Rothenburger Engel waren jedoch andere Rahmenbedingungen gesetzt. Sie haben plastische Skulpturen ausgebildet, denen eine frontale Hauptansicht und eine weit weniger bedeutsame Rückansicht zugedacht waren. So sind die Rückseiten gemäß ihrer zweitrangigen Stellung nur als Flachrelief mit geringen Hinterschneidungen ausgebildet. Die Vorderseite als Hauptschauseite wurde hingegen im Wechsel von Höhen und tiefen Hinterschneidungen stark aufgebrochen, um auf diesem Weg die notwendige tiefenräumliche Wirkung zu erzielen. Für den Bildschnitzer bedeutet dies auch, dass zu tiefe, kompakte und damit zu spannungsreiche Stammabschnitte vermieden werden konnten. Es war deshalb möglich, einen durchgehend 20 cm tiefen, nicht gehöhlten Holzblock zu verwenden, ohne die Gefahr von schnellen Verwerfungen und Rissen im Holz herbeizurufen.

Die Rahmenbedingung der Aufstellung ist in Rothenburg heute noch die flächenparallele Ausbildung und Ausrichtung in dem vorgegebenen Predellenkasten. Dies ist eine Form der Aufstellung, die auch für die Würzburger Engel angenommen werden muss. Diesen Anforderungen entsprechend konnte der Bildschnitzer auch in diesem Fall einen geschlossenen und natürlich gewachsenen Holzblock so ausarbeiten und aufbrechen, dass Schwankungen der relativen Luftfeuchtigkeit nur zu geringen Spannungen zwischen der Oberfläche und der Tiefe des Holzblockes führen konnten und die Auswirkungen nur gering blieben. Das Aufstellungskonzept der Londoner und der Wartburger Engel, die freie Aufstellung im Raum, sei es auf der Altarmensa, auf der Predella zu Seiten des Schreinkastens oder andernorts, forderte von dem Bildhauer eine allseitig plastisch ausgebildete Skulptur, der zwangsläufig ein kompakterer und tieferer Holzblock zugrunde liegen musste. Da die Plastizität allseitig sehbar und erfahrbar sein musste, war es auch notwendig, ein aus jedem Blickwinkel ausreichendes Volumen im Holz zu schaffen. Hier scheint

der Grund für die Verwendung der Blockverleimung bei zwei der vier
Engelpaare zu liegen. Es bleibt abzuwarten, ob sich mit der Untersuchung wei-
terer blockverleimter Skulpturen für dieses technische Phänomen noch andere
Erklärungen finden lassen werden.

3. Die Leuchterengel und ihre Funktion

Während die Engel mit der Geißelsäule und dem Kreuz im Rothenburger
Heiligblut-Retabel sich noch an ihrem ursprünglichen Aufstellungsort in der
Predella des Altares befinden, und für die Würzburger Engel aufgrund der
Parallelen in der Herstellungstechnik eine vergleichbare Aufstellung angenom-
men werden kann, ist über die ursprünglichen Standorte der freistehenden
Leuchterengelpaare von der Wartburg in Eisenach und im Victoria and Albert
Museum in London nichts bekannt. Auch die überlieferten Provenienzen wer-
fen kein erhellendes Licht auf ihre beabsichtigte Verwendung [29].

Leuchterengelpaare sind zwar selten, tauchen aber in der Bildschnitzkunst
der Spätgotik nicht nur bei Riemenschneider auf. Einige wenige Bildquellen
aus der Zeit um 1500 geben Auskunft über ihre ursprüngliche Aufstellung [30].
Das Haller Heiltumbuch [31] zeigt auf einem seiner ehemals 151 Holzschnitte,
die aus der Hand von Hans Burgkmair d. Ä. stammen, neben der Himmelfahrt
Mariens den Blick in eine Kapelle, in der ein geschlossenes Retabel hinter einer
Altarmensa steht. Von der Decke herab hängen an von Kugeln unterbroche-
nen Ketten zwei Leuchterengel, ihren Blick und ihre Leuchter auf das Retabel
gerichtet. Vor dem um 1500 in Antwerpen gefertigten Flügelretabel im Chor
der Pfarrkirche zu Schwerte in Westfalen stehen noch heute zu beiden Seiten
der Altarmensa zwei Leuchterengel auf gedrehten Säulen. Diese Art der Aufstellung von Leuchterengeln ist auch durch einige niederländische Gemälde
vom frühen 15. bis späten 16. Jahrhundert belegt [32]. Schließlich liefert ein

---

29 Die Londoner Engel wurden 1912 vom Victoria and Albert Museum erworben. Laut Weber,
    Leben 1888 (wie Anm. 11) S. 54 f. stammten sie aus der Kirche in Külsheim und wurden später
    von Tauberbischofsheim aus 1771 nach Wolferstetten gebracht. Angeblich hätten sie sich dann
    in der Sammlung von Carl Streit in Kissingen befunden, wo sie aber nicht nachzuweisen sind.
    Der Bürgermeister von Wolfstetten erklärte 1912, dass die Engel 1764, als die Kirche in Wolf-
    stetten erbaut wurde, in Würzburg gekauft worden wären. Die Engel der Wartburg wurden 1873
    von Großherzogin Sophie von Sachsen-Weimar-Eisenach für ihren Gemahl erworben. Nähere
    Angaben sind unbekannt.
30 Die Hinweise auf die im Folgenden genannten Abbildungen verdanken wir Michael Rief vom
    Suermondt-Ludwig-Museum in Aachen.
31 Heiltumbuch der Waldauf-Stiftung, Manuskript von Florian Waldauf von Waldenstein, 145
    (ehemals 151) Unikat-Holzschnitte von Hans Burgkmair d. Ä., heute im Pfarrarchiv Hall; vgl.
    Heiltum und Wallfahrt. Katalog zur Tiroler Landesausstellung im Prämonstratenserstift Wilten
    und der Benediktinerabtei St. Georgenberg-Fiecht. 1988, S. 138 f.

Abb. 14:
Hall, Pfarrarchiv,
Holzschnitt aus dem
Heiltumbuch der
Waldauf-Stiftung,
Hans Burgkmair
d. Ä., erstes Viertel
16. Jahrhundert

Abb. 15:
Friesach in Kärnten,
Dominikanerkirche,
Flügelrelief vom
Johannes-Evange-
lista-Retabel mit dem
Selbstbegräbnis des
Johannes,
St. Veiter Werkstatt,
erstes Viertel
16. Jahrhundert

Flügelrelief des spätgotischen Johannes-Evangelista-Retabels in der Dominikanerkirche zu Friesach in Kärnten einen bildlichen Beleg für das Aufstellen
eines Engelpaares direkt auf der Altarmensa: Die das Selbstbegräbnis des
Johannes darstellende Szene zeigt den Heiligen im ausgehobenen Grab kniend
vor einer Altarmensa mit darauf aufgestelltem geöffneten Flügelretabel (Abb.
15). Auf der Mensa sind zu beiden Seiten zwei Engelfiguren aufgestellt, die
vermutlich jeweils einen Leuchter in ihren Händen tragen[33].

Von der Decke herabgelassen, auf Säulen herausgehoben oder wie Altar-
gerät direkt auf die Mensa gestellt – die Leuchterengel wurden anscheinend
immer als besonderer Hinweis auf das Allerheiligste im Altarschrein, als eine
besondere Hoheitsformel eingesetzt. Dafür finden sich auch im Oeuvre
Riemenschneiders und seines Umkreises sehr treffende Belege. Die Londoner
Engel bzw. die von der Wartburg sind im Umkreis Riemenschneiders noch
einmal en miniature wiederholt worden: Sie knien als kleine Silberfigürchen
zu beiden Seiten der Lunula der großen Monstranz aus der Kath. Stadtpfarr-
kirche St. Johannes Bapt. in Bad Mergentheim, die mit 1509 datiert ist[34](Abb.
16). Allerdings halten sie keine Leuchter, sondern haben ihre Arme anbetend

---

32 Vgl. ANJA SIBYLLE STEINMETZ: Das Altarretabel in der altniederländischen Malerei. Untersuchungen zur Darstellung eines sakralen Requisits. Weimar 1995, T. 21B, T, 37B, T. 58A.

33 OTTO DEMUS: Die spätgotischen Altäre Kärntens. Klagenfurt 1991, S. 39 ff., Abb. 32. Auf S. 44
werden die beschriebenen Engel als «zwei musizierende Engel» angesprochen. Sie scheinen aber
eher Leuchterschäfte in den Händen zu halten.

erhoben. Sie weisen nicht nur auf die in der Lunula eingesteckte Hostie hin, sondern sie betonen als Himmelsboten auch ihre Heiligkeit.

Einen vergleichbaren Bedeutungsgehalt haben auch die Engel, die in der Mittelnische der Predella des Creglinger Retabels ein Tuch halten. Hier wurde die Monstranz mit der Hostie, der in Creglingen die Wallfahrt galt, zeitweilig ausgestellt. Ihre Heiligkeit und heilsbringende Kraft betonend, halten die hier schwebend dargestellten Engel das Ehrentuch und verweisen damit auf Gott als den himmlischen Herrscher. Vor diesem Hintergrund sind die freistehenden, wahrscheinlich nur temporär auf die Altarmensa gestellten Leuchter-engelpaare von der Wartburg und im Victoria and Albert Museum in London ursprünglich wohl als Hoheitsformel gedacht gewesen, als ein Hinweis auf das Allerheiligste, in Form der in der Messfeier soeben verwandelten oder der in einer Monstranz ausgestellten Hostie oder auch einer Reliquie. In dieser Funktion stimmen die freistehenden Engelpaare mit den in den Predellen der Altarretabel aufgestellten Engelfiguren in Rothenburg und Creglingen über-ein, auch wenn diese technisch und formal anders gestaltet sind.

---

34 Vgl. zuletzt: LICHTE, Blütezeit 2004 (wie Anm. 6) S. 251.

Abb. 17:
Creglingen,
Herrgottskirche,
Engel mit Ehrentuch
in der Mittelnische
des Marienretabels,
Tilman Riemen-
schneider, um 1505

NACHBEMERKUNG VON ERNST BADSTÜBNER
(insbesondere zu Anm. 3 und 4)

In der Akte zu den Engeln[35] sind die Erwerbungsgeschichte und Asches Bemühungen um Erkenntnis zu den Stücken ganz gut zu erfahren. Der seinerzeitige Kommandant der Wartburg Bernhard von Arnswald empfahl im November 1873 der Erbgroßherzogin Sophie, die um ein Weihnachtsgeschenk für ihren Gatten Carl Alexander gebeten hatte, die beiden «knienden Engelsfiguren, in Holz geschnitten von dem berühmten Künstler Riemenschneider in Würzburg» zum Erwerb. Von Arnswald fügte in seinem Brief an die «Durchlauchtigste Erbgroßherzogin, gnädigste Landesfürstin und Frau» hinzu, dass sich «von dessen Künstlerhand bereits eine Madonna im Pirkheimerzimmer auf der Wartburg passend aufgestellt befindet.» Damit ist die Figur der trauernden Maria[36] gemeint, die schon 1869 erworben worden war und sich bis 1900 in dem 1863 aus Nürnberg, aus dem Imhoff'schen Hause, nach Eisenach überführten Studierstübchen Willibald Pirkheimers befunden hat. Die Leuchterengel wurden schließlich in München für 85 Gulden gekauft. Die Quittung vom 28. Dezember 1873 lautet «Endesunterzeichneter bestätigt von Herrn Freiherrn von Arnswald Großherzogl. Sächsischem Schloßhauptmann und Kammerherr sowie Kommandant der Wartburg für Besorgung zweier Holzskulpturen die Kaufsumme von 85 fl., sage fünfundachtzig Gulden süddeutscher Währung bar und richtig erhalten zu haben.»

Einem Brief des damaligen Wartburg-Direktors Sigfried Asche vom 11. April 1955 ist zu entnehmen, dass sich Justus Bier, von dem es – wie erwähnt – die wohl umfangreichste Publikation von insgesamt vier Bänden über das Werk Riemenschneiders gibt, jetzt der stilistischen Analyse zuwenden wolle. Ergebnisse sind den schriftlichen Quellen nicht zu entnehmen. In einem weiteren Brief Asches, in dem er auf den Hinweis antwortet, dass es im Londoner Viktoria-and-Albert-Museum ein vergleichbares Leuchterengelpaar gäbe, heißt es dazu weiter: «Die englische Angelegenheit kenne ich schon. Ein Abschlußbericht aus London liegt mir noch nicht vor. Sicher aber ist eins: ich bezeichne das Stück als Schule und weniger als Werkstatt. Es ist alt. Das Gegenstück dazu hat ein altes Brett innerhalb seines Holzgefüges. Aber das komplette Stück wird auch durch die Londoner Exemplare nicht jünger. Es kann nur eine Verschiebung auf einen bestimmten Schüler oder Werkstattgenossen anonymer oder namentlicher Art geben.»

---

35 Wartburg-Stiftung Eisenach, Archiv, Akte P 1, P 2 (zwei Leuchterengel).
36 Wartburg-Stiftung Eisenach, Plastik, P 5.

Zeugnisse wettinischer Ahnengalerien des 16. Jahrhunderts in zwei Porträtreihen der Wartburg-Stiftung

Hilmar Schwarz

I. Zwei Porträtreihen sächsischer Herrscher im Bestand der Wartburg-Stiftung

Die Wartburg-Stiftung besitzt Ölgemälde zweier Porträtreihen wettinischer Herzöge und ihrer Vorgänger: einer kleineren hochformatigen Reihe und einer größeren querformatigen Reihe. Der Kernbestand umfasst den Zeitraum von der zweiten Hälfte des 9. bis zur Mitte des 16. Jahrhunderts und entstand wahrscheinlich während der zweiten Hälfte des 16. Jahrhunderts im Umfeld der Cranach-Werkstatt.

Siehe zu diesem Aufsatz die Beilage zum Jahrbuch.

Der bisher oft verwandte Begriff «Ahnengalerie» ist missverständlich, da die abgebildeten Personen in ihrer Mehrheit nicht leibliche Vorfahren der Wettiner sind. Die Porträts zeigen Fürsten über mehrere Dynastien hinweg: Liudolfinger/Ottonen, Billunger, Süpplingenburger, Welfen, Askanier bis zu Wettinern. Das gemeinsame Band ist ihre tatsächliche oder vermeintliche Eigenschaft als sächsische Herzöge.

Seltsamerweise hat bisher niemand das Nebeneinander der beiden Gemäldereihen bemerkt, zumindest nicht im veröffentlichten Schrifttum. Selbst im Inventarband der Thüringer Denkmäler von 1917 hat Georg Voß nur die querformatige Reihe behandelt, obwohl er die bisher beste Studie zu den Fürstenbildern lieferte[1]. Auch der Burghauptmann Hans von der Gabelentz (1930–1946) vermochte nicht die Trennung in zwei verschiedene Porträtreihen zu erkennen, ebenso wenig wie die Autoren im großen, 1907 von Max Baumgärtel verlegten Wartburgwerk. Nach 1945 ließen die Publikationen zur Wartburg das Thema aus. Veröffentlichungen außerhalb der Wartburg stützten sich auf Voß (1917) und konnten deshalb von der hochformatigen Reihe nichts wissen.

---

1 Georg Voss: Die Wartburg (P. Lehfeldt und G. Voss: Bau- und Kunstdenkmäler Thüringens. Heft 41. Großherzogtum Sachsen-Weimar-Eisenach. Amtsgerichtsbezirk Eisenach). Jena 1917, S. 355–390.

Bemerkenswerterweise sind die Bildmotive der Personen jeweils gleicher Art, ohne unmittelbar voneinander kopiert zu sein. Beide Reihen sind miteinander verwandt und gehören zur gleichen Motivfolge. Seitens der Wartburg-Stiftung wurde das Thema 2003 in Vorbereitung der Zweiten Thüringer Landesausstellung des Jahres 2004 erstmals untersucht[2]. Vom 4. Mai bis 31. Oktober 2004 zeigte die Sonderausstellung «‹Abcontrafactur und Bildnus›. Wettinische Ahnengalerien des 16. Jahrhunderts» erstmals seit Jahrzehnten die querformatige Reihe und stellte die markantesten Forschungsergebnisse der Öffentlichkeit vor.

Zur Entstehungsgeschichte ist Folgendes vorauszuschicken: Anfang des 19. Jahrhunderts gehörte die Wartburg zum Herzogtum Sachsen Weimar und Eisenach und wurde in maßgeblichen Angelegenheiten von Weimar aus verwaltet. Die Behörden verlagerten 1804 oder wenig später eine Reihe von Kunstsammlungen, am bekanntesten war die Rüstkammer, auf die Burg. Recht unbemerkt blieb jene hochformatige Bildnisreihe mit sächsischen Herzögen und Kurfürsten. Sie kam mit Bildnissen weiterer historischer Personen vom Eisenacher Residenzhaus[3], dem Gebäudekomplex mit dem Kreuznacherhaus an der Südostseite des Marktes. Der ursprüngliche Standort der Herzogsbilder ist immer noch nicht geklärt. Die zweite Reihe von Fürstenbildern, jene im Hochformat, traf nach 1858 auf der Wartburg ein.

Zur besseren Orientierung werden im Folgenden die abgebildeten Personen mit Name und Sterbedatum eindeutig gekennzeichnet, während Beinamen und Nummerierung wegen auftretender Mehrfachbezeichnungen verwirren können.

1.1 Merkmale und Personen
der querformatigen Wartburgreihe

Die querformatige Wartburgreihe umfasst 36 sächsische «Könige», Kurfürsten und Herzöge verschiedener Dynastien (vgl. Anhang 1): Neun sind alte sächsische Könige, vier Liudolfinger/Ottonen, sechs Billunger, einer Süpplingenburger, zwei Welfen, acht Askanier und sechs Wettiner[4]. Die Porträts sind in Öl auf Leinwand gemalt, weisen Querformat von etwa 75 x 100 cm und jeweils

---

2 Verschollene Fürstenbildnisse wettinischer Stammstuben des 16. Jahrhunderts und ihre erhaltenen Pendants auf der Wartburg. Eisenach 2003. [ungedruckt, computerschriftlich, Wartburg-Stiftung Eisenach, Archiv, Nr. Ma 61].

3 (Johann Carl Salomo Thon): Schloß Wartburg. Ein Beytrag zur Kunde der Vorzeit. Eisenach ³1815, S. 215; Friedrich Gottschalck: Die Ritterburgen und Bergschlösser Deutschlands. 4. Bd. Halle 1818, S. 54.

4 Zur Auflistung siehe Voss, Wartburg 1917 (wie Anm. 1) S. 372 f. Dabei macht Voss den Fehler, Bruno als den Sohn Widukinds zu identifizieren, den es zwar gab, der aber nicht gemeint ist. Vielmehr ist mit Bruno (†880) der Sohn von Liudolf (†866) dargestellt.

folgende Bildelemente auf: 1. Halbfigur in prächtiger Kleidung oder Rüstung, 2. gereimten biographischen Text von 8 oder 10 Zeilen auf Holztafeln oder Schriftrollen, 3. Wappenschild, 4. Fußleiste mit Schriftzug zu Namen und Titel, 5. einfarbigen Hintergrund. Herkunft und ursprünglicher Bestimmungsort konnten bisher nicht ermittelt werden. Das für Porträts normale Hochformat dehnt sich durch die Beigaben von Textbiographien und von Wappen zum Querformat.

Je nach Platzierung der Reimbiographie auf Holztafel oder Schriftrolle unterteilt sich die Reihe in 11 Gemälde mit Tafel und 25 mit Rolle. Holztafeln befinden sich auf den Gemälden der neun alten Sachsenkönige, des Kaisers Otto I. (†973) und Friedrichs des Weisen (†1525). Die Bilder mit Schriftrollen beginnen mit Liudolf (†866) und bildeten vermutlich die ursprüngliche Folge, die später ergänzt wurde. Dies bestätigt sich durch die Nummerierung auf einigen Bildern, die wohl einst durchgängig vorhanden war. Im jetzigen Zustand tritt sie erstmals bei Benno (†1011) mit Nr. 6 auf, setzt sich dann mit Nr. 13 bei Bernhard (†1212) und fast durchgehend ab Albrecht (†1298) bei Nr. 15 fort.

Als Kernbestand schälen sich die Personen mit den Schriftrollen der querformatigen Wartburgreihe von Liudolf (†866) bis Johann Friedrich (†1554) unter Auslassung von Kaiser Otto I. (†973) heraus, was sich in anderen Bildfolgen bestätigen sollte (vgl. Anhang 3).

1.2 Merkmale und Personen
der hochformatigen Wartburgreihe

Von der hochformatigen Wartburgreihe sind nach Verlusten in der zweiten Hälfte des 19. Jahrhunderts von ehemals insgesamt 35 noch 21 Werke vorhanden, im Kernbestand bis Johann Friedrich (†1554) von 26 noch 14. Zumindest im Kernbestand entstanden die Gemälde vermutlich im Zusammenhang, also vom gleichen Künstler bzw. in der gleichen Werkstatt und etwa zur gleichen Zeit. Sie weisen folgende einheitliche Merkmale auf: 1. Ölgemälde auf Leinwand im Hochformat 65 x 55 cm, 2. Brustbild (Porträt) ohne Wappen vor einem braunen Hintergrund, 3. Schriftzug in lateinischen Majuskeln mit Namen, Titel und Jahresangabe, 4. Bis auf zwei sind die Bilder in breite, schwarze Profilrahmen mit goldener Innenleiste eingepasst, die aus den Jahrzehnten um 1600 stammen können[5].

Im Kernbestand stimmen die dargestellten Personen mit denen der querformatigen Reihe größtenteils überein. Bei den Askaniern gibt es eine Abweichung durch zwei eingefügte Wettiner:

---

5 Vgl. Claus Grimm: Alte Bilderrahmen. Epochen – Typen – Material. München ²1979, S. 23 f., Abbildungen S. 21, 52–54

A S K A N I E R

Nr.	querformatige Reihe	hochformatige Reihe
13.	Bernhard †1212	Bernhard †1212
14.	Albrecht †1261	Albrecht †1261
15.	Albrecht †1298	Heinrich †1288 (Wettiner)
16.	Rudolph †1356	Albrecht †1314 (Wettiner)
17.	Rudolph †1370	(16.) Rudolph †1356
18.	Wenzeslaus †1388	Wenzeslaus †1388
19.	Rudolph †1419	Rudolph †1419
20.	Albrecht †1422	Albrecht †1422

Die fraglichen Gemälde mit den beiden angeblichen Wettinern gehören zu den verlorenen Exemplaren und können deshalb nicht mehr überprüft werden. Aus der Zeit vor dem Bilderverlust stammt diese Auflistung aus Inventaren des 19. Jahrhunderts, in denen vermutlich beide Wettiner fälschlich zugeordnet wurden. Wahrscheinlich war die Personenfolge auch bei den Askanier in beiden Reihen identisch.

Zwei weitere Abweichungen betreffen die wettinische Kurfürsten des 15. und 16. Jahrhunderts. Anstelle von Ernst (†1486, Nr. 23) fügt die hochformatige Wartburgreihe dessen Bruder Albert (†1500, Nr. 23) ein. Zwischen Johann (†1532, Nr. 25) und Johann Friedrich (†1554, Nr. 28) ordnet sie die Albertiner Georg den Bärtigen (†1539, Nr. 26) und Moritz (†1553, Nr. 27) ein. Die Zählung von Johann Friedrich (†1554) als Nr. 28 könnte auf das letzte Bild der querformatigen Wartburgreihe zugetroffen haben, wo bei Renovierungen aus einer «8» eine hochgestellte «0» entstanden sein kann: also «2°» aus «28».

Die Wettiner sind in der folgenden Stammtafel aufgeführt, wobei die Personen der hochformatigen Reihe unterstrichen und die noch vorhandenen Gemälde mit ihrer Inventarnummer versehen sind:

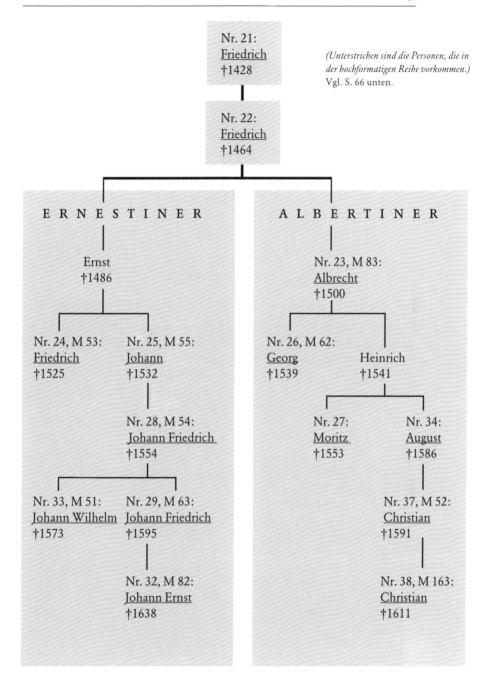

Nr. 21:
Friedrich
†1428

(Unterstrichen sind die Personen, die in der hochformatigen Reihe vorkommen.)
Vgl. S. 66 unten.

Nr. 22:
Friedrich
†1464

E R N E S T I N E R

Ernst
†1486

Nr. 24, M 53:
Friedrich
†1525

Nr. 25, M 55:
Johann
†1532

Nr. 28, M 54:
Johann Friedrich
†1554

Nr. 33, M 51:
Johann Wilhelm
†1573

Nr. 29, M 63:
Johann Friedrich
†1595

Nr. 32, M 82:
Johann Ernst
†1638

A L B E R T I N E R

Nr. 23, M 83:
Albrecht
†1500

Nr. 26, M 62:
Georg
†1539

Heinrich
†1541

Nr. 27:
Moritz
†1553

Nr. 34:
August
†1586

Nr. 37, M 52:
Christian
†1591

Nr. 38, M 163:
Christian
†1611

Zu den Porträts der beiden späten Wettiner Johann Ernst (†1638) und Christian I. (†1591) muss noch etwas erklärt werden. Bei Johann Ernst (†1638) zeigt die Beschriftung «Na. Ao. 1566» (Natus Anno – geboren im Jahre) sein Geburtsjahr an, wonach er in der sonst am Sterbejahr orientierten Nummerierung mit Nummer 32 vor dem mit 33 nummerierten Johann Wilhelm (†1573) eingereiht ist. Seine Kleidung des 17. Jahrhunderts hebt sich sichtbar von jener der 1560er Jahre ab. Das Gemälde entstand also mindestens zwei Jahrzehnte vor seinem Tod 1638, zeigt aber unstrittig seine Gesichtszüge.

An den Gesichtszügen ist unzweifelhaft auch Christian I. (†1591) auszumachen, dessen Bildnis als einziges der hochformatigen Wartburgreihe keine Inschrift aufweist. Inventare des 19. Jahrhunderts, beginnend 1805/07, weisen es unter Nr. 37 fälschlich dem Vorfahren der Linie Sachsen-Altenburg Friedrich Wilhelm (†1602) zu. Christian I. kommt zwar unter Nr. 35 ebenfalls vor, jedoch zusammen mit seiner Gattin (Nr. 36) in einem Doppelporträt, so dass dieses nicht mit dem erhaltenen Exemplar der hochformatigen Wartburgreihe identisch sein kann.

2. Kurzer Überblick über die Dynastien und die Personenfolge

Die querformatige Wartburgreihe enthält neun alte sächsische Könige mit der jeweiligen Bildunterschrift «König Heinrich», «Herzog Sigefrid» (oder Siegwart), «König Siegereich» (oder Hunding), «König Gester» (oder Gether), «König Sieghart», «König Dietterich», «König Edelhart», «König Werniken» und «König Witekind». In der hochformatigen Wartburgreihe fehlen sie völlig.

Einzig Widukind, der Gegner Karls des Großen, entspricht einer historisch verbürgten Person. Bis Sieghart zurück gehören sie zu einer im 15. oder 16. Jahrhundert entstandenen sagenhaften Herrscherreihe, die zu den Liudolfingen und zu den Wettinern führt, also Sieghart und Widukind zu deren Vorfahren erklärt. Mit Sieghart, angeblich 633 gewählt, beginnen die Namensreihen oder andere genealogische Zäsuren in einigen Geschichtswerken von Autoren des 16. Jahrhunderts.

Von der Gruppe bis Sieghart setzt sich mit den vier historisch ältesten Gestalten eine zweite Gruppe ab, die auf die dänische Geschichtsschreibung zurückgeht. Der dänische Chronist Saxo Grammaticus oder Saxo Sialandicus (um 1150 – ca.1220) berichtet in den ältesten Teilen seiner «Werke der Dänen» von einem sächsischen König Heinrich, der die Tochter des finnischen Königs Simblus heiraten sollte, auf der Brautfeier aber vom dänischen König Gram erschlagen wurde[6]. Dieselbe Geschichte schildert der Reimtext des ersten Bil-

---

6 Alfred Holder (Hrsg.): Saxonis Grammatici Gesta Danorum. Strassburg 1886, S. 18 Zeile 29: «Saxonie regi Henrico», das Geschehen S. 18 Zeile 23 – S. 19 Zeile 21; deutsche Übersetzungen: Hermann Jantzen (Übers. und erl.): Saxo Grammaticus. Die ersten neun Bücher der Dänischen

des der querformatigen Wartburgreihe. Auch die anderen drei sächsischen Herrscherschicksale finden sich beim Saxo Grammaticus unter den Namensformen «Syfridus» für Siegfried, «Hundingus» für Siegreich und «Gelderus» für Gester. Die Passagen sind mit den Texten der jeweiligen Reimbiographie inhaltlich identisch.

Die Einbeziehung altsächsischer Vorfahren korreliert mit der Besinnung der Deutschen auf eine vom römischen Einfluss unabhängige eigene Tradition. Während des Mittelalters wähnten sich die Deutschen nach dem Vier-Reiche-Modell im Römischen Reich, das über die byzantinischen Kaiser, Karl den Großen und Otto I. aus der Antike heraus mit dem Kaisertum fortlebte. Erst gegen Ende des 15. Jahrhunderts artikulierte man die Auffassung von einer gemeinsamen Abstammung aller Deutschen und einer von der römischen Tradition getrennten Vergangenheit. Mit der Reformation erhielten diese Momente im protestantischen Bereich einen spürbaren Schub.

Die Königsdynastie des 10. Jahrhunderts ist unter der Bezeichnung «Ottonen» zwar bekannter, in der historischen Fachliteratur aber ebenfalls als «Liudolfinger» gebräuchlich. Letzteres geht auf den ersten gesicherten Familienangehörigen Liudolf (†866) zurück, mit dem der Kernbestand der Ahnenbilder einsetzt, also die hochformatige Reihe und die querformatigen Bilder mit den Schriftrollen für die Biographien. Mit seinem Sohn Bruno (†880) und dessen Bruder Otto (†912) geht die Bildfolge weiter. Ottos Sohn Heinrich (†936) wird gewöhnlich unter dem Namen Heinrich I. als erster deutscher König gezählt.

Die Kernreihe der Ahnengalerie springt von Heinrich (†936) unter Auslassung des Kaisers Otto (†973) zu Hermann Billung (†973). Die nach ihm benannte Dynastie der «Billunger» erlangte zwar in Niedersachsen nie die vollständige Herzogsgewalt, konnte aber eine herzogsähnliche Stellung einnehmen, die von den späteren mittelalterlichen Geschichtsschreibern als vollwertig anerkannt wurde. Hermanns Sohn Bernhard (Benno, †1011) und sein Enkel Bernhard (†1059) bauten die herzogliche Gewalt weiter aus. Unter Letzterem Sohn Ordulf (Otto, †1073) und Enkel Magnus (†1106) büßte die Dynastie ihren Einfluss weitgehend ein. Die Billunger sind mit den genannten Familienmitgliedern in der Bildfolge vertreten. Mit Magnus (†1106) sterben sie in der männlichen Linie aus, und die Herzogswürde geht 1106 an den Grafen Lothar von Süpplingenburg über, dem nächsten in der Bildfolge. Dieser Lothar (†1137) wird 1125 zum König erkoren und 1133 zum Kaiser erhoben. Kurz vor seinem Tode überlässt er das sächsische Herzogsamt Heinrich (dem Welf oder Stolzen, †1139), dem sein Sohn Heinrich (der Löwe, †1195) folgt. Die Bilder der beiden Welfen vervollkommnen die Kernreihe.

Geschichte. Berlin 1900, S. 26–28; PAUL HERRMANN: Erläuterungen zu den ersten neun Büchern der dänischen Geschichte des Saxo Grammaticus. 1. Teil Übersetzung. Leipzig 1901, S. 22–24.

Unter den Welfen formte sich spätestens in der zweiten Hälfte des 13. Jahrhunderts die Konzeption einer Ahnenfolge älterer sächsischer Herzogsdynastien seit den Billungern aus[7]. Erweiterungen zu Vor- und Nachfahren kamen zwar später unter Askaniern und Wettinern hinzu, aber die Kernidee war in jener Zeit vollendet. Die Welfen hatten erst im 12. Jahrhundert in Norddeutschland eine neue Heimat gefunden und knüpften an ihre herrschaftlichen Vorgänger an, da sie sich in der sächsischen Herzogswürde nicht auf ihre süddeutschen Vorfahren berufen konnten[8].

Als Kaiser Friedrich I. dem mächtigen Heinrich dem Löwen (†1195) das Herzogtum Sachsen entzieht, übergibt er 1180 den Titel – nicht das gesamte Land – an den Askanier Bernhard (†1212), den Sohn Albrechts des Bären (†1170), der mit und/oder gegen Heinrich den Löwen die deutsche Eroberung der ostelbischen Slawengebiete vorangetrieben hatte. Die nächsten fast zweieinhalb Jahrhunderte bestimmen die Askanier die Bildfolge: Albrecht (†1261), Albrecht (†1298), Rudolf (†1356), Rudolf (†1370), Wenzeslaus (†1388), Rudolf (†1419) und Albrecht (†1422). Nach der Mitte des 14. Jahrhunderts können sich Askanier in Wittenberg gegen die lauenburgisch-askanische Linie bezüglich der sächsischen Kurwürde behaupten. Der Kurkreis mit seinem Hauptsitz Wittenberg wird einerseits territoriales Attribut der Kurwürde und liefert andererseits das Verbindungsglied bei der zur Verlagerung der dynastisch definierten Landschaft «Sachsen» aus Niedersachsen in das heutige Bundesland Sachsen.

Als der letzte Askanier Albrecht im Jahre 1422 beim Brand des Schlosses Lochau (heute Annaburg) umkommt, zieht König Sigismund die sächsische Herzogswürde als Reichslehen ein und vergibt sie an den Wettiner Friedrich (den Streitbaren, †1428). Im Kampf gegen die aufständischen Hussiten braucht er ihn für seine militärischen Niederlagen dringender als den eher berechtigten Markgrafen Friedrich I. von Brandenburg, der vorübergehend den Kurkreis mit Wittenberg besetzt hatte.

Der nächste Kurfürst ist Friedrich (der Sanftmütige, †1464), der wie sein Vater der Bildfolge angehört, nicht aber sein Bruder Wilhelm der Tapfere (†1482). Die Söhne Friedrichs sind Ernst (†1486) und Albrecht (†1500), deren Leipziger Landesteilung von 1485 dauerhaft die Wettiner in den älteren Zweig der Ernestiner und den jüngeren der Albertiner spaltete. Der ältere Bruder

---

7 Ausführlich zur Herausbildung und Ausformung der Fürstenreihe in der mittelalterlichen Geschichtsschreibung vgl. Fürstenbildnisse 2003 (wie Anm. 2) S. 32–42.

8 BERND SCHNEIDMÜLLER: Mittelalterliche Reduktion – neuzeitlicher Aufbruch. Die Territorialisierung welfischen Adelsbewusstseins im 13. Jahrhundert und seine Europäisierung durch Leibnitz. In: HERBERT BREGER und FRIEDRICH NIEWÖHNER (Hrsg.): Leibniz und Niedersachsen. Tagung anläßlich des 350. Geburtstages von G. W. Leibniz. Wolfenbüttel 1996 (Studia Leibnitiana. Sonderheft 28). Stuttgart 1999, S. 87–104, hierzu S. 96 f. – 24.

Ernst (†1486) erhielt die Kurwürde mit Kurkreis und ist als Kurfürst in der querformatigen Bildserie der Wartburg vertreten. Ihm schließt sich sein Sohn Friedrich (der Weise, †1525) an, der keine erbberechtigten Kinder hatte. Deshalb ging die Kurwürde auf seinen Bruder Johann (den Beständigen, †1532) und dann an dessen Sohn Johann Friedrich (den Großmütigen, †1554) über. Er ist der letzte ernestinische Kurfürst, da er mit dem Schmalkaldischen Krieg die Kurwürde und den Kurkreis 1547/48 verlor. Mit ihm schließt die querformatige Wartburgserie und damit der Kernbestand der «Ahnengalerie».

Die hochformatige Wartburgreihe bildet einige weitere Ernestiner und Albertiner vor allem aus dem 16. Jahrhundert ab. Die Ernestiner setzen sich mit Johann Friedrich (†1595) fort, dem Sohn des letzten ernestinischen Kurfürsten. Er verlor nach politischen Abenteuern, den sog. Grumbachschen Händeln, und der Erstürmung seiner Residenzstadt Gotha durch ein Reichsheer 1567 Land und Freiheit, die er bis zum Lebensende nicht wiedererlangte. Von seinen Söhnen ist Johann Ernst (†1638) in der Gemäldereihe vertreten, der 1596 das Duodezfürstentum Sachsen-Eisenach erhielt und nochmals Eisenach und Wartburg residenzmäßig ausbaute. Der Bruder von Johann Friedrich (†1595) ist Johann Wilhelm (†1573), der dem Reiche treu blieb und dem unheilvollen Weg seines Hauses entgegenwirken wollte. In der Wartburgreihe ist keiner seiner Nachkommen mehr abgebildet, doch ausgerechnet seine Linie sollte sich über die Jahrhunderte fortpflanzen, während die des Bruders im 17. Jahrhundert ausstarb.

Die Albertiner beginnen mit jenem Albert (†1500), der 1485 durch die Leipziger Teilung seine Linie begründete. Sein Sohn Georg (†1539) ist ebenfalls abgebildet. Er blieb bis zu seinem Tode ein Gegner Luthers und Katholik. Sein Bruder Heinrich (†1541) vollzog für die Albertiner den Übergang zum lutherischen Glauben. Selbst ist er nicht in der hochformatigen Wartburgreihe vertreten, dafür aber seine Söhne Moritz (†1553) und August (†1586). Moritz verharrte bei der Konfession seines Vaters, stellte sich jedoch im Schmalkaldischen Krieg gegen den lutherischen Fürstenbund und gewann 1547/48 Kurwürde und Kurkreis um Wittenberg. Die über dreißigjährige Regierungszeit des Bruders August verschaffte seinem Land eine gewisse Stabilität. Sein ebenfalls porträtierter Sohn Christian I. (†1591) versuchte Sachsen in Richtung Absolutismus voranzubringen, was sein früher Tod verhinderte. Dessen Sohn Christian II. (†1611) ist der letzte der wiedergegebenen Albertiner. Die hochformatige Wartburgreihe schließt mit Gabor Bethlen (†1629), dem Fürsten von Siebenbürgen.

3. Verwandte Bildfolgen und ihre originalen Standorte

Die Personenfolge und die Porträtmotive der beiden Wartburgreihen lassen sich in einigen anderen Gemäldereihen des 16. Jahrhunderts erkennen. Doch bevor die enger verwandten Bildfolgen behandelt werden, sei auf drei teilweise ähnliche Reihen verwiesen: in den «Cronecken der Sassen» von 1492, im «Sächsischen Stammbuch» von etwa 1500 und 1545/46 sowie in der Sachsengeschichte Georg Spalatins von 1513[9].

Im Jahre 1492 erschien unter dem Titel «Cronecken der Sassen»[10] die erste gedruckte Geschichte Niedersachsens, die von einem «anonymen Braunschweiger Chronisten»[11] verfasst wurde. Die meist vorausgesetzte Autorschaft des Braunschweiger Goldschmieds Konrad Bote (Bothe) ist nicht gesichert. Die Chronik enthält fast alle Personen unserer Reihe einschließlich der Dynastiewechsel und zeigt das Interesse für dieses Thema zum Ende des 15. Jahrhunderts. Doch ist sie nicht die unmittelbare, konzeptionelle Vorlage für unsere Fürstenreihen gewesen, da sie noch andere Dynastien darstellt und die Personen in wenigen, sich vielfach wiederholenden Holzschnitten abbildet.

Einen gewissen Einfluss auf die querformatige Wartburgreihe übte das «Sächsische Stammbuch» aus, dessen ältester Teil bis etwa 1500 entstanden war und das etwa 1545/46 fortgesetzt wurde[12]. Die heute in der Handschriftenabteilung der Sächsischen Staats- und Landesbibliothek (SLUB) zu Dresden befindliche Bilderhandschrift[13] zeigt die Wettiner einschließlich der seinerzeit für Vorfahren gehaltenen Sachsenherrscher. Auf den illustrierten Blättern tauchen parallel zur querformatigen Wartburgreihe auf: die alten sächsischen Könige von Sieghart bis Widukind, die Liudolfinger/Ottonen von Liudolf (†866) bis Otto I. (†973) und die Wettiner von Friedrich (†1428) bis Johann Friedrich (†1554). Im Unterschied zu unseren Fürstenbildern zeigt das Stammbuch andersartige Ganzfiguren. Bemerkenswert sind die Übereinstimmungen in den biographischen Texten. Nach inhaltlichen Anklängen bei den alten

---

9   Ausführlicher zu diesen drei Werken vgl. Fürstenbildnisse 2003 (wie Anm. 2) S. 13–18.

10   Conrad Bote: Cronecken der Sassen. Mainz: Peter Schöffer 1492; eingesehen wurde ein Exemplar in der Herzogin Anna Amalia Bibliothek Weimar, Signatur XXV, 81[d], handcoloriert, nachträgliche Blattzählung, ab etwa Bl. 178 um je eine Nummer niedriger als das bei Funke, Cronecken 2001 (wie Anm. 11) benutzte Wolfenbüttler Exemplar; Text mit nur wenigen Holzschnitten: Bothe, Conrad: Chronicon Brunsvicensium Picturatum. Dialecto locali conscriptum. In: Gottfried Wilhelm Leibnitz (Hrsg.): Scriptores rerum Brunsvicensium illustrationi inservientes ... Tom. III. Continens XLII autores scriptave, religiones reformatione anteriora. Hannover 1711, S. 277–425.

11   So im neuesten, sehr umfassenden Forschungsbericht: Brigitte Funke: Cronecken der sassen. Entwurf und Erfolg einer sächsischen Geschichtskonzeption am Übergang vom Mittelalter zur Neuzeit (Braunschweiger Werkstücke. 104, Reihe A. Veröffentlichungen aus dem Stadtarchiv und der Stadtbibliothek. 48). Braunschweig 2001, S. 11, Literatur zur Verfasserschaft auf S. 10.

sächsischen Königen bis Widukind sind die Reimbiographien von Liudolf (†866) bis Heinrich (†937) und von Friedrich (†1428) bis Friedrich (†1525) bis auf die Orthographie und kleinere Änderungen identisch.

Der Lutherfreund, Prinzenerzieher und Sekretär Friedrichs des Weisen (†1525), Georg Spalatin (1485–1545), war 1510 mit einer Geschichte des sächsischen Herzogshauses beauftragt worden, deren erster Teil auf 1513 zu datieren ist und heute in Weimar liegt[14]. Von Sieghart bis Rudolf (†1419) enthält er außer Widukind alle Personen der hochformatigen Wartburgreihe. Die Chronik bildet sie – nicht nur, aber auch sie – sogar ab, wenn auch in Ganzfigur und ohne Ähnlichkeit zu unserer Ahnengalerie.

Bisher konnten fünf Porträtfolgen mit denselben Bildtypen wie denen unserer beiden Wartburgreihen ausgemacht werden[15]: im Wittenberger Schloss um 1500, im Torgauer Schloss Hartenfels um 1537, in Holzschnitten für Druckerzeugnisse seit 1563, im Schloss Augustusburg 1571/72 und für Schloss Ambras bei Innsbruck 1578/79. Die drei Gemäldefolgen aus den Schlössern Wittenberg, Hartenfels und Augustusburg sind zwar verloren, doch durch schriftliche Überlieferungen bezeugt und mit hoher Wahrscheinlichkeit unseren Porträts vergleichbar. Vor allem machen sie Bestimmungszweck und -ort erkennbar: Die Bildreihen dienten der Ausstattung von sog. Stammstuben in neu- und ausgebauten Schlössern der Wettiner des 16. Jahrhunderts. Beide Wartburgreihen sind sicherlich für derartige Stammstuben geschaffen worden; die Existenz weiterer Bildreihen ist anzunehmen.

Kurfürst Friedrich der Weise (†1525) ließ von 1489 bis 1506 sein Wittenberger Residenzschloss als Drei-Flügel-Anlage mit zwei Rundtürmen an den Westecken errichten. Im ersten Obergeschoss des Südturms[16] befand sich eine Stammstube mit Gemälden unserer Fürstenreihe, worüber ein sehr früher Bericht existiert. Der Student Andreas Meinhardi (um 1475–1526) verfasste 1507 eine 1508 gedruckte lateinische Lobpreisung Wittenbergs, in der er

---

12 WOLDEMAR LIPPERT: Das «Sächsische Stammbuch», eine Sammlung sächsischer Fürstenbildnisse. In: Neues Archiv für Sächsische Geschichte und Altertumskunde. 12(1891), S. 64–85, hierzu S. 71–73; [ASMUS FREIHERR VON] TROSCHKE: Das sächsische Fürstenstammbuch der Landesbibliothek. In: Neues Archiv für Sächsische Geschichte. 60(1939), S. 294–296.

13 Sächsische Landesbibliothek – Staats- und Universitätsbibliothek Dresden, Mscr. Dresd. R 3, Sächsisches Stammbuch.

14 Die unvollendete Sächsische Chronik Spalatins ist eine in vier Foliobände gefasste Bilderhandschrift mit Illustration aus der Werkstatt Lucas Cranachs d. Ä. Ein Band mit dem Abschnitt zu ältesten Zeit u. a. befindet sich in Weimar und soll 1513 fertig gewesen sein, die anderen drei Bände in Coburg reichen bis 1435 und wurden um 1530 beendet.
   – Thüringisches Hauptstaatsarchiv Weimar, Reg. O 20/21, Spalatin, Georg: Sächsische Chronik. Deutsch. 1513;
   – Landesbibliothek Coburg, Ms. Cas. 9–11, Spalatin, Georg: Chronik der Sachsen und Thüringer, vermutlich Wittenberg, um 1530.

15 Ausführlich zu den verwandten Fürstenbildern vgl. Fürstenbildnisse 2003 (wie Anm. 2) S. 19–27.

jenem Raum des Schlosses 24 Gemälde zuweist, die einem «Haus Sachsen» von Liudolf (†866) bis Friedrich (†1525) ohne Kaiser Otto I. (†973) und Albrecht (†1500) entsprechen[17]. Unter die Bilder waren Biographien in kurzen, deutschen Reimen gesetzt, die Meinhardi in lateinische Verse umdichtete und die mit denen der querformatigen Wartburgreihe übereinstimmen.

Die um 1500 gemalte Wittenberger Folge ist die älteste bildliche Fassung der Porträts und liefert die Vorlagen für die nachfolgenden Reihen. Als Schöpfer kommt der seit 1506 in Wittenberg ansässige Lucas Cranach d. Ä. nicht in Frage[18], sondern die im Wittenberger Schloss vor ihm tätigen Künstler: der Niederländer Johann bis 1500/01, Kunz Maler bis 1501, Ludwig Maler bis 1501/02 und der Maler Friedrich 1501/02–1505[19]. Kein geringerer als Albrecht Dürer ist ebenfalls ins Spiel gebracht worden[20], was allerdings umstritten ist[21]. Eine kompetente Analyse muss den Kunsthistorikern vorbehalten bleiben.

Inventare des 16. und 17. Jahrhunderts[22] informieren über Ausstattung und Raumaufteilung der Wittenberger Stammstube. Bevor sie einsetzen, äußerte sich 1532 Martin Luther zum Raum und sprach von der «Stamm- und runden

---

16 Fritz Bellmann, Marie-Luise Harksen und Roland Werner (Bearb.): Die Denkmale der Lutherstadt Wittenberg. Weimar 1979, S. 238: «Südwestturm, 1. Obergeschoß, Stammstube (6)»; Stephan Hoppe: Die funktionale und räumliche Struktur des frühen Schloßbaus in Mitteldeutschland, untersucht an Beispielen landesherrlicher Bauten der Zeit zwischen 1470 und 1570 (Veröffentlichung der Abteilung Architekturgeschichte des Kunsthistorischen Instituts der Universität Köln. 62). Köln 1996, S. 93 «(16) ‹Stammstube›» und S. 96.

17 Andreas Meinhardi: Dialogus illustrate ac Augustissime vrbis Albiorene vulgo Vittenberg ... Leipzig: Martinus Herbipolensis 1508, Bl. Giii ff.; Meinhardi, Andreas: Über die Lage, die Schönheit und den Ruhm der hochberühmten, herrlichen Stadt Albioris, gemeinhin Wittenberg genannt. Ein Dialog, herausgegeben für diejenigen, die ihre Lehrzeit in den edlen Wissenschaften beginnen/Übers., Einl. und Anm.: Martin Treu (Reclams Universal-Bibliothek. 1145). Leipzig 1986, S. 149–154, Kap. 8.

18 Sibylle Harksen: Die Gemäldeausstellung des Wittenberger Schlosses beim Einzug Lucas Cranachs. In: Peter H. Feist, u. a. (Hrsg.): Lucas Cranach. Künstler und Gesellschaft. Wittenberg 1973, S. 111–114, hierzu S. 112 f.

19 Harksen, Gemäldeausstellung 1973 (wie Anm. 18) S. 112 f.; vgl. Werner Schade: Die Malerfamilie Cranach. Dresden 1974, S. 22.

20 Robert Bruck: Friedrich der Weise als Förderer der Kunst (Studien zur deutschen Kunstgeschichte. 45). Strassburg 1903, S. 145 und 150; Valentin Scherer (Hrsg.): Dürer. Des Meisters Gemälde, Kupferstiche und Holzschnitte (Klassiker der Kunst in Gesamtausgaben. 4). Stuttgart u. a. [³1908], S. XVI; Heiner Borggrefe: Die Bildausstattung des Wittenberger Schlosses. Friedrich der Weise, Albrecht Dürer und die Entstehung einer mythologisch-höfischen Malerei nach italienischem Vorbild. In: Heiner Borggrefe und Barbara Uppenkamp (Hrsg.): Kunst und Repräsentation. Studien zur europäischen Hofkultur im 16. Jahrhundert (Materialien zur Kunst- und Kulturgeschichte in Nord- und Westdeutschland. 29). Lemgo 2002, S. 9–68, hierzu S. 29.

21 Bellmann, Wittenberg 1979 (wie Anm. 16) S. 236 widerspricht einer Identifizierung des in Wittenberg wirkenden Malers Albrecht mit Albrecht Dürer.

Stube im Schloß». Aus einem zeitgenössischen Bericht erfahren wir von der Zerstörung der Stammstube und der Bilder durch die preußische Kanonade vom 13. Oktober 1760, die Wittenberg in Trümmer legte und das Schloss ausbrennen ließ[23].

Von den Fürstenbildern im Torgauer Schloss Hartenfels zeugen archivalische Aufzeichnungen. Eine Sammelhandschrift aus dem 16. Jahrhundert zur älteren sächsischen und thüringischen Geschichte[24] enthält zwei entsprechende Verzeichnisse: 1. Unter der Überschrift «Aus der Torgauer Burg» («Ex arce Torgensi») sind die Bildnisse der ältesten neun Sachsenkönige von Heinrich bis Widukind mit Wiedergabe der Reimbiographien, mit Wappenbeschreibung und kurzen Bildbeschreibungen verzeichnet[25]. 2. Eine Folge von Reimbiographien zu Fürstenbildnissen mit der Ankündigung, vom ältesten König Heinrich aus der Zeit Christi bis zum regierenden Johann Friedrich zu handeln[26].

Das erste Verzeichnis bezeugt die Bildfolge der alten sächsischen Herrscher, wie sie von der querformatigen Wartburgreihe bekannt ist. Das zweite ist von 1537 und zählt die gleiche Personenfolge wie die querformatige Wartburgreihe auf. Die Jahreszahl 1537 passt zu archivalischen Nachrichten von einer Ausmalung in den Jahren 1536–38 im Schloss Hartenfels durch Lucas Cranach d. Ä. und seinen Sohn Hans[27].

Die Bildnisse schmückten sicherlich die runde Stammstube, die im dritten Obergeschoss die Grundfläche des Grünen Turmes (Hasenturm) an der Südostecke des Torgauer Schlosses einnahm[28]. Der obere Turmabschluss wurde durch einen Umbau mit Teilabbruch und Aufstockung von 1535 bis 1537 auf-

22 Sächsisches Hauptstaatsarchiv Dresden, Rep. A 25 a I, Nr. 2395, Inventar Wittenberg 1611, Nr. Bl. 28ᵛ; vgl. Nr. 2396, Inventar Wittenberg 1618, B. 22ʳ und 23ᵛ; Nr. 2397, Inventar Wittenberg 1682, B. 9ʳ und 10ᵛ.

23 CHRISTIAN SIEGISMUND GEORGI: Wittenbergische Klage-Geschichte, Welche, über die schwere und jammervolle Bombardirung, Womit diese Chur- und Haupt-Stadt, am 13 October 1760. Wittenberg [1761], S. 6 und 13, Tafel 1 und 2.

24 Vgl. LUDWIG SCHMIDT (Bearb.): Katalog der Handschriften der Sächsischen Landesbibliothek zu Dresden. Teil 3. Leipzig 1906. Reprint, korr. und verb. Dresden 1982, S. 267, Nr. 155; Sächsische Landesbibliothek – Staats- und Universitätsbibliothek (SLUB), Handschriftensammlung, Msc. Q 155.

25 SLUB Q 155 (wie Anm. 24) Bl. 83–85, Ex arce Torgensi.

26 SLUB Q 155 (wie Anm. 24) Bl. 98–113, Hie hebt sich an der Künig Gross Furst vnd Churfurst Bildtnuß, auch wie sie gehandelt vnd regire haben Von anfang des ersten Koniges Heinrich von Sachssen Welcher von Christi geburt gelebt von regiret tc. Bis auff den izigen Churfürst tzu Sachssen Johans Friederich itzt regiret Nach Christi vnsers seligmachers geburt 1537 Jahr.

27 SCHADE, Malerfamilie 1974 (wie Anm. 19) S. 437 f.; PETER FINDEISEN und HEINRICH MAGIRIUS (Bearb.): Die Denkmale der Stadt Torgau. Leipzig 1976, S. 140, 205.

28 Zum Ort der runden Stammstube: MAX LEWY: Schloss Hartenfels bei Torgau (Beiträge zur Bauwissenschaft. 10). Berlin 1908, S. 77: vermutet sie über der Treppe des hofseitigen Wendel-

gesetzt. Nach gegenwärtigem Wissensstand könnten hier in Torgau um 1537 am ehesten Vorbilder für die neun ältesten Sachsenkönige von Heinrich bis Widukind entstanden sein.

Eine 1563 in Wittenberg bei Gabriel Schnellbolz gedruckte Holzschnittreihe mit deutschen Reimbiographien[29] ist wahrscheinlich die älteste erhaltene Wiedergabe der Fürstenbildnisse. Im gleichen Jahr erschien eine lateinische Ausgabe. Die Bildnisse sind im Oktavformat und in schmuckloser Einrahmung gehalten. Bei Johann Friedrich (†1554) und seiner Gemahlin weisen Monogramme mit der geflügelten Schlange auf die Cranach-Werkstatt. Jeweils links auf der gegenüber liegenden Buchseite stehen Langfassungen der gereimten Biographien von 16 bis 18 Zeilen in kunstvoller Umrahmung mit allegorischen Figuren und biblischen Szenen. Die Brustbilder enthalten Wappen, aber keine Beschriftungen.

Die dem Spremberger Johann Agricola zugeschriebenen Publikationen wurden mehrfach aufgelegt. Nach den hochformatigen Holzschnitten von 1563 folgen etwa 1586 kleinere querformatige Abbildungen[30]. Seit 1596 taucht eine großformatige Folioversion mit entsprechenden größeren und mitunter kolorierten Bildern auf[31].

Die Fürstenbilder der Augustusburg komplettierten die Ausstattung des Schlosses, das Kurfürst August (†1586) über dem Areal der abgetragenen Burg Schellenberg bei Flöha hauptsächlich durch den Leipziger Bürgermeister Hieronymus Lotter d. Ä. von 1567 bis 1572 erbauen und einrichten ließ. Sie erhielten ihren Platz im dafür bestimmten rechteckigen Fürstensaal (oder Stammstube) im ersten Obergeschoss des Verbindungsgebäudes zum Hasenhaus[32].

---

steins am C-Flügel; PETER FINDEISEN: Zur Struktur des Johann-Friedrich-Baues im Schloß Hartenfels zu Torgau. In: Sächsische Heimatblätter. 20(1974)1. S. 1–12, S. 11 Anm. 10; FINDEISEN, Torgau 1976 (wie Anm. 27) S. 187; HOPPE, Schloßbau 1996 (wie Anm. 16) S. 219 f.

29 Abcontrafactur und Bildnis aller Groshertzogen, Chur und Fürsten, welche vom Jare nach Christi Geburt 842 bis auff das itzige 1563. Jar, das Land Sachssen löblich und christlich regirt haben sampt kurtzer erklerunge ires lebens / aus glaubwirdigen Historien zusamen getragen u. in deudsche Reime bracht durch Johannem Agricolam. Wittenberg: Schnellboltz, 1563; Nachauflage ebenfalls im Quartformat: Wittenberg: Schnellboltz, 1565.

30 [JOHANN AGRICOLA, Hrsg.:] Warhafftige Abcontrafactur vnd Bildnis aller Großhertzogen, Chur vnd Fürsten, welche vom Jahr nach Christi geburt 842. bis auff das itzige 1586. Jahr, das Landt Sachssen, Löblich vnd Christlich regiret haben. Sampt kurtzer erklerung jhres Lebens, aus glaubwirdigen historien zusammen getragen vnd kurtz in Deudsche Reimen bracht. Dresden: Bergen 1586 und 1587.

31 [JOHANN AGRICOLA:] Warhafftige Abcontrafactur und Bildnis aller Groß Hertzogen, Chur und Fürsten zu Sachsen ... Dreßden, durch Gimel Bergen ... In verlegung Nickel Nerlichs ... in Leiptzig, 1596; Nachauflagen ebenfalls im Oktavformat: Dresden: Bergen 1606 und 1607; ähnlich Wittenberg: Seuberlich 1599; vgl. Überblick zu den Publikationen des 16. und 17. Jahrhunderts bei Voss, Wartburg 1917 (wie Anm. 1) S. 388 f.

Aus dem Archivmaterial lässt sich der Entstehungsvorgang der Porträts ganz gut nachvollziehen[33]. Der Kürfürst beauftragte im Juli 1571 den Maler Lucas Cranach d. J. in Wittenberg mit der Anfertigung. Bereits zu Ostern 1572 befand sich der Großteil auf der Augustusburg. Nach einigen Ergänzungen umfasste der Bestand 35 Fürstenbilder [34]. In den Plünderungen und während des Verfalls im 17. Jahrhunderts gingen sie zwar verloren, doch sind Beschreibungen der Bilder und Abschriften der Reimbiographien erhalten, die mit der querformatigen Wartburgreihe bis auf orthographische Abweichungen übereinstimmen [35].

Außer den beiden Wartburgreihen hat sich nach bisherigem Wissen eine Gemäldegalerie sächsischer Fürsten dieses Typs einzig noch in Wien erhalten [36]. Die dortigen Ölbilder sind auf Leinwand über Holz (etliche Kartonunterlagen dürften nicht original sein) und in ziemlich kleinem Hochformat von 13,7–12,1 x 10,5–9,6 cm gemalt. Die Maße entsprachen den Intentionen des Auftraggebers, des Tiroler Erzherzogs Ferdinand II. (1529–1595), der für sein Schloss Ambras bei Innsbruck die umfangreichste Porträtsammlung seiner Zeit mit etwa 1.000 Bildnissen anlegte. Auf seinen Wunsch hatte Kurfürst August wie bei der Augustusburg den Maler Lucas Cranach d. J. mit der 1578/79 erfolgten Ausführung beauftragt [37]. Von ehemals 50 Bildnissen sind noch 48 erhalten. Der Kernbestand von Liudolf (†866) bis zu Johann Friedrich (†1554) gehört vollständig dazu, sowohl mit Ernst (†1486) als auch mit Albert (†1500).

---

32 C. Freyer: Die einstigen Malereien in der Augustusburg. In: Neues Archiv für Sächsische Geschichte und Altertumskunde. 7(1886), S. 297–326, hierzu S. 305; Richard Steche (Bearb.): Amtshauptmannschaft Flöha (Beschreibende Darstellung der älteren Bau- und Kunstdenkmäler des Königreichs Sachsen. H. 6). Dresden 1886, S. 38; Lutz Unbehaun: Hieronymus Lotter, kurfürstlich-sächsischer Baumeister und Bürgermeister zu Leipzig. Leipzig 1989, S. 138; Hoppe, Schloßbau 1996 (wie Anm. 16) S. 325 «‹Stammstube› (94)», S. 335.

33 Schade, Malerfamilie 1974 (wie Anm. 19) S. 449.

34 Gesamtzahl 35 bei Freyer, Malereien 1886 (wie Anm. 32) S. 305; Steche, Flöha 1886 (wie Anm. 32) S. 38 nur 32, vielleicht durch Abzug der drei letzten; Voss, Wartburg 1917 (wie Anm. 1) S. 372.

35 Abdruck der Reimbiographien: Julius Ernst von Schütz: Historisch-Oeconomische Beschreibung von dem berühmten Schloß und Amte Augustusburg in Chur-Sachsen. Leipzig 1770, S. 33–47; Freyer, Malereien 1886 (wie Anm. 32) S. 306–315.

36 Kunsthistorisches Museum Wien, Gemäldegalerie, Inv.-Nr. GG 4765–4812, z. Z. im Münzkabinett ausgestellt: Für Hinweise wie für weitere Informationen und übersandtes Material sei dem Direktor der Gemäldegalerie in Wien, Herrn Dr. Schütz, gedankt. Vgl. Friedrich Kenner: Die Porträtsammlung des Erzherzogs Ferdinand von Tirol. In: Jahrbuch der kunsthistorischen Sammlungen des Allerhöchsten Kaiserhauses. 15(1894), S. 147–207, hierzu S. 176–207; Karl Schütz: Lucas Cranach der Ältere und seine Werkstatt. Jubiläumsausstellung museumseigener Werke 1472–1971. Wien 1972, S. 35–56, Taf. 29–48.

4. Zu den letzten drei ernestinischen Kurfürsten Friedrich (†1525), Johann (†1532) und Johann Friedrich (†1554)

Das Bild Friedrichs (†1525) in der querformatigen Wartburgreihe zeigt eine Tafel statt einer Rolle für den biographischen Text. Der Kurfürst trägt den Kurornat, das sind Kurmantel und Kurhut in Rot mit weißem Pelzbesatz sowie Kurschwert. Gesicht und Bart kennzeichnen ihn als Mann reifen Alters, wie er unmöglich bereits um 1500 im Wittenberger Schloss dargestellt sein kann. Nach Meinhardi hielt Friedrich auf dem Gemälde in der Wittenberger Stammstube eine Schriftrolle in der Hand. Es existiert ein ähnliches Dürerbild des Kurfürsten mit Schriftrolle aus der Entstehungszeit von um 1500. Es kann allerdings nicht mit dem Wittenberger Exemplar identisch sein, da jenes nachweisbar 1769 verbrannt ist.

Die Schrifttafel unter dem Bild war bei Meinhardi 1507/08 ohne Text und blieb es bis zum Tode Friedrichs (†1525). Kein geringerer als Martin Luther verfasste am 9. Juli 1525 im Schloss Lochau (Annaburg) die Verse für das immer noch leere Feld, nur reichlich zwei Monate nach dem Tod des Kurfürsten. Ein handschriftliches Diktat in Gotha von unbekannter Hand, aber von Luther korrigiert und von Spalatin beglaubigt, beweist den Vorgang[38]. Für Luthers Autorschaft spricht auch eine Passage aus seinem Trostbrief vom 15. Mai 1525 an den neuen Kurfürsten Johann (†1532), die sehr den beiden Anfangsversen ähnelt. Nach Spalatin soll Luther auch die Verse für Johann (†1532) verfasst haben[39]. Der Reformator hatte sich zum Wittenberger Friedrichbild selbst geäußert. In den Tischreden aus dem Jahre 1532 spöttelte er[40],

---

37 Kenner, Porträtsammlung 1894 (wie Anm. 36) S. 177; Voss, Wartburg 1917 (wie Anm. 1) S. 368; Schade, Malerfamilie 1974 (wie Anm. 19) S. 451 Nr. 514 zum 01. 12. 1578, S. 452 Nr. 517 zum 24.02., Nr. 519 zum 07. 08. und Nr. 521 zum 13. 10. 1579.

38 Thüringisches Staatsarchiv Gotha, Cod. Chart. A 122 Bl. 28r und 28v; Rudolf Ehwald: Luthers Verse auf Friedrich den Weisen. In: Zeitschrift für Bücherfreunde. N.F. 10 (1918/19)1/2, S. 72; D. Martin Luthers Werke. Kritische Gesamtausgabe. [Werke] 35. Bd. Weimar 1923, S. 587–589; Ingetraut Ludolphy: Friedrich der Weise, Kurfürst von Sachsen. 1463–1525. Göttingen 1984, S. 18 f., 122; Carl Georg Brandis: Deutsche Verse auf Friedrich den Weisen und die deutschen Verse unter den Fürstenbildern im Schlosse zu Wittenberg. In: Carl Georg Brandis: Beiträge aus der Universitätsbibliothek zu Jena (Zeitschrift des Vereins für Thüringische Geschichte und Altertumskunde. N.F. 8. Beiheft). Jena 1917, S. 62–84, S. 65 hatte die Autorschaft Luther «nirgends bezeugt» gesehen.

39 Zu den Versen Johanns (†1532): Georg Spalatin: Historici Saxonici. In: Johann Burchard Mencke: Scriptores rerum Germanicarum praecipue Saxonicarum. T. II. Leipzig 1728, Sp. 1130 mit Abdruck der Verse; Luthers Werke 35 (wie Anm. 38) S. 589 f.; Carl-Georg Heise (Verf.): Katalog der alten Meister der Hamburger Kunsthalle. 5. Aufl. Hamburg 1966, S. 44; Kurt Löcher (Bearb.): Die Gemälde des 16. Jahrhunderts. [Bestandskatalog] Germanisches Nationalmuseum Nürnberg. Ostfildern-Ruit 1997, S. 146 und 148.

es bedeute nichts Gutes, wenn in der «Stamm- und runden Stube im Schloß» nach Friedrich (†1525) kein Platz mehr ist. Das Bild hing nach Luther «an [wohl neben] der Tür».

Die Verse wurden unter Öl-auf-Holz-Bildern Friedrichs (†1525) meist mit handschriftlichen, mitunter gedruckten Papierzetteln aufgeklebt. Für 1528 erstmals nachweisbar, ist diese Kombination in einer 60-Stück-Serie der Cranach-Werkstatt in den Jahren 1532 und 1533 produziert worden[41]. Als Gegenstücke schuf man jeweils Bildnisse des Bruders Johann (†1532) mit einem ebenso aufgeleimten Luthertext. Unmittelbar nach dessen Tod diente das Porträtpaar als Gedächtnisbilder. Solche kleinformatigen Bildpaare (ca. 20 x 14,5 cm) sind in den Kunstsammlungen zu Bern, Budapest, der Veste Coburg, Florenz, Gotha und Weimar erhalten.

Die Wartburg-Stiftung besitzt aus dieser Reihe ein Ölbild Johanns (†1532)[42], das um den Biographieteil verkürzt ist, an dem jedoch die obersten Zeilen noch lesbar sind. In Berlin liegt ein Bild Friedrichs (†1525) mit der gleichen Verkürzung vor[43], das eventuell mit dem Johann-Bild der Wartburg ein Paar gebildet haben könnte. Um 1535 erweiterte die Cranach-Werkstatt durch die Aufnahme des noch lebenden Johann Friedrich (†1554) die Doppelbilder zu Kurfürstentriptycha. Am interessantesten ist das Hamburger Exemplar mit gedruckten, aufgeklebten Reimbiographien unter den Bildnissen von Friedrich und Johann[44]. Unter Johann Friedrich befindet sich ein fünfteiliges kurfürstliches Wappen, das den Wappen der querformatigen Wartburgreihe von Friedrich (†1428) bis Friedrich (†1525) genau entspricht: die sächsischen Kurschwerter im Herzschild und darunter im Geviert die sächsische Raute, der thüringische Löwe, der pfalzgräflich-sächsische Adler und der meißnische Löwe.

Sowohl die Doppelporträts von 1532/33 als auch die Triptycha stellen die Fürsten nicht im Kurornat dar, sondern in dunklem Mantel (Schaube) und mit dunkler Kopfbedeckung (Barett). In gleicher Bekleidung erscheinen sie in den Holzschnitten von 1563 und 1586. In der querformatigen Wartburgreihe hingegen tragen sie den Kurornat mit Kurmantel, -hut und -schwert, übrigens

---

40 D. Martin Luthers Werke. Kritische Gesamtausgabe. Tischreden 3. Bd. Weimar 1914, Nr. 3136a und b, S. 184, Zeile 4 – 25; Abdruck auch bei Brandis, Verse 1917 (wie Anm. 38) S. 71 f.

41 CHRISTIAN SCHUCHARDT: Lukas Cranach des Aelteren Leben und Werke. Nach urkundlichen Quellen bearbeitet. 1. Teil. Leipzig 1851, S. 88; Brandis, Verse 1917 (wie Anm. 38) S. 65; SCHADE, Malerfamilie 1974 (wie Anm. 19) S. 435, Nr. 276.

42 Kurfürst Johann der Beständige, 1532/33, Cranach-Werkstatt, Öl auf Holz, 14 x 14,5 cm, Wartburg-Stiftung Eisenach, Inv.-Nr.: M 68.

43 RAINALD GROSSHANS: Gemäldegalerie Berlin. Gesamtverzeichnis. Berlin 1996, S. 35 und Abb. 85.

44 HEISE, Hamburger Kunsthalle 1966 (wie Anm. 39) S. 44 f., Nr. 606; WERNER HOFMANN (Hrsg.): Luther und die Folgen für die Kunst. Hamburger Kunsthalle. München 1983, S. 204 mit Abbildung, Nr. 79.

auch auf der Augustusburg 1572 und in der Sammlung von Ambras 1579. Die Gesichtspartien entsprechen dem Typ der Altersbildnisse von Friedrich (†1525) und Johann 1532 aus der Serie von 1532/33. Friedrich (†1525) zeigt innerhalb dieses Typs ein jüngeres, an das erste dieser Cranach-Porträts von 1522[45] erinnerndes Aussehen.

Cranach-Gemälde mit Kurornat setzen später als jene mit Barett und Schaube ein. Drei Weimarer lebensgroße Ganzbilder der drei Ernestiner im Ornat werden auf 1540/45 datiert[46]. In der Kopfpartie gleicht besonders Johann Friedrich (†1554) noch ohne Narbe dem Bild der querformatigen Wartburgreihe. Er hatte übrigens 1550 die Überführung der drei Gemälde auf die Wartburg erwogen. Der 1545/46 entstandene Schlussteil des Sächsischen Stammbuchs zeigt ähnliche Bildnisse mit Kurornat.

Die Zeitangaben passen recht gut zur Datierung der Torgauer Fürstenbilder von um 1537. Die Ergänzung der drei letzten ernestinischen Kurfürsten könnte zumindest bildlich in Torgau erfolgt, das Gemälde von Johann Friedrich (†1554) einige Jahre später geschaffen oder ergänzt worden sein. Ihm ist das Wappen der Burggrafschaft Magdeburg beigegeben, die er 1538 durch Pfandauslösung erwarb. Der Reimtext erwähnt seine Narbe aus der Schlacht von Mühlhausen im Jahre 1547.

Für die Entstehungsgeschichte der Fürstenbilder ergibt sich daraus, dass die um 1500 geschaffenen Porträttypen ab Friedrich (†1525) durch Cranach und sein Umfeld fortgesetzt wurden. Die Künstler übernahmen bei einigen Folgen die Version mit Schaube und Barett, bei anderen die mit Kurornat. Beide Versionen konnten von Vorlagen der Cranach-Werkstatt übernommen werden.

Nun klärt sich, wieso im Bildnis Friedrichs (†1525) eine Holztafel statt der sonst üblichen Schriftrolle zu finden ist. Die Tafel überdeckt teilweise die Person und steht somit perspektivisch vor ihr, wie es auch bei Widukind (†806) und Kaiser Otto I. (†973) der Fall ist. Die Texttafeln der älteren sächsischen Könige sind ansonsten hinter der Person platziert, die Schriftrollentexte ebenfalls. Jene drei Bilder – Widukind, Otto I. und Friedrich der Weise – ähneln einander in der Proportion der Schrifttafel zur Gesamtgröße und in der Körperhaltung.

Sicherlich wurde der Kernbestand der querformatigen Wartburgreihe mit den Schriftrollen von Liudolf (†866) mindestens bis Johann (†1532) im Wesentlichen in einem Zuge gemalt. In einem zweiten, nicht viel späterem

---

45 Max J. Friedländer und Jakob Rosenberg: Die Gemälde von Lucas Cranach. [2., überarb. und erw. Aufl.]. Basel/Boston/Stuttgart 1979, Nr. 151, Kriegsverlust, ehemals Gotha, 1522, Holz, 46 x 29 cm.

46 Friedländer/Rosenberg 1979 (wie Anm. 45) Nr. 338F; Helga Hoffmann: Die deutschen Gemälde des XVI. Jahrhunderts. Kunstsammlungen zu Weimar. Weimar [ca. 1990], S. 84–86, Nr. 29.

Arbeitsgang wurden die sächsischen Könige mit den Holztafeln nach Cranachmotiven und im Cranach-Umfeld hinzugefügt. In der Endphase – bei Widukind und Otto I. – richtete sich die Aufmerksamkeit auf das Serienbild Friedrichs (†1525), das wohl noch nach dem Vorbild von um 1500 im Wittenberger Schloss gestaltet war. Da aus der eigenen Werkstatt inzwischen die Altersversion mit Kurornat vorlag, entfernte man das vorhandene Exemplar und ersetzte es durch die eigene Version mit jeweils einer Schrifttafel wie bei den zuletzt gemalten Bildern sächsischer Könige.

5. Das Schicksal der hochformatigen Wartburgreihe bis zur Gegenwart

Der ungeklärten und vielleicht unklärbaren Frage nach Entstehungszeit und -zusammenhang der hochformatigen Wartburgreihe kann man vielleicht anhand der jüngsten Bilder näher kommen. Unter den fünf letzten Fürsten, die sicherlich zu der Reihe gehörten, befinden sich zwei Albertiner (Christian I. †1591 und Christian II. †1611) und zwei Ernestiner (Johann Friedrich †1595 und Johann Ernst †1638). Das letzte erhaltene Bildnis mit den genannten Merkmalen (s. Kap. 1. 2.) zeigt den siebenbürgischen Fürsten und kaiserfeindlichen Heerführer Gabor Bethlen (†1629). Die Bildinschrift 1619 als terminus post deutet auf eine Entstehung in den 1620er Jahren. Die Albertiner unter Herzog Johann Georg (regierte 1611–1656) standen in jenem Jahrzehnt auf Seiten des Kaisers und dürften unmöglich das Gemälde in Auftrag gegen haben. Hingegen kämpften die Ernestiner, besonders die von Sachsen-Weimar, wie der Siebenbürger für die protestantische Sache. In den 1620er Jahren muss die hochformatige Wartburgreihe mit Albert (†1500) und ohne Ernst (†1486) sich an einem Ort (Schloss) befunden haben, der zuvor vielleicht in albertinischer Hand war, nun aber sicherlich dem Einfluss der Ernestiner unterstand.

Damit rückt das Eisenacher Residenzhaus in den Bereich der möglichen Originalstandorte. Der in der Bildreihe porträtierte Herzog Johann Ernst (†1638) bekam 1596 Eisenach zugesprochen und machte es zur Residenzstadt seines Herzogtums Sachsen-Eisenach. Allerdings spricht eine inventarartige Residenzbeschreibung in einer 1708 aufgenommenen Eisenachschilderung eher gegen eine hiesige Existenz der Fürstenbilder[47].

---

47 Das im Jahr 1708 lebende und schwebende Eisenach/Zusammengetragen von JOHANNES VON BERGENELSEN. Stralsund 1709, S. 28–81; JOHANNES LIMBERG: Das im Jahr 1708 lebende und schwebende Eisenach, welches anno 1709 zum erstenmal gedruckt und zusammengetragen worden. Eisenach 1712, S. 28–81; zum Zusammenhang zwischen Bergenelsen und Limberg vgl. MARTIN STEFFENS: Die Lutherstube auf der Wartburg. Von der Gefängniszelle zum Geschichtsmuseum. In: Wartburg-Jahrbuch 2001. 10(2002), S. 70–97, hierzu S. 73 Anm. 12 und S. 76 Anm. 26.

Der Verfasser des ersten Wartburgführers, Johann Carl Salomo Thon, äußerte 1804 die Idee, die alten Fürstenbilder aus der Galerie des Eisenacher Residenzhauses im Rittersaal des Wartburgpalas aufzuhängen. Der erbärmliche Zustand des Saales, den der damalige Kastellan als Heuboden nutzte, stand der Idee zunächst noch entgegen. Auf dringende Befürwortung Thons und des in Eisenach amtierenden Kammerrats Carl Wolff von Todenwarth (†1816) ordnete noch vor Mitte des Jahres 1804 der Landesherr Carl August die Sanierung des Rittersaales an[48]. Was wann in den folgenden zweieinhalb Jahren geschah, ist aus den Unterlagen noch nicht eruiert worden. Jedenfalls waren Anfang 1807 der Raum vorzeigbar und die Bilder aufgehängt[49].

Schon im Oktober 1810 mussten sie wegen der inzwischen aufgetretenen Schäden abgenommen und den Winter über auf einer Stellage im unteren Saal, gemeint ist der heutige Sängersaal, gelagert werden. Die Schäden sollten im Frühjahr – im Winter war die Raumbeheizung nicht möglich oder zu teuer – durch den Zeichenmeister Hose so gut es ging ausgebessert werden. Bei dem Zeichenmeister handelt es sich sicherlich um den in Eisenach wirkenden Künstler Heinrich Hose[50].

Über die Gemälde im obersten Geschoss des Palas informieren einige Inventare im Thüringischen Hauptstaatsarchiv Weimar. Das älteste, wohl das Original, ist nicht datiert[51], wurde aber nach den beiliegenden Aktenstücken zwischen 1805 und 1807 aufgesetzt. Einige Abschriften stammen aus den folgenden Jahrzehnten. Die Wartburg besitzt ein Exemplar, das Mitte des 20. Jahrhunderts auf das Jahr 1844 datiert wurde[52], jedoch sicherlich schon dem ersten Wartburg-Kommandanten Bernhard von Arnswald 1840/41 beim Amtsantritt zur Verfügung stand. Diese Gruppe wortgleicher Inventare wird im Folgenden mit «1805/07 – 1841» gekennzeichnet.

Der gesamte Bestand jener Bildnisse umfasst zahlreiche weitere Personen und reicht von Nr. 1 (Liudolf †866) bis Nr. 61 (Isabella †1633). Aus diesem Gesamtbestand konnten 35 Porträts mit den einheitlichen Merkmalen von Rahmen, Größe und Bildaufbau (s. Kap. 1.2.) bis zu Gabor Bethlen (†1629) herausgefiltert werden.

---

48 Vgl. Thüringisches Hauptstaatsarchiv Weimar (ThHStAW), Eisenacher Archiv, Bausachen, Nr. 1191, Bl. 5, an Thon 04. 06. 1804; Thüringisches Hauptstaatsarchiv Weimar (ThHStAW), Eisenacher Archiv, Militär- und Kriegssachen, Nr. 1090, Bl. 18r–20r, Konzeption Todenwarths zur Umgestaltung des Saales im obersten Geschoss des Palas vom 18. 04. 1804.

49 ThHStAW, Militär- und Kriegssachen 1090 (wie Anm. 48) Bl. 6, Todenwarth am 26. 01. 1807: Nach der entsprechenden Order ist «der Rittersaal auf Wartburg gehörig optiert und mit denen dahin bestimmten Fürstenbildern und anderen Gemälden aus dem Residenz- und Fürstenhaus allhier decoriert worden.»

50 JOHANN HEINRICH HOSE (1765 – 1841) war Lehrer an der freien Zeichenschule in Eisenach, wo er seit 1792 lebte; vgl. EVA SCHMIDT: Johann Heinrich Hose. Ein Bildhauer und Zeichner der Goethezeit in Eisenach. [Weimar 1974]. [Herzogin Anna Amalia Bibliothek Weimar, maschi-

In einer Publikation druckte Schöne 1835 einen inventurartigen Abschnitt zur hochformatigen Wartburgreihe ab[53]. Allerdings können an wenigen Stellen Irritationen auftreten, da er die Personen und nicht die Bildnisse überliefert. Von (1.) Liudolf (hier †859) bis (61.) Isabella Clara Eugenia, Infantin von Spanien (†1633), hat er 61 Personen benannt und beschrieben. Er machte eine Menge meist aus dem sächsischen Regentenhaus stammender alter Porträts aus, die den großen «Ritter oder Ahnensaal» zierten, womit zweifellos der große Saal unter dem Palasdach gemeint war. Schöne berichtet von einer Restaurierung der Gemälde. Unter Aufsicht des Professors Müller in Eisenach, wohl Heinrich Müller (1793–1866), betätigte sich der junge Maler Andreas Laufer.

Vermerke auf den Rückseiten der Rahmen der hochformatigen Wartburgreihe gehen nicht weiter als bis ins 19. Jahrhundert zurück. Die meisten Rahmen sind mit Pappschildern von etwa 10,5 cm Höhe und 16,5 cm Breite versehen, die mit Kurzbiographien beschriftet sind und in der ersten Hälfte des 19. Jahrhunderts neben oder unter den Bildern angebracht waren. Teilweise textliche Übereinstimmungen, Nummerierungen und Todesjahre weisen sie als verkürzte Fassungen der Personenbeschreibungen des Inventars von 1805/07–1841 aus. Offenbar bestand bei den Besuchern Erklärungsbedarf über die auf den Gemälden vorhandenen Beschriftungen hinaus. Bei der Entfernung aus dem großen Palassaal hatte man die Pappschilder abgenommen und an die Rückseite der Rahmen genagelt.

Als die Erneuerungsarbeiten den oberen Bereich des Wartburgpalas erreichten, wurden um 1849/50 die Gemälde umgelagert. In den 1860er Jahren hingen 18 Porträts der hochformatigen Reihe in der Gaststube, die hinter der Lutherstube in der Vogtei betrieben wurde (vgl. Anhang 2). Eine Zeichnung des Wartburg-Kommandanten Bernhard von Arnswald zeigt um 1859 fünf der Fürstenbilder an der südlichen Stirnwand der Ritterhaus-Gaststube[54]. Der französischsprachige Schweizer Eduard Humbert (1823–1889) spielt nach einem Besuch Ende der 1850er Jahre in seinem Reisebericht ebenfalls darauf an[55].

Die übrigen 17 Fürstenbilder lagerten irgendwo auf der Burg in einem Magazin. In den 1850er Jahren wurden sie in die Werkstatt des Weimarer Malers und Restaurators Karl Wilhelm Lieber (1791–1861) gebracht und

---

nenschr., unveröffentlicht], seine bekannteste Zeichnung zeigt den Aufzug der Studenten zur Wartburg 1817, S. 118.

51 ThHStAW, Militär- und Kriegssachen 1090 (wie Anm. 48) Bl. 51–56.

52 Wartburg-Stiftung Eisenach, Archiv, Mappe «Fürstenbildnisse», Verzeichnis der Fürstenbilder ... (angeblich 1844).

53 Johann Heinrich Schöne: Beschreibung der Wartburg und ihrer Merkwürdigkeiten nebst geschichtlichen Erläuterungen. Eisenach 1835, S. 109–134.

54 Zeichnung Bernhards von Arnswald um 1859, abgebildet im Wartburg-Jahrbuch 1992. 1(1993), S. 82 f.

saniert[56]. Nach dem Tode Liebers wurden sie 1862 zurückgesandt. Im Bestand der Wartburg-Stiftung sind sie vollständig erhalten und entgingen dem Schicksal ihrer Mitexemplare aus der Gaststube. Als um 1860 die Vogtei umgebaut wurde, entfernte man die dortigen Fürstenporträts und lagerte sie derart unsachgemäß, dass sie bis auf vier in der Folge schadhaft wurden und verloren gingen.

Der Verlust von mindestens 14 Gemälden verwundert, zumal die Verantwortlichen jener Zeit – Großherzog Carl Alexander, Architekt Hugo von Ritgen und Burgkommandant Bernhard von Arnswald – alles andere als unkundige Banausen waren. Eine gezielte Beseitigung ist von ihrer Seite nicht anzunehmen, aber offenbar haben sie die Zerstörung nicht konsequent verhindert. Missachtung lässt eine Notiz des großherzoglichen Sekretärs Johann Carl Christian Vent im Inventar von 1849 erkennen: Die Gemälde seien «sämmtlich ohne Kunstwert»[57].

In den Jahren nach 1860 mit der Errichtung von Dirnitz und Dirnitzlaube (1866/67) und mit dem Einbau der Reformationszimmer in den vormaligen Gaststättenbereich der Vogtei (um 1870) traten also die meisten der heute zu konstatierenden Verluste ein. Von den ehemals 35 Ölbildern der hochformatigen Wartburgreihe sind 21 erhalten, davon 17 durch die Auslagerung nach Weimar zu Lieber und nur vier aus der Gaststube auf der Wartburg.

Nach dem Ritterhaus-Umbau der 1860er Jahre befanden sich von den 17 ehemals durch Lieber restaurierten Bildern zehn im Gang vor den Reformationszimmern in der Vogtei (Luthergang) und drei in einem Vorsaal der Dirnitz. Die restlichen vier lagerten nach einem Inventar von 1875 in nicht öffentlichen Magazinräumen.

In der Literatur des 20. Jahrhunderts kommt die hochformatige Wartburgreihe kaum vor. Das Wartburgwerk von 1907 vermerkt lediglich ihre Verteilung über verschiedene Räume der Burg und ihre mindere künstlerische Qualität[58]. Selbst Voß (1917), der die vorzügliche Studie zur querformatigen Wartburgreihe schrieb, hat die hochformatige Reihe nicht erkannt. Wahrscheinlich behinderten die Verstreuung über die Burg und die mangelnde Zugänglichkeit das Erkennen des Zusammenhangs. Der sonst so kenntnisreiche Burghauptmann Hans von der Gabelentz verwechselte sie mit der seinerzeit in der Dirnitzlaube (Steinsaal oder Sammlungsraum III) hängenden quer-

---

55 Édouard Humbert: Le Chateau de Wartbourg et sa restauration. Genf 1859, S. 70; nochmals abgedruckt in: Édouard Humbert: Dans la Forêt de Thuringe. Voyage d'étude. Genf/Paris/ Leipzig 1862, S. 73–190, hierzu S. 162; deutsche Übersetzung: Edouard Humbert: Eisenach und die Wartburg aus Dans la Forêt de Thuringe (Unter dem Thüringer). Genéve 1862/Hrsg: Gerd Bergmann. Eisenach 1995, S. 114.

56 Thüringisches Hauptstaatsarchiv Weimar (ThHStAW), Hofmarschallamt, Nr. 1704, Verzeichniß der von dem Professor Lieber restaurierten Wartburgbildern, Bl. 1–5.

formatigen Reihe, die seiner Meinung nach mit der bei Schöne (1835) im obersten Palasgeschoss identisch war[59]. In den Wartburgbeschreibungen des Burgwarts Hermann Nebe (amtierte 1925–1952) sowie der beiden Wartburg-Direktoren Sigfried Asche (1952–1960) und Werner Noth (1961–1988) kommt die hochformatige Reihe nicht vor.

Bei der Inventarisierung ab 1906 unter dem Oberburghauptmann Hans Lucas von Cranach (amtierte 1894–1929) erhielten alle Wartburg-Exponate die alten Inventarnummern. Hierbei begann die Zählung nicht wie bisher in jedem Raum von vorn, sondern die Räume selbst wurden durchgehend mit Zahlen versehen und die Gegenstände fortlaufend nummeriert. Der Gang vor den Reformationszimmern war öffentlich zugänglich und erhielt die niedrige Raum-Nummer 17a, die zehn Fürstenbilder die Nummern 229 und 238[60]. Der Vorraum in der Dirnitz vor der Prinzessinnen-Wohnung mit Raum-Nummer 64 stand weniger in der Öffentlichkeit, und die dortigen drei Bilder erhielten deshalb hohe 700er Nummern.

Aus dem Vorrat von 1875 hingen nun drei im Gadem, wo die hohen Raum- und Inventarnummern die Abgeschiedenheit widerspiegeln. Davon wurden zwei Fürstenporträts im Gadem-Treppenhaus und eines im ersten Stockwerk aufbewahrt. Das vierte Bild aus dem 1875er Vorrat erscheint in einem undatierten Nachtrag unter einer sehr hohen Nummer. Offenbar war es wegen seines schadhaften Zustandes ausgesondert worden, denn die Leinwand wurde irgendwann auf Sperrholz aufgezogen.

Die vier ehemals in der Ritterhaus-Gaststube hängenden Porträts erscheinen unter einem Eintrag des Jahres 1923 und wurden nachträglich der «Bibliothek» (Raum-Nummer 20) zugeordnet. Hier tauchen erstmals diese erhaltenen Exemplare wieder auf, die nicht bis 1862 bei Lieber waren. Bei der «Bibliothek» wird es sich um die obere Vogteistube handeln, die in den Unterlagen zur Restaurierung Anfang der 1950er Jahre unter «Luther-Erker» erfasst wird.

Unter dem inoffiziellen Wartburgdirektor Hermann Nebe wurden die Bilder 1952 beim Kunstmaler Selmar Kohl in Erfurt restauriert[61]. Kohl beschrieb die «sehr schlechte Verfassung» der vier Porträts, für die er jeweils fast das Doppelte an Restaurierungskosten wie für jeweils eines der zehn Bilder aus dem Luthergang veranschlagte, deren er sich ebenfalls annahm. Übrigens

---

57 Wartburg-Stiftung Eisenach, Archiv, [Inventarbuch] 1849, S. 104.

58 Max Baumgärtel (Hrsg.): Die Wartburg. Ein Denkmal deutscher Geschichte und Kunst. Berlin 1907, S. 44, 155, 597.

59 Hans von der Gabelentz: Die Wartburg. Ein Wegweiser durch ihre Geschichte und Bauten. München [ca. ³1940], S. 61.

60 Wartburg-Stiftung Eisenach, Archiv (WSTA), Wartburg-Inventar 1906, Bd. I–IV.

61 Wartburg-Stiftung Eisenach, Archiv (WSTA), Akte M.

hatte Kohl 1947 das Bildnis Johann Wilhelms (†1573) und 1951 die drei Porträts aus dem Vorsaal der Dirnitz restauriert, so das er fast alle Exemplare der hochformatigen Wartburgreihe bearbeitete. Nur von den dreien, die nach dem Inventar von 1906 im Gadem hingen, ist derartiges nicht ersichtlich.

Doch offenbar genügte dem seit Mitte 1952 amtierenden Direktor Sigfried Asche der erreichte Zustand nicht, denn er ließ die vier ehemaligen Gaststuben-Bilder 1954 beim Restaurator Georg Münch in Dresden nochmals überarbeiten, ebenso 1952/53 das Porträt von Johann Wilhelm (†1573). Vielleicht erhielten die vier Porträts dabei ihre Auftragung auf Presspappe und eines auf Sperrholz. Sechs weitere Bildnisse von sächsischen Herzögen wurden noch 1954 zu Münch gegeben, wobei weder die dargestellten Personen noch die Zugehörigkeit zur hochformatigen oder querformatigen Wartburgreihe klar ist. Eventuell ließ Asche in den 1950er Jahren weitere Gemälde der hochformatigen Wartburgreihe bei dem Dresdner Restaurator überarbeiten, was dann nicht aktenkundig wäre. Mit den Umgestaltungen in der Vogtei (Entfernung der Reformationszimmer 1953/54) und in der Dirnitz (Einzug der Zwischendecke im ehemaligen Rüstkammersaal 1954) wurde die hochformatige Wartburgreihe im Magazin vereint, woraus die Bilder in den nächsten Jahrzehnten offenbar nur zu weiterer Restaurierung gelangten.

Anfang der 1970er Jahre, nunmehr unter dem Wartburg-Direktor Werner Noth, erhielt der Restaurator der Staatlichen Galerie Moritzburg in Halle/Saale, Hans Weiser, etliche Gemälde dieser Reihe zur Restaurierung. Wie schon bei Asche kontrastiert die aufmerksame Erhaltung mit der Ignorierung in den Publikationen, was wohl zumindest teilweise der Tatsache geschuldet war, dass eine öffentliche Präsentation des Themas nicht unbedingt nur Vorteile brachte. In den 1960er Jahren erhielten die Bilder im Zuge einer erneuten Inventarisierung ihre heutigen Nummern. Der Eintrag der hochformatigen wie auch der querformatigen Wartburgreihe ins Inventarbuch erfolgte von April bis Juli 1964[62]. Die nun gemeinsam im Magazin deponierten Porträts wurden hintereinander erfasst und bekamen die Nummern M 47 bis M 63 sowie M 82 und M 83. Nur die beiden einzigen Bilder, bei denen die alten schwarzen Rahmen mit Goldleiste fehlen, befanden sich wohl abseits und wurden abweichend mit den Nummern M 163 und M 164 versehen.

Nach der Luther-Ausstellung von 1996 führte Ende des Jahres die Rekonstruktion der Oberen Vogteistube mit Pirckheimerstube und Holztäfelung nach Vorlagen aus der Jenaer Michaeliskirche zum Zustand von bis 1952. Gleichzeitig erhielten Porträts der hochformatigen Wartburgreihe einen neuen Standort und bilden seitdem einen Bilderfries aus 15 Ölgemälden unmittelbar unterhalb der Decke.

---

62 Wartburg-Stiftung Eisenach, Archiv, Inventarband 1, ab 1964, Bl. 1–6.

6. Das Schicksal der querformatigen Wartburgreihe bis zur Gegenwart

Die querformatige Wartburgreihe (vgl. Anhang 1) gelangte nach einer Restaurierung von Professor Lieber und angeblich durch einen Ministerialbeschluss von 1858[63] auf die Wartburg. Vorher soll sie sich in der Großherzoglichen Bibliothek zu Weimar, dem Vorläufer der heutigen Herzogin Anna Amalia Bibliothek (HAAB), befunden haben, doch taucht sie in den dortigen Bestandskatalogen nicht auf. Dabei würde eine solche Fürstenreihe zur Baugeschichte des 1563 mit Geldern Herzog Johann Wilhelms (†1573) errichteten ehemaligen Schlosses passen.

Die Gemälde selbst führen auf eine andere Spur. Die Leinwände wurden auf einheitliche Rahmen gespannt und an der Schauseite teilweise um einen ehemals umgeschlagenen Streifen auf gleiche Bildgröße gebracht, um die Schriftpartien vollständig sichtbar zu machen. Die Rückseiten etlicher Rahmen enthalten in deutscher Kurrentschrift (Sütterlin) Bleistiftbemerkungen über die Herkunft aus einer Bibliothek in Dresden und Datumsangaben von September bis Dezember 1858. Nach gegenwärtigem Wissensstand dürften die Gemälde aus einer noch zu ermittelnden Dresdner Bibliothek gekommen und bei der Restaurierung durch Lieber auf neue Rahmen gespannt worden sein, wobei das Datum den Zeitpunkt der Restaurierung angibt.

Die Rahmen der querformatigen Wartburgreihe, bei 27 von insgesamt 36 Gemälden noch original vorhanden, sind in einer schlichten, ungewölbten Ausführung gehalten, deren drei Stegbereiche von außen nach innen in den Farben Schwarz, Rotbraun und Gelb getönt sind, vielleicht sogar in Schwarz-Rot-Gold die demokratische deutsche Trikolore des 19. Jahrhunderts reflektieren. Sie könnten nach Form und Farben auf das Jahr 1858 und die Werkstatt des Restaurators Lieber zurückgehen, zumal aus diesem Jahr die ältesten rückseitigen Vermerke stammen.

Auf die Wartburg gelangten die Ölbilder sicherlich noch nicht im Jahr von Ministerialbeschluss und Restaurierung 1558. Das Wartburg-Inventar von 1861 enthält sie noch nicht. Solange nichts Genaueres bekannt ist, wird man mit der Überführung auf die Wartburg unmittelbar nach der Fertigstellung der Dirnitzgalerie im Jahre 1867 zu rechnen haben. Erstmals verzeichnet das Inventar von 1875 32 Bilder in der Dirnitzgalerie, die angeblich aus der Weimarer Bibliothek stammen. Von den restlichen vier sind zwei oder drei an anderer Stelle ausgewiesen[64]. Die Dirnitzgalerie, heute «Steinsaal» oder «Sammlungsraum III», gehörte zu den großherzoglichen Wohnräumen, also nicht zum Ausstellungsbereich.

Nach dem Inventarbuch von 1906 hingen fast alle Porträts der querformatigen Wartburgreihe in der Dirnitzgalerie, auch die drei 1875 im Vorrat befindlichen. Nur das Gemälde von Hermann Billung (†973) zierte das Schlafzimmer der Kammerfrau in der Dirnitz und erhielt eine von den übrigen Exemplaren abweichende Inventarnummer[65].

Inzwischen waren mindestens 14 der 1875 als «sehr schadhaft» bezeichneten Bilder bei dem seit 1865 in Weimar wirkenden Maler William Kemlein (1818–1900), der 1865 zur Erhaltung von Bildern an das Museum in Weimar berufen worden war. Sein Todesjahr muss nicht zwingend der Abschluss gewesen sein, da Caroline Kemlein, wohl seine Tochter, die Arbeit weiterführte. Sie restaurierte in den Jahren 1916 bis 1918 vier Bilder der Reihe[66], was mit der kunstgeschichtlichen «Entdeckung» von Voß 1917 zusammenhängen könnte.

Zwölf Fürstenbilder wurden 1939 in München durch Professor Josef Damberger (1867–1951), A. Petri und den Kunstmaler Melchior Kern behandelt. Die Zuordnung zur hochformatigen oder querformatigen Wartburgreihe muss jedoch offen bleiben. In den Jahren 1947 und vor allem 1948 restaurierte der damals noch in Eisenach tätige Kunstmaler Selmar König alle Gemälde der querformatigen Wartburgreihe. Er musste offenbar die Folgeschäden der Beschießung vom 5. April 1945 beheben. Die Einschläge am Nordgiebel des Palas hatten an den Fenstern der Dirnitzlaube zu schweren Zerstörungen geführt, so dass die provisorischen Reparaturen des Jahres 1945 die Witterungeinflüsse auf die Bilder mildern, aber nicht völlig beseitigen konnten. Die Klagen über undichte Fenster zogen sich durch die nächsten Jahre bis 1949 hin[67].

Unter dem Wartburgdirektor Sigfried Asche lässt sich die Restaurierung von vier Fürstenbildern der querformatigen Reihe im Jahre 1958 bei Georg Münch in Dresden belegen. Weitere, nicht mehr in den Akten auffindbare Sicherungsmaßnahmen aus jener Zeit scheinen nicht ausgeschlossen. Während der Sanierungsarbeiten in der Dirnitzlaube seit Ende Juli/Anfang August 1952,

---

63 BAUMGÄRTEL, Wartburg 1907 (wie Anm. 58) S. 469; Voss, Wartburg 1917 (wie Anm. 1) S. 356.

64 Wartburg-Stiftung Eisenach, Archiv, Inventarium über die auf der Wartburg befindlichen Mobilien u. dergl. [1875.77], Bl. 220v, Bl. 316 «Dirnitz, Laube über dem Thorwege» Nr. 21(22): «32 Bilder, oben fest angebracht fürstliche Herren, mit Wappen», Bl. 221 «Zu No 22. Diese Bilder waren sonst auf d. Bibliothek zu Weimar u. wurden v. Großherzog Carl Alexander von dort hierher überführt. Es sind alte Malereien aus d. 16. Jahrhundert.»

65 WSTA, Inventar 1906 (wie Anm. 60) Bd. I; vgl. Voss, Wartburg 1917 (wie Anm. 1) S. 379; zur Anordnung vgl. die Wiedergabe der Reimbiographien bei Franz Lechleitner (Hrsg.): Wartburg-Sprüche. Weimar 1892, S. 95-107; in einer Teilrezension zu Lechleitner wunderte sich Ernst Devrient: Nochmals über Wartburg-Sprüche. In: Preußische Jahrbücher. 88(1897)2, S. 347-350, hier S. 348 über die chronologisch falsche Reihenfolge, kannte aber den Zusammenhang nicht.

66 WSTA, Akte M (wie Anm. 61).

kurz nach Asches Amtsantritt, wurden sie zwar entfernt, doch waren sie an gleiche Stätte über seine Amtszeit hinweg im 1954 eröffneten Museum zu sehen. In den 1960er Jahren verschwanden diese Fürstenbilder im Magazin.

Unter dem Direktor Werner Noth kamen mindestens 16 Gemälde der querformatigen Reihe zum Moritzburger Hans Weiser nach Halle. Ein aktueller Anlass ist nicht erkennbar. Vielleicht war an eine öffentliche Präsentation zum Bauernkriegsjubiläum 1975 gedacht worden. Jedenfalls fällt wiederum das Mißverhältnis zwischen aufwendiger Restaurierung und Ignorierung in den Publikationen Noths auf. Den historisch-künstlerischen Wert muss er erkannt haben, ohne damit an die Öffentlichkeit gehen zu wollen oder zu können. Die Gemälde der querformatigen Wartburgreihe verblieben bis zur Sonderausstellung von 2004 im Magazin und einrichtungsinternen Bereichen und wurden nicht mehr öffentlich gezeigt.

7. Zusammenfassung

Die Wettiner statteten im 16. Jahrhundert Stammstuben ihrer Schlösser mit Gemäldereihen sächsischer Fürsten aus, die nicht ihren genealogischen Vorfahren, sondern den Inhabern des Herzogs- und Kurfürstenamtes entsprachen. Sie umfassten fiktive alte sächsische Könige, Liudolfinger/Ottonen (9./10. Jahrhundert), Billunger (973–1106), Süpplingenburger (1106–1137), Welfen (1137–1180), Askanier (1180–1422) und Wettiner (ab 1423). Während alle anderen mittelgroßen Porträtreihen zerstört bzw. verschollen sind, besitzt die Wartburg-Stiftung Gemälde von zwei dieser Reihen. Die hochformatige Reihe gelangte um 1804 und die querformatige nach 1858 auf Wartburg. Ihre originalen Standorte und das vorherige Schicksal liegen allerdings im Dunkeln. Die 36 Gemälde der querformatigen Reihe sind vollständig erhalten, von den ehemals 35 der hochformatigen sind es noch 21.

Bildliche Zeugnisse der Herzogsfolge existieren sonst nur noch in Holzschnitten, die seit 1563 bis ins 17. Jahrhundert in mehreren Auflagen in Buchform herausgegeben wurden, und in einer kleinformatigen, ehemals für Schloss Ambras bei Innsbruck bestimmten Serie von 1578/79. Bisher konnten verlorene Bildreihen für das Schloss in Wittenberg um 1500, für Schloss Hartenfels in Torgau um 1537 und für Schloss Moritzburg bei Flöha 1571/72 ermittelt werden.

Die ursprünglichen Porträts ab Liudolf (†866) wurden nach bisherigem Wissen von den Malern im Wittenberger Schloss um 1500 geschaffen. Das Eingreifen Albrecht Dürers scheint nicht unmöglich zu sein und wäre nochmals zu überprüfen. Ergänzungen um die alten Könige, Kaiser Otto I. (†973) und die letzten drei ernestinischen Kurfürsten nahm die Cranach-Werkstatt vor, wahrscheinlich um 1537 in Torgau.

Die Fürstenfolge formte sich unter den Welfen im 12. und 13. Jahrhundert aus, die in Niedersachsen ein neues Herrschaftsgebiet erworben hatten und ihre Amtsvorgänger in einer Art Ahnenfolge einbeziehen mussten. Indem sie vor allem an die älteren sächsischen Herzöge aus dem Hause der Billunger anknüpften, schufen sie den Kern der Folge mit mehreren Dynastien und mit dem Herzogsamt als entscheidenden Bezug.

Unter den Ernestinern dominierte in der ersten Hälfte des 16. Jahrhunderts die Berufung auf die Ahnenfolge der wechselnden Dynastien unserer Porträtreihen. Besonderen Einfluss übte Georg Spalatin aus, der Prinzenerzieher Johann Friedrichs (†1554) und Sekretär Friedrichs des Weisen (†1525). In einer Schrift von 1541 griff Spalatin in das politische Geschehen ein und verwandte die Konzeption gegen die welfischen Urheber[68]. Unter den Albertinern wandten sich die Geschichtsschreiber immer mehr der genealogischen Folge des wettinischen Hauses zu, wobei besonders eine Schrift des Georgius Agricola von 1554/55 die Richtung vorgab[69]. Ende des 16. Jahrhunderts hatte sich die wettinische Familienfolge durchgesetzt[70].

---

67 Die Bau- und Restaurierungsarbeiten auf der Wartburg von 1945 bis 1976. Eisenach 1987.
   [Wartburg-Stiftung Eisenach, Archiv, maschinenschriftlich], S. 7 f.

Die Geschichte der Herzogsgemälde lässt sich in folgende Etappen einteilen:
1. bis Ende des 15. Jahrhunderts die historiographische Entstehung und Ausbildung der abgebildeten Herrscherreihe;
2. im 16. Jahrhundert die Erschaffung der Gemälde für Stammstuben wettinischer Schlösser;
3. das Schicksal der hochformatigen und der querformatigen Wartburgreihe bis zur Unterbringung auf der Wartburg im 19. Jahrhundert;
4. das Schicksal der beiden Gemäldereihen auf der Wartburg vom 19. Jahrhundert bis zur Gegenwart.

Der gegenwärtige Kenntnisstand ist in den einzelnen Etappen sehr unterschiedlich. Zur ersten Etappe ist dank der niedersächsischen Landesgeschichtsschreibung vieles über die historiographische Herausbildung im welfischen Bereich bekannt[71]. Viel weniger kennen wir den Fortgang unter den Askaniern (ab 1180). Von den Vorgängen des 15. Jahrhunderts unter den Wettinern (ab 1423) wissen wir so gut wie nichts, bis die Fürstenreihe im Wittenberger Schloss um 1500 unvermittelt hervortritt. Zur Schaffung der Gemälde in der zweiten Etappe sind wichtige Eckpunkte wie Wittenberg um 1500, Torgau um 1537 und Augustusburg 1571/72 bekannt. Die Inventare wettinischer Schlösser konnten nicht durchgearbeitet werden, aber vermutlich birgt das Aktenmaterial noch Nachrichten über weitere Stammstuben mit unserer Fürstenreihe. Die beiden Wartburgreihen müssen in ähnlichen Zusammenhängen hergestellt worden sein, doch sind genaue Entstehungszeiten und ursprüngliche Bestimmungsorte unbekannt.

Damit kommen wir zur dritten Etappe, dem Schicksal beider Gemäldereihen bis zur Ankunft auf der Wartburg. Dieser Zeitabschnitt liegt bisher völlig im Dunkeln. Vielleicht lassen sich die Spuren vom Eisenacher Residenzhaus für die hochformatige und von einer Dresdner Bibliothek für die querformatige Wartburgreihe zurückverfolgen. Ganz anders sieht es mit der vierten Etappe aus. Der Weg der Gemälde seit ihrer Übergabe im 19. Jahrhundert an die Wartburg lässt sich anhand von Archivnotizen, Inventarbüchern und gedruckter Literatur bis in die Details weitgehend rekonstruieren.

---

68 Fürstenbildnisse 2003 (wie Anm. 2) S. 45–47.
69 Fürstenbildnisse 2003 (wie Anm. 2) S. 47–48.
70 Fürstenbildnisse 2003 (wie Anm. 2) S. 54.
71 Fürstenbildnisse 2003 (wie Anm. 2) S. 35–41.

Name und Todesjahr, Amt	Inv.-Nr.	alte Inv.-Nr. Tafel (T)	lfd. Nr. Rolle (R)	Nr. im Bild	Rahmen vorh.
A. alte, meist sagenhafte Könige von Sachsen					
«Heinrich», König	M 107	1123	1.T		
«Sigefrid» (od. Sigwart), Herzog	M 25	1106	2.T		x
«Siegereich» (od. Hunding), König	M 22	1103	3.T		x
«Gesther» (od. Gelther), König	M 36	1122	4.T		x
«Sieghart», König	M 33	1121	5.T		x
«Dietterich», König	M 37	1124	6.T		x
«Edelhart», König	M 34	1120	7.T		x
«Werniken», König	M 38	1126	8.T		x
Widukind «Witekind», König	M 31	1117	9.T		x
B. Liudolfinger/Ottonen					
Liudolf †866 «Leutolph»	M 108	1114	1.R		
Bruno †880, Herzog	M 160	1115	2.R		
Otto †912, Herzog	M 26	1107	3.R		x
Heinrich †936, König	M 158	1125	4.R		
Otto †973, Kaiser	M 39	1127	10.T		x
C. Billunger					
Hermann Billung †973,«Herman», Herzog	M 109	979	5.R		
Bernhard (Benno) †1011, «Benno», Herzog	M 110	1113	6.R	6	
Bernhard †1059, Herzog	M 157	1097	7.R		
Ordulf †1072, «Ortolph», Herzog	M 32	1116	8.R		x
Magnus †1106, Herzog	M 17		9.R		x
D. Süpplingenburger					
Lothar †1137 «Lvder», Kaiser	M 111	1110	10.R		
E. Welfen					
Heinrich †1139 «Der Welph», Herzog	M 159	1119	11.R		
Heinrich †1195 «Der leo», Herzog	M 28	1109	12.R		x
F. Askanier					
Bernhard †1212, Herzog	M 35	1118	13.R	13	x
Albrecht †1261, Herzog	M 20	1100	14.R		x
Albrecht †1298, Herzog	M 23	1104	15.R	15	x
Rudolph †1356, Herzog	M 24	1098	16.R	16	x
Rudolph †1370, Herzog	M 18	1099	17.R	17	x
Wenzeslaus †1388, «Wenceslaw», Herzog	M 29	1111	18.R	18	x
Rudolph †1419, Herzog	M 19	1099	19.R	19	x
Albrecht †1422, Herzog	M 27	1108	20.R	20	x
G. Wettiner					
Friedrich †1428, «Friderich Der Erste», Herzog	M 30	1112	21.R	21	x
Friedrich †1464, «Friderich Der Ander», Herzog	M 43	1102	22.R	22	x
Ernst †1486, Herzog	M 40	1129	23.R	23	x
Friedrich †1525,«Friderich 1.», Herzog	M 21	1128	24.T		x
Johann †1532, «HZ Johan Der 1.», Herzog	M 41	1130	25.R	25	x
Johann Friedrich †1554, Herzog	M 42	1105	26.R	2[0]	x

Inventare		Restaurierungen				Name und Todesjahr
1875	1906	*Kemlein* Weimar	*Kohl* Eisenach	*Münch* Dresden	*Weiser* Halle	
A. ALTE, MEIST SAGENHAFTE KÖNIGE VON SACHSEN						
	DL		1947			«Heinrich»
	DL	1916/18	1948	1958	1975	«Sigefrid» (od. Sigwart)
	DL	1916/18	1948		1975	«Siegereich» (od. Hunding)
	DL		1948		1972	«Gesther» (od. Gelther)
	DL		1947		1975	«Sieghart»
Vorrat	DL		1948		1975	«Dietterich»
	DL		1948		1973	«Edelhart»
	DL		1948			«Werniken»
	DL		1948		1975	Widukind
B. LIUDOLFINGER/OTTONEN						
	DL		1948			Liudolph †866
	DL	1916/18	1948			Bruno †880
Vorrat	DL		1948		1973	Otto †912
	DL		1948			Heinrich †936
	DL		1948		1975	Otto †973
C. BILLUNGER						
	Dirnitz		1947			Hermann Billung †973
	DL		1948			Bernhard (Benno) †1011
	DL		1948			Bernhard †1059
	DL		1947			Ordulf †1072
			1948		1972	Magnus †1106
D. SÜPPLINGENBURGER						
	DL		1948			Lothar †1137
E. WELFEN						
	DL		1948			Heinrich †1139
	DL		1948		1975	Heinrich †1195
F. ASKANIER						
	DL		1948		1975	Bernhard †1212
	DL		1948			Albrecht †1261
	DL		1948	1958		Albrecht †1298
	DL		1948			Rudolph †1356
	DL		1948		1975	Rudolph †1370
	DL		1948	1958	1975	Wenzeslaus †1388
	DL		1947			Rudolph †1419
	DL		1948			Albrecht †1422
G. WETTINER						
	DL		1948	1958		Friedrich †1428
	DL	1916/18	1947			Friedrich †1464
	DL		1948		1972	Ernst †1486
Vorrat	DL		1948		1975	Friedrich †1525
	DL		1948			Johann †1532
	DL		1948			Johann Friedrich †1554

Abkürzung: DL – Dirnitzlaube

Name und Todesjahr	Inv.-Nr.	alte Inv.-Nr.	Nr. im Bild	Schöne 1835	Inventare		
					1805/07 -1841	1849	1861
B. Liudolfinger/Ottonen							
Liudolf †866				1.	1.	+1.	Ri. 1.
Bruno †880				2.	2.	+2.	Ri. 2.
Otto †912	M 50	229		3.	3.	+3.	Vorr. 55a
Heinrich †936				4.	4.	+4.	Ri. 3.
[Otto †973]							
C. Billunger							
Hermann Billung †973				5.	5.	+5.	Ri. 4.
Bernhard (Benno) †1011	M 164	4153		6.	6.	+6.	Ri. 5.
Bernhard †1059	M 56	4155		7.	7.	+7.	Ri. 6.
Ordulf †1072	M 48	3883		8.	8.	8.	Vorr. 55b
Magnus †1106				9.	9.	9.	Ri. 7.
D. Süpplingenburger							
Lothar †1137				10.	10.	+10.	Ri. 8.
E. Welfen							
Heinrich †1139				11.	11.	+11.	Ri. 9.
Heinrich †1195	M 49	3443		12.	12.	+12.	Vorr. 55c
F. Askanier							
Bernhard †1212				13.	13.	+13.	Ri. 10.
Albrecht †1261	M 58	3444		14.	14.	+14.	Vorr. 55d
Albrecht †1298							
Rudolph †1356	M 57	4154	16	17.	17.	+17.	Ri. 13.
Rudolph †1370							
Wenzeslaus †1388	M 61	747		18.	18.	+18.	Vorr. 55e
Rudolph †1419	M 47	232		19.	19.	+19.	Vorr. 55f
Albrecht †1422	M 59	233		20.	20.	20.	Vorr. 55g
[Ludowinger]							
[Heinrich †1288]				15.	15.	+15.	Ri. 11.
[Albrecht †1314]				16.	16.	+16.	Ri. 12.
G. Wettiner							
Friedrich †1428				21.	21.	+21.	Ri. 14
Friedrich †1464				22.	22.	+22.	Ri. 15.
[Ernst †1486]							
Albrecht †1500	M 83	234		23.	23.	+23.	Vorr. 55h
Friedrich †1525	M 53	238		24.	24.	+24.	Vorr. 55i
Johann †1532	M 55	744	25	25.	25.	25.	Vorr. 55k
Georg †1539	M 62	237		26.	26.	26.	Vorr.55l
Moritz †1553				27.	27.	+27.	Ri. 16.
Johann Friedrich †1554	M 54	235	28	28.	28.a	28.a	Vorr. 55m
Johann Friedrich †1595	M 63	755	29	29.	29.a	29.a	Vorr. 55n
Johann Ernst †1638	M 82	236	32	32.	32.	32.	Vorr. 55r
Johann Wilhelm †1573	M 51	4973		33.	33.	33.	Vorr. 55t
August †1586				34.	34.	+34.	Ri. 17.
Christian †1591	M 52	231		37.	37.a	37.a	Vorr. 55r
Christian †1611	M 163	4156		38.	38.a	38.a	Ri. 18.
Gabor Bethlen †1629	M 60	230		54.	54.	54.	Vorr. 58f

Abkürzungen:

Ri. – Gemälde befinden sich in der
    Gaststube des Ritterhauses (Vogtei)

Vorr. – Gemälde befinden sich im Vorrat (Magazin)
N-Erker – Nürnberger Erker (Obere Vogteistube)

Lu-Gang – Luthergang
Pr-Pappe – Presspappe

Lieber 1862	Restaurierungen			Ort bis 1952	Material hinter Leinwand	Rahmen vorh.	Name und Todesjahr
	Kohl Erfurt	Münch Dresden	Weiser Halle				
							B. Liudolfinger/Ottonen
							Liudolf †866
							Bruno †880
22.	1952		1972/73	Lu-Gang		x	Otto †912
							Heinrich †936
							[Otto †973]
							C. Billunger
							Hermann Billung †973
	1952	1954		N-Erker	Pr-Pappe		Bernhard (Benno) †1011
	1952	1954	1970	N-Erker	Pr-Pappe		Bernhard †1059
20.			1970	Gadem		x	Ordulf †1072
							Magnus †1106
							D. Süpplingenburger
							Lothar †1137
							E. Welfen
							Heinrich †1139
23.			1970	Gadem		x	Heinrich †1195
							F. Askanier
							Bernhard †1212
12.			1970	Gadem		x	Albrecht †1261
							Albrecht †1298
	1952	1954		N-Erker	Pr-Pappe	x	Rudolph †1356
							Rudolph †1370
3.	1951	1953		Dirnitz		x	Wenzeslaus †1388
21.	1952		1971	Lu-Gang		x	Rudolph †1419
1.	1952			Lu-Gang		x	Albrecht †1422
							[Ludowinger]
							[Heinrich †1288]
							[Albrecht †1314]
							G. Wettiner
							Friedrich †1428
							Friedrich †1464
							[Ernst †1486]
10.	1952		1971	Lu-Gang		x	Albrecht †1500
2.	1952		1972/73	Lu-Gang		x	Friedrich †1525
17.	1951			Dirnitz		x	Johann †1532
11.			1972/73	Lu-Gang		x	Georg †1539
							Moritz †1553
19.	1952			Lu-Gang		x	Johann Friedrich †1554
17.	1951			Dirnitz		x	Johann Friedrich †1595
8.	1952			Lu-Gang		x	Johann Ernst †1638
15.	1947		1971		Sp-Holz	x	Johann Wilhelm †1573
							August †1586
16.	1952			Lu-Gang		x	Christian †1591
	1952	1954		N-Erker	Pr-Pappe		Christian †1611
14.	1952		1972/73	Lu-Gang		x	Gabor Bethlen †1629

Sp-Holz – Sperrholz   Lieber 1862 – s. Anm. 353
Schöne 1935 – s. Anm. 3   Rahmen vorh. – s. Anm. 18

Name und Todesjahr	A. querformatige Wartburgreihe			B. hochformatige Wartburgreihe				
	Inv.-Nr.	lfd. Nr. Rolle (R) Tafel (T)	Nr. im Bild	Inv.-Nr.	Nr. im Bild	Schöne 1835	Inv. 1805/07 –1841	Rahmen vorh.
	1.	2.	3.	4.	5.	6.	7.	8.
A. alte, meist sagenhafte Könige von Sachsen								
«Heinrich»	M 107	1.T						
«Sigefrid» (od. Sigwart)	M 25	2.T						
«Siegereich» (od. Hunding)	M 22	3.T						
«Gesther» (od. Gelther)	M 36	4.T						
«Sieghart»	M 33	5.T						
«Dietterich»	M 37	6.T						
«Edelhart»	M 34	7.T						
«Werniken»	M 38	8.T						
Widukind	M 31	9.T						
B. Liudolfinger/Ottonen								
Liudolf †866	M 108	1.R				1.	1.	
Bruno †880	M 160	2.R				2.	2.	
Otto †912	M 26	3.R		M 50		3.	3.	x
Heinrich †936	M 158	4.R				4.	4.	
Otto †973	M 39	10.T						
C. Billunger								
Hermann Billung †973	M 109	5.R				5.	5.	
Bernhard (Benno) †1011	M 110	6.R	6	M 164		6.	6.	
Bernhard †1059	M 157	7.R		M 56		7.	7.	
Ordulf †1072	M 32	8.R		M 48		8.	8.	x
Magnus †1106	M 17	9.R				9.	9.	
D. Süpplingenburger								
Lothar †1137	M 111	10.R				10.	10.	
E. Welfen								
Heinrich †1139	M 159	11.R				11.	11.	
Heinrich †1195	M 28	12.R		M 49		12.	12.	x
F. Askanier								
Bernhard †1212	M 35	13.R	13			13.	13.	
Albrecht †1261	M 20	14.R		M 58		14.	14.	x
Albrecht †1298	M 23	15.R	15					
Rudolph †1356,	M 24	16.R	16	M 57	16	17.	17.	x
Rudolph †1370	M 18	17.R	17					
Wenzeslaus †1388	M 29	18.R	18	M 61		18.	18.	x
Rudolph †1419	M 19	19.R	19	M 47		19.	19.	x
Albrecht †1422	M 27	20.R	20	M 59		20.	20.	x
G. Wettiner								
Friedrich †1428	M 30	21.R	21			21.	21.	
Friedrich †1464	M 43	22.R	22			22.	22.	
Ernst †1486	M 40	23.R	23					
Albrecht †1500				M 83		23.	23.	x
Friedrich †1525	M 21	24.T		M 53		24.	24.	x
Johann †1532	M 41	25.R	25	M 55	25	25.	25.	x
Johann Friedrich †1554	M 42	26.R	2^0	M 54	28	28.	28.a	x
	1.	2.	3.	4.	5.	6.	7.	8.
Name und Todesjahr	A.			B.				

C. Wittenberg um 1500	D. Torgau 1537	E. Holzschn. 1563	F. Augustusburg	G. Ambras 1578/79 1571/72	H. Spangenberg 1572	1585	Name und Todesjahr
9.	10.	11.	12.	13.	14.	15.	
							A. ALTE, MEIST SAGENHAFTE KÖNIGE VON SACHSEN
	I						«Heinrich»
	II						«Sigefrid» (od. Sigwart)
	III			GG_4765			«Siegereich» (od. Hunding)
	IV						«Gesther» (od. Gelther)
	V						«Sieghart»
	VI			GG_4766			«Dietterich»
	VII			GG_4767			«Edelhart»
	VIII			GG_4770			«Werniken»
	IX			GG_4769			Widukind
							B. LIUDOLFINGER/OTTONEN
(1)	x	B	(1)	GG_4771		136	Liudolf †866
(2)	x	B ii	(2)	GG_4772	99	145	Bruno †880
(3)	x	B iii	(3)	GG_4774	106	156	Otto †912
(4)	x	[B iv]	(4)	GG_4773	123	180	Heinrich †936
	x						Otto †973
							C. BILLUNGER
(5)	x	C	(5)	GG_4776	147	213	Hermann Billung †973
(6)	x	C ii	(6)	GG_4777	163	236	Bernhard (Benno) †1011
(7)	x	C iii	(7)	GG_4778		259	Bernhard †1059
(8)	x	[C iv]	(8)	GG_4779		269	Ordulf †1072
(9)	x	D	(9)	GG_4780	238	344	Magnus †1106
							D. SÜPPLINGENBURGER
(10)	x	D ii	(10)	GG_4781	256	370	Lothar †1137
							E. WELFEN
(11)	x	D iii	(11)	GG_4782	257	371	Heinrich †1139
(12)	x	[D iv]	(12)	GG_4783	282	372	Heinrich †1195
							F. ASKANIER
(13)	x	E	(13)	GG_4784	294	425	Bernhard †1212
(14)	x	E ii	(14)	GG_4785	309	446	Albrecht †1261
(15)	x	E iii	(15)	GG_4786	331v	479	Albrecht †1298
(16)	x	[E iv]	(16)	GG_4787	340	492	Rudolph †1356
(17)	x	F	(17)	GG_4788	345	499	Rudolph †1370
(18)	x	F ii	(18)	GG_4789	394	506	Wenzeslaus †1388
(19)	x	F iii	(19)	GG_4790	359	517	Rudolph †1419
(20)	x	[F iv]	(20)	GG_4791	359	519	Albrecht †1422
							G. WETTINER
(21)	x	G	(21)	GG_4792	365	527	Friedrich †1428
(22)	x	G ii	(22)	GG_4793	391v	564	Friedrich †1464
(23)	x	G iii	(23)	GG_4795	399	575	Ernst †1486
			(27)	GG_4796			Albrecht †1500
(24)	x	[G iv]	(24)	GG_4797	423v	611	Friedrich †1525
	x	H	(25)	GG_4800	434	628	Johann †1532
		H ii	(26)	GG_4801	470v	681 f.	Johann Friedrich †1554
9.	10.	11.	12.	13.	14.	15.	
C.	D.	E.	F.	G.	H.		Name und Todesjahr

Folgende Seite: Schema für Anhang 3: addierende Tabelle zu den Fürstenreihen bis zu Johann Friedrich (†1554)

Schema für Anhang 3:
addierende Tabelle zu den Fürstenreihen
bis zu Johann Friedrich (†1554)

A. querformatige Wartburgreihe (vgl. Anhang 1)
   1. Inventar-Nummern
   2. laufende Nummern auf Tafel (T) oder Rolle (R)
   3. Nummern im Bild

B. hochformatige Wartburgreihe (vgl. Anhang 2)
   4. Inventar-Nummern
   5. Nummern im Bild
   6. Schöne 1835: s. Anm 53
   7. Inventar 1805/07–1841: s. Anm. 51 und 52
   8 schwarze Rahmen mit Goldleiste vorhanden

C. Wittenberg um 1500 (nach Meinhardi, Wittenberg 1508 – wie Anm. 17)
   9. laufende Nummern, Nummerierung nicht im Originaltext

D. Torgau 1537: s. Anm. 24 bis 26
   10. laufende Nummern, römische Ziffern im Originaltext

E. Holzschnitte 1563: s. Anm. 29
   11. Blatt-Nummern

F. Augustusburg 1571/72: s. Anm. 32
   12. laufende Nummern, Nummerierung nicht an Gemälden

G. Ambras 1578/79: s. Anm. 36
   13. Inventar-Nummern

H. Texte bei Spangenberg: s. Cyriacus Spangenberg: Mansfeldische
   Chronica ... Eisleben: Adreas Petrus 1572; Cyriacus Spangenberg:
   Sächssische Chronica: Darinnen ordentlich begriffen der Alten Teutschen,
   Sachssen, Schwaben, Francken, Thüringer, Meißner, Wenden, Sclaven,
   Cimbern und Cherußken, Königen und Fürsten ... Frankfurt a. M.:
   Sigmundt Feyerabend 1585
   14. 1572 – Blatt-Nummern
   15. 1585 – Seiten-Nummern

Die Wartburgkapelle von der frühbarocken Neuausstattung 1628 bis zur historistischen Wiederherstellung Mitte des 19. Jahrhunderts

Renate Lührmann, Hilmar Schwarz

Vorbemerkungen

Als die Koautorin an ihrem Beitrag zum verschollenen Elisabeth-Gemälde der Wartburg-Kapelle[1] arbeitete, erwies sich die gesamte Kapellen-Restaurierung des Herzogs Johann Ernst als ein für die Bedeutungsgeschichte der Wartburg wichtiges Thema. In jenem Beitrag konnte es aber nur angerissen werden, da seine Bearbeitung den Rahmen gesprengt und eine umfassende Material-aufbereitung vorausgesetzt hätte. Eine wissenschaftlich ausschöpfende Studie zu dem Thema gibt es nicht. Am meisten bietet noch der Teil zur Kapelle in der ungedruckten Zuarbeit von Helga Hoffmann aus dem Jahre 1979[2] zu den seinerzeitigen Restaurierungsarbeiten am Palas. Das nunmehr vorliegende Material[3] soll eine Grundlage künftiger Forschungsarbeit sein, insbesondere über den Werdegang der Wartburg zur Lutherburg.

1. Herzog Johann Ernst und die Restaurierung der Wartburg-Kapelle bis 1628

Am Schnittpunkt etlicher politischer und personenbezogener Ereignislinien ließ Herzog Johann Ernst von Sachsen-Eisenach (1566–1638)[4] die Kapelle im Palas der Wartburg von etwa 1623 bis 1628 im frühbarocken Stil der Zeit

---

1 Renate Lührmann: Das «große herrliche Gemälde» von der «gutthätigen Elisabeth» in der Kapelle der Wartburg. In: Wartburg-Jahrbuch 2000. 9(2002), S. 134–179.

2 Wartburg-Stiftung Eisenach, Archiv, Helga Hoffmann: Arbeitsmaterialien zur Restaurierung und Dokumentation des Palas. Eisenach 1979, [maschinenschriftlich, unveröffentlicht], Abschnitt «Kapelle».

3 Wartburg-Stiftung Eisenach, Archiv, Renate Lührmann und Hilmar Schwarz: Die barocke Wartburgkapelle von der Restaurierung 1628 bis zum Umbau Mitte des 19. Jahrhunderts. Eine Vorstudie und Materialsammlung. Marburg/Eisenach 2003. [computerschriftlich, unveröffentlicht]. Besonders wichtig ist die Abbildungs-Sammlung, von der hier nur wenige Beispiele gezeigt werden können.

4 Eine ausführliche Biographie über Herzog Johann Ernst gibt es nicht. Biographisches bei: Christian Franciscus Paullini: Zeit-kürtzender Erbaulicher Lust, oder, Allerhand außerlesener,

umgestalten. Er war der Sohn von Johann Friedrich II. (dem Mittleren, 1519–1595), der über den größten Teil der ernestinischen Besitzungen Thüringens mit Weimar, Gotha und Eisenach geboten hatte. Wegen der Verstrickung in die Grumbachschen Händel hatte er per Reichsexekution im April 1567 sein Land verloren und den Rest des Lebens in Gefangenschaft verbracht, zuerst in Dresden, dann in den österreichischen Städten Neustadt und Steyr.

Mit seiner Entmachtung wurden auch die Söhne von der Erbfolge zunächst ausgeschlossen, dann auf dem Reichstag von 1570 teilweise rehabilitiert. Zwischen Herzog Johann Wilhelm (1530–1573), dem Bruder von Johann Friedrich II., und den Söhnen erfolgte 1572 eine Landesteilung. Neben Johann Ernst lebte von ehemals vier Brüdern noch Johann Casimir (1564–1633), der ab 1590 auf fünf Jahre die Regierung über das gemeinsame Erbe ausübte. Zur gütlichen, endgültigen Landesteilung zwischen beiden kam es im Jahre 1596, in dem Johann Ernst aus dem bisherigen Aufenthaltsort Marksuhl in die neue Residenz Eisenach übersiedelte. Sein Anteil bildete das neue Herzogtum Sachsen-Eisenach, das in Kern und Ausmaß etwa dem bis 1994 existierenden Kreis Eisenach entsprach, ohne mit ihm kongruent gewesen zu sein.

Nach dem Tod der ersten Gattin heiratete Johann Ernst 1598 Christina von Hessen-Kassel (1578–1658). Ihr Bruder, Landgraf Moritz (1572–1632), gehörte zu den frühen Mitgliedern der protestantischen Union. An ihn lehnte sich Johann Ernst in den folgenden politischen Auseinandersetzungen an. In der Regierung seines Landes stützte er sich auf seinen in Coburg regierenden älteren Bruder Johann Casimir, den er 1633 in hohem Alter und während der Kriegswirren beerbte. Während seiner hiesigen Regierungszeit baute er in und um Eisenach eine Reihe von Gebäudekomplexen standesgemäß aus. Vor allem das Areal südlich des Marktes vom Kreuznacherhaus bis zur Esplanade erfuhr die Aufwertung zur Residenz. Des Weiteren erfasste das Baugeschehen die Stadtburg Clemda (am Ort des heutigen Theaters), das Gut Trenkelhof und das Schlösschen Fischbach. Letzteres erhielt die Gemahlin Christina 1614 vom Herzog zum Geschenk und wurde vom Baumeister Johannes Weber neu

rar- und curioser, so nütz- als ergetzlicher, Geist- und weltlicher, Merckwürdigkeiten. T. 3. Frankfurt a. M. 1697, S. 1212–1217; JOHANN HEINRICH MEY: Zeit- und Regentengeschichte der Stadt und des Fürstentums Eisenach. Eisenach 1826, S. 177–183; AUGUST BECK: Geschichte der Regenten des gothaischen Landes. Bd. 1. Geschichte der Regenten. Gotha 1868, S. 303–305; Allgemeine deutsche Biographie. Bd. 14. [München] 1881, S. 364 f. (A. Beck); HUGO PETER: Die Entstehung des Herzogtums Eisenach (Beiträge zur Geschichte Eisenachs. 24), Eisenach 1921. [bis 1596/98]; FRITZ ROLLBERG: Das Leben eines thüringischen Fürstenpaares um die Wende des 16. zum 17. Jahrhundert. In: Das Thüringer Fähnlein. 5(1936)2, S. 73–79, Abb. nach S. 80 und 5(1936)3, S. 133–141; WOLFGANG HUSCHKE: Politische Geschichte von 1572 bis 1775. In: HANS PATZE und WALTER SCHLESINGER (Hrsg.): Geschichte Thüringens. 5. Bd., T. 1, Teilbd. 1. Politische Geschichte in der Neuzeit (Mitteldeutsche Forschungen. Bd. 48/V/1/1). Köln/Wien 1982, S. 1–561, hierzu S. 33–43.

errichtet[5]. Mitunter wird der Giebel des Schlösschens mit dem der Wartburgvogtei verglichen.

Einige zeitgenössische Bildnisse des Herzogs zeigen im Hintergrund die Wartburg. Mit Schrifttum und Sachzeugnissen vom damaligen Baugeschehen auf der Burg sieht es für seine Zeit eher dürftig aus[6]. Die Kapellenrenovierung ist noch am besten belegt. Die dendrochronologischen Untersuchungen konnten für jene Jahre vorerst nichts nachweisen[7]. Vielleicht betrafen die Baumaßnahmen vor allem inzwischen abgerissene Bauten wie das Bollwerk vor der Zugbrücke oder Gebäude auf der westlichen Hofseite, wo Johann Ernst 1633 über dem Haus der Handmühlen seinen Wahlspruch «Weisheit gehet vor Stärke» anbringen ließ. Den Palas ließ er im Innern ausmalen und mit einigen Historienbildern ausstatten sowie die zweiarmige, steinerne Treppe an der Palashofseite um 1624 als Zugang zur Kapelle anbringen[8].

Die Kapellenerneuerung fällt mit dem Beginn von Truppendurchzügen Mitte der 1620er Jahre zusammen. Der Dreißigjährige Krieg warf zunehmend seine Schatten, weshalb das Herzogspaar offenbar einen längeren Aufenthalt und sogar eine Belagerung auf der schwer einnehmbaren Bergfeste ins Kalkül zog. Die städtischen Kirchen waren in solchem Falle unzugänglich, weshalb dann die Gottesdienste auf der Burg stattfinden mussten. Die Ausstattung der Kapelle, die sich allerdings im Nachhinein doch nicht als so dringend darstellte und bis 1628 hinzog, sicherte einen derartigen Notfall ab. Die Verzögerung ergab sich wohl auch aus dem künstlerischen Anspruch, der dem Ansehen eines deutschen Fürsten geschuldet war, wenn man vor allem an das große Elisabethgemälde, die figürliche Auszierung der Kanzel und den Fürstenstuhl denkt.

---

5 Zum Ausbau von Schloss Fischbach Anfang des 17. Jahrhunderts: Georg Voss: Die Stadt Eisenach (P. Lehfeldt und G. Voss: Bau- und Kunstdenkmäler Thüringens. Heft 39. Großherzogtum Sachsen-Weimar-Eisenach. Amtsgerichtsbezirk Eisenach). Jena 1915, S. 327 f.; Helmbold, Weber 1938 (wie Anm. 122) S. 8 f.; Helmut Scherf: Bau- und Kunstdenkmale in Stadt und Kreis Eisenach. Teil II. Stadt Eisenach (Eisenacher Schriften zur Heimatkunde. Heft 15). Eisenach 1981, S. 67–70.

6 Zum Baugeschehen auf der Wartburg in der ersten Hälfte des 17. Jahrhunderts: Max Baumgärtel (Hrsg.): Die Wartburg. Ein Denkmal deutscher Geschichte und Kunst. Berlin 1907, S. 155 (Paul Weber), S. 597 (Max Baumgärtel und Otto von Ritgen); Hans von der Gabelentz: Die Wartburg. Ein Wegweiser durch ihre Geschichte und Bauten. München [s. t.– ca. ³1940], S. 101, 106, 116, 119, 147.

7 Dieter Eckstein, Thomas Eissing und Peter Klein: Dendrochronologische Datierung der Wartburg und Aufbau einer Lokalchronologie für Eisenach/Thüringen (46. Veröffentlichung der Abteilung Architekturgeschichte des Kunsthistorischen Instituts der Universität zu Köln). Köln 1992, S. 24: zum 17. Jahrhundert nichts unter Johann Ernst.

8 So schon bei Friedrich Hortleder: Fürstl. Häuser und Schlösser umb Eisenach. [1630]. In: Andreas Toppius: Historia der Stadt Eisenach, verfasset Anno 1660/Hrsg.: Christian Juncker. Eisenach/Leipzig 1710, S. 202–205, hier S. 204: «6. In dem hindern Hoff zur Lincken gehet man eine kleine steinerne Treppe hinauf/ da zu sehen/ die schöne Capell».

Der auf die Ludowinger und die hl. Elisabeth zurückgreifenden historischen Legitimierung des neu geschaffenen Landes musste Rechnung getragen werden[9]. Schließlich stand die Erneuerung der Kapelle im Zeichen der lutherischen Lehre, die in jener Zeit eine adäquate Kirchenausgestaltung suchte. Der Einfluß engagierter Kirchenleute wie Nikolaus Rebhan (1571–1626)[10] und Johann Götz (1573–1636) schlug sich im Erscheinungsbild der Wartburgkapelle nieder.

Die Restaurierung der Wartburgkapelle erfolgte somit unter drei Aspekten: erstens einer drohenden Belagerung, zweitens der Repräsentation des Herzogspaares von Sachsen-Eisenach und drittens des protestantischen Kirchenbaus.

Die Schrift mit der Predigt von Johann Götz und die Medaille zur Einweihung vom 9. Juli 1628

Den Gottesdienst zur Einweihung der neuen Kapelle am 9. Juli 1628 hielt der schon erwähnte Eisenacher Pfarrer und Superintendent Johann Götz[11]. Noch im gleichen Jahr ließ er die Predigt mit einigen Zusätzen in einer Schrift unter dem Titel «Renovalia Wartenburgica. Christliche Einweyhung» in Coburg abdrucken[12]. Ein Exemplar mit handschriftlichen Eintragungen Götzes befand sich bis mindestens 1826 in der Bibliothek des Eisenacher Gymnasiums[13]. Zu den Zusätzen gehört der Inhalt einer in den Wartburgaltar eingelegten Gedächtnisschrift[14]. Darin werden außer dem Stifter u. a. Götz selbst, Hans Weber als Architekt[15] und der Beginn der Restaurierung vor vier Jahren – also 1624 – genannt. Die Memorialschrift ist vollständig oder auszugsweise in der Literatur wiedergeben[16].

---

9 LÜHRMANN, Gemälde (wie Anm. 1) S. 165, 170.

10 LÜHRMANN, Gemälde (wie Anm. 1) S. 167–169.

11 Zu JOHANN GÖTZ(IUS): BERNHARD MÖLLER, u. a. [Bearb.]: Thüringer Pfarrerbuch. Bd. 3: Großherzogtum Sachsen (Weimar-Eisenach) – Landesteil Eisenach/. Neustadt a. d. Aisch 2000, S. 174, Nr. 307.

12 JOHANN GÖTZ: Renovalia Wartenburgica. Christliche Einweyhung. Der Renovirten Fürstlichen Schloß Cappel / vff Wartenburg vber Eysennach ... Coburg 1826.

13 JOH. MICHAEL KOCH: Historische Erzehlung von dem Hoch-Fürstl. Sächs. berühmten Berg-Schloß und Festung Wartburg ob Eisenach/Hrsg.: CHRISTIAN JUNCKER. Eisenach/Leipzig 1710, S. 181; JOHANN CARL SALOMO THON: Schloß Wartburg. Ein Beytrag zur Kunde der Vorzeit. Gotha 1792, S. 150; desgl. Gotha ²1795, S. 162; desgl. Eisenach ³1815, S. 191; desgl. Eisenach ⁴[1826], S. 178.

14 GÖTZ, Renovalia 1628 (wie Anm. 12) S. J2v–J4.

15 Zu HANS WEBER vgl. Anm. 122.

16 Abdruck und Teilabdruck der Gedächtnisschrift: PAULLINI, Merckwürdigkeiten 1697 (wie Anm. 4) S. 1216 f.; CHRISTIAN FRANCISCUS PAULLINI: Historia Isenacensis, variis literis et bullis ... Frankfurt/M. 1698, S. 235 f. (beide ohne das Gedicht am Schluss); KOCH, Erzehlung 1710 (wie Anm. 13) S. 182–184 (vollständig); JOHANN HEINRICH ZEDLER [Hrsg.]: Grosses vollständiges Universal-Lexikon Aller Wissenschaften und Künste. 52. Bd. Leipzig/Halle 1747, Sp. 2317 f. (vollständig); JOHANN CHRISTOPH KURZ: Festungs-Schloß Wartburg. Eisenach ²1757 [Neudruck: Beiträge zur Geschichte Eisenachs. 3. Eisenach 1922], S. 11 (nur die letzten vier Verse).

Zur Einweihung der Wartburgkapelle 1628 am 62. Geburtstag von Herzog Johann Ernst wurde eine Medaille aus Silber verschenkt. Die ovale Form trägt auf beiden Seiten unter dem Rand eine Umschrift und ein Mittelfeld. Die Vorderseite zeigt in der Mitte ein Porträt des Herzogs und außen die Umschrift: «D[EI].G[RATIA].IOHAN.ERNESTVS DVX SAXONIÆ:ÆTATIS LXII». Das heißt in Deutsch: «Von Gottes Gnaden Johann Ernst Herzog von Sachsen im Alter von 62 Jahren».

Das innere Feld der Rückseite trägt den Schriftzug: «VERBVM DOMINI MANET IN ÆTERNVM 1628», zu Deutsch: «Das Wort des Herrn bleibt in Ewigkeit 1628». Die umlaufenden Buchstaben gehen von einem Anfang und Schluss markierenden Kreuz aus: «✠ LAND:THVR:M:MIS:COM:M & RA-VENSP.D:RAVENST.IX.IVLI ✠». («Landgrafius Thuringiae Marchio Misniae Comes Maroae[17] Et Ravensburgi Dynasta Ravensteinii. IX.Julii»), zu Deutsch: «Landgraf von Thüringen, Markgraf von Meißen, Graf von der Mark und Ravensburg, Herr von Ravenstein, am 9. Juli»[18].

Nach Götzes Schrift hat Herzog Johann Ernst nach der Kirchweihe zu sei-nem Geburtstag am 9. Juli 1628 Exemplare der Medaille im «grossen langen Schloßsaal» an die zum abschließenden fürstlichen Mahl Geladenen austeilen lassen[19]. Die Stückzahl war offenbar gering, so dass Tentzel für seine Zusam-menstellung ernestinischer Münzen von 1705 kein Exemplar einsehen, son-dern sich nur auf Götz stützen konnte[20]. Die Wartburg-Stiftung hat inzwi-schen ein Exemplar in ihrem Fundus, das zwischen 1932 und 1978 erworben worden sein muss[21]. Eine ähnliche Medaille hatte der Herzog bereits 1623 prä-gen lassen[22].

---

17 «Maroae» laut ZEDLER, Universal-Lexikon 52/1747 (wie Anm. 16) Sp. 2318, wahrscheinlich ist «Marcae» richtig.

18 Die Münzlegenden finden sich weitgehend identisch in der Weiheschrift des Pfarrers Götz: GÖTZ, Renovalia 1628 (wie Anm. 12) S. J ij; teilweise identisch bei PAULLINI, Historia 1698 (wie Anm. 16) S. 255; darauf stützt sich und gibt die ausgeschriebene Textformen wieder: ZEDLER, Universal-Lexikon 52/1747 (wie Anm. 16) Sp. 2318; mit unvollständiger Übersetzung ins Deutsche bei WILHELM ERNST TENTZEL: Saxonia Numismatica oder Medaillen-Cabinet von Gedächtnis-Müntzen und Schau-Pfennigen ... Ernestinischer Hauptlinie ... [dt. -lat.]. Dresden 1705, S. 314 f.; KOCH, Erzehlung 1710 (wie Anm. 13) S. 184: lateinischer Text und bes. nach S. 184, Taf. XXII.: Abbildung von Vorder- und Rückseite mit gut lesbaren Schriftzügen; Lat. Erwähnung der Medaille auch bei Ludwig Storch: Wartburg. In: Thüringen und der Harz mit ihren Merkwürdigkeiten, Volkssagen und Legenden. 2. Bd. Sondershausen 1840, S. 77–94, hier S. 86.

19 GÖTZ, Renovalia 1628 (wie Anm. 12) S. J ij.

20 TENTZEL, Cabinet 1705 (wie Anm. 18) S. 314.

21 Medaille mit Herzog Johann Ernst, 1628, Silber, oval: b: 25 mm, h: 29,5, Wartburg-Stiftung Eisenach, Inv.-Nr. N 584. Laut der Akte zu N 584 bedankte sich der Burghauptmann von Gabelentz am 03. 12. 1932 für einen Gipsabguss der Medaille, deren Original die Wartburg-Stiftung demnach noch nicht besaß. Im Inventarbuch ist die silberne Medaille zwischen 02. und 10. 05. 1978 ohne weitere Bemerkung eingetragen worden.

Das Münzporträt stellt den Herzog mit einer breiten, der damaligen Mode geschuldeten Halskrause, mit einer Kombination von nach außen gekämmtem Schnur- und halblangem Spitzbart und mit etwas über die Ohren reichendem, nach innen gewelltem Haupthaar dar. Das gleiche Erscheinungsbild zeigt Herzog Johann Ernst auf dem bisher auf «um 1630» datierten Ölbild[23], das sich bis ins 19. Jahrhundert auf der Wartburg befand. Durch ihre detailgetreue Wiedergabe im linken oberen Bildteil ist das Gemälde ein äußerst wichtiges Zeugnis für die Baulichkeiten der Burg und deshalb immer wieder abgebildet und ausgewertet worden[24]. Die Ähnlichkeit im Erscheinungsbild Johann Ernsts lässt wohl keinen anderen Schluss zu, als dass dem Medailleur eine Fassung des Ölbildes von «um 1630» zur Vorlage diente. Da das Ölbild vor der Medaille entstanden sein muss, erschließt sich mit der Neueinweihung der Wartburgkapelle und Ausgabe der Medaille am 9. Juli 1628 ein terminus ante quem für das Ölbild. Folglich kann es nunmehr statt «um 1630» mit vor dem 9. Juli 1628 datiert werden.

Abb. 1:
die Medaille
von 1628

1a: Bildnis des
Herzogs Johann
Ernst in Ölgemälde,
Weimar und
Wartburg
(s. Anm. 19)

1b: Medaille des
Herzogs Johann
Ernst vom
9. Juli 1628
(s. Anm. 17)

---

22 Vgl. Behrend Pick: Stammbaum der älteren Ernestiner in Münzen und Medaillen. In: Aus den coburg-gothaischen Landen. Heimatblätter. 4. Heft. Gotha 1906, S. 62–68, hierzu Abb. 8 S. 65 und S. 66.

23 Herzog Johann Ernst von Sachsen-Eisenach, Christian Richter (I, gest. 1667) (od. Michael Spindler, gest. 1639), Öl auf Leinwand, vor 09. 07. 1628, 283 x 217 cm, Kunstsammlungen zu Weimar, G 1488; davon existiert eine kleinere Ausführung: Herzog Johann Ernst von Sachsen-Eisenach, Christian Richter (I, gest. 1667) (od. Michael Spindler, gest. 1639), Öl auf Holz, um 1630, 38,5 x 30,5 cm, Wartburg-Stiftung Eisenach, Bestand Malerei, M 86.

24 Zum Ölbildnis des Herzogs Johann Ernst z. B. Johann Heinrich Schöne: Beschreibung der Wartburg und ihrer Merkwürdigkeiten nebst geschichtlichen Erläuterungen. Eisenach 1835, S. 88: die Bilder mit Johann Ernst und seiner Gemahlin «1629 und 1630 von August Erich gemalt»; Baumgärtel, Wartburg 1907 (wie Anm. 6) S. 156; Hans von der Gabelentz: Das Wartburgmuseum. In: Wartburg-Jahrbuch. 16(1938), S. 45–78, hierzu S. 49; Die Burg und die Stadt: Die Wartburg und Eisenach im Spiegel graphischer Darstellungen aus Vergangenheit und Gegenwart. Erweiterte Neuauflage. (Eisenach 1971), S. 18; Wartburg-Jahrbuch 1993. 2(1994), S. 90, 101.

Der Bibelspruch von der ewigen Gültigkeit des Gotteswortes kam natürlich nicht in einer plötzlichen Eingebung auf die Rückseite der Medaille. Er wurde auch nicht durch Johann Götz veranlasst, der ihn im ausdrücklichen Auftrag Johann Ernsts zum Gegenstand seiner Einweihungspredigt machte[25]. Der Spruch galt den Ernestinern seit dem 16. Jahrhundert als Leitthema[26]. Friedrich der Weise (gestorben 1525), der wohl bedeutendste Wettiner im Ernestinischen Zweig, hat zur Bekrönung seiner 1527 von Peter Vischer d. J. in Nürnberg gegossenen Grabplatte in der Wittenberger Schlosskirche einen Aufsatz mit den Worten «VERBUM DOMINI MANET IN AETERNVM E40»[27]. Der Schluss «E40» bezieht sich auf das Alte Testament Jes 40, 8 [allerdings vgl. Ps 118 (119), 89] mit dem in der Vulgata etwas anderen Wortlaut: «verbum autem Dei nostri stabit in aeternum». Erst in 1. Petr. 1, 25 findet sich mit Zusatz von «autem» (aber) der entsprechende Spruch: «verbum autem Domini manet in aeternum». In der Abkürzungsform «VDMIAE» war er zur Bekenntnisformel des am 5. Mai 1525 geschlossenen Torgauer Bundes gewor-

1c: Medaill[e]
9. Juli 1628
Zeichnung [...]och,
Erzehlung
(wie Anm[...]

den, des protestantischen Schutz- und Trutzbündnisses zwischen Kursachsen und Hessen. Herzog Johann Ernst 1628 wollte mit dem Aufgreifen dieses Leitspruchs seine Verwurzelung in der großen evangelischen Tradition des wettinisch-ernestinischen Fürstenhauses unterstreichen.

---

25 Siehe Götz, Renovalia 1628 (wie Anm. 12) Titelblatt, S. C 3ᵛ.
26 Vgl. Max Löbe: Wahlsprüche. Devisen und Sinnsprüche deutscher Fürstengeschlechter de[...].
und XVII. Jahrhunderts. Leipzig 1883. Reprint Berlin 1984, S. 164 (Friedrich der Weise[...] 166 (Johann der Beständige und Johann Friedrich der Großmütige), S. 170 f. (Johann Er[...]. 183 (Johann Friedrich), S. 198 und 204 (Albertiner); F. J. Stopp: Verbum Domini mane[...] ernum. The dissemination of a reformation slogan, 1522–1904. In: Essays in German [...]e, culture & society. Leeds 1969, S. 123–135; Peter Moraw und Walter Heinemeyer ([...]eitung): Von den Anfängen bis zur Reformation. Eine Ausstellung des Landes Hesse[...]talog]. Marburg 1992, S. 306, Nr. 556.

2. Zur Ausstattung und zur Raumarchitektur
der Kapelle nach 1628

2.1. Zu den wichtigsten Ausstattungsstücken

Taufbecken, Altar, Kanzel und Orgel bildeten die «wichtigsten und vornehmsten Stücke» der protestantischen Kirchenausstattung[28]. Deshalb nennt folgerichtig Hortleder 1630 neben dem großen Elisabethbild allein Orgel («Positiv»), Kanzel («Predig-Stuhl») und Altar[29]. Von einem Taufbecken findet sich in den Beschreibungen und Abbildungen der Kapelle lange Zeit keine Spur. Erst etwa ab Mitte der 1840er Jahre wurde wohl bis zu Ritgens Restaurierung ein kleines Becken auf einem schmalen, runden Ständer hinzugefügt[30]. Das heutige romanische Taufbecken stammt aus dem 12. oder 13. Jahrhundert und stand ursprünglich in Neukirchen[31], kam jedoch erst 1954 in die Wartburg-Kapelle. Ein Taufbecken war nicht allzu oft gefragt, obwohl die Burg auch Entbindungen sah[32], und im Belagerungsfall schnell zu besorgen. In normalen Zeiten konnte eine Taufe in einer Kirche des nahen Eisenachs erfolgen. Zum üblichen Gottesdienst war das Becken entbehrlich.

Fürstenstühle bzw. Fürstenemporen gehörten zur Grundausstattung protestantischer Hofkapellen, waren jedoch eher Ausdruck der in die Kirchen eingedrungenen weltlichen Ordnung. Für liturgische Handlungen wurden sie nicht gebraucht.

---

27 Fritz Bellmann, u.a. (Bearb.): Die Denkmale der Lutherstadt Wittenberg (Die Denkmale im Bezirk Halle). Weimar 1979, S. 101 und Abb. 95.

28 Michael Neumann: Gemeinsame Wege – gemeinsame Räume. Architektonische Verpflichtungen im protestantischen Kirchenbau nach Schmalkalden und nach Eisenach. Gekürzte Fassung des Vortrags von der sechsten Tagung der Hessisch-Thüringischen Denkmalpflege in Gelnhausen 1996. In: Denkmalpflege in Hessen. (1996) 1&2, S. 8–14, hier S. 9 oder Marburg 1999: http://archiv.ub.uni-marburg.de/sonst/1999/0005.html.

29 Hortleder, Häuser 1630 (wie Anm. 8) S. 204.

30 Abbildungen mit Taufbecken: «Die Kapelle auf der Wartburg», Verlag von Albert Henry Payne, Stahlstich, 10,5 x 15,5 cm, Wartburg-Stiftung Eisenach, Grafik, Inv.-Nr. G 1273; «Luthers Kapelle zu Wartburg», [Monogrammist] W. G., Lithographie, 32,3 x 10,6 cm, Wartburg-Stiftung Eisenach, Grafik, Inv.-Nr. G 1421 (G 1422, G 1423); Kapelle der Wartburg, Bernhard von Arnswald, nach 1853, Aquarell, Graphit auf Karton, 27 x 18,3 cm, Wartburg-Stiftung Eisenach, Grafik, Inv.-Nr. G 1847; August Witzschel: Die Wartburg bei Eisenach. Eine historische Skizze. Eisenach 1845, S. 66: «Taufstein»; nochmals enthalten in einem 1966 veröffentlichten Foto bei: Herbert von Hintzenstern: Streifzüge durch die Wartburg-Geschichte. In: Christlicher Hauskalender. 1967. Für Haus und Familie in Stadt und Land. 21(1966), S. 53–59, hier S. 54.

31 Taufstein, Neukirchen, Sandstein, 12. Jahrhundert, Höhe 60 cm, Durchmesser 83 cm, Wartburg-Stiftung Eisenach, Bauplastik, Inv.-Nr. B 99.

32 Auf der Wartburg nach 1628 geboren: Heinrich Harth 1650 (s. im Text bei Anm. 123).

Abb. 2:
«Die Kapelle auf der
Wartburg», Verlag
von Albert Henry
Payne, Stahlstich,
10,5 x 15,5 cm,
Wartburg-Stiftung
Eisenach, Grafik,
Inv.-Nr. G 1273

Der Altar

Nachdem schon aus mittelalterlicher Zeit von Altären auf der Wartburg
berichtet worden war[33], wird mit Hortleder (1630) beginnend ein Altar erwähnt[34], der zur Ausstattung aus der Renovierung von 1628 gehörte. Allerdings datiert erst Schöne diesen Altar auf 1628[35]. Er meint den «ganz einfachen, steinernen, nach allen Seiten freistehenden, Altar vor dem Fenster
nach Osten», der seit den ältesten Bildern der Kapelle aus den ersten
Jahrzehnten des 19. Jahrhunderts zu sehen ist. Er befindet sich noch heute am
gleichen Ort und besteht aus einem annähernd würfelförmigen Körper
(Stipes), einer Deckplatte (Mensa) und zwei einstufigen Podesten (Suppe-
danea) an Vorder- und Rückseite. Die Deckplatte ist an den Seitenflächen
senkrecht nach unten abgewinkelt und dann nach innen gewölbt. Dieser Altar

---

33 Karl Hermann Funkhänel: Zur Geschichte der Kapelle auf Wartburg. In: Zeitschrift des Vereins
    für thüringische Geschichte und Altertumskunde. 7(1870), S. 344–347; Woldemar Lippert:
    Studien über die wettinische Kanzlei und ihre ältesten Register im XIV. Jahrhundert. In: Neues
    Archiv für sächsische Geschichte und Altertumskunde. 24(1903), S. 1–42, hierzu S. 24 f., S. 37 f.;
    vgl. Wartburg-Jahrbuch 1997. 6(1998), S. 60–62, 82 f.
34 Hortleder, Häuser 1630 (wie Anm. 8) S. 204; Wartburg-Stiftung Eisenach, Archiv, AbAW 4,
    Instandhaltung und Baumaßnahmen, 1674–1848, [Abschriften von Krügel]; Koch, Erzehlung
    1710 (wie Anm. 13) S. 181 f.; Melissantes, Bergschlösser 1713 (wie Anm. 46) S. 428; Schöne,
    Beschreibung 1835 (wie Anm. 24) S. 35; Witzschel, Wartburg 1845 (wie Anm. 30) S. 66; Hoff-
    mann, 1979 Kapelle (wie Anm. 2) S. 5 und Anm. 20.

zeigt alle charakteristischen Merkmale eines mittelalterlichen Blockaltars; die vorgelegte eine Stufe deutet auf seine Nutzung als Nebenaltar[36].

Zur Einweihungsfeier von 1628 war im Altar die Memorialschrift «an die Posterität» - also an die Nachwelt – eingeschlossen worden. Ihre Einschließung ist wahrscheinlich ein einzigartiger Rückgriff auf den katholischen Kirchweihritus; die kämpferisch lutherische Zielrichtung kann hier nur angedeutet werden[37]: Kein Geringerer nämlich als «der leibliche Enkel des geborenen Kurfürsten und erklärten Christusbekenners Johann Friedrich[38]» tritt an die Stelle des Bischofs, der die Zugehörigkeit und Echtheit der zur Konsekration (Weihe) in den Altar eingemauerten Reliquie zu bezeugen hatte.

Unter der Platte fand sich bei einer Abnahme im Sommer 1841 ein Hohlraum, der zwar leer war[39], die Schrift jedoch beherbergt haben könnte. Diese durch die aufgemörtelte schwere steinerne Altarmensa fest abgedeckte Aussparung an der Oberfläche des Stipes ist mit hoher Wahrscheinlichkeit nichts anderes als das Reliquiengrab (Sepulcrum)[40]. Es enthielt ursprünglich die unverzichtbare Reliquie des Heiligen, dem dieser Altar geweiht war, und ein datiertes, vom weihenden Bischof gesiegeltes Zeugnis ihrer Herkunft und Echtheit. Seine Öffnung machte eine Neuweihe des Altars erforderlich. Luther und die lutherische Kirche haben solche ehemals katholischen Altäre überall problemlos in Gebrauch genommen, Zwingli und Calvin und die reformierte (calvinistische) Kirche hingegen sie überall abgerissen und durch einen zunächst hölzernen Tisch für die Abendmahlsfeier ersetzt. Alles spricht dafür, dass der Altar der Wartburgkapelle ein – vielleicht schon um 1550 durch Herzog Johann Friedrich – durch die sächsischen Lutheraner übernommener mittelalterlicher Nebenaltar ist, dem anstelle der einen hölzernen Altarstufe zwei steinerne vorgelegt wurden, so dass der Pfarrer auch hinter dem Altar stehen und sich der Gemeinde zuwenden konnte.

---

35 Darauf macht aufmerksam HOFFMANN, 1979 Kapelle (wie Anm. 2) S. 5 und Anm. 20; SCHÖNE, Beschreibung 1835 (wie Anm. 24) S. 35.

36 JOSEPH BRAUN: Der christliche Altar in seiner geschichtlichen Entwicklung. 2 Bde. München 1924, hier Bd. 1, S. 183.

37 Dazu im Rahmen einer Gesamtdeutung der Ikonographie der Wartburgkapelle Johann Ernsts: RENATE LÜHRMANN: Die Lutherkapelle der heiligen Elisabeth. (in Vorbereitung).

38 Johann Friedrich, Kurfürst 1532–47, bis 1552 Gefangener des Kaisers, weil er für Luther in den Kampf zog, bis 1554 nur noch Herzog; Zitat aus GÖTZ, Renovalia 1628 (wie Anm. 12) S. J 3ʳ: «Dn. JOHANNIS FRID. 1. Nati Electoris, Confessoris CHRISTI declarati, Nepote genuino».

39 Wartburg-Stiftung Eisenach, Archiv, Kommandantenakten, K 2, 1841, Nr. 15 vom August 1841, Bernhard von Arnswald an Carl Alexander; HOFFMANN, 1979 Kapelle (wie Anm. 2) S. 11 Anm. 20.

40 BRAUN, Altar 1924 (wie Anm. 36) Bd. 1, S. 588 f.

Die Kanzel

Die Kanzel stand in der südöstlichen Ecke der Wartburgkapelle, wo sie um 1625 den einstigen Hauptaltar vor dem fensterlosen, mit Sakramentsnische[41] ausgestatteten Wandbogen verdrängte[42]. Damit trat an die Stelle der mittelalterlichen katholischen Heiligenverehrung ganz nach lutherischem Verständnis die evangelische Verkündigung des reinen, unverfälschten Gottesworts.

Zeitlich lag die Kanzel zwischen den ältesten Kanzelaltären von Rothenburg a.d. Fulda (nach 1581) und Schmalkalden (1590)[43], beide unter dem Landgrafen von Hessen-Kassel Wilhelm IV. (1532–1592), dem Schwiegervater von Herzog Johann Ernst, entstanden, und dem seit 1680 anzutreffenden Typ des westthüringischen Kanzelalters[44]. Wegen der geringen Raumhöhe konnte die Kanzel nicht wie beim Kanzelaltar über dem Altar angeordnet werden, doch kommt trotz der räumlichen Enge die Grundidee durch die Lage beider nebeneinander, durch die Höherstellung der Kanzel und durch die gleiche Blickrichtung von der gegenüber liegenden Fürstenempore zum Tragen.

Eine um einen Viertelkreis geschwungene Steintreppe am mittleren Pfeiler gewährte den Zugang zur Kanzel, der oben mit einer kleinen, schmiedeeisernen Tür verschlossen werden konnte. Treppe und Holzteile der Kanzel gehörten sicherlich zur Ausstattung von 1623 bis 1628. In der steinernen Blendwand neben Treppe und unterhalb der Kanzel war eine Jahreszahl aus jener Zeit eingeschlagen[45].

Seit Hortleder wird die Kanzel oder der «Predig-Stuhl» in mehreren Schriften erwähnt[46]. Die offenbar auf den Baumeister Johannes Weber zurückgehenden Holzteile waren von oben nach unten Baldachin oder Schalldeckel,

---

41 Siehe bei Anm. 116.

42 So auch HUGO VON RITGEN: Der Führer auf der Wartburg. Ein Wegweiser für Fremde und ein Beitrag zur Kunde der Vorzeit. Leipzig 1860, S. 121; desgl. Leipzig ²1868, S. 141.

43 HARTMUT MAI: Der evangelische Kanzelaltar. Geschichte und Bedeutung. Halle (Saale) 1969, S. 20, zu Rotenburg a.d. Fulda S. 255, Nr. 22, zu Schmalkalden S. 257, Nr. 28, Abb. 15; Kanzelaltar. In: LUDGER ALSCHER, u.a. [Hrsg.]: Lexikon der Kunst. Bd. II. Leipzig 1971, S. 532 f.

44 MAI, Kanzelaltar 1969 (wie Anm. 43) S. 16, 37.

45 Die Angaben zur eingehauenen Jahreszahl differieren: Kanzeltreppe in der Kapelle der Wartburg, Wartburg-Stiftung Eisenach, Bauzeichnungen, BE 145: «1626»; «KAPELLE AUF DER WARTBURG», gestochen von (FRIEDRICH) GUSTAV SCHLICK nach Zeichnung von CARL FERDINAND SPROSSE, Wartburg-Stiftung Eisenach, Grafik, Inv.-Nr. G 2736: «1623»; RITGEN, Führer 1860 (wie Anm. 42) S. 120: «1625»; BAUMGÄRTEL, Wartburg 1907 (wie Anm. 6) S. 352: «1625» (Autoren: MAX BAUMGÄRTEL und OTTO VON RITGEN); GABELENTZ, Wartburg 1940 (wie Anm. 6) S. 119: «1625»; BAUMGÄRTEL, Wartburg 1907 (wie Anm. 6) S. 155 und 597: «1628» (Autor: PAUL WEBER).

46 JOHANNES VON BERGENELSEN: Das im Jahr 1708 lebende und schwebende Eisenach. Stralsund 1709, S. 225, diese Passage wortgleich und sogar mit gleichem Druckbild bei: JOHANNES LIMBERG: Das im Jahr 1708 lebende und schwebende Eisenach, welches anno 1709 zum erstenmal

Rückwand, Kanzelkörper und Stützständer. Wartburg-Inventare des späten 17. Jahrhunderts erwähnen eine Ausmalung der Kanzel in Gold und anderen Farben und eine Bestückung mit einer eisernen Lehne[47]. Eine Reihe von Abbildungen zeigt die Anlage recht anschaulich. Der gesamte Aufbau mit Treppe, Kanzelkörper, Träger, Schalldeckel und ggf. Rückwand weist die Wartburg-Kanzel dem Typ der «lutherischen Renaissancekanzel» zu, deren Höhepunkt zwischen 1600 und 1620 lag[48].

Der polygonale Schalldeckel war vergleichsweise schlicht und mit zwei Eisenstäben gesichert[49]. Der Kanzelkörper besaß einen ähnlichen polygonalen Grundriss und an den vier nach Westen und Süden zeigenden Feldern die Figuren der vier Evangelisten in für Heiligendarstellungen bevorzugten Nischen[50]. Er ist im Magazin der Wartburg-Stiftung erhalten, allerdings ohne die Evangelistenfiguren[51]. Die Vierergruppe war vielmals, nahezu an der Hälfte der erhaltenen lutherischen Renaissancekanzeln vorhanden[52], repräsentiert das Wort Gottes in Gestalt seiner von Christus ausgesandten Verkünder und demonstriert dessen von Luther gelehrte, in der Bibel überlieferte Alleingültigkeit. An der Kanzel las sich wie auf der Einweihungsmedaille das Bibelwort «Verbum Domini manet in Aeternum»[53]. Mit dieser Kampfparole und dem Bildschmuck war am 9. Juli 1628 die fürstliche Schloßkapelle unverkennbar lutherisch, also antipapistisch eingeweiht worden. Der Kanzelkörper ragte um

---

gedruckt und zusammengetragen worden. Eisenach 1712, S. 225, Limberg gab das Buch von Bergenelsen nach Durchsicht und mit einem Anhang 1712 nochmals heraus; Melissantes [JOHANN GOTTFRIED GREGORII]: Das erneuerte Alterthum und curieuse Beschreibung einiger vormals berühmter ... Bergschlösser in Teutschland. Frankfurt/Leipzig 1713, S. 418; WITZSCHEL, Wartburg 1845 (wie Anm. 30) S. 66; RITGEN, Führer 1860 (wie Anm. 42) S. 120; vgl. KRÜGEL, Instandhaltung (wie Anm. 34) zu 1669 und 1696; Thüringisches Hauptstaatsarchiv Weimar, Eisenacher Archiv, Militär- und Kriegssachen, Nr. 1052, Bl. 1–8, Inventar der Wartburg vom 09. 07. 1669, zur Kapelle Bl. 2 und 6.

47 Inventar 1669, ThHStAW 1052 (wie Anm. 46) Bl. 2; KRÜGEL, Instandhaltung (wie Anm. 34) zu 1669 und 1696.

48 PETER POSCHARSKY: Die Kanzel. Erscheinungsform im Protestantismus bis zum Ende des Barocks. Gütersloh 1963, S. 102–104.

49 Vgl. Thüringisches Hauptstaatsarchiv Weimar, Eisenacher Archiv, Militär- und Kriegssachen VI, Nr. 1066, Bl. 7–42, Inventar der Wartburg vom 21. 12. 1775, zur Kapelle Bl. 15v-16v, hierzu Bl. 16v; in derselben Akte Bl. 105–1144, Wartburger Inventar von 1829, hierzu Bl. 125v.

50 Neben den Abbildungen vgl. BERGENELSEN/LIMBERG, Eisenach 1708/1712 (wie Anm. 46) S. 225: «ein schöner Predig-Stuhl / daran stehen die 4. Evangelisten»; Inventar 1775 (wie Anm. 49) Bl. 16v: «Eine Cantzel mit vier Aposteln gemahlet.»

51 Wartburg-Stiftung Eisenach, Kunstgut/Möbel, Inv.-Nr. KM 119, Kanzel, um 1625, Holz, beschnitzt, gefasst, Durchmesser 150 cm, Höhe 105 cm, Tiefe 22 cm.

52 Vgl. POSCHARSKY, Kanzel 1963 (wie Anm. 48) S. 112–114: Von den erfassten lutherischen Renaissancekanzeln weisen 40% die vier Evangelisten als einzigen figürlichen Schmuck auf, kombiniert mit weiteren Figuren sind es 46%.

53 KOCH, Erzehlung 1710 (wie Anm. 13) S. 185.

seine gesamte Tiefe in den Raum hinein und erfüllte so die Luthersche Intention von der Predigt inmitten der Gemeinde.

In der Rückwand stand gleichsam hinter dem Prediger in einer Nische Jesus mit der Weltkugel. In einigen späten Abbildungen fehlt diese Figur bereits. Jesus symbolisiert mit dem Globus-Attribut den Christus Salvator mundi[54], den von Gott gesandten einzigen Erlöser der Welt, zu dessen Ehre die Einweihung der renovierten Schlosskapelle stattgefunden hatte[55]. Die Kombination von Salvator und Evangelisten, entweder gemeinsam auf den Feldern der Kanzel oder Evangelisten an der Kanzel und Salvator an der Rückwand, kommt auch als Bildwerk anderer lutherischer Renaissancekanzeln vor[56].

Kanzel und Prediger trug auf der Wartburg ein verzierter Ständer, der sich vertikal aus drei Teilen zusammensetzte: unten einem viereckigen Konsolstück; einem längeren, nach unten konisch zulaufenden Mittelstück; oben einem in sich gestuften Doppelkonus.

Zur Neueinweihung der Kapelle am 7. Juni 1855[57] war nach den Vorstellungen Hugo von Ritgens und der «Beratung» durch Großherzog Carl Alexander von den Holzteilen nur noch der Kanzelkorb übrig geblieben. Ihn stützten nun zwei Säulen mit einem romanischen Doppelkapitell[58].

Die Orgel

Mit der Einführung des Gemeindegesangs im Zuge der Lutherschen Gottesdienstgestaltung erklangen nicht länger nur die geschulten Stimmen eines ausgebildeten Chores, weshalb eine akustisch dominierende Orgel die musikalischen Unebenheiten nicht zuletzt in kleinen Kapellen zu übertönen hatte[59]. Deshalb gehörte zur liturgischen Grundausstattung protestantischer Kapellen eine Orgel.

---

54 ENGELBERT KIRSCHBAUM (Hrsg.): Lexikon der christlichen Ikonographie. Bd. 1. Allgemeine Ikonographie. A – Ezechiel. Freiburg im Breisgau, u. a. 1990, Sp. 423 f.

55 GÖTZ, Renovalia 1628 (wie Anm. 12) Titelblatt und passim. Weitere Nachweise dazu in LÜHRMANN, Lutherkapelle (wie Anm. 37).

56 POSCHARSKY, Kanzel 1963 (wie Anm. 48) S. 120, 140 und 144 f.

57 Zur Datierung HUGO VON RITGEN: Einige Worte über die Geschichte der Kapelle der Wartburg. Eine Festgabe zu deren Wiedereinweihung am 7. Juni 1855. Darmstadt 1855; vgl. zwei Arnswald-Zeichnungen bei GÜNTER SCHUCHARDT (Hrsg.): Romantik ist überall, wenn wir sie in uns tragen. Aus Leben und Werk des Wartburgkommandanten Bernhard von Arnswald. Regensburg 2002, S. 402, Nr. 496 und 497; Wartburg-Stiftung Eisenach, Archiv, Akten-Nr. 320.

58 Beispielsweise abgebildet bei GEORG VOSS: Die Wartburg (P. LEHFELDT und G. VOSS: Bau- und Kunstdenkmäler Thüringens. Heft 41. Großherzogtum Sachsen-Weimar-Eisenach. Amtsgerichtsbezirk Eisenach). Jena 1917, S. 87.

59 Vgl. Wartburg-Stiftung Eisenach, Archiv, Hs 3496 a, CARL ALEXANDER SIMON: Die Wartburg. Eine archäologische Skizze, S. 62.

Zuerst Hortleder erwähnt 1630 ein «Positiv»[60], womit ein kleines Orgelwerk gemeint ist[61]. Ausführliche Beschreibungen des zugehörigen Raumteils kommen erst aus dem 19. Jahrhundert. Schöne (1835) schreibt von einem kleinen Gitterverschlag an der Nordseite, zu dem eine hölzerne Treppe führt und der wohl der Chor der Sänger gewesen ist[62]. Simon (1839) kennt an der nördlichen Kapellenwand ein «kleines Chor», wo sich offenbar seit Herzog Johann Ernst ein Positiv befand. Die Orgel scheint irgendwann im 18. Jahrhundert entfernt und die Empore als «Singechor», also von einer kleinen Sängergruppe, genutzt worden zu sein. Das tatsächliche Verschwinden der Orgel könnte ihre Nichterwähnung seit Bergenelsen/Limberg und Melissantes Anfang des 18. Jahrhunderts[63] erklären. Laut Inventaren war das Positiv 1679 zerlegt, dann wieder aufgestellt und 1696 ganz zerbrochen und unbrauchbar[64]. Es war mit zwei Bälgen und Bleigewichten versehen.

Abbildungen des 19. Jahrhunderts zeigen einen Teil der Chor-Empore[65]. Die Orgel hat seinerzeit sicherlich nicht mehr existiert. Die Empore ragt ein Stück in den Raum hinein und die Brüstung ist durch eine Art Holzgitter[66]

---

60 Siehe bei Anm. 8.

61 JOHANN HEINRICH ZEDLER (Hrsg.): Grosses vollständiges Universal-Lexikon Aller Wissenschaften und Künste. 27. Bd. Leipzig/Halle 1741, Sp. 1731.

62 SCHÖNE, Beschreibung 1835 (wie Anm. 24) S. 35.

63 BERGENELSEN/LIMBERG, Eisenach 1709/1712 (wie Anm. 46) S. 225; MELISSANTES, Bergschlösser 1713 (wie Anm. 46) S. 428 nach HORTLEDER, Häuser 1630 (wie Anm. 8).

64 Krügel, Instandhaltung (wie Anm. 34) zu 1669 und 1696.

abgeschlossen. An den Außenseiten von zwei Fachflächen sind zwei Bilder (gemalt oder geschnitzt?) mit Musikszenen zu sehen: das westliche mit Zitter- und Lautenspieler, das zweite mit einem Geigenspieler und einer weiteren Person, vielleicht ebenfalls mit einem Lauteninstrument. Die Empore war an der Westseite über eine steile Holztreppe von der Kapelle aus zugänglich[67].

Die Fürstenempore

Im westlichen Bereich des Kapellenraums befand sich eine Empore mit zwei fürstlichen Ständen. Obwohl erst Anfang des 18. Jahrhunderts erwähnt und Ende des 18. Jahrhunderts und im 19. Jahrhundert näher beschrieben, ging das Ensemble im Wartburgpalas sicherlich auf die Ausstattung von 1628 zurück.

Fürstensitze waren – anknüpfend an kaiserliche oder königliche Westwerke und die Aachener Pfalzkapelle Karls des Großen – ein selbstverständlicher Ausstattungsteil von Hof-, Burg- oder Schlosskapellen[68]. Sie machten das Selbstverständnis der Reichs- oder Landesherrn als von Gott eingesetzte Obrigkeit[69] und hier die Einbindung in das spezifisch protestantische Staats- und Kirchenregiment[70] sichtbar.

65 Vgl. die Abbildungen: «Ansicht der Kirche auf der Wartburg. in welcher Dr. Martin Luther während seines Aufenthalts in diesem Schloss im Jahr 1521 predigte», Ernst Christian Schmidt, Kupferstich, 25,2 x 36,6 cm, Wartburg-Stiftung Eisenach, Grafik, Inv.-Nr. G 629 (auch G 630 und G 2735); «ANSICHT DER KIRCHE AUF DER WARTBURG. in welcher Dr. Martin Luther während seines Aufenthaltes in diesem Schloss im Jahr 1521 predigte», Lithographie, 13,4 x 19,3 cm, Wartburg-Stiftung Eisenach, Grafik, Inv.-Nr. G 1265 (auch G 1266); PAYNE, Stahlstich, G. 1273 (wie Anm. 30).

66 SCHÖNE, Beschreibung 1835 (wie Anm. 24) S. 35: «kleiner Gitterverschlag».

67 Die alte Treppe zur Empore ist zu sehen auf den Abbildungen «Ansicht der Kirche auf der Wartburg. in welcher Luther während seiner Gefangenschaft in diesem Schloss predigte. 1521», gestochen von CHRISTOPH FAULHABER nach Zeichnung von WILHELM BARON VON LÖWENSTERN, Lithographie, 25,4 x 34,6 cm, Wartburg-Stiftung Eisenach, Grafik, Inv.-Nr. G 631 und Kapelle auf der Wartburg, JOHANN ADAM KLEIN, aquarellierte Federzeichnung, 18 x 27,5 cm, Anger-museum Erfurt, Inv.-Nr. 5140. Eine neuere Ausführung der Treppe erscheint in der Abbildung: W. G., Lithographie, G 1421 (wie Anm. 30). Die alte Version ist auch auf zwei Bauzeichnungen zu sehen: Grundriss der Kapelle, Wartburg-Stiftung Eisenach, Bauzeichnungen, BE 123 und Nordwand der Kapelle, BE 130; vgl. SCHÖNE, Beschreibung 1835 (wie Anm. 24) S. 35; HOFF-MANN, 1979 Kapelle (wie Anm. 2) S. 4 Anm. 18.

68 Wünschenswert wäre ein Vergleich von Fürstenemporen: z. B. Schmalkalden, Rotenburg a. d. Fulda, u. a.; einige Exemplare unter dem Terminus «Herrschaftsstand» bei Gotthard Kießling: Der Herrschaftsstand. Aspekte repräsentativer Gestaltung im evangelischen Kirchenbau (Beiträ-ge zur Kunstwissenschaft. Bd. 58). München 1995, S. 159–170.

69 ULRICH STEVENS: Burgkapellen. Andacht, Repräsentation und Wehrhaftigkeit im Mittelalter. Darmstadt 2003, hier S. 63–65, 70 f., 252 f., mit Literaturangaben; vgl. REINHOLD WEX: Oben und Unten oder Martin Luthers Predigtkunst angesichts der Torgauer Schloßkapelle. In: Kriti-sche Berichte. 11(1983)3, S. 4–24.

70 KIESSLING, Herrschaftsstand 1995 (wie Anm. 68) S. 17.

Nach einem Wartburg-Inventar von 1669 existierte ein fürstlicher Stand mit einer langen Wandbank[71]. Bergenelsen (1708) nennt «zwei Herrschafftliche Stände»[72] und meint offenbar die beiden repräsentativen Sitzgelegenheiten des Herzogspaares – die «Fürstenstühle». Leider existiert keine bildliche

Abb. 4:
«Ansicht der Kirche
auf der Wartburg.
in welcher Luther
während seiner
Gefangenschaft in
diesem Schloss pre-
digte. 1521»,
gestochen von
Christoph Faulhaber
nach Zeichnung von
Wilhelm Baron von
Löwenstern,
Lithographie,
25,4 x 34,6 cm,
Wartburg-Stiftung
Eisenach, Grafik,
Inv.-Nr. G 631

Wiedergabe der Vorderansicht, da die Kapelle vor der Renovierung des 19. Jahrhunderts stets mit Blick nach Osten dargestellt wird. Die Beschreibung der ausgemalten Wappen erlaubt immerhin die Zuordnung auf Herzog Johann Ernst und seine Gattin Christina, die Tochter des Landgrafen von Hessen-Kassel Wilhelm IV.

Die genaueste und inhaltsreichste Beschreibung der Wappen und ihrer Anordnung liefert Thon seit der zweiten Auflage seines Wartburgführers (1795) zu 1628: «Hier wurden auch wohl die an den fürstl. Ständen noch befindlichen sechs Wappen aufgefrischt. In den beyden äußersten erscheint der thüringische und hessische Löwe. Dann folgen einander gegenüber das herzogl. sächsische und das landgräfl. heßische Wappen q). Die beiden mittleren bestehen in dem Herzschild von Ungarn, und in dem sächsischen Rautenkranze ...

[Fußnote] q) In dem heßischen wurden, außer der Landgrafschaft, nur

---

71 Inventar 1669, ThHStAW 1052 (wie Anm. 46) Bl. 2; Krügel, Instandhaltung (wie Anm. 34) zu 1669.
72 Bergenelsen/Limberg, Eisenach 1709/1712 (wie Anm. 46) S. 226.

Ziegenhayn, Katzenellenbogen und Nidda bezeichnet. Das sächsische ist wahrscheinlich abgeändert worden, weil darin die hennebergische Henne vorhanden ist.»[73] Die sechs Wappen ordneten sich in zwei Dreiergruppen, in der Mitte zum einen mit dem «herzoglich-sächsischen» für den sächsisch-ernestinischen Herzog Johann Ernst und zum anderen mit dem «landgräflich-hessischen» Wappen für seine hessische Gattin. Wie auf Doppelporträts von Ehepartnern befand sich mit Sicherheit der Gatte links von vorn und seine Gemahlin rechts. Am plausibelsten ist von vorn gesehen folgende Anordnung:

Johann Ernst von Sachsen-Eisenach			Christina von Hessen-Kassel		
• thüringischer Löwe	• herzoglich-sächsisches Wappen u. a. mit: · Henneberger Henne	• sächsischer Rautenkranz	• Herzschild von Ungarn	• landgräflich-hessisches Wappen mit: · Landgrafschaft Hessen · Ziegenhain · Katzenelnbogen · Nidda	• hessischer Löwe

Zu den Symbolen und der Tingierung der Wappen (rechts und links wie real, nicht heraldisch):
• thüringischer Löwe: nach links schreitender, zehnfach in Weiß und Rot quer geteilter Löwe auf blauem Grund
• herzoglich-sächsisches Wappen: vielgliedriges Wappen zu den beanspruchten Herrschaften mit dem sächsischen Rautenkranz als Herzschild; das Wappen von Herzog Johann Ernst
  · Henneberger Henne: schwarze Henne mit rotem Kamm auf gelbem Grund und stehend auf grünem Dreiberg
• sächsischer Rautenkranz: zehnfach in Schwarz und Gelb quer geteilter Schild, darüber schräg von links oben grüner Rautenkranz
• Herzschild von Ungarn: längs geteilt, links: achtfach quer geteilt in Rot und Weiß, rechts: weißes Patriarchenkreuz auf rotem Grund und stehend auf grünem Dreiberg

---

73 THON, Wartburg 1795 (wie Anm. 13) S. 162 f.; gleicher Wortlaut in THON, Wartburg 1815 (wie Anm. 13) S. 192 f. und THON, Wartburg 1826 (wie Anm. 13) S. 178 f.

- Landgrafschaft Hessen: der hessische Löwe im Herzschild, des Weiteren[74]:
  · Grafschaft Ziegenhain, 1450 an Hessen: quer geteilt, oben: gelber Stern auf weißem Grund, unten: gelb
  · Grafschaft Katzenelnbogen, 1479 an Hessen: roter Löwe oder gelöwter Leopard mit blauer Krone, Zunge und Klauen auf gelbem Grund
  · Grafschaft Nidda: quer geteilt, oben zwei gelbe Sterne nebeneinander auf gelbem Grund, unten: gelb
- hessischer Löwe: nach links schreitender, gekrönter, 10-fach quer geteilter Löwe auf blauem Grund

Eine Vorderansicht des Fürstenstuhls ist wie erwähnt nicht überliefert. In einer Gruppe von Abbildungen der Kapelle jeweils von halbrechts sind rechts und in Seitenmitte hölzerne Ständer oder Auflagen vorhanden, auf denen der offenbar ebenfalls hölzerne Boden des Fürstenstuhls ruhte. Der vordere Abschluss lag auf der Linie des nordwestlichen Eckvorsprungs und des steinernen Bogenständers[75], das Bodenniveau der Fürstenempore auf der Höhe des oberen Abschlusses des Kapellenzugangs vom nördlich angrenzenden Gang (heute Elisabethgalerie)[76]. Ein erhöhter Anweg aus diesem Korridor[77] gewährte dem Herzogspaar einen separaten Zugang zur Fürstenempore. Die Empore und der gesonderte Zugang ermöglichten die standesgemäße Trennung des Herzogspaares von den übrigen Teilnehmern des Gottesdienstes im Parkett und machten ihre erhöhte gesellschaftliche Stellung optisch erlebbar[78]. Im deutschen protestantischen Kirchenbau gehörte die Empore zu den prägenden «raumgestaltenden Faktoren»[79]. Ritgen entfernte zwar die Fürstenempore, behielt aber die Grundidee mit einem neuen «Fürstenstuhl» vor dem westlichen Kapellenpfeiler bei.

---

74 Zu den hessischen Wappen: JOHANN SIBMACHER: New Wapenbuch: Darinnen deß H. Röm. Reichs Teutscher Nation hoher Potentaten, Fürsten, Herren und Adelspersonen ... Nürnberg 1605, Tafel 8; HERMANN GROTE: Stammtafeln. Leipzig 1877, S. 125 Nr. 91, S. 140 Nr. 102 und S. 141 Nr. 103; WALTER HEINEMEYER (Hrsg.): Das Werden Hessens (Veröffentlichungen der Historischen Kommission für Hessen. 50). Marburg 1986, S. 816 f.

75 BE 123 (wie Anm. 67).

76 BE 130 (wie Anm. 67); Sältzer in L.(UDWIG) PUTTRICH (Hrsg.): Mittelalterliche Bauwerke im Großherzogtum Sachsen-Weimar-Eisenach. Leipzig 1847, S. 3–13, Tafeln Nr. 2–6b, hier Nr. 3a, VII. südlicher Giebel.

77 SCHÖNE, Beschreibung 1835 (wie Anm. 24) S. 35: «Zugang von oben»; Wartburg-Stiftung Eisenach, Archiv, Hs 3501, [SÄLTZER, JOHANN WILHELM:] Die Wartburg, eine archäologisch-architektonische Skizze. [1845], S. 27 f. «In dem Geschoß zwischen dem II. und III. Stockwerk, führt der Gang zu der Emporkirche»; HOFFMANN, 1979 Kapelle (wie Anm. 2) S. 4 Anm. 14.

78 REINHOLD WEX: Ordnung und Unfriede. Raumprobleme des protestantischen Kirchenbaus im 17. und 18. Jahrhundert in Deutschland. Marburg 1984, S. 116: die Empore ist «Separierungsarchitektur» und diente immer «zur Trennung der auf ihr Standberechtigten oder auch Standverpflichteten von der im Parkett sich aufhaltenden Menge».

79 WEX, Ordnung 1984 (wie Anm. 78) S. 115.

2.2. Weitere Ausstattungsstücke

Eine Reihe weiterer Kunstwerke bzw. Ausstattungsstücke zierten zwischen 1628 und 1855 die Kapelle, die meisten wie die Altartücher wohl nur zeitweilig. Unter der Orgel stand ein **Kruzifix** mit den typischen Begleitpersonen **Maria und Evangelist Johannes**. Dessen Stamm war ehemals mit sechs Bibelsprüchen versehen[80]. Nach Inventaren von 1669 und 1696 waren Kruzifix und die beiden anderen Schnitzfiguren in Gold überstrichen. Nachdem von Kruzifix und Sprüchen nach Bergenelsen/Limberg (1708) keine Rede mehr ist, dürften sie in der ersten Hälfte des 18. Jahrhunderts entfernt worden sein. Ähnlich verhält es sich mit einem daneben hängenden, in Gold gehaltenen **Marienbild**[81]. Die Kreuzigungsgruppe gelangte vielleicht über die Eisenacher Nikolai- in die Georgenkirche[82].

Ein **hölzernes Schnitzbild mit der Grablegung Christi** kam hingegen erst in den 1820er Jahren aus der Nikolaikirche auf die Wartburg und wurde unter dem Fürstenstuhl platziert[83]. Das dreiteilige Altarbild entstand um 1500 und misst 1,47 m Höhe und 2 m Länge[84]. Die Hauptszene wird von zwei Heiligen umrahmt. Links von vorn steht der Namenspatron, der heilige Nikolaus. Für rechts gibt Schöne (1835) wohl fälschlich den hl. Rochus an[85], während es sich in Wirklichkeit um den hl. Jacobus d. Ä. handelt. In der Ritgenschen Kapellen-Restaurierung 1853/55 wurde das Schnitzbild vermutlich aus der Kapelle entfernt und soll im Zuge der Restaurierung der Nicolaikirche 1886/87 wieder an seinen Herkunftsort zurückgekommen sein, wo es heute als Hauptaltar steht.

Inventare aus den ersten drei Jahrzehnten des 19. Jahrhunderts erwähnen ein aus Holz geschnitztes **Kruzifix** mit der darunter stehenden **Maria Magdalena**. Es stand gegenüber der Kanzel und war mit drei starken Eisenstäben befestigt[86].

---

80 Bergenelsen/Limberg, Eisenach 1709/1712 (wie Anm. 46) S. 225 f.: «Eine kleine Orgel / darunter stehet ein Crucifix Bild. St. Johannes und die Jungfrau Maria / auf dessen Pfeiler stehen nachfolgende Sprüche: Der erste Prov. 4. v. 17. Der ander 1. Tim. 2. v. 5. Der dritte Psal. 145. v. 18. Der vierdte Joh. 14. v. 6. Der fünffte 1. Petr. 5. v. 8. Der sechste ist außgewischen und unleßbar.»

81 Inventar 1669, ThHStAW 1052 (wie Anm. 46) Bl. 2; Krügel, Instandhaltung (wie Anm. 34) zu 1669 und 1696; Bergenelsen/Limberg, Eisenach 1709/1712 (wie Anm. 46) S. 266.

82 Voss, Eisenach 1915 (wie Anm. 5) S. 214 und S. 247–251.

83 Schöne, Beschreibung 1835 (wie Anm. 24) S. 45 f.; Witzschel, Wartburg 1845 (wie Anm. 30) S. 66; Inventar 1829 (wie Anm. 49) Bl. 125v.

84 Voss, Eisenach 1915 (wie Anm. 5) S. 213 f. mit Abbildung.

85 Schöne, Beschreibung 1835 (wie Anm. 24) S. 45. Es ist erstaunlich, dass Pfarrer Johann Heinrich Schöne hier die beiden Heiligen verwechselt, oder handelt es sich in der Nikolaikirche heute doch um ein anderes Werk?

86 Thüringisches Hauptstaatsarchiv Weimar, Eisenacher Archiv, Militär- und Kriegssachen VI, Nr. 1066, Bl. 23–66, Inventar der Wartburg von 1799 [korrigiert in «1800»], hierzu Bl. 40r; in der

Abb. 5:
Kapelle auf der
Wartburg, Johann
Adam Klein,
aquarellierte
Federzeichnung,
18 x 27,5 cm,
Angermuseum
Erfurt,
Inv.-Nr. 5140

Entlang der Nord- und der Südwand standen jeweils in Doppelreihen Bänke für einfache Teilnehmer des Gottesdienstes. In den Abbildungen des 19. Jahrhunderts sind sie gut erkennbar und könnten aus der Ausstattung von 1628 stammen. Bereits das Inventar von 1669 nennt «Unterschiedene ... grüne Männer undt Weiber Stühle»[87], die den Farbton wohl noch um 1840 bewahrt hatten[88]. Die Bänke standen ursprünglich nur an Nord- und Südwand, was auf den Abbildungen ersichtlich und im Inventar von 1803 beschrieben ist[89]. Wenn das Inventar von 1829 Bänke an drei Seiten aufführt[90], muss inzwischen an der nie abgebildeten Westwand unterhalb der Fürstenempore eine dritte Bank angebracht worden sein. Wie üblich waren die Kirchenstühle bzw. -stände hinter den Bänken durch Türen geschlossen.

In der zweiten Hälfte des 18. Jahrhunderts wurde ein angebliches **Modell des Schlosses Grimmenstein** über Gotha in der Kapelle aufgestellt. Es sollte von Herzog Johann Ernst, der in diesem verschwundenen Schloss geboren

gleichen Akte Bl. 75–98, Inventar der Wartburg von 1803, hierzu Bl. 95r; Inventar 1829 (wie Anm. 49) Bl. 125 v.

87 Inventar 1669, ThHStAW 1052 (wie Anm. 46) Bl. 2; KRÜGEL, Instandhaltung (wie Anm. 34) zu 1669.

88 Siehe: KLEIN, Federzeichnung 5140 (wie Anm. 67) – zu sehen sind Bänke in einem Farbton zwischen Blau, Grün und Grau, die Karteikarte weist «Bläuliches Grau» aus.

89 Inventar 1803 (wie Anm. 86) Bl. 95 r: «Zwey lange Kirchbäncke, aber Stühle mit verschiedenen Thüren.»

90 Inventar 1829 (wie Anm. 49) Bl. 126r: «Auf drey Seiten der Kirche, sind unten lange Kirchstühle, die neue kleine Thüren ... haben.»

war, eigenhändig nach Vorlagen angefertigt worden sein[91] und vier Türme besessen haben[92], während eine Abbildung nach einer verlorenen Vorlage aus dem 16. Jahrhundert eine dreitürmige Burg zeigt[93]. Die immer wieder tradierte Zuordnung des Modells zum Grimmenstein wurde mit dem Hinweis auf ein ganz anderes Aussehen des Originals wohl zu Recht bestritten[94].

In Wartburg-Beschreibungen taucht das Grimmenstein-Modell seit dem späten 17. Jahrhundert immer wieder auf, wird jedoch bis nach Mitte des 18. Jahrhunderts anderen Räumen der Wartburg zugeordnet[95], bevor man es in den beiden letzten Jahrzehnten des 18. Jahrhunderts in der Kapelle platzierte[96], und später wieder entfernt hat[97]. Der unsachgemäße Standort in einem geweihten Raum[98] wurde vielleicht durch die zunehmende Besucherzahl oder eine Neubelebung der Gottesdienste nicht mehr tragbar. Der Verbleib des Modells ist unbekannt, da vermutlich sein künstlerischer Wert als gering erachtet wurde. Nach einer Modellrenovierung von 1833[99] verschwindet es nach 1840 aus den schriftlichen Überlieferungen[100].

Anfang des 18. Jahrhunderts erwähnt die Literatur einige **Altartücher** der Wartburg-Kapelle. Ein altes Tuch soll eine Arbeit der hl. Elisabeth (1207–1231) gewesen sein[101], drei andere sollen von der Herzogin Christina[102] stammen, der Gattin des Kapellen-Restaurators Johann Ernst. Die Wartburg-Inventare von 1669 und 1696 nennen und beschreiben vier Altartücher, ohne auf die beiden

---

91 Koch, Erzehlung 1710 (wie Anm. 13) S. 180; Kurz, Historia 1757 (wie Anm. 16) S. 11; Johann Bernoulli's Sammlung kurzer Reisebeschreibungen und anderer zur Erweiterung der Laender- und Menschenkenntniß dienender Nachrichten. Bd. 10. Berlin 1783, S. 289; Thon, Wartburg 1792 (wie Anm. 13) S. 151; Thon, Wartburg 1795 (wie Anm. 13) S. 163.

92 Bergenelsen/Limberg, Eisenach 1709/1712 (wie Anm. 46) S. 227.

93 Burg Grimmenstein um 1531, kolorierte Nachzeichnung nach dem verlorenen Original, Thüringisches Staatsarchiv Gotha, Geheimes Archiv, YY VII Nr. 1* [2]; abgebildet in Rosemarie Barthel, u. a.: Klöster, Schlösser, Amtsgebäude. In: Gothaisches Jahrbuch 1998. 1(1999), S. 73–88, hier S. 75.

94 Storch, Wartburg 1840 (wie Anm. 18) S. 85.

95 Modell noch nicht in der Kapelle bei: Joh. Christoph Olearius: Rerum Thuringicarum syntagma, Allerhand Thüringische Historien und Chronicken. Frankfurt/Leipzig 1704, S. 73; Bergen- elsen/Limberg, Eisenach 1709/1712 (wie Anm. 46) S. 227; Koch, Erzehlung 1710 (wie Anm. 13) S. 180; Zedler, Universal-Lexikon 52/1747 (wie Anm. 16) Sp. 2319; Kurz, Historia 1757 (wie Anm. 16) S. 11; vgl. Krügel, Instandhaltung (wie Anm. 34) zu 1696, 1755.

96 Modell in der Kapelle bei: Bernoulli Reisebeschreibungen 1783 (wie Anm. 91) S. 289; Christian Gottlieb Salzmann: Reisen der Salzmannischen Zöglinge. 3. Bd. Leipzig 1787, S. 237; Thon, Wartburg 1792 (wie Anm. 13) S. 151; Thon, Wartburg 1795 (wie Anm. 13) S. 167.

97 Modell nicht mehr in der Kapelle bei: Thon, Wartburg 1815 (wie Anm. 13) S. 193; Thon, Wartburg 1826 (wie Anm. 13) S. 179.

98 Vgl. Salzmannsche Zöglinge 3, 1787 (wie Anm. 96) S. 237; Thon, Wartburg 1795 (wie Anm. 13) S. 163; Sulpiz Boisserée: Tagebücher 1808–1854. Bd. 1. 1808–1823/Hrsg.: Hans-J. Waitz. Darmstadt 1978, S. 60 zu 1811; Johann Wilhelm Storch: Topographisch-historische Beschreibung der Stadt Eisenach sowie der sie umgebenden Berg- und Lustschlösser, insbesondere der Wartburg und Wilhelmsthal nebst Regenten-Geschichte. Eisenach 1837, S. 287.

Landgräfinnen einzugehen. Die Grundfarben waren weiß, rot, grün und (gelb/)blau. Das weiße Tuch trug das Wappen des hiesigen Fürsten, die anderen waren golddurchwirkt[103]. Das Inventar von 1775 kennt diese Altartücher zwar noch, doch waren sie inzwischen unbrauchbar[104].

Das östliche Bogenfeld der Nordwand füllte ein großes **Ölgemälde mit Wunderszenen zur hl. Elisabeth** aus. Es entstand im Zuge der Restaurierung von 1628 und prägte das Bild der Kapelle bis 1850. Da jüngst Inhalt, Bedeutung und Geschichte des Elisabethbildes – wie eingangs bemerkt – bereits ausführlich dargestellt wurden[105], kann eine nochmalige Besprechung unterbleiben. Unter dem Gemälde befand sich eine Armenbüchse für Geldspenden, über der eine Tafel von 1790[106] mit Versen der Dichterin Eleonore (Sophie Auguste) Thon angebracht war, der Gattin des Wartburgchronisten Johann Carl Salomo Thon.

99 Storch, Beschreibung 1837 (wie Anm. 98) S. 287; vgl. Krügel, Instandhaltung (wie Anm. 34) zu 1832.

100 Baumgärtel, Wartburg 1907 (wie Anm. 6) S. 597: zu Beginn der Restaurierung des 19. Jahrhundert wegen «künstlerischen Wertlosigkeit» mit anderen Stücken von der Wartburg entfernt. Der Burghauptmann Gabelentz erwähnt in einem Schreiben von 1940 seine vergebliche Suche und die Befürchtung, das Modell wird wohl in die Rumpelkammer gelangt und dann irgendwie verkommen sein: Wartburg-Stiftung Eisenach, Archiv Mappe, «Fürstenbildnisse», Schreiben von Gabelentz vom 23. 2. 1940.

101 Olearius, Historien 1704 (wie Anm. 95) S. 73.

102 Bergenelsen/Limberg, Eisenach 1709/1712 (wie Anm. 46) S. 225.

103 Inventar 1669, ThHStAW 1052 (wie Anm. 46) Bl. 2; Krügel, Instandhaltung (wie Anm. 34) zu 1669 und 1696: «Der Altar mit 4 Düchern bekleidet» (1696), «1. Ein weiße Duech nehedet mit der Fürsten Wappen.» (1696) und «Ein weiß Altartuch» (1669), «2. Ein roth Duech wircket von Leonisch Goldt» (1696) und «Ein Altar Tuch von rother Seiden gestickt mit Goldt undt blauer Seiden darin genehet mit guldenen [Leonischen (1696)] Spitzen» (1669), «3. Ein grünes, auch partiret mit desen Goldt.» (1696) und «Ein grün damastener Altartuch mit Leonischen güldenen Schleiffen» (1696), «4. Da alte blaue enelirt, auch mit Lizn und Knopfen auch von Leonich Arbeyth.» (1696) und «Ein Gelb und blaue Decke mit Leonischen Güldenen bortten undt Knöpfen» 1669; [«Leonisch» – Gewebe mit Gold- und Silberfäden, nach der spanischen Stadt León].

104 Inventar 1775 (wie Anm. 49) Bl. 16r.

105 Lührmann, Gemälde (wie Anm. 1).

106 Zur Büchse und der Tafel vgl. Friedrich Gottlieb Wölfing: Reise durch Thüringen, den Ober- und Niederrheinischen Kreis. 3. Teil. Dresden/Leipzig 1796, S. 323; Thon, Wartburg 1792 (wie Anm. 13) S. 62 f.; Thon, Wartburg 1795 (wie Anm. 13) S. 70; Thon, Wartburg 1815 (wie Anm. 13) S. 76; Thon, Wartburg 1826 (wie Anm. 13) S. 70 f.; Schöne, Beschreibung 1835 (wie Anm. 24) S. 39; Storch, Wartburg 1840 (wie Anm. 18) S. 86 f.

107 Funkhänel, Kapelle 1870 (wie Anm. 33) S. 344; Ritgen; Führer ²1868 (wie Anm. 42) S. 138; Sigfried Asche: Die Wartburg. Eisenach/Kassel ²1957, S. 129; Gerd Strickhausen: Burgen der Ludowinger in Thüringen, Hessen und dem Rheinland. Studien zu Architektur und Landesherrschaft im Hochmittelalter (Quellen und Forschungen zur hessischen Geschichte. 109). Darmstadt/Marburg 1998, S. 204, bes. Anm. 1310; Günter Schuchardt: Welterbe Wartburg (Burgen, Schlösser und Wehrbauten in Mitteleuropa. Bd. 4). Regensburg 2000, S. 52.

2.3. Zur Innenarchitektur

Die architekturimmanente Ausstattung der Kapelle wies nach 1628 noch etliche Details aus früherer Zeit auf. Die wesentlichen Raumelemente wie Wand, Deckengewölbe, Mittelsäule, Wandsäulen und die beiden Fenster der Südwand aus dem Einbau in den Palas der Wartburg blieben nahezu unverändert. Die Entstehung der Kapelle wird in der Literatur vor allem mit Brand und Wiederaufbau um 1317/20 und der Nennung von zwei Altären in Verbindung gebracht[107]. Obwohl sich dieser Zeitansatz in der populären Darstellung durchgesetzt hat, gab es immer wieder Hinweise auf frühere Datierungen[108].

Das Kapitell der Mittelsäule wird mit einer Gruppe rheinländischer Werkstücke in Verbindung gebracht, die in den letzten Jahrzehnten des 12. Jahrhunderts gefertigt wurden[109]. Für den tauartig gedrehten Säulenschaft in der Mitte der Nordwand fand Hoffmann Vergleichsbeispiele ebenfalls aus der zweiten Hälfte des 12. Jahrhunderts[110]. Die Abbildungen des 19. Jahrhunderts zeigen im oberen Bereiche der Säule Unterschiede, die aber wohl auf zeichnerische Variationen und nicht auf Veränderungen am Material zurückgehen. Die Ornamente der Kapelle sind übrigens nicht aus Stein wie die sonstige Palasbauplastik, sondern aus Kalkmörtel gefertigt[111].

Die beiden Fenster der Südwand mit ihren Bögen, Säulen und Kapitellen blieben aus der romanischen Palas-Ausstattung des 12. Jahrhunderts unverändert. Aus späterer Zeit, offenbar aus Mitte des 16. Jahrhunderts, stammt das Spitzbogenfenster hinter dem Altar an der Ostseite[112]. Seine Form mit dem Okulus erhielt es sicherlich nicht schon beim Kapelleneinbau, aber vor der Restaurierung von 1628 durch Johann Ernst[113]. Wahrscheinlich ist eine bau-

---

108 Baumgärtel, Wartburg 1907 (wie Anm. 6) S. 103 f. (Paul Weber); Voss, Wartburg 1917 (wie Anm. 58) S. 83, 261; Gabelentz, Wartburg 1940 (wie Anm. 6) S. 118; Hoffmann, 1979 Kapelle (wie Anm. 2) S. 2; Roland Möller: Restauratorische Untersuchungen im romanischen Palas der Runneburg – erste Ergebnisse und Diskussion. In: Festschrift zur 825-Jahr-Feier der Runneburg in Weißensee. Schriftenreihe des Vereins zur Rettung und Erhaltung der Runneburg in Weißensee/Thür. e. V., Nr. 2. [Weißensee] 1993, S. 183; Möller, Stucksäulen 2002 (wie Anm. 111) S. 121 f.

109 Joachim Fontaine: Ein Kapitell in der Palaskapelle der Wartburg und die Beziehungen zu den benachbarten Kunstregionen. In: Wartburg-Jahrbuch 1997. 6(1998), S. 31–38.

110 Hoffmann, 1979 Kapelle (wie Anm. 2) S. 2.

111 Sältzer, Skizze 1845 (wie Anm. 77) S. 25; Puttrich, Bauwerke 1847 (wie Anm. 76) S. 10; vor allem Roland Möller: Die Stucksäulen in der Kapelle der Wartburg. In: Martin Hoernes (Hrsg.): Hoch- und spätmittelalterlicher Stuck. Material – Technik – Stil – Restaurierung. Regensburg 2002, S. 116–125, hierzu S. 116, 118 f.

112 Zum Spitzbogenfenster: Puttrich, Bauwerke 1847 (wie Anm. 76) S. 10; Ritgen, Führer 1860 (wie Anm. 42) S. 121: ohne Quellenangabe auf 1547 datiert; vgl. Ritgen, Kapelle 1855 (wie Anm. 57) S. 9; Hoffmann, 1979 Kapelle (wie Anm. 2) S. 3.

liche Veränderung unter dem um 1550 auf der Wartburg wirkenden Baumeister Nikel Grohmann, der diesen Fenstertyp vom Torgauer Schloss Hartenfels mitbrachte. Vielleicht entstand beim Einbau der Spitzbogen die ohne Sims bis zum Boden reichende Aushöhlung, welche die Abbildungen des 19. Jahrhunderts deutlich zeigen. Eine dreibogige neuromanische Ausführung ersetzte 1847 die bisherige Form[114]. Das spätgotische Triforium soll zum Eisenacher Lutherhaus gekommen sein[115].

Abb. 6a:
spätgotisches
Spitzbogenfenster,
bis 1847 in der
Wartburgkapelle,
Ausschnitt aus
Schmidt,
Kupferstich, G 629
(wie Anm. 53)

Abb. 6b:
Spitzbogenfenster
am Lutherhaus
in Eisenach

Aus der Zeit vor der 1628er Restaurierung rührte noch eine kleine Wandeintiefung zwischen Kanzel und Pfeiler, womit der Standort des einstigen Hauptaltars deutlich wird[116]. Das Sakramenthäuschen, typisch nördlich des Altars, nahm Hostie (Brot für Abendmahl) und Kelch auf. Unter Herzog Johann Ernst wurde wahrscheinlich der Pfeiler neben der Kanzel verstärkt, sicherlich im Zusammenhang mit dem Einbau der kleinen Steintreppe zur Kanzel[117].

---

113 In den Abbildungen über den Zustand der Wartburg vor 1600 ist es bereits zu sehen; vgl. Wartburg-Jahrbuch 1993. 2(1994), S. 90–101.

114 Wartburg-Stiftung Eisenach, Archiv, Kommandanten-Akten, K 8, 1947, Nr. 23 vom 12. 04.1847 und Nr. 83 vom 01. 09. 1847; RITGEN, Führer 1860 (wie Anm. 42) S. 121; GABELENTZ, Wartburg 1940 (wie Anm. 6) S. 118, Anm. 67; HOFFMANN, 1979 Kapelle (wie Anm. 2) S. 6 und Anm. 26.

115 GABELENTZ, Wartburg 1940 (wie Anm. 6) Anm. 67 S. 172: «Das spätgotische Fenster wurde vermutlich am Eisenacher Lutherhaus eingebaut. Aussehen und Maße stimmen jedenfalls überein.»; HERMANN HELMBOLD: Geschichte der Stadt Eisenach mit einem volkskundlichen Anhang. Eisenach 1936, S. 57: übernimmt die Ansicht von Gabelentz; dagegen ULRICH NICOLAI: Baugeschichte des Lutherhauses. In: HANS EBERHARD MATTHES: Das Eisenacher Lutherhaus. Eisenach 1939, S. 46– 59, hierzu S. 48 und S. 59, Anm. 2: lehnt dies als «sehr wenig wahrscheinlich» ab, da keine «aktenmäßige Begründung» vorliegt, ohne allerdings die Abbildungen zu analysieren. Eine zuverlässige Untersuchung fehlt hierzu.

116 SCHÖNE, Beschreibung 1835 (wie Anm. 24) S. 35; BAUMGÄRTEL, Wartburg 1907 (wie Anm. 6) S. 108 (PAUL WEBER). Das Sakramentshäuschen wurde 1953 im Südteil der Ostmauer gefunden und an seinem heutigen Platz an der Nordwand eingefügt, vgl. Wartburg-Stiftung Eisenach, Archiv, Akten-Nr. 410, Bl. 51, Schreiben Asches vom 18. 03. 1953; HOFFMANN, 1979 Kapelle (wie Anm. 2) S. 7.

117 SCHÖNE, Beschreibung 1835 (wie Anm. 24) S. 35.

Vielleicht wurden dabei auch die blütenförmigen Schlusssteine an den Schnittpunkten der Kreuzgewölbe eingefügt[118]. Die Anhebung des Fußbodenniveaus könnte ebenfalls damals erfolgt sein. Da die Basis der Mittelsäule teilweise verdeckt wurde[119], erfolgte die Erhöhung sicherlich nicht bereits beim Kapelleneinbau. Eventuell in dieser oder späterer Zeit wurden die Gewölbe ausgemalt. Die Figuren, mit Bibelsprüchen versehen, sind noch schemenhaft in einigen Abbildungen des 19. Jahrhunderts zu sehen[120].

Zu den genannten Veränderungen von 1628 am Mauerwerk könnten noch einige hinzukommen wie die Verdeckung des Messfensters unter dem Elisabethbild[121] und der Zugang zur Fürstenempore. Am Gesamteindruck ändert dies aber nichts mehr, so dass die Restaurierung unter Herzog Johann Ernst wenig in die eigentliche Bausubstanz eingegriffen hat. Die maßgeblichen Veränderungen und Einbauten wurden in Holz ausgeführt, so Kanzel, Fürstenstuhl, Orgelempore und Bänke. Holz war längst das meist gebrauchte Material sowohl im Burgenbau als auch in der Kirchenausstattung. Der Baumeister Hans Weber[122] steht mit seinen Fachwerkbauten in Hersfeld, Vacha und Eisenach für dieses Material.

3. Die Kapelle und prägende Ereignisse auf der Wartburg

Neben der Ausstattung und den Raumelementen bestimmten Ereignisse den Sinngehalt der Wartburgkapelle. Vor allem heben die Schriften vom 17. bis 19. Jahrhundert die angeblichen Lutherpredigten 1521/22, weitere Predigten, die Restaurierung durch Herzog Johann Ernst mit der Einweihungsfeier 1628

---

118 HOFFMANN, 1979 Kapelle (wie Anm. 2) S. 5.

119 Abbildungen des 19. Jahrhunderts; SIMON, Skizze (wie Anm. 59) S. 62; HOFFMANN, 1979 Kapelle (wie Anm. 2) S. 5.

120 Vgl. die Abbildungen: SCHMIDT, Kupferstich, G 629 (wie Anm. 65), Lithographie, G 1265 (wie Anm. 65) und PAYNE, Stahlstich, G 1273 (wie Anm. 30); siehe auch SCHÖNE, Beschreibung 1835 (wie Anm. 24) S. 35.

121 Das Fenster zum Mithören der Messe wurde 1953 freigelegt, vgl. Schreiben Asches vom 18. 03. 1953 (s. Anm. 116); SIGFRIED ASCHE: Die Wartburg. Geschichte und Gestalt. Berlin 1962, S. 156; Hoffmann, 1979 Kapelle (wie Anm. 2) S. 7. Die Öffnung von der Kapelle zum Nebenraum diente angesichts ihrer geringen Größe wohl weniger zum Beobachten, sondern mehr zum Mithören und Herüberdringen des Heiligen Geistes; zum Problem vgl. JOACHIM ZEUNE: Die Kapelle der Burg Aggstein, Niederösterreich – Ein Beitrag zum Verständnis von Wandöffnungen zwischen Sakralbereich und Profanbereich. In: HARTMANN HOFRICHTER (Hrsg.): Burg- und Schloßkapellen (Veröffentlichungen der Deutschen Burgenvereinigung e. V. Reihe B: Schriften. Bd. 3). Stuttgart 1995, S. 95–99, bes. S. 99.

122 Zum Baumeister Hans Weber und seinen Bauten: HERMANN HELMBOLD: Hans Weber von Hersfeld, ein thüringisch-hessischer Baumeister. In: Mitteilungen des Eisenacher Geschichtsvereins. 7. Heft. Eisenach 1938, S. 7–12; ULRICH THIEME und FELIX BECKER (Begr.): Allgemeines Lexikon der bildenden Künstler von der Antike bis zur Gegenwart. Bd. 35. Leipzig 1942, S. 221.

als Höhepunkt und die Aufbahrung des Leichnams von Herzog Bernhard von Sachsen-Weimar 1655 heraus. Die Studenten von 1817 nahmen die Kapelle nicht als Ereignisort wahr.

3.1. Zu den angeblichen Lutherpredigten in der Kapelle

Im 17. Jahrhundert wurde an jedem Pfingsttag in der Kapelle eine Predigt gehalten, was jedoch wegen des dabei getriebenen Mutwillens irgendwann vor 1708 abgeschafft wurde. Die letzte dieser Predigten soll der Konrektor der Eisenacher Schule Heinrich Harth gehalten haben, der am 24. August 1650 auf der Wartburg zur Welt gekommen und später Pfarrer in Urnshausen im fuldischen Amt Fischberg (südlich von Bad Salzungen) war [123]. Solche Vorgänge haben vielleicht dazu beigetragen, in der Kapelle einen Predigtort Martin Luthers zu sehen. Dabei ist eine hiesige Predigttätigkeit des Reformators ziemlich unwahrscheinlich, da sie auch für falsche Ohren zu hören gewesen wäre und seine Tarnung als Junker Jörg sinnlos gemacht hätte.

Die Botschaft von Luthers Wartburgpredigten basiert auf einer verfälschenden Überlieferung aus der Mitte des 16. Jahrhunderts. Seitdem könnte theoretisch die Kunde im Umlauf gewesen sein. In einem lateinisch verfassten Schreiben an den gleichgesinnten Franziskaner Konrad Pellikan (1478–1556) in Basel berichtete Luther aus Wittenberg, dass er zwei Predigten pro Tag halten muss [124]. Offenbar spielte er auf seine zweifache Pflicht an, in der Stadtkirche und im Kloster zu predigen [125]. Am Schluss gab er eindeutig «Wittenberg im Jahre 1521» [126] an, wobei die genaue Datierung auf Ende Februar über zwei Monate vor seinem Eintreffen auf der Wartburg liegt.

Im dritten Teil der lateinischen Wittenberger Gesamtausgabe von Luthers Schriften aus dem Jahre 1549 beim wichtigsten Lutherdrucker Hans Lufft ist das fragliche Schreiben als Vorwort zur Auslegung des 22. Psalms mit der richtigen Lokalisierung auf die Elbestadt abgedruckt [127]. Im folgenden Jahr erschien wiederum bei Hans Lufft der parallele Teil der deutschen Gesamtausgabe. Die deutschsprachige Fassung des Schreibens enthält zunächst eine korrekte Wiedergabe der täglich zweimaligen Predigtpflicht, doch dann folgt mit «Pathmos» [128], womit Luther die Wartburg verschlüsselte, eine offenbar falsche Ortsangabe.

---

123 Koch, Erzehlung 1710 (wie Anm. 13) S. 188 f.; Thon, Wartburg 1792 (wie Anm. 13) S. 151; Schöne, Beschreibung 1835 (wie Anm. 24) S. 46.

124 D. Martin Luthers Werke. Kritische Gesamtausgabe. Briefwechsel. 2. Bd. Weimar 1931, Nr. 379, S. 272–274, hierzu S. 273, Zeile 14: «duas conciones per diem habeo».

125 Luthers Briefwechsel Nr. 379 (wie Anm. 124) S. 274, Anm. 5.

126 Luthers Briefwechsel Nr. 379 (wie Anm. 124) S. 274, Zeile 30: «Witembergae anno MDXXI.»

127 Tomus Tertius Omnivm Opervm Reverendi Domini Martini Lutheri ... Wittenberg: Hans Lufft 1549, Bl. 398v: «Vuitembergae, ANNO. M.D.XXI.»

Zur Verbreitung der missgedeuteten Wartburgpredigten Luthers trug sicherlich die Übernahme aus der deutschen Lutherreihe von 1550 durch Johann Georg Walch in seiner Lutherausgabe von 1740 bis 1753 bei[129]. Darauf gehen wahrscheinlich die analogen Äußerungen von Thon[130], Bechstein[131] und Hugo von Ritgen zurück.

Der Wartburgarchitekt Ritgen bezieht sich ausdrücklich auf das angebliche Wartburgschreiben von zweimal predigen pro Tag und berichtet weiter, dass sich «in späteren Zeiten der fromme Glaube beim Volke gebildet [habe], es müsse Dr. M. Luther auch auf der noch bestehenden Kanzel in der Wartburg-Kapelle gepredigt haben»[132]. Dabei sei die Kanzel erst 104 Jahre danach 1625 angefertigt worden, wie eine in Stein eingehauene Jahreszahl beweise (vgl. Anm. 45). Großherzog Carl Alexander habe bei der Restaurierung der Kapelle, «um dem frommen Glauben des Volkes nicht zu nahe treten», die Kanzel unverändert gewünscht[133]. So wurde aus der dezidiert lutherischen Kanzel von 1628 eine Luther-Reliquie inmitten einer vermeintlich wiederhergestellten ‹wahren› Lutherkapelle.

Als Reaktion auf Ritgens Wartburgführer von 1860 wies der Eisenacher Gymnasialdirektor Karl Hermann Funkhänel nach[134], dass der fragliche Luther-brief nicht im Sommer 1521 auf der Wartburg, sondern schon Ende Februar von Wittenberg aus geschrieben worden war. Dem dreihundert Jahre alten Mythos konnte dies zunächst wenig anhaben; die ganz unerwünschte Klärung wurde bezeichnenderweise in den Nachauflagen bei Ritgen[135] gar nicht wahr-genommen.

---

128 Der Dritte Teil der bücher des Ehrnwirdigen herrn doctoris Martini Lutheri ... Wittenberg: Hans Lufft 1550, Bl. 275v–276r: «muss täglich zwier predigen ... Ex pathmo Anno. MDXXj.»

129 Johann Georg Walch (Hrsg.): Martin Luthers sowol in deutscher als lateinischer Sprache ... sämtliche Schriften. T. 4. Auslegung dererjenigen Psalmen, so in besond. Abth. stückweise her-ausgekommen. Halle 1740, Sp. 1622 f.; vgl. zum gesamten Vorgang Georg Loesche (Hrsg.): Johannes Mathesius. Ausgewählte Werke. 3. Luthers Leben in Predigten (Bibliothek deutscher Schriftsteller aus Böhmen. 9). Prag (u. a.) 1898, S. 473.

130 Thon, Wartburg 1792 (wie Anm. 13) S. 137; Thon, Wartburg 1795 (wie Anm. 13) S. 153; Thon, Wartburg 1815 (wie Anm. 13) S. 164; Thon, Wartburg 1826 (wie Anm. 13) S. 153. Dazu weitere Nachweise Lührmann, Lutherkapelle (wie Anm. 37).

131 Ludwig Bechstein: Wanderungen durch Thüringen. Leipzig 1838, S. 237.

132 Ritgen, Führer 1860 (wie Anm. 42) S. 120; vgl. bereits vorher Ritgen, Kapelle 1855 (wie Anm. 57) S. 9.

133 Ritgen, Führer 1860 (wie Anm. 42) S. 121.

134 Karl Hermann Funkhänel: Luthers Predigten auf der Wartburg. In: Zeitschrift für thüringische Geschichte und Altertumskunde. 5(1862), S. 281–286. Darin ist vor allem der Inhalt eines ent-sprechenden Artikels aus der Weimarer Zeitung Nr. 43 von 1860 wiedergegeben.

135 Ritgen, Führer ²1868 (wie Anm. 42) S. 140–142; Hugo von Ritgen: Der Führer auf der Wart-burg. Ein Wegweiser für Fremde und ein Beitrag zur Kunde der Vorzeit. Leipzig ³1876, 146–148.

Eine zweiter Irrtum begünstigte die Mär über die angeblichen Wartburg-predigten. Der Tischgenosse Luthers und spätere Pfarrer im böhmischen Johannisthal, Johann Mathesius (1504–1560)[136], verfasste die 1565 erstmals gedruckte älteste zusammenhängende protestantische Biographie des Reformators. In der vierten Predigt, die Luthers Wartburgaufenthalt beinhaltet, wird berichtet: «An Feyertagen predigt er [Luther] seinem Wirte vnnd vertrawten leuten»[137]. Von Luther selbst verlautet nichts darüber, lässt man jene falsche Nachricht unbeachtet, und eine laute Rede wäre auf der verschlafenen Burg auch von fremden Ohren zu hören gewesen. Von der Kapelle steht bei Mathesius zwar nichts, doch wenn sie von Anderen als Ort der Predigt angegeben wird[138], wurde es wohl so gedeutet. Die Mathesiussche Lutherbiographie wurde häufig aufgelegt und gewährte eine weite Verbreitung der Kunde von den angeblichen Luther-Predigten auf der Wartburg. Schon während der Neuausstattung der Wartburgkapelle unter Herzog Johann Ernst hatte deren geistiger Vater, Generalsuperintendent Nikolaus Rebhan, die vierte Luther-predigt des Johann Mathesius zitiert, wie nach ihm Eisenach- und Wartburg-Autoren des 17. und 18. Jahrhunderts immer wieder[139].

Bei der Aufwertung der Wartburg zum dynastischen Repräsentationsort die Erinnerung an Luther einzubeziehen, war wohl nicht zuletzt ein Nachhall auf die Säkularfeier der Reformation von 1617[140], die breiten Widerhall in allen protestantischen Regionen erfuhr. Bis dahin war weder des Jahres 1517 noch des Datums 31. Oktober besonders gedacht worden. Ausgangspunkt war nun Kursachsen mit den Universitäten in Leipzig und besonders Wittenberg[141].

Im sächsischen Kurfürsten Johann Georg I. (1585–1656) fand die Jahrhun-

136 Zu Johannes Mathesius s. STEFAN BEYERLE in: FRIEDRICH WILHELM BAUTZ (Hrsg.) und TRAUGOTT BAUTZ (Fortgef.): Biographisch-Bibliographisches Kirchenlexikon. Bd. 5. Berlin 1993, Sp. 1000 f.

137 Zitiert nach MATHESIUS/LOESCHE 1898 (wie Anm. 129) S. 69; vgl. GEORG BUCHWALD (Hrsg.): Mathesius' Predigten über Luthers Leben. Stuttgart 1904, S. 35; vgl. FUNKHÄNEL, Predigten 1862 (wie Anm. 134) S. 285 f.

138 ZEDLER, Universal-Lexikon 52/1747 (wie Anm. 16) Sp. 2315; SCHÖNE, Beschreibung 1835 (wie Anm. 24) S. 35; beide verweisen auch auf NICOLAI REBHAN: Historia Ecclesiastica Isenacensis. Eisenach 1621. Eisenach, Stadtarchiv, handschriftlich.

139 Darstellung und Deutung s. LÜHRMANN, Lutherkapelle (wie Anm. 37).

140 Zur Feier von 1617: GEORG ARNDT: Das Reformationsjubelfest in vergangenen Jahrhunderten. Gedenkblätter aus der Geschichte der evangelischen Kirche Deutschlands. Berlin 1917, S. 8–12 (in Aussagen wohl veraltet, doch als Materialsammlung brauchbar); HANS-JÜRGEN SCHÖNSTÄDT: Antichrist, Weltheilsgeschehen und Gottes Werkzeug. Römische Kirche, Reformation und Luther im Spiegel des Reformationsjubiläums 1617 (Veröffentlichungen des Instituts für Europäische Geschichte Mainz. 88). Wiesbaden 1978; SIEGFRIED HOYER: Reformationsjubiläen im 17. und 18. Jahrhundert. In: KATRIN KELLER (Hrsg.): Fest und Feiern. Zum Wandel städtischer Festkultur in Leipzig. Leipzig 1994, S. 36–48, hierzu S. 36–42.

141 Zur Reformationsfeier 1617 in Kursachsen: ARNDT, Reformationsjubelfest 1917 (wie Anm. 140) S. 8–12; SCHÖNSTÄDT, Antichrist 1978 (wie Anm. 140) S. 15–26.

dertfeier einen eifrigen Förderer. In Schreiben vom 21. August 1617 wandte er sich an die ernestinischen Regenten, darunter an Johann Ernst in Eisenach[142]. Er berichtete über Vorhaben, Beweggründe und Gestaltung der Feiern in Kursachsen und regte zu ähnlichem in deren Territorien an. Über eine Reaktion des Herzogs von Sachsen-Eisenach und über Festivitäten 1617 in Eisenach war bisher nichts bekannt.

Das Reformationsdoppelgemälde in der Georgenkirche, gemalt 1618, zeigt das Interesse am Thema in der Residenzstadt unterhalb der Wartburg. Dieses Denkmal der ersten Hundertjahrfeier der Reformation besitzt eine lateinische Inschrift, in der es übersetzt heißt: «Zur dankbaren Erinnerung an die mit gehörigem Aufwand fröhlich gefeierte erste Evangelische Hundertjahrfeier im Jahre Christi 1617 am 31. Oktober, 1. November und 2. November .... Johann Ernst der Ältere, Herzog von Sachsen, Jülich, Cleve und Berg, Landgraf von Thüringen, Markgraf zu Meißen ... &c. hat das Denkmal in dem unmittelbar dem Jubiläum folgenden Jahr 1618 errichtet.»[143] Gemälde und Text bezeugen, dass Herzog Johann Ernst in seinem kleinen Herzogtum das große Fest an den sachsenweit vorgeschlagenen Tagen selbstverständlich mitgefeiert hatte.

Im Jahre 1631 veröffentlichte Magister Johannes Lanius aus Hersfeld eine Beschreibung der Hofhaltung des Herzogs Johann Ernst von Sachsen-Eisenach in Versen[144]. Ein kurzer Abschnitt ist der Wartburg gewidmet, in dem der Verfasser sie für ehrwürdig als Gedenkort Luthers und der hl. Elisabeth erklärt[145]. Der Begriff «Lutherburg» fällt nicht, doch geht die Intention in diese Richtung.

Mit der reformatorischen Jahrhundertfeier von 1617 und der Schrift des Lanius von 1631 deutet sich die Entwicklung der Wartburg zur Lutherburg an, in deren Rahmen die Restaurierung der vermeintlichen Lutherkapelle eingebettet ist.

---

142 Vgl. Arndt, Reformationsjubelfest 1917 (wie Anm. 140) S. 9; Schönstädt, Antichrist 1978 (wie Anm. 140) S. 25 f.

143 Vollständige lateinische Stifterinschrift gedruckt bei Paullini, Historia 1698 (wie Anm. 16) S. 232 f. Die zitierten Auszüge übersetzt durch die Verfasserin.

144 Illustrissima Aula Isenacensis Sive Descriptio Anagrammatica Aulæ Ducalis Arcis Wartenbergæ Etymi Civitatis Ministerij Gymnasij, Isenacensis. Ein Künstliche Beschreibung Fürstlicher Sächs. Hoffhaltung, Des ... Herrn Johan Ernsten, Hertzogen zu Sachsen ... /Von M. Johanne Lanio, von Herßfeldt. Mülhausen, Johann Stange 1631; Lührmann, Gemälde (wie Anm. 1) S. 164 f. mit Anm. 100. Zu Johannes Lanius (latinisiert aus seinem deutschen Namen «Metzger») gibt es keine Biographie. Einige wenige biographische Angaben finden sich bei Friedrich Wilhelm Strieder: Grundlage zu einer Hessischen Gelehrten- und Schriftsteller-Geschichte. Bd. 7. Göttingen 1787; Christian Gottlieb Jöcher (Hrsg.) und Johann Christoph Adelung (Fortsetzung und Ergänzungen): Allgemeines Gelehrten-Lexicon. Bd. 3. Delmenhorst 1810.

145 Lanius, Desriptio 1631 (wie Anm. 144) Bl. H3ʳ-Jii zur Wartburg, Bl. H4ᵛ: «Darumb Wartbergk der Ehren ist/Das jhn beschawt ein jeder Christ ... Für LVTHER vnd ELJSABETH/Vnd halt sie hoch in Dignitet.»

Von dem vermeintlichen Predigtort Luthers berichten vereinzelt Werke des 18.[146] und nur wenig häufiger der ersten Hälfte des 19. Jahrhunderts[147]. Dies erwähnen der junge Schweizer Jacob Burckhardt (1818–1897), der später bedeutende Kunsthistoriker, in einem Brief von 1841[148] und selbst der Erb-großherzog Carl Alexander[149]. Die Schilderungen reichen von schlichter Faktennennung über bildhafte Formulierungen bis zu den genannten Berufungen auf den Lutherbrief und auf Mathesius. Ebenfalls auf die vermeintliche Lutherstätte verweisen einige Abbildungslegenden, Bildfolgen aus der ersten Hälfte der 19. Jahrhunderts[150] und das Inventar von 1829[151].

Abb. 7:
«Die Wartburg-Kapelle», Johann Anton Williard, Lithographie, insges. 22,6 x 15,1 cm, Wartburg-Stiftung Eisenach, Graphik, Inv.-Nr. G 2734

146 So z. B. Zedler, Universal-Lexikon 52/1747 (wie Anm. 16) Sp. 2315; Salzmannsche Zöglinge 3, 1787 (wie Anm. 96) S. 226 f.; Bernoulli Reisebeschreibungen 1783 (wie Anm. 91) S. 289.

147 Beispielsweise Friedrich Gottschalck: Die Ritterburgen und Bergschlösser Deutschlands. 4. Bd. Halle 1818, S. 57. Halle [2]1826, S. 68; Schöne, Beschreibung 1835 (wie Anm. 24) S. 35; Bechstein, Wanderungen 1838 (wie Anm. 131) S. 237; Sältzer, Skizze 1845 (wie Anm. 77) S. 38.

148 Jacob Burckhardt: Briefe. 1. Bd./Hrsg.: Max Burckhardt. Basel 1949, S. 169 in einem Brief vom 05. 04. 1841.

149 Carl Alexander an Andersen in einem Brief vom 05. 11. 1844 in: Ivy York Möller-Christensen und Ernst Möller-Christensen (Hrsg.): Mein edler, theurer Großherzog! Briefwechsel zwischen Hans Christian Andersen und Großherzog Carl Alexander von Sachsen-Weimar-Eisenach (Grenzgänge. Studien zur skandinavisch-deutschen Literaturgeschichte. 2). Göttingen 1998, S. 17.

150 Vgl. die Bildlegenden von: Löwenstern/Faulhaber, Lithographie, G 631 (wie Anm. 67); «Ansicht der Kirche auf der Wartburg in welcher Dr. Martin Luther während seiner Gefangenschaft in diesem Schloss im Jahr 1521 predigte», Hans Veit Friedrich Schnorr von Carolsfeld (?), Aquatinta, 25,4 x 36,9 cm, Wartburg-Stiftung Eisenach, Grafik, Inv.-Nr. G 627; «Luthers Capelle auf der Wartburg», J. M. Krebs, Lithographie, 7,8 x 13,6 cm, Wartburg-Stiftung Eisenach, Grafik, Inv.-Nr. G 622; «Luther-Capelle auf der Wartburg» [Aufschrift auf dem Passepartout], Anonymus, Bleistiftzeichnung, 14,0 x 19,6 cm, Wartburg-Stiftung Eisenach,

Die Briefe, Publikationen und Stiche zeugen einander ergänzend von der Verbreitung der Ansicht. Auch wenn bei Weitem nicht alle Wartburgbeschreibungen Luthers angebliche Wartburgpredigt erwähnen, belegen die Beispiele, dass die Kapelle vor der durchgehenden Restaurierung der Wartburg im 19. Jahrhundert offenbar als Lutherstätte galt. Gerade jene von Burgenromantik, zunehmendem Bildungstourismus und sich stärkendem Nationalbewußtsein geprägte Zeit wandte sich besonders der Wartburg zu. Noch im 20. Jahrhundert hielt sich der Glaube an eine Predigt Luthers in der Wartburgkapelle. Eine Zeitungsnotiz von 1928 führt dies an[152]. In einem Vertrag vom Jahr 1933 zwischen der Deutschen Evangelischen Kirche und der Wartburg-Stiftung erscheint die «Luther-Kapelle» unter den Lutherstätten der Wartburg noch vor der Lutherstube, den drei Reformationszimmern und dem Luthergang[153].

Die Entwicklung der Wartburg zur «Lutherburg» kapriziert sich hinsichtlich der Örtlichkeit also nicht nur auf die Lutherstube, sondern bezieht die Kapelle ein. Für den gewöhnlichen Besucher gewann dieser Umstand an Anschaulichkeit, da die Kapelle als öffentlicher Raum stets zugänglich war, während die Lutherstube bis etwa 1817 wegen andersartiger Nutzung[154] nicht uneingeschränkt zur Besichtigung freigegeben war.

3. 2. Aufbahrung Herzog Bernhards im Jahre 1655

Herzog Bernhard (der Große) von Sachsen-Weimar (1604–1639) hatte sich als protestantischer Feldherr im Dreißigjährigen Krieg hervorgetan. Er starb im 34. Lebensjahr am 8. Juli 1639 in der Rheinfestung Breisach, wo er zunächst beigesetzt wurde. Sechzehn Jahre später wurde er exhumiert und bei der Überführung seit dem 26. September 1655 in der Kapelle der Wartburg aufgebahrt,

Grafik, Inv.-Nr. G 608; «Die Kapelle auf der Wartburg worin Luther gepredigt», Lithographische Anstalt von Goedsche & Steinmetz in Meißen, Lithographie, 8,5 x 13,8 cm, Wartburg-Stiftung Eisenach, Grafik, Inv.-Nr. G 609; Schmidt, Kupferstich, G 629 (wie Anm. 65); Lithographie, G 1265 (wie Anm. 65); in Bildfolgen zusammen mit anderen Lutherstätten: W. G., Lithographie, G 1421 (wie Anm. 30); «Innere Ansichten der Wartburg ... Die Kapelle auf derselben. Luther predigt für seine Hausgenossen», Gottfried Arnold Lehmann, Kupferstich, insges. 28,9 x 22,8 cm, Wartburg-Stiftung Eisenach, Grafik, Inv.-Nr. G 620 (auch G 619, G 621, G 1322); «Die Wartburg-Kapelle», Williard, Johann Anton, Lithographie, insges. 22,6 x 15,1 cm, Wartburg-Stiftung Eisenach, Grafik, Inv.-Nr. G 2734.

151 Inventar 1829 (wie Anm. 49) Bl. 125r: «D. Martin Luthers Kirche».

152 Johann-Friedrich Enke: Zensierte Predigt? Aus der Geschichte der Wartburggottesdienste. In: Wartburg-Jahrbuch 1999. 8(2000), S. 45–67, hier S. 63.

153 Wartburg-Stiftung Eisenach, Archiv, Akten-Nr. 67, Reformationszimmer, Bd. 1, 1928, Bl. 157: Vertrag zwischen der Deutschen Evangelischen Kirche und der Wartburg-Stiftung vom 7./8. November 1933; vgl. Thüringer Fähnlein. 3(1934)8, S. 559.

154 Vgl. Wartburg-Jahrbuch 1998. 7(2000), S. 67.

worüber Koch[155] in seiner Wartburggeschichte sowie Thon[156] und Schöne[157] in ihren Wartburgführern jeweils einen Abschnitt bieten und es damit in das Gedächtnis der Wartburggeschichte integrieren. Zum Abschied am 6. Dezember 1655 wurden die Kanonen der Burg abgefeuert. Über Gotha gelangten Bernhards sterbliche Überreste am 10. Dezember 1655 ins heimatliche Weimar.

Eine interessante Frage wäre, ob in nachreformatorischer Zeit Leichenzug und Sargaufbahrung in die Nähe einer katholischen Translatio, der zum Heiligenkult gehörenden Überführung von Gebeinen[158], gerieten. Obwohl Luther den Heiligenkult ablehnte, kamen ähnliche Rituale nach seinem Tod um ihn und andere Streiter des Protestantismus auf. So ersetzte eine Lutherfigur im Altar von Großkromsdorf bei Weimar einen Heiligen[159], so wurde der Reformator zum Gegenstand von Wundergeschichten. Die Überführung seines Leichnams 1546 von Eisleben über Halle und Bitterfeld nach Wittenberg oder des schwedischen Königs Gustav II. Adolf 1632/33 von Lützen zum nahen Dorf Meuchen, dann Weißenfels (Einbalsamierung), Wittenberg und Wolgast nach mehrmonatigem Aufenthalt nach Stockholm mit öffentlichen Sargaufbahrungen und Leichenpredigten unterwegs regen zu einem gewissen Vergleich an. In diesem Zusammenhang ist die Unterbringung des Leichnams Herzog Bernhards vom 26. September bis zum 6. Dezember 1655 in der Kapelle der Wartburg als Aufwertung des protestantischen Erinnerungsortes zu sehen.

3.3. DIE WARTBURGKAPELLE IM JAHR DES BURSCHENSCHAFTSFESTES VON 1817

Die Studenten des Wartburgtreffens von 1817 maßen der Kapelle keine erkennbare Bedeutung zu, obwohl sie in den ideellen und realen Spuren

---

155 Koch, Erzehlung 1710 (wie Anm. 13) S. 186, stützt sich auf Georg Michael Pfefferkorn: Merkwürdige und Auserlesene Geschichte von der berümten Landgrafschaft Thüringen. [s. l.] 1684 und 1685, S. 540 f.

156 Thon, Wartburg 1792 (wie Anm. 13) S. 153, stützt sich auf Johann Sebastian Müller: Des Chur- und Fürstlichen Hauses Sachsen Ernestin- und Albertinischer Linien. Annales von Anno 1400. bis 1700. Weimar 1701, S. 399 f.

157 Schöne, Beschreibung 1835 (wie Anm. 24) S. 46.

158 Zur Translatio vgl. M. Heinzelmann: Translation. In: Robert-Henri Bautier, u. a. (Hrsg.): Lexikon des Mittelalters. 8. Bd. München/Zürich 1997, Sp. 947–949; Martin Heinzelmann: Translation. In: Walter Kasper (Hrsg.): Lexikon für Theologie und Kirche. 10. Bd. Freiburg, u. a. ³2001, Sp. 169 f.

159 Jutta Krauss und Günter Schuchardt (Red.): Aller Knecht und Christi Untertan. Der Mensch Luther und sein Umfeld. Katalog der Ausstellung zum 450. Todesjahr 1996 – Wartburg und Eisenach. Eisenach 1996, S. 132 f., Nr. 1a und 1 b.

Luthers zu wandeln strebten. Zum Festakt am 18. Oktober mit den Reden des Studenten Heinrich Herrmann Riemann und des Professors Jakob Friedrich Fries versammelten sie sich im großen Saal des obersten Palasgeschosses. Zu Mittag speisten sie in den Palasräumen. Doch zum Gottesdienst verließen sie gegen 14.00 Uhr die Wartburg und trafen sich in der Eisenacher Georgenkirche[160], die zu Fuß in 15 bis 20 Minuten zu erreichen ist. Die Kapelle auf der Wartburg konnte nämlich die Masse der Teilnehmer nicht fassen und befand sich nicht mehr in würdigem Zustand[161]. Auch studentische Teilnehmer des gemeinsamen Nachbesuchs der Wartburg am 19. Oktober ließen die Kapelle links liegen[162].

Kaum zwei Wochen später teilte der Eisenacher Konsistorialdirektor und vielgelesene Wartburgautor Johann Carl Salomo Thon durch eine ganzseitige Bekanntmachung im Eisenachischen Wochenblatt mit[163], dass am morgigen Sonntag, dem 2. November, die Fortsetzung und Krönung des «Reformations-Jubelfestes» vorgesehen sei: nach dem Frühgottesdienst in der Georgenkirche eine allgemeine Versammlung auf dem Markt, dann ein feierlicher Zug auf die Wartburg und daselbst auf dem «Schlosshof» eine öffentliche Gottesverehrung. Thon war offensichtlich auf großen Andrang gefasst.

Der «Schlosshof» reichte damals von Ritterhaus und Vogtei mit Lutherstube bis zum Palas. Generalsuperintendent D. Johann August Nebe[164], nach 200 Jahren Amtsnachfolger Rebhans, sprach am 2. November vor dem Eingang ins Hauptgebäude vor einer äußerst zahlreichen Versammlung. Als Kanzel diente ihm die schöne Doppeltreppe, zweihundert Jahre zuvor erbaut unter Herzog Johann Ernst als würdiger Zugang zur renovierten «Schloss-Cappel», die 1628 lutherisch ausgestattet und lutherisch eingeweiht worden war und fortan als Luthers Predigtkapelle verehrt wurde. Für die Wallfahrt der Eisenacher am Reformations-Jubelfest 1817 war sie nicht mehr fein und vor allem nicht groß genug.

---

160 FRIEDRICH JOHANNES FROMMANN: Das Burschenfest auf der Wartburg am 18. und 19. Oktober 1817. Jena 1818, S. 26 f.; HANS FERDINAND MASSMANN: Kurze und wahrhaftige Beschreibung des großen Burschenfestes auf der Wartburg bei Eisenach am 18ten und 19ten des Siegesmondes 1817. s. l., s. t. [1819], S. 20; GÜNTER STEIGER: Urburschenschaft und Wartburgfest. Aufbruch nach Deutschland. Leipzig/Jena/Berlin 21991, S. 115 f.

161 Vgl. BOISSERÉE, Tagebücher 1978 (wie Anm. 98) S. 60 zu 1811.

162 FROMMANN, Burschenfest 1818 (wie Anm. 160) S. 48–75; Maßmann, Beschreibung 1819 (wie Anm. 160) S. 29–36.

163 Eisenachisches Wochenblatt. 88/Samstag 01. 11. 1817, Mikrofilm im Stadtarchiv Eisenach, Bl. 373.

164 THON, Wartburg 1826 (wie Anm. 13) S. 203 f.

Friedrich Preller d. Ä. und die Wartburg

Anette Kindler

Als der fast siebzigjährige Maler Friedrich Preller d. Ä. 1873 von der Stadt
Weimar um ein Gemälde als Hochzeitsgeschenk für die Erbgroßherzogin von
Sachsen-Weimar-Eisenach gebeten wurde, das eine Begebenheit aus der
thüringischen Geschichte darstellen sollte, war diesem sofort klar, dass es ein
Thema mit einer Eisenacher Landschaft werden würde. «In ganz Thüringen
giebt es schwerlich ein Stückchen Natur, die malerischer u. in jeder Weise
interessanter sein kann, als Eisenach mit seiner Umgebung». So begründete er
seine Wahl in einem Brief an den Bibliothekar Reinhold Köhler[1], dessen Rat er
bei der Findung eines geeigneten Stoffes eingeholt hatte. Preller entschied sich
schließlich für ein Motiv aus der Umgebung der Wartburg mit einer
Darstellung der heiligen Elisabeth, Almosen an die Armen verteilend[2]. Das
Gemälde selbst ist verschollen[3]. Im Oeuvre des Künstlers ist es die letzte
bekannte Darstellung der von ihm geliebten Gegend, die er in der Vergangenheit häufig allein oder in Begleitung seiner Schüler auf der Suche nach
malerischen Motiven durchstreift hatte.

Obwohl 1804 in Eisenach geboren, verbrachte Friedrich Preller[4] seine
Jugend und Kindheit in Weimar, da die Familie noch im Jahr seiner Geburt in
die Residenzstadt übersiedelte, wo der Vater in der großherzoglichen Kondi-
torei tätig war. Preller blieb seiner Geburtsstadt zeitlebens verbunden. Nach
den von Großherzog Carl August und seinem Nachfolger Carl Friedrich
finanzierten Studienjahren in Antwerpen und Italien von 1824 bis 1831 und

---

1 Goethe-Schiller-Archiv Weimar (GSA), 109/609, Friedrich Preller an Reinhold Köhler, Ilmenau
   28. 7. 1873, zitiert nach INA WEINRAUTNER: Friedrich Preller d. Ä. (1804–1878). Leben und Werk
   (Monographien 14). Münster 1997, S. 392.
2 CARL RULAND: Ausstellungen von Werken Friedrich Prellers im Großherzoglichen Museum zu
   Weimar. Weimar 1878, Nr. 62; OTTO ROQUETTE: Friedrich Preller. Ein Lebensbild. Frankfurt a.
   M. 1883, S. 337; FRIEDRICH VON BOETTICHER: Malerwerke des neunzehnten Jahrhunderts. Bd. 2.
   Leipzig 1898, S. 313, Nr. 100; WEINRAUTNER, Preller 1997 (wie Anm. 1) Nr. 351.
3 WEINRAUTNER, Preller 1997 (wie Anm. 1) S. 392. Die Stiftung Weimarer Klassik und Kunstsammlungen besitzt zu diesem Bild eine 1873 datierte Figurenstudie der heiligen Elisabeth (KK
   8354).
4 Zu Leben und Werk von Friedrich Preller d. Ä.: ROQUETTE, Lebensbild 1883 (wie Anm. 2); JULIUS
   GENSEL: Friedrich Preller d. Ä. (Künstler-Monographien 69). Bielefeld/Leipzig 1904; ULRICH
   THIEME und FELIX BECKER (Begr.): Allgemeines Lexikon der bildenden Künstler von der Antike
   bis zur Gegenwart. 36 Bde. Leipzig 1907–1950; WEINRAUTNER, Preller 1997 (wie Anm. 1).

der endgültigen Ansiedlung in Weimar im Jahre 1831 besuchte er die Stadt Eisenach und die Burg regelmäßig. Familiäre und freundschaftliche Bindungen zogen ihn dorthin: Galten seine Besuche zunächst seinem Patenonkel, dem Hofgärtner Friedrich Gottlieb Dietrich, und später dem Bruder August, der als Registrator in Eisenach arbeitete, so war ihm die Wartburg ab 1841 mit dem Einzug seines alten Freundes Bernhard von Arnswald als Burgkommandant[5] regelmäßige Anlaufstätte. Die malerische Umgebung und die alte Burg, die er in zahlreichen Varianten festhielt, faszinierten ihn, waren sie ihm doch Studienobjekt, Ort der künstlerischen Inspiration und Quelle der Erholung zugleich. Leidenschaftlich hat Preller Anteil am Projekt der Wiederherstellung der Wartburg genommen[6].

Das 200. Jubiläum seines Geburtstages am 25. April 2004 gab Anlass, an den hauptsächlich in Weimar wirkenden Künstler mit einer Ausstellung in seiner Geburtsstadt Eisenach zu erinnern[7]. Dass gerade an diesem Ort auch Ansichten aus der näheren Umgebung der Stadt, der Wartburg und Porträts Eisenacher Persönlichkeiten von seiner Hand das besondere Verhältnis Prellers zu seinem «alten lieben Eisenach» illustrierten, ist naheliegend und legitim. Das Gros der dort gezeigten Skizzen, Zeichnungen und Radierungen gehört zum Bestand der Wartburg-Stiftung.

Bereits 76 Jahre zuvor, anlässlich der Eröffnung einer Gedenkausstellung im Eisenacher Schloss zum 50. Todestag des Malers 1928, hatte der Kunsthistoriker und Reichskunstwart der Weimarer Republik Edwin Redslob besonders den «Wartburg-Preller» gewürdigt, indem er ihn dem «Odyssee-Preller» als gleichwertig gegenüberstellte, ja als eigentliche Entdeckung der Gedächtnis-Ausstellung feierte[8]. Tatsächlich war Friedrich Preller d. Ä. seinen humanistisch gebildeten Zeitgenossen sowie nachfolgenden Generationen bis kurz nach der Wende zum 20. Jahrhundert fast ausschließlich als Schöpfer der Odysseelandschaften im Großherzoglichen Museum[9] zu Weimar ein Begriff. Die Rezeption der Wandbilder und die Reproduktionen seiner verschiedenen Variationen des Themas hat wiederum die visuelle Vorstellung dieser Generationen von der mythologischen Dichtung Homers entscheidend geprägt[10].

5   Günther Schuchardt (Hrsg.): Romantik ist überall, wenn wir sie in uns tragen. Aus Leben und Werk des Wartburgkommandanten Bernhard von Arnswald. [Katalog]. Regensburg 2002.

6   Für die kenntnisreiche Hilfe bei der Sichtung des graphischen Materials der Wartburg-Stiftung sowie für weitere zahlreiche Hinweise danke ich Grit Jacobs von der Wartburg-Stiftung Eisenach.

7   Vgl. den Beitrag von Katrin Kunze in diesem Band.

8   Eisenacher Zeitung, 23. April 1928. Für diesen freundlichen Hinweis danke ich Frau Katrin Kunze vom Thüringer Museum Eisenach.

9   Zum Odyseezyklus vgl. Gensel, Preller 1904 (wie Anm. 2) S. 116–126; Ernst Redslob: Die Preller-Galerie im Landesmuseum zu Weimar. Weimar 1929; Weinrautner, Preller 1997 (wie Anm. 1) S. 68–96.

Weniger bekannt wurden die Arbeiten aus seiner sogenannten «Nordischen Periode», die Ergebnisse der Reisen durch die Insel Rügen, nach Norwegen, auf Helgoland, ins Riesengebirge und nach Tirol dokumentieren[11]. In diese Schaffensperiode fallen auch die meisten seiner Bilder mit heimatlichen Motiven, darunter Arbeiten, die ein verstärktes Interesse an der Wartburg bezeugen. Skizzen und Studien mit Wartburgthema lassen sich hauptsächlich in die Jahre 1834 bis 1855 einordnen: nach dem ersten Odysseezyklus im Römischen Haus in Leipzig bis zur Epoche einer erneuten Beschäftigung mit dem Odyssee-Thema in der zweiten Hälfte der fünfziger Jahre (Abb. 1).

Abb. 1:
Friedrich Preller d. Ä.,
Selbstporträt, 1836,
Graphit, Wartburg-
Stiftung Eisenach,
G 1933

In Zusammenhang mit der Ausgestaltung des Westflügels im Residenz-schloss zu Weimar steht der erste repräsentative Auftrag, den der Maler vom großherzoglichen Haus erhielt. Maria Pawlowna hat bewusst Künstler ihres Landes gefördert, indem sie diese mit Aufträgen versah, so auch Friedrich Preller und den ebenfalls mit einem weimarischen Stipendium in Italien ausge-bildeten Adolph Kaiser[12]. Beide Maler sollten den für Sitzungen des Staatsministeriums vorgesehenen Conseilsaal mit einem Zyklus von insgesamt zwölf Thüringer Landschaften schmücken[13]. Kaiser hatte sechs Thüringer Veduten kleineren Formats zu malen. Preller erhielt die Order für sechs größe-re Landschaftsbilder, die «durch ihre Staffage an merkwürdige Ereignisse der vaterländischen Geschichte erinnern sollten»[14].

Gefragt waren also Sujets aus verschiedenen Epochen der Vergangenheit, die, verbunden mit Ansichten aus verschiedenen Gegenden des Landes, auf diese Weise das Großherzogtum Sachsen-Weimar-Eisenach repräsentieren sollten. Am 15. Januar 1835 erging der Auftrag[15] an Friedrich Preller, der sogleich mit dem ersten Gemälde – einer Darstellung der Wartburg, im Vordergrund Friedrich der Freidige im Kampf mit den Eisenachern – begann. Offenbar ging ihm das Werk schnell von der Hand. Es konnte noch im selben Jahr bezahlt und gerahmt werden[16]; das gesamte Projekt der Ausgestaltung des Conseilsaals zog sich letztendlich bis 1850 hin[17].

10 Kurpfälzisches Museum der Stadt Heidelberg (Hrsg.): Gedächtnis-Ausstellung zur 150. Wiederkehr des Geburtstages von Friedrich Preller d. Ä. (26. April 1804). Heidelberg 1954, S. 4 f.; WEINRAUTNER, Preller 1997 (wie Anm. 1) S. 84–88.

11 Zur nordischen Epoche vgl. GENSEL, Preller 1904 (wie Anm. 4) S. 54-60; RAINER KRAUSS: Friedrich Preller. Ausstellung anlässlich seines 100. Todestages. Weimar 1978; WEINRAUTNER, Preller 1997 (wie Anm. 1) S. 56–67.

12 BETTINA WERCHE: Maria Pawlownas Erwerbspolitik. Ankäufe und Aufträge als Spiegel ihrer Kunstförderung. In: Stiftung Weimarer Klassik und Kunstsammlungen (Hrsg.): «Ihre Kaiser-liche Hoheit» Maria Pawlowna – Zarentochter am Weimarer Hof. [Katalog und CD-R zur Ausstellung im Weimarer Schloßmuseum]. München/Berlin 2004, Teil 2 (CD), S. 287.

13 Vgl. GENSEL, Preller 1905 (wie Anm. 4) S. 50 f.; WEINRAUTNER, Preller 1997 (wie Anm. 1) S. 39; CHRISTIAN HECHT: Dichtergedächtnis und fürstliche Repräsentation. Der Westflügel des Weimarer Residenzschlosses. Architektur und Ausstattung. Ostfildern-Ruit 2000, S. 36–41; HARTMUT RECK: Maria Pawlowna als Initiatorin der politischen Memorialkultur. In: Stiftung Weimarer Klassik und Kunstsammlungen 2004 (wie Anm. 12) Teil 2 (CD), S. 147.

14 LUDWIG VON SCHORN: Die Malereien im neuen Schlossflügel zu Weimar. In: Weimar's Album zur vierten Säkularfeier der Buchdruckerkunst am 24. Juni 1840. Weimar 1840, S. 289–307, hier S. 293; ein Auszug des Artikels von Schorn ist abgedruckt bei HECHT, Dichtergedächtnis 2000 (wie Anm. 13) S. 36.

15 GENSEL, Preller 1904 (wie Anm. 4) S. 50.

16 WEINRAUTNER, Preller 1997 (wie Anm. 1) S. 239; HECHT, Dichtergedächtnis 2000 (wie Anm. 13) S. 37.

17 Von den sechs Ölbildern Prellers haben sich vier historische Darstellungen im Weimarer Schloss erhalten. Außer der Wartburgdarstellung wurden für den Zyklus ausgeführt: Carl

Diesem Wartburgbild liegt eine sagenhafte Begebenheit zugrunde: Während einer Belagerung der Burg wurde dem Landgrafen eine Tochter geboren. Um das Neugeborene taufen zu lassen, wagte er es, mit Kind und Amme in Begleitung seiner Getreuen nach Schloss Tenneberg zu reiten. Trotz der Verfolgung durch die feindlichen Belagerer ließ der Landgraf anhalten, damit das weinende Kind gestillt werden konnte.

Das Gemälde gilt seit 1946 als verschollen [18]. In den Kunstsammlungen zu Weimar hat sich jedoch ein Entwurf in Form einer aquarellierten Feder-

Abb. 2:
Friedrich der Freidige
im Kampf mit den
Eisenachern am Fuße
der Wartburg, 1835,
Feder, aquarelliert,
Stiftung Weimarer
Klassik und Kunst-
sammlungen,
KK 8475

zeichnung[19] erhalten, der 1835 in der Septemberausstellung der Freien Zeichenschule in Weimar gezeigt wurde. Im Vordergrund sieht man eine Gruppe von Reitern den Angriff der Eisenacher abwehren, während die Amme abgeschirmt von bewaffneten Rittern das Kind stillt (Abb. 2).

Über der Szene ist die Wartburg von südöstlicher Seite auf kahlem felsigem Grund wiedergegeben, der Mittelgrund mit mächtigen Bäumen ausgefüllt. Vor allem die historisierenden Details verdienen hier Beachtung. Die damals noch in verfallenem Zustand befindliche Burg hat Friedrich Preller nach seinen Vorstellungen dezent in das 14. Jahrhundert zurückversetzt. Die vorhandenen Bauten wie Palas, Elisabethengang, Torhaus, Südturm, ehemaliges Zeughaus und Rundmauer bleiben erkennbar. Ergänzt wurden ein bedachter Wehrgang mit zwei runden Fachwerktürmen und ein runder Bergfried. Der Südturm wurde erhöht und ebenfalls bedacht. Die Inspiration für die Harnische der kämpfenden Ritter verdankt Preller wahrscheinlich seinen Studien von Rüstungen und Rüstungsteilen aus dem reichen Bestand der Rüstkammer auf der Wartburg, die er nachweislich 1834 und 1835 angefertigt hat[20]. Dass man dort sehr phantasievolle Zuschreibungen von Rüstungen des 15. und 16. Jahrhunderts an die Thüringer Landgrafen getätigt hatte[21], mag dazu beigetragen haben, dass der Maler Friedrich und seine Gefolgsleute in spätgotischen Rüstungen, die zu seiner Zeit noch nicht in Gebrauch waren[22], auftreten lässt. Noch sein Sohn Friedrich Preller d. J. wusste in seinen Memoiren zu berichten, die Rüstung Friedrichs des Freidigen werde auf der Burg aufbewahrt[23]. Dennoch ist an dieser Stelle die Bemühung des Künstlers um historische Detailtreue und damit letztendlich auch die Bemühung um historische Authentizität festzuhalten.

Im Zusammenhang mit diesem Gemälde entstand auch eine Zeichnung[24], die zur Vorlage für eine Radierung[25] mit dem Titel «Wartburg im 14. Jahr-

August auf der Hirschjagd bei der großen Eiche im Ilmenauer Forst (1837), Kurfürst Johann Friedrich mit Lucas Cranach d. Ä. am Fürstenbrunnen bei Jena (1842), Wallfahrtszug an der Liboriuskapelle bei Creuzburg (1844), Herzog Wilhelm IV. fällt die erste Tanne zum Schlossbau in Weimar (1850), Einzug Carl Friedrichs mit seiner Gemahlin Maria Pawlowna in Weimar im Jahre 1804 (um 1849/50); vgl. BOETTICHER, Malerwerke 1889 (wie Anm. 2) S. 311, Nr. 20; HECHT, Dichtergedächtnis 2000 (wie Anm. 13) S. 36–41.

18 WEINRAUTNER, Preller 1997 (wie Anm. 1) Nr. 66.

19 Stiftung Weimarer Klassik und Kunstsammlungen, KK 8475, Feder, aquarelliert, nicht bez., 41,4 x 31,1 cm; abgebildet in: KRAUSS, Preller 1978 (wie Anm. 11) Nr. 76 und HECHT, Dichtergedächtnis 2000 (wie Anm. 13) S. 36; vgl. BOETTICHER, Malerwerke 1889 (wie Anm. 2) S. 317, Nr. 58.

20 WEINRAUTNER, Preller 1997 (wie Anm. 1) S. 228.

21 ROSEMARIE DOMAGALA: Die Rüstkammer der Wartburg (Kleine Schriftenreihe der Wartburgstiftung. 3). Kassel 1990.

22 HECHT, Dichtergedächtnis 2000 (wie Anm. 13) S. 37.

23 FRIEDRICH PRELLER D. J.: Eine Künstlerjugend. Weimar 1930, S. 96.

hundert» wurde (Abb. 3). Drucke dieser Version wurden später auf der Wartburg zum Verkauf angeboten[26]. Preller hat hier die historische Staffage auf zwei geharnischte Reiter reduziert. Die Rekonstruktion der mittelalterlichen Anlage, die sich von der auf der aquarellierten Entwurfszeichnung erheblich unterscheidet, geht auf das verschollene Originalgemälde zurück[27]. Auf eindrucksvolle Weise wurde der Burg ein prächtiges «mittelalterliches» Aus-

Abb. 3:
Friedrich Preller d.Ä.,
Wartburg im
14. Jahrhundert,
Phantasiedarstellung,
1836, Radierung,
Wartburg-Stiftung
Eisenach, G 3212

sehen verliehen. Auffällig ist der hochaufragende Palas mit dem hohen steilen Dach, hinter dem ein relativ kleiner Bergfried steht. Übergroße Dimensionen hat dagegen der Südturm mit Zinnenkranz und äußerem Wandelgang erhalten. Verspielte Details wie Staffelgiebel und Dachreiter am Torhaus, Giebelfiguren auf dem Dach des dem Palas gegenüberliegenden Baus und nicht zuletzt ein rauchender Schlot erhöhen die malerische Wirkung.

Diese «Wartburgrekonstruktion» darf wohl eher als ein Produkt der Phantasie als das Ergebnis ernsthafter Untersuchung gewertet werden. Preller hat nie den Versuch unternommen, ein eigenes Gutachten zur Restaurierung der Burg vorzulegen, wie sein Malerkollege Carl Alexander Simon, der zwei Jahre später ebenfalls für Maria Pawlowna an einem Historienbild auf der Wartburg arbeitete und angeregt durch die Besuche dort, ein erstes Konzept zur Wiederherstellung der Burg entwickelte[28]. Preller erweist sich hier als historischer Landschaftsmaler, der eine topographisch wiedererkennbare Landschaft mit einer historischen Szene kombiniert und sich dabei durchaus künstlerische Freiheiten zugunsten des malerischen Eindruckes erlaubt.

Prellers romantische Vorliebe für die Zeit der Thüringer Landgrafen wird in seinen Überlegungen auf der Suche nach weiteren Themen für die Bilderfolge im Conseilsaal in einem Brief an Ludwig von Schorn deutlich: «Schon seit längerer Zeit beschäftige ich mich mit unserer thüringischen Geschichte und besonders um ein Motiv für das Allstädter Bild zu finden, wovon wie Ew. Hochwohlgeboren wissen schon vor Ihrer Reise die Rede war, doch bis jetzt vergebens. Thomas Münzer ist kein Mann, dem die Frau Großherzogin ein Denkmal setzen würde, und anderes findet sich durchaus nicht in der späteren Geschichte Allstädts vor. Seine Thaten, die für einen anderen Zweck sehr paßlich und höchst malerisch wären, fallen ohnehin nicht in die Zeit seines Aufenthalts in Allstädt ... Charakterbilder Thüringens aus früherer Zeit sind

24 Wartburg-Stiftung Eisenach, G 3212, Graphit, nicht bez., 27,6 x 21,3 cm; HELGA HOFFMANN, EBERHARDT MATTHES und HELMUT SCHERF: Die Burg und die Stadt. Die Wartburg und Eisenach in graphischen Darstellungen. [Wartburg-Stiftung Eisenach und Thüringer Museum Eisenach]. Eisenach 1981, Nr. 29.

25 BOETTICHER, Malerwerke 1898 (wie Anm. 2) S. 320, Nr. 19; CARL RULAND: Die Radierungen Friedrich Prellers. Zum 100. Geburtstage. Weimar 1904, Nr. 14; MAX BAUMGÄRTEL (Hrsg.): Die Wartburg. Ein Denkmal deutscher Geschichte und Kunst. Berlin 1907, S. 288 f.

26 Wartburg-Stiftung Eisenach, Archiv (WSTA), Hs 3615, Preller an Bernhard von Arnswald, 21.6.1837. «Nächstens werde ich auf abermaliges Bitten einige meiner Wartburg Drucke nach Wartburg zum Verkauf schicken.»

27 Vgl. die Lithographie nach dem verschollenen Gemälde, Wartburg-Stiftung Eisenach, G 2866; BAUMGÄRTEL, Wartburg 1907 (wie Anm. 25) S. 289; WEINRAUTNER, Preller 1997 (wie Anm. 1) Nr. 66.

28 GRIT JACOBS: «Nicht was gewesen ist, ist die Geschichte, sondern was groß gewesen ist.» CARL ALEXANDER SIMON: Die Wartburg. Eine archäologische Skizze. In: Wartburg-Jahrbuch 2003. 12(2004), S. 108–157.

leichter zu finden und darunter gewiß manche von großer Bedeutung, z. B. wie Ludwig der Bärtige, erster Graf in Thüringen, das Land anfängt urbar zu machen (ein schöner Anfang zu der Reihenfolge), Ludwig der Eiserne in Ruhla, Ludwig der Springer, den Wartburgbau beginnend, u. a. m.»[29] Die Vorschläge wurden nicht berücksichtigt, doch hat zwei Jahrzehnte später die Wiedergabe dieser Geschichten im Konzept der Wiederherstellung der Wartburg einen Platz gefunden.

Als Preller 1835 seine historische Szenerie am Fuße des Wartburgberges entwarf, war die Restaurierung der verfallenen Anlage noch längst nicht beschlossene Sache, als Ort der Erinnerung an herausragende Ereignisse der Geschichte aber zweifellos soweit im Gedächtnis des Hauses Sachsen-Weimar-Eisenach verankert, dass die Präsenz der Wartburg in diesem Gemäldezyklus als unbedingt erforderlich angesehen werden musste.

In den folgenden Jahren hat Friedrich Preller die Wartburg mehrfach gemalt und steht damit in der Tradition namhafter Weimarer Maler, die schon gegen Ende des 18. Jahrhunderts die pittoreske Wartburglandschaft als beliebtes Motiv künstlerischer Darstellung entdeckt hatten[30].

Preller bevorzugte die Ansicht der Burg von Südosten, in der die Anlage auf einer mit Büschen und Bäumen bewachsenen Anhöhe, eingebettet in eine stimmungsvoll-romantische Landschaft, als Fernziel sichtbar ist. Nicht allein die idealisierte Burg vergangener Zeiten war dabei sein Motiv; mit gewissenhafter Präzision gab er auch den baulichen Zustand vor der Restauration wieder. Zu den Variationen dieser Bilderfindung gehören zwei kleinformatige Ölbilder um 1842 in den Sammlungen der Wartburg und des Thüringer Museums Eisenach[31]. Ein 1845 datiertes und signiertes Ölgemälde im Germanischen Nationalmuseum Nürnberg[32] zeigt einen klassisch ausgewogenen Aufbau: Von einer Baumgruppe am linken Bildrand führt ein sonniger Weg zur mittig positionierten Burg, während der rechte Bildrand durch am Boden liegende Baumstämme begrenzt wird. Eine vergleichbare Ansicht der Burg – ob es sich um die Nürnberger handelt, ist nicht zu belegen – hat der Maler in einem Brief an seinen Freund Arnswald beschrieben. «Meine letzte Arbeit nehmlich, die bis jetzt auch noch nicht vollendet … ist ein kleines Bild (Ansicht der Wart-

---

29 GSA (wie Anm. 1) Schorn 85/24,10, Preller an Ludwig von Schorn, 14. 08. 1841; zit. nach Hecht, Dichtergedächtnis 2000 (wie Anm. 13) S. 37; ebenfalls wiedergegeben bei Gensel, Preller 1904 (wie Anm. 4) S. 51.

30 Beispielhaft genannt seien Georg Melchior Kraus und Conrad Horny; vgl. Hoffmann u. a., Burg 1981 (wie Anm. 24) Abb. 11 – 15 und 17.

31 Wartburg-Stiftung Eisenach, M 94, Öl auf Leinwand, nicht bez., 23 x 29 cm; Thüringer Museum Eisenach, A 2/277 (Curt-Elschner-Stiftung), Öl auf Leinwand, nicht bez., 20 x 29 cm; vgl. Weinrautner, Preller 1997 (wie Anm. 1) Nr. 132 und 133.

32 Germanisches Nationalmuseum Nürnberg, Gm 2210, Öl auf Leinwand, signiert und datiert rechts unten: «18 FP 45 Weimar», 46 x 63 cm.

burg) für den Erbgroßherzog. Daß ich also förmlich mit und bei dir gelebt, wirst du begreifen. In einigen Tagen soll es wieder vorgenommen werden, und ich denke, am Ende ein nicht unerfreuliches Bildchen daraus werden. Wie ich es genommen, würde dich interessieren, da es von den bisherigen verschieden, gewiß nicht schlechter ist. Des Nachmittags bei dunstiger Atmosphäre, jedoch licht und klar in den höheren Regionen, bricht die Sonne durch und beleuchtet den noch teilweise beschatteten Berg mit seiner Krone, der lieben Burg. Die nach vorn stehende Gruppe Eichen, unter denen sich der Weg in ihre Schatten wegzieht, fangen eben an, das Licht auf zu nehmen, und erlauben einige matte Streiflichter auf dem Weg. Die Ferne ist beschattet und schließt das ganze ruhig ab. Die Geschichte der Burg selbst hat etwas ähnliches. Niemand wird ahnen, was ich gedacht, und das ist auch nicht nöthig. Genug, das ganze ist dadurch poetisch in seiner Erstfindung geworden, und mehr braucht es nicht zu sein.»[33]

Eine aquarellierte Graphitzeichnung aus dem Jahre 1842[34], die unterhalb der Burg eine Staffage aus Reisenden mit Eseln aufweist, wurde wohl auf Veranlassung des Burgkommandanten Arnswald radiert[35]. In der graphischen

Abb. 4:
Friedrich Preller d. Ä.,
Wartburg von der
Südseite, 1842,
Radierung, Wartburg-
Stiftung Eisenach,
G 3213

33 WSTA (wie Anm. 26) Hs 3640, Friedrich Preller an Bernhard von Arnswald, 21. 3. 1844.
34 Stiftung Weimarer Klassik und Kunstsammlungen, KK 8473, Graphit, aquarelliert, signiert und datiert rechts unten: 18 FP 42 Weimar, 10,2 x 16,7 cm; BOETTICHER, Malerwerke 1898 (wie Anm. 2) S. 315, Nr. 12; HOFFMANN u. a., Burg 1981 (wie Anm. 24) Nr. 25.

Sammlung der Wartburg befindet sich ein Exemplar[36], das den eigenhändigen Vermerk Arnswalds «Die Wartburg vor der Restauration» trägt. Ein Zweites wurde von Friedrich Preller rückseitig bezeichnet: «Wartburg in stato presente Fed. Preller f. in aquaforte»[37](Abb. 4).

Die hier genannten Ansichten von Südosten entstanden sämtlich während der ersten Dienstjahre Bernhards von Arnswald als Wartburgkommandant. Mit ihm verband Preller eine enge Freundschaft, die ihren Ausdruck in regem Briefwechsel und häufigen gegenseitigen Besuchen fand. Das Konvolut der Briefe des Malers an seinen Freund Arnswald aus den Jahren 1837–1874 befindet sich, noch weitgehend unausgewertet, im Archiv der Wartburg-Stiftung[38]. Preller berichtet darin sehr viel Persönliches, gibt Auskunft über seine Befindlichkeit und sein künstlerisches Schaffen. Weitere Themen sind das Leben in der Residenzstadt Weimar, seine Studienreisen, Neuigkeiten aus der Familie und über andere Künstler. Bernhard von Arnswald wiederum hat Preller als Künstler aufrichtig geschätzt und bewundert. Beiden gemein waren die Liebe zu Kunst und Poesie, Naturverbundenheit sowie ein ehrliches Interesse an dem baulichen Geschehen auf der Wartburg. Preller stand dem Freund einerseits als Mentor seiner künstlerischen Arbeiten[39], andererseits als kritischer Berater während der Restaurierungsarbeiten der Wartburg zur Seite. Im September 1838 erfuhr Arnswald erstmals von dem Entschluss des Erbgroßherzogs, die marode Burganlage wieder in ihrem altem Glanz erstehen zu lassen. Preller schrieb ihm nämlich, dass «die Wartburg, das alte Haus ... wieder in alten Stand gesetzt wird und zwar auf Anregung Simons, der dort war, alles untersuchte, und eine Zeichnung machte, die sehr schön war. Doch mündlich hierüber. Sprich noch nicht von der Sache»[40]. Drei Jahre später konnte Arnswald als Gastgeber den Freund an seiner neuen Wirkungsstätte begrüßen.

Nicht selten waren Aufträge des großherzoglichen Hauses in Weimar der Grund für Studienreisen nach Eisenach, die meist zusammen mit seinen Schülern oder dem jüngsten Sohn Friedrich, dem Patenkind des Kommandanten, der später ebenfalls als Maler Karriere machte, unternommen wurden. Lebhaft erinnerte sich dieser an die geselligen Abende mit dem Paten Arnswald, der äußerst spannend zu erzählen und mit Gesang und Lautenspiel zu unterhalten wusste[41].

---

35 Boetticher, Malerwerke 1898 (wie Anm. 2) S. 320, Nr. 20; Ruland, Radierungen 1904 (wie Anm. 24) Nr. 24.

36 Wartburg-Stiftung Eisenach, G 3680.

37 Wartburg-Stiftung Eisenach, G 3213.

38 WSTA (wie Anm. 26) Hs 3615–3688.

39 Vgl. Grit Jacobs: Der Zeichner Bernhard von Arnswald. In: Schuchardt, Romantik 2002 (wie Anm. 5) S. 193–206, hier S. 196 f.

40 WSTA (wie Anm. 26) Hs 3618, Friedrich Preller an Bernhard von Arnswald, 5. 9. 1838.

Um der Nachfrage aus Weimar an Eisenacher Landschaften gerecht zu werden und der eintönigen Wiederholung des Burgmotivs zu entgehen, wurde die Gegend auf der Suche nach neuen Motiven durchwandert. Abgesehen von diesen rein landschaftlichen Studien entstanden Skizzen verschiedener Teile der Burg, die auch den Blick aus der Wohnung des Kommandanten wiedergeben. Ihnen kommt durchaus dokumentarischer Charakter zu, da sie Zeugnis vom Zustand der Burghöfe über verschiedene Zeiten geben. So zeichnete Preller den zweiten Burghof nach Süden; damals stand das Neue Haus neben dem Palas noch, Reste des Vorgängerbaus der Dirnitz waren gerade freigelegt worden[42](Abb. 5). Derselbe Blick zeigt 1855 eine Baustelle: Die Treppe zum Palas ist im Bau befindlich und anstelle des Neuen Hauses ersteht gerade die Neue Kemenate[43](Abb. 6).

Preller, der von seinem Freund Arnswald regelmäßig über den Fortgang der Arbeiten auf dem Laufenden gehalten wurde, zeigte ein lebhaftes Interesse an den Restaurierungsarbeiten. Er hatte dabei aber durchaus eigene Vorstellungen von der Richtigkeit des Bauens und der Rekonstruktion entwickelt. So manche Entscheidung wurde kritisch beobachtet und kommentiert. Als verantwortlichen Architekten hatte er, wie Arnswald zunächst auch, sehr für den Münchner Georg Friedrich Ziebland plädiert, und dementsprechend verärgert reagiert, dass aus der ersten Begutachtung der Burg keine ernsthafte Zusammenarbeit resultierte.

An dem von Arnswald favorisierten Hugo von Ritgen übte Preller heftige Kritik, ja er war der Meinung, dieser sei der anspruchsvollen Aufgabe nicht gewachsen. Er glaubte sogar, ihm Fehler nachweisen zu können, was, wenn man Friedrich Preller d. J. glauben darf, zu einer ernsthaften Verstimmung zwi-

Abb. 5:
Friedrich Preller d. Ä.,
Zweiter Burghof der
Wartburg nach Süden,
undatiert, Graphit,
Wartburg-Stiftung
Eisenach, G 1261

Abb. 6:
Friedrich Preller d. Ä.,
Zweiter Burghof der
Wartburg nach Süden,
1855, Graphit,
Wartburg-Stiftung
Eisenach, G 1922

41 Max Jordan (Hrsg.): Friedrich Preller d. J. Tagebücher des Künstlers. München/Kaufbeuren 1904, S. 23; Preller, Künstlerjugend 1930 (wie Anm. 23) S. 92–102.

42 Wartburg-Stiftung Eisenach, G 1261, Graphit, bez. rechts oben: «Wartburghof», 6,8 x 12,2 cm.

43 Wartburg-Stiftung Eisenach, G 1922, Graphit, datiert und bez.: «Aus der Wohnung des Kommandanten B. v. Arnswald 17. 3. 1855», 15,7 x 20,1 cm.

schen seinem Vater und dem Freund Arnswald führte. Keine Hinweise gibt es dagegen für die Richtigkeit der Behauptung des Sohnes, der Bergfried sei erst auf Vorschlag Prellers d. Ä. und damit zugunsten der Gesamtsilhouette der Burg erhöht worden[44].

Im Gegensatz zum Architekten Ritgen sah Preller die Wiederherstellung und Restaurierung der Wartburg unter malerischen Gesichtspunkten, wie sich am deutlichsten in seinen Bemerkungen über Moritz von Schwind zeigte. Mit der Beteiligung des berühmten Malers war er sehr zufrieden, möglicherweise hatte er sich sogar gemeinsam mit Franz von Schober für die Beauftragung Schwinds eingesetzt[45]. Im permanenten Zwist zwischen Ritgen und Schwind stand er eindeutig auf der Seite des Malers. Für den Kommandanten hingegen war es weniger leicht, sich in dieser Auseinandersetzung zu positionieren. Hugo von Ritgen war ihm seit langer Zeit ein enger Freund, er teilte dessen Ansichten über die Wiederherstellung mittelalterlicher Architektur und viele Projekte für die Wartburg hatten sie gemeinsam erarbeitet. Ritgen hatte es nun als leitender Architekt gewagt, Schwind mehrere Vorschläge für die Dekoration der Räume, die er ausgestalten sollte, zu unterbreiten. Preller schrieb Arnswald deswegen: «Sehr schmerzlich hat mich Deine Unzufriedenheit mit Schwind berührt, um so mehr da ich Dir nicht in allen Recht zu gestehen kann … Du scheinst S[chwind]s Nichteingehen in R[itgen]s Pläne zu tadeln. Lieber Freund, wo und wann in aller Welt hat der Architekt dem Maler vorgeschrieben oder vorgeschlagen, was er zu thun hat. <u>Nirgend und niemals.</u> Du scheinst zu fürchten, daß S[chwind] sich nicht der Sache anpasse. Darin irrst Du, das wird er gewiß und ohne alle Rede mit mehr Geist als R[itgen]. Schwind hat sich sein ganzes Leben in dieser Zeit bewegt, diese Zeit einzig und allein studirt und tausendfach bewiesen, daß er ihr mehr als jeder andere angehört, dazu auch noch mehr Talent, ja er ist Genie, als alle die jetzt leben, ich meine damit <u>in dieser Richtung.</u> Ich für meine Person habe die Überzeugung, daß wenn man S[chwind] die Restauration übertragen hätte, das geistige derselben würde mehr der Sache angepaßt sein, als es ist. So wie es war, wird es nie und nimmermehr. Daher bleibt nur zu wünschen, daß ein wirklich geistvoller Mensch das Ruder führe, vorausgesetzt das er besitzt, was er dazu nöthig. Mehr wie S[chwind] hat es niemand. Er ist kein Architekt und daher könnte er in dieser Sache nichts thun, aber er ist mittelalterlich gründlich gebildet, und wird niemals etwas thun, was sich nicht auf diese Basis zurückbringen ließe.»[46]

44 Jordan, Tagebücher 1904 (wie Anm. 41) S. 24–26; Preller, Künstlerjugend 1930 (wie Anm. 23) S. 98–102.

45 Jordan, Tagebücher 1904 (wie Anm. 41) S. 25 f.; Preller, Künstlerjugend 1930 (wie Anm. 23) S. 101 f.; Otto Stoessl (Hrsg.): Moritz von Schwind. Briefe. Leipzig 1924, S. 285: Der Brief an Friedrich Preller vom 30. 11. 1851 deutet möglicherweise auf eine Fürsprache des Weimarer Malers für den Auftrag an Schwind hin.

Abb. 7: Titelblatt des Textbuches «Die Legende der heiligen Elisabeth»

Die Tageblätter des Kommandanten bezeugen, dass er seinen Kollegen Schwind später auf der Burg besuchte und den Fortgang an dessen Fresken begutachtete. Bei einem Rundgang mit Arnswald war Preller durchaus angetan von einigen Räumen, dennoch betrachtete er das eine oder andere Werk als «unwürdig dem Schwind»[47]. Doch auch hier waren es noch mehr die Dekorationen, die Ritgen entworfen hatte, die zu kritisieren waren. Arnswald scheint ihm diesmal zugestimmt zu haben. «Im großen Saal stören ihn wie mich die großen, zu wenig architektonisch behandelten Schnitzwerke, Drache, Adler und Schlange. Im Palaszimmer ist auch ihm der Schrank zu schwer, der Söller, Löwe und Drache sind ihm störend, letztere weil sie groß.»[48]

Bemerkenswert ist letztlich die Nachwirkung von Prellers «Wartburg im 14. Jahrhundert», denn das Motiv findet sich noch einmal auf dem Titelblatt des Textbuches von Otto Roquette für das Oratorium «Die Legende der heiligen Elisabeth» von Franz Liszt wieder (Abb. 7). Im August 1867 fand zur Feier des achthundertjährigen Bestehens der Wartburg eine Aufführung im Festsaal des Palas statt[49]. Zu dieser Zeit hatte sich das Aussehen der Wartburg bereits nachhaltig gewandelt. Der Bergfried, die Neue Kemenate, Torhalle und Dirnitz waren neu erbaut worden. Zahlreiche Ansichten der wiederhergestellten Wartburg hätten zur Verfügung gestanden, dennoch ist das Textbuch mit der Phantasiedarstellung Prellers verziert. Einen Grund für die Wahl eines mittlerweile zwar veralteten, aber dennoch nicht weniger romantischen Motivs kann man vielleicht in der Freundschaft Otto Roquettes zu Friedrich Preller vermuten[50]. Der Dichter hat dem Maler eine ausführliche Biographie gewidmet.

---

46 WSTA (wie Anm. 26) Hs 3658, Friedrich Preller an Bernhard von Arnswald, undatiert.

47 WSTA (wie Anm. 26) Hs 307–380, Bernhard von Arnswald, Tageblätter 1855, 7. 3. 1855.

48 WSTA (wie Anm. 26) Hs 307–380, Bernhard von Arnswald, Tageblätter 1855, 7. 3. 1855. Großer Saal ist der Festsaal, Palaszimmer ist das Landgrafenzimmer, in dem eine Kredenz stand, die nicht erhalten ist. Der Söller ist der kleine Balkon an der Südmauer des Palas, den Preller bereits in einem Brief kritisiert. Löwe und Drache standen seit 1853 auf der Nord- und Südseite des Palasdachs.

49 Jutta Krauss: Die Wiederherstellung der Wartburg im 19. Jahrhundert (Kleine Schriftenreihe der Wartburgstiftung. 1). Kassel 1990, S. 58 f.

50 Roquette, Lebensbild 1883 (wie Anm. 2).

Eine bislang unveröffentlichte Zeichnung
von Carl Ferdinand Sprosse

Michaela Hinsch

Als wissenschaftliche Assistentin in der Hamburger Kunsthalle ist es mir im Verlauf einer von mir mit kuratierten Ausstellung von Zeichnungen aus dem Bestand des Hamburger Kupferstichkabinetts 2003 gelungen, eine dort gezeigte Zeichnung zu datieren und erstmals zu veröffentlichen. Der folgende Text erweitert den Beitrag im damaligen Katalog zur Ausstellung «Von Runge bis Menzel: 100 Zeichnungen des Hamburger Kupferstich-Kabinetts», Hamburg 2003.

Diese bis dahin noch unveröffentlichte und undatierte Zeichnung von Carl Ferdinand Sprosse aus der Sammlung der Hamburger Kunsthalle stellt den nördlichen Raum im Erdgeschoss des Landgrafenhauses auf der Wartburg dar[1], der durch eine Mittelsäule mit romanischem Adlerkapitell und davon abgehenden Kreuzgratgewölben gegliedert ist. Aufgebrochene Fußbodenplatten, die Ziegel zum Vorschein bringen, und der von den Wänden abfallende Putz, unter dem Bruchsteinmauerwerk zu sehen ist, weisen auf einen ruinösen Zustand hin. Zwei geöffnete, rechteckige Fenster geben den Blick auf einen Baum frei (Abb.1). Die Zeichnung selbst wurde besonders in den Partien, welche die Gewölbearchitekturen und die Fensterwand abbilden, mit einer starken Bleistiftschraffur unterlegt. Die zum Teil mit dünner Linie gezogenen Architekturformen wurden in der Binnenstruktur von zart aquarellierten Farbverläufen in differenzierten Brauntönen gefüllt. Schwarze Schatten fehlen ganz, so dass starke Kontraste zugunsten lichtdurchfluteter Räumlichkeit vermieden wurden. Obwohl die Zeichnung von Sprosse einen skizzenartigen Charakter aufweist und wie eine schnell vor Ort ausgeführte Aquarellstudie aussieht, hat er mit bemerkenswert geübtem Auge und sicherer zeichnerischer Hand das Notwendigste der Architektur zur Charakterisierung dieses Raumes festgehalten.

Zu identifizieren ist die Lokalität an der besonderen Ausführung des Adlerkapitells, das im Innern des Palas zwar mehrfach, aber in verschiedenen

---

1 Die Zeichnung von Carl Ferdinand Sprosse ist im Inventarbuch der Hamburger Kunsthalle unter der Nummer 49162 verzeichnet. Provenienz: Erworben zwischen 1886 und 1913 aus unbekannter Quelle; vgl. PETER PRANGE und PETRA ROETTIG (Ausst. und Kat.): Von Runge bis Menzel. 100 Meisterzeichnungen aus dem Kupferstichkabinett der Hamburger Kunsthalle. (Katalog). Hamburg 2003, S. 150.

Abb. 1:
Rittersaal des
Wartburg-Palas
in einer Zeichnung
von Carl Friedrich
Sprosse, um 1840,
Hamburger
Kupferstichkabinett

Variationen anzutreffen ist: «In der Hofküche haben die Adler an den Ecken des Capitells der Säule, auf der die Kreuzgewölbe ruhen, in ihrer starren Ruhe eine strenger stilisierte Gestalt als die Adler an den übrigen Capitellen des Gebäudes.»[2]

Die Kapitelle geben sich zwar als architektonische Randfiguren, sind jedoch wichtige Anhaltspunkte zur zeitlichen Bestimmung des Gebäudes und – wie hier – zur Lokalisierung von dargestelltem Interieur. Ebenso spielen sie eine tragende Rolle für die typische Raumeinheit in der Architektur der Romanik, wo Form und Funktion harmonisch ineinander greifen, was Sprosse auf seiner Zeichnung gekonnt nachvollzogen hat.

Dieser im 19. Jahrhundert als Küche oder Hofküche bezeichnete Raum hatte im Mittelalter selbstverständlich eine andere Funktion, die sich im Laufe der Zeit sicher auch mehrfach geändert haben mag. Er könnte wegen seiner abgeschlossenen und sicheren Lage als Schlafgemach der damals hier residierenden landgräflichen Familie bzw. des herrschaftlichen Paares gedient haben[3], ebenso vermutete man, dass hier Feierlichkeiten stattfanden[4]. Überhaupt gaben das über Jahrhunderte hinweg zweckentfremdet genutzte Bauwerk wie auch seine

---

2 GEORG VOSS: Die Wartburg (P. Lehfeldt und G. Voss: Bau- und Kunstdenkmäler Thüringens. Heft 41. Großherzogtum Sachsen-Weimar-Eisenach. Amtsgerichtsbezirk Eisenach). Jena 1917, S. 28.

3 MAX BAUMGÄRTEL (Hrsg.): Die Wartburg. Ein Denkmal deutscher Baugeschichte und Kunst. Berlin 1907, S. 91.

Raumaufteilung Rätsel auf, die zu vielfachen Spekulationen ermutigt haben. In diesem Licht ist die Einrichtung einer Küche zu sehen, die jeweils bei Anwesenheit der großherzoglichen Familie von Sachsen-Weimar-Eisenach in Betrieb genommen worden ist. Im Ergebnis jüngster Bauforschungen wird das gesamte Erdgeschoss als fürstliche Wohnetage angesehen [5].

Die historisierend geschmückte und zur praktischen Nutzung ausgestattete Palas-Küche bestand seit Mitte des 19. Jahrhunderts bis zum Ende der 1950er Jahre, hier jedoch schon nur noch als ein seines flexiblen Beiwerks weitgehend entkleideter Schauraum. Mit der allgemeinen kunsthistorischen Ablehnung des Historismus zu dieser Zeit ging unter dem damaligen Direktor Sigfried Asche die Versachlichung vieler Räume innerhalb der Wartburg einher und betraf schließlich auch den so genannten Küchenraum. Er erhielt 1959 seine vermeintlich ursprüngliche Gestalt als «Rittersaal» zurück [6] und entsprach damit wieder jener Ansicht auf Sprosses Zeichnung, wenngleich nun mit mittlerweile rundbogigen Fenstern, einem Abguss des durch Kochdünste weitgehend zerstörten Adlerkapitells und einem anderen Fußbodenbelag. Im Zuge denkmalpflegerischer Erneuerung Ende der siebziger Jahre erhielt der Raum einen steinsichtigen Wandverputz mit Fugenritzung, die Rekonstruktion eines romanischen Kamins sowie eine dünne Estrich-Egalisierung des Fußbodens – ein Aussehen also, das dem heutigen im Wesentlichen entspricht.

Trotz seiner wechselvollen Geschichte von Umgestaltungen hat dieser Raum jedoch seine faszinierende romanische Grundgestalt stets bewahrt: «Die breiten Gurtbogen, welche die quadratischen Gewölbefelder scheiden, werden in der Mitte des Zimmers von einer starken, gedrungenen Säule aufgenommen, die sehr sorgfältig, wie für ein Gemach von vornehmer Bestimmung, ausgearbeitet ist. Die Form ihres reich verzierten Kapitäles bringt den Gedanken des schweren Belastetsein trefflich zum Ausdruck. In seinen vier Ecken halten vier altertümlich stilisierte Adler Wache; zwischen ihnen ist je ein Paar Vögel angeordnet; sie sitzen auf angedeuteten Ästen; die an der Ost- und Südseite sind mit den Hälsen seltsam verschlungen; die beiden Paare an der Nord- und Westseite sind tief gebeugt, so dass die Schwänze nach oben, die Köpfe nach unten gerichtet sind. Die Adler aber haben mit festem Griffe ihrer scharfen Klauen die Vögel gepackt: bei der Spitze eines Flügels die einen, am Halse die anderen.» [7]

---

4 LUDWIG PUTTRICH (Hrsg. und bearb.): Mittelalterliche Bauwerke im Großherzogtum Sachsen-Weimar-Eisenach. Leipzig 1847, S. 7.

5 ELMAR ALTWASSER: Aktuelle Bauforschung am Wartburg-Palas. In: GÜNTER SCHUCHARDT (Hrsg.): Der romanische Palas der Wartburg. Bauforschungen an einer Welterbestätte. Regensburg 2001, S. 23–106, hierzu S. 99 und 101. Hier wird das Erdgeschoss als 1. Obergeschoss gezählt.

6 SIGFRIED ASCHE: Die Wartburg und ihre Kunstwerke. Leipzig 1960, S. 65.

7 BAUMGÄRTEL, Wartburg 1907 (wie Anm. 3) S. 92 f.

Abb. 2:
die Kapelle der
Wartburg nach
einer Zeichnung
von Carl Friedrich
Sprosse, um 1845

Ludwig Puttrich, Doktor der Rechte und Herausgeber wie Bearbeiter ver-
schiedenster Bauwerkführer, für den Carl Ferdinand Sprosse ab ca. 1840 zahlreiche Architekturzeichnungen angefertigt hat, schwärmt ebenfalls von der
Vielfalt dieser Kapitelle, die er in seinem 1847 erschienenen Bauwerkführer,
der dem Großherzogtum Sachsen-Weimar-Eisenach gewidmet ist, zeichne-
risch festhalten lässt. Darunter ist auch das Adlerkapitell aus dem Küchenraum. Dieser Führer vereint neben Carl Ferdinand Sprosse, von dem hier eine
Zeichnung der Wartburgkapelle abgedruckt ist (Abb. 2), noch weitere
Architekturzeichnungen der Wartburg von Carl Friedrich Patzschke, Johann
Wilhelm Sältzer, E. Kirchner, Weidenbach und G. W. Geyser: «Von
diesen Kapitälen, soweit sie noch in ursprünglicher Gestalt
vorhanden sind, habe ich die vorzüglichsten ... abbilden
lassen. Sie zeigen die wunderbarste Zusammenstellung
von Thieren, Schlangen, menschlichen Gestalten, gut
und scharf gezeichnet und mit Geist und grosser Technik
in Kalkstein ausgeführt.»[8] (Abb. 3)

Abb. 3:
das Adlerkapitell
im Rittersaal des
Wartburg-Palas,
Zeichnung und
Lithographie von
Carl Friedrich
Patzschke, um 1845

Der Wald romanischer Säulen und die Arkadenreihen
geben Auskunft über den Entstehungszeitraum des Landgrafenhauses Mitte bis Ende des 12. Jahrhunderts, in welchem
die Landgrafen Ludwig II., Ludwig III. und später Hermann I. regierten. Nach
Einschätzung Puttrichs verleihen sie diesem zugleich, in Abgrenzung zu anderen Gebäudeteilen der Wartburg, seine einzigartige Schönheit und seinen
historischen Wert: «Als fürstliches Privatgebäude von solcher Ausdehnung,

noch dazu in seiner ursprünglichen Hauptform erhalten und im byzantinischen oder romanischen Baustyle durchgeführt, ist es das einzige in Deutschland; aber auch im Auslande ist bis jetzt kein ähnliches weltliches Gebäude
bekannt, welches ihm in jener Hinsicht gleichzustellen wäre.»[9]

Den historischen Wert der Wartburg erkannte auch der Erbgroßherzog
Carl Alexander von Sachsen-Weimar-Eisenach, der seit den 1840er Jahren
zahlreiche Um- und Neubauten anordnete[10]. Wer schließlich den entscheidenden Impuls dazu gab, den Auftrag an den Gießener Architekturprofessor
Hugo von Ritgen zu übertragen, ist ungeklärt. Fest steht, dass der ab 1853
regierende Großherzog Ritgens Programm, das 1847 vorlag, sehr überzeugend
fand[11].

Dieser Wahl gingen unterschiedlichste Restaurierungsvorschläge voraus.
Carl Alexander Simon, Maler, Dichter und Auftragnehmer der Mutter des
Großherzogs, der kunstsinnigen Großfürstin Maria Pawlowna, wollte die
Wartburg zur sakralisierten Weihestätte ausgestalten. Auch an Georg Friedrich
Ziebland, einen der führenden Architekten des Historismus, erging der Auf-
trag, seine Vorschläge zur Restaurierung der Wartburg einzureichen.

Dagegen legte der preußische Konservator Ferdinand von Quast, den
Friedrich Wilhelm IV. von Preußen empfohlen hatte, den Entwurf einer fürst-
lichen Zweitresidenz für Carl Alexander vor. Auch der Eisenacher Baurat
Johann Wilhelm Sältzer, der die praktischen Sicherungs- und Rekonstruk-
tionsmaßnahmen am Palas der Wartburg bis 1843 geleitet hatte, versuchte mit
eigenen eingerichten Plänen sein Glück. Doch allesamt wurden von den
Teilnehmern des Gothaer Architektentages im September 1846 und nach
Gutachten einer eigens dafür einberufenen Kommission unter der Leitung von
Ludwig Puttrich abgelehnt[12].

Ritgen hat den Großherzog sicher mit seiner bodenständigen wie innovati-
ven Idee eines Gesamtkunstwerkes überzeugt, welche die Wartburg zu einer
Synthese aus bewohnter Burg und moderner, soll heißen zeitgemäßer
Erinnerungsstätte machen wollte, die Architektur, Plastik, Malerei, Ornamentik, Kunsthandwerk und Landschaftsgestaltung vereint: «Sie [die Wartburg -

8   Puttrich, Bauwerke 1847 (wie Anm. 4) Karte Nr. 4b, Kapitell Nr. 8.
9   Puttrich, Bauwerke 1847 (wie Anm. 4) S. 7.
10 Zur Person des Großherzogs vgl. alle Beiträge in: Jutta Krauss (Hrsg.): Carl Alexander. »So
    wäre ich angekommen, wieder, wo ich ausging, an der Wartburg«. Begleitschrift zur Ausstellung
    zum 100. Todestag Großherzog Carl Alexanders von Sachsen-Weimar-Eisenach auf der Wart-
    burg und in Weimar 2001. Eisenach 2001.
11 Wartburg-Stiftung Eisenach, Archiv, Hs 3499, Hugo von Ritgen: Gedanken über die Restau-
    ration der Wartburg, 1847. Die maßgeblichen Entwurfszeichnungen befinden sich im Bestand
    der Wartburgsammlung.
12 Jutta Krauss: Carl Alexanders Erinnerungen – Ein Nachwort. In: Krauss, Carl Alexander 2001
    (wie Anm. 10) S. 41–52, hierzu S. 42–45.

M. H.] soll uns nicht bloß in das Ritterleben früherer Jahrhunderte zurückver-
setzen. Nein, sie vergegenwärtige uns ihre eigene Geschichte, die Geschichte
eines der edelsten Fürstenhäuser und damit zugleich zwei Momente in der
Geschichte der geistigen Bildung Deutschlands.»[13] Programmatisch für Ritgen
und den Großherzog war damit eine Restaurierung der Wartburg ab 1847
unter drei Gesichtspunkten: Wiederherstellung des ursprünglichen Charak-
ters, Nutzung der Innenräume für eine moderne Hofhaltung und Ausstattung
der Burg zu einem Denkmal großer Kulturepochen.

Zu den ersten nachweisbaren Maßnahmen im Innern des Gebäudes zählte
die Umgestaltung des von Carl Ferdinand Sprosse dargestellten Raumes. Er
hatte im Spätmittelalter durch Vermauerungen die hier sichtbaren rechteckigen Fenster erhalten, die auf vergleichbaren Architekturzeichnungen aus der
Zeit um 1840, zum Beispiel des Baumeisters Carl Spittel, ebenfalls noch zu
sehen sind (Abb. 4). Durch die 1847 abgeschlossene Freilegung kamen ihre
ursprünglichen Rundbögen wieder zum Vorschein, wie Vergleichsabbildun-
gen zeigen[14] (Abb. 5).

An dieser Stelle lohnt ein Blick auf Sprosses Biographie, um von dort her
die Entstehungszeit der Zeichnung einzugrenzen. Biografische Daten über
den Werdegang Sprosses sind zwar mager und ein Hinweis dafür, dass Sprosse
noch zu den unbekannteren Zeichnern zählt, können hier aber weitere
Klarheit geben. Carl Ferdinand Sprosse wurde 1819 in Leipzig geboren und

Abb. 4:
die Ostseite des
Wartburg-Palas
in einer Feder-
zeichnung von
Carl Spittel,
um 1841/42,
Wartburg-Stiftung
Eisenach, BE 29,
rechts in der unteren
Fensterreihe die
alten, viereckigen
Fenster des
Rittersaals

Abb. 5:
der heutige Rittersaal
des Wartburg-Palas
mit den beiden neo-
romanischen Fenstern

starb dort im Januar 1874. Seit Herbst 1834 besuchte er die Leipziger Akademie und bildete sich durch ein intensives Selbststudium, das Reisen in Sachsen
1836 und 1837 einschloss, weiter. Um 1840 begann er dann mit der Ausführung architektonischer Zeichnungen für die baugeschichtlichen Werke des
Dr. Friedrich Puttrich in Leipzig und für den Maler Hasenpflug in Halberstadt.
Danach wandte er sich fast ausschließlich der Architekturmalerei zu und
durchwanderte bis Anfang 1844 Deutschland vom Rhein bis zur Elbe und
Donau. Zu erinnern ist hier daran, dass von Sprosse eine Zeichnung der
Wartburgkapelle 1847 in Puttrichs Bauwerkführer erschienen ist (siehe Abb.
2). Im März 1844 unternahm er eine erste Romfahrt, der noch mehrere Reisen
folgten. Hier entstanden zahlreiche Aquarelle berühmter Baudenkmäler.
Später führten ihn seine Studien auch nach Griechenland, wo er ebenfalls
Aquarelle der dortigen Denkmäler anfertigte. 1854 erhielt Sprosse von
Preußen die goldene Medaille für Kunst, 1859 wurde er Zeichenlehrer in
Chemnitz [15].

   Knüpft man aus diesen biografischen Tatsachen, dem Inhalt der Zeichnung
sowie dem historischen Hintergrund ein Faktennetz, kommt man zu folgen-
dem Datierungsschluss: Da gesichert ist, dass Sprosse ab 1840 zahlreiche
Architekturzeichnungen für Ludwig Puttrichs Bücher angefertigt hat, seine

13 Zitat von HUGO VON RITGEN nach: KRAUSS, Carl Alexander 2001 (wie Anm. 10) S. 45.
14 Ob die Freilegung der Fenster im Küchenraum noch unter dem Baurat Johann Wilhelm Sältzer
   vorgenommen wurde oder erst von Hugo von Ritgen ist wissenschaftlich nicht zu belegen, weil
   diese Bauphase in der Forschungsliteratur noch kaum untersucht worden ist.

Aktivitäten ab März 1844 nach Italien verlagerte, die Zeichnung ein rechteckiges Fenster zeigt, das bis 1847 wieder in den ursprünglichen Zustand versetzt wurde, ist es schlüssig, Sprosses Zeichnung des Küchenraumes in den Zeitraum 1840 bis 1844 zu datieren.

Die Zeichnung reiht sich damit in die lange Kette historisch verlässlicher Wartburgdarstellungen ein und illustriert eine so bisher unbekannte bauliche Situation von denkmalpflegerischem und ästhetischem Wert. Mit ihrer Mischung aus bestechender Präzision und malerischer Atmosphäre erzählt sie einen Teil der Geschichte auf einzigartige bildnerische Weise und vermag damit zu einem kunsthistorischen Mosaiksteinchen in der wechselvollen Geschichte des Landgrafenhauses zu werden.

Dass dieser Raum viele Jahre, Hugo von Ritgens und des Großherzogs Bestimmung folgend, als Hofküche diente, bekam dem wunderschönen Adlerkapitell allerdings nicht: «Da das alte Kapitel, angegriffen von den heißen Küchendämpfen, am Zerfallen war, ist es vor wenigen Jahren durch eine nicht ganz glückliche Wiederholung ersetzt worden»[16](Abb. 6 und Abb. 7).

Abb. 6:
das Adlerkapitell
des Rittersaals vor
seiner Neugestaltung

Abb. 7: (rechts)
das mittels Abguss
neugestaltete
Adlerkapitell
des Rittersaals

Da das zerfallene Kapitell in den Museumsbeständen der Wartburg nicht mehr vorhanden ist, ist die Zeichnung von Sprosse somit das einzige Bilddokument vom Original, welches nun unwiederbringlich verloren und lediglich noch als Abguss existiert.

Lokalisierung und Datierung der Zeichnung Sprosses hoben sie in den Rang eines architekturgeschichtlichen Zeugnisses der Wartburg. Darin füllt sie nicht nur eine bisherige Lücke, sondern überliefert zugleich das ursprüngliche Säulenkapitell. Nicht zuletzt ist die Aquarellstudie von Sprosse jedoch auch eine wunderbare Bereicherung für den Schatz noch unbekannter Architekturzeichnungen, die vielleicht das Auge zu schärfen vermögen und weitere Zuordnungen ermöglichen.

---

15 Alle Daten zur Biographie Sprosses in: FRIEDRICH VON BOETTICHER: Malerwerke des neunzehnten Jahrhunderts. Beitrag zur Kunstgeschichte. Bd. 2. Teil 2. Leipzig 1944. Unver. Neudr. d. 1891–1901 erschienenen Ausgabe, S. 792.

16 BAUMGÄRTEL, Wartburg 1907 (wie Anm. 3) S. 93.

«die Wartburg in ihrer vormaligen und zukünftigen Gestaltung» – Das Korkmodell der Wartburg.

Grit Jacobs

Die Wiederherstellung der Wartburg im 19. Jahrhundert war ein Unternehmen, bei dem zahlreiche Künstler und Architekten dazu beitrugen, die Vision einer mittelalterlichen Burg erstehen zu lassen. Die Entscheidung, den Ort des Minnesangs, der heiligen Elisabeth und Martin Luthers aus seinem ruinösen Zustand zu befreien und zu «altem Glanze» zurückzuführen, fiel im Jahr 1838.

Zwei Architekten und ein Künstler legten Entwürfe vor, die unterschiedlicher nicht sein konnten. Dem Maler Carl Alexander Simon schwebte ein «geistiger Wallfahrtsort für Weise, Gelehrte, Gläubige» vor, eine «vollendete sichtbare Walhalla», die aber auch ein «vollkommener Friedhof» werden sollte: nationale Andachtsstätte und vaterländisches Museum – weihevoll, aber ohne Leben. Baurat Johann Wilhelm Sältzers Vision einer Lutherburg ließ nicht mehr viel Raum für fürstliches Wohnen. Für den Architekten Ferdinand von Quast gehörte der Wunsch des Weimarer Hofs, die Burg auch als Wohnstätte zu nutzen, bereits zur Aufgabenstellung. Das von ihm geplante Wohngebäude empfand man allerdings als überdimensioniert. Einige Kritiker fühlten sich gar an Rheinburgen wie Stolzenfels und Rheinstein erinnert[1]. 1846 besuchte mit Hugo von Ritgen aus Gießen ein weiterer Architekt die Wartburg und stellte Anfang 1847 seine Entwürfe vor. Sie sollten, mit einigen Änderungen zwar, zur Grundlage für die gesamte Wiederherstellung der Wartburg werden. Bauherr Carl Alexander von Sachsen-Weimar-Eisenach hatte den leitenden Architekten gefunden.

Der fünf Jahrzehnte während Prozess der Wiederherstellung der Wartburg ist durch Quellen unterschiedlicher Art außerordentlich gut dokumentiert. Neben ausführlichen Denkschriften und Projektbeschreibungen verwahrt die Wartburg-Stiftung einen umfangreichen Bestand an Bau- und Entwurfszeichnungen. Ein Teil, die Entwürfe von Johann Wilhelm Sältzer beispielsweise, wurde 1926 vom Thüringer Museum Eisenach angekauft; der größte Teil gelangte in den Jahren 1935 und 1936 von der Großherzoglichen Schatull-

---

1 Besonders Burgkommandant Bernhard von Arnswald und Hugo von Ritgen lehnten den «Rheinburgcharakter» der Entwürfe Ferdinand von Quasts ab. Vgl. hierzu: Wartburg-Stiftung Eisenach, Archiv (im Folgenden: WSTA), Hs 3502, BERNHARD VON ARNSWALD: Kritik der Pläne Ferdinand von Quasts, September 1846; WSTA, Hs 3499, HUGO VON RITGEN: Gedanken über die Restauration der Wartburg, S. 2 f.

verwaltung in die Wartburgsammlung. Besonders die Entwürfe Hugo von Ritgens und des ausführenden Architekten Carl Dittmar sind in großer Zahl vertreten.

Neben diesen schriftlichen und zweidimensionalen Zeugnissen ist die Zeit des 19. Jahrhunderts auf der Wartburg auch durch einige Modelle dokumentiert. Das älteste schuf Franz Kuchenbuch[2] wahrscheinlich nach einem Wartburgaufenthalt im Jahr 1842. Dieses relativ kleine Modell im Maßstab 1:600 dokumentiert das Aussehen der Burg vor den großen Veränderungen, die sie im Lauf der folgenden Jahrzehnte erfahren sollte[3]. Ob es seinem Schöpfer bewusst war, dass er einen bald nicht mehr existierenden Zustand festhielt, ist nicht bekannt. 1842 hatte man mit den Arbeiten an der Palas-Fassade begonnen; ein Teil der vermauerten Arkadenstellungen an der Westfassade war bereits freigelegt. Franz Kuchenbuch fertigte das einzige bekannte dreidimensionale Zeugnis zur Gestalt der Wartburg vor ihrer umfangreichen Wiederherstellung; es hat damit den Rang eines Erinnerungsmodells und stellt ein wertvolles Sammlungsstück dar (Abb. 1 und 2).

Abb. 1:
Modell der
Wartburg vor der
Restaurierung,
Franz Kuchenbuch,
um 1842,
Ostansicht

Abb. 2:
Modell der
Wartburg vor der
Restaurierung,
Franz Kuchenbuch,
um 1842,
Westansicht

Nicht erhalten sind drei Modelle, mit deren Hilfe man 1849 beurteilen wollte, welche Deckenform dem großen Festsaal im obersten Stockwerk des Palas zu geben sei. Am 6. April 1849 schrieb Carl Alexander an Hugo von Ritgen, er habe «große Modelle in Holz ausführen lassen, welche den Rittersaal mit verschiedenen Decken- und Dachprojekten vorstellen.» Für die Modelle wurden Ritgens Entwurfszeichnungen benutzt, denn Carl Alexander war sich dessen bewusst, dass «keine Zeichnung und keine Beschreibung die Sache so vor Augen führen kann, wie jene eigentlich ist.»[4] Die Modelle waren also eine wichtige Entscheidungshilfe. Erst mit ihrer Hilfe entschloss man sich, das Palasdach in der heute bekannten Form auszuführen.

Eines der bemerkenswertesten Zeugnisse dieser Zeit reger Planung und Bautätigkeit ist ein großformatiges Korkmodell der Wartburg[5]. Im Maßstab 1:125 gefertigt, misst es 1,80 m in der Länge, ist 1,35 m breit und 0,75 m hoch. Neben Kork kamen Materialien wie Holz, Schiefer, Glas und Moos zum Einsatz. Das Modell ist polychrom gefasst (Abb. 3, 4, 5, 6).

Die Burganlage erhebt sich auf einem kargen, kluftigen Felsen. Spärliche Vegetation ist kaum wahrnehmbar angedeutet. In der Ansicht von Osten und Westen präsentiert sich im Kernbereich bereits weitgehend die heute bekannte Silhouette der Wartburg, deren Wirkung in der Landschaft vornehmlich durch den Bergfried und den Südturm bestimmt wird. Einen weiteren Akzent setzt hier allerdings ein Torturm über dem Eingang. Die Ansicht von Norden befremdet durch die festungshafte, wuchtige Bebauung des Bergsporns westlich unterhalb der Burg, durch zwei mächtige Bergfriede zwischen diesem Komplex und dem Torturm und eine wehrhafte Befestigung der sogenannten Schanze östlich der Zugbrücke.

Laut Inventar wurde das Modell 1902 von der großherzoglich-sächsischen Bauverwaltung an das Thüringer Museum in Eisenach überwiesen. Burgwart Hermann Nebe war spätestens 1925 darauf aufmerksam geworden und widmete ihm im Thüringer Kalender einen Beitrag[6]. 1946 wurde es schließlich der Wartburg-Stiftung ausgehändigt.

Nach seinem Ankauf musste es lange Zeit ein Schattendasein fristen, denn

---

2 FRANZ KUCHENBUCH, Jurist und Künstler, geboren 4. 9. 1812 in Erfurt, gestorben am 27. 11. 1896; vgl. SIGRID ZANTONELLI: Franz Kuchenbuch. In: Mitteilungen des Vereins für die Geschichte und Altertumskunde von Erfurt. 59 N. F. 6 (1998), S. 101–117. Außerdem befinden sich sechs Zeichnungen in der Wartburgsammlung, die Franz Kuchenbuch 1842 auf der Wartburg und in ihrer Umgebung geschaffen hat. Wartburg-Stiftung Eisenach, Grafikbestand, Inv.-Nr. G 1625–1627, G 1264.

3 Modell der Wartburg vor der Restaurierung, Franz Kuchenbuch, um 1842, Papier, Gips, Naturmaterial, 30 x 47 x 25 cm, Wartburg-Stiftung Eisenach, Inv.-Nr. KH 90.

4 Carl Alexander und die Wartburg in Briefen an Hugo von Ritgen, Moritz von Schwind und Hans Lucas von Cranach (2. Heft der Freunde der Wartburg E. V. Eisenach mit Jahresbericht 1924) [Wartburg-Jahrbuch 1924. 2(1924)]. Eisenach 1924, S. 7 f.

Abb. 3:
Modell der Wartburg,
August Ißleib, 1857,
Ostansicht

Abb. 4:
Modell der Wartburg,
August Ißleib, 1857,
Westansicht

Sigfried Asche, von 1952 bis 1960 Direktor der Wartburg, warf Hugo von
Ritgen vor, gerade durch ihn habe «der Geist der allzu dekorationsfrohen zweiten Hälfte des 19. Jahrhunderts der herben, harten Zweckbaukunst der Burg
den Plunder völlig wesensfremden Aufputzes aufgezwungen und fälschende
Verzierung anstelle echten Schmucks wuchern lassen.»[7] Wie sollte sich das
Wartburgmodell, dessen Entwurf man Ritgen zuschrieb, da großer Wert-
schätzung erfreuen? In den nächsten Jahrzehnten geriet es offenbar in Vergessenheit; als man das Modell zu Beginn der 90er Jahre in einem schwer
zugänglichen Winkel der Wartburg wiederentdeckte, war es in beklagenswer-

Abb. 5:
Modell der Wartburg,
August Ißleib, 1857,
Südansicht

Abb. 6:
Modell der Wartburg,
August Ißleib, 1857,
Nordansicht

5 Modell der Wartburg, AUGUST ISSLEIB, 1857, Kork, Holz, Schiefer, Glas, Moos, polychrome
Fassung, 180 x 135 x 75 cm, Wartburg-Stiftung Eisenach, Inv.-Nr. KH 91.
6 HERMANN NEBE: Ritgens Wartburgmodell 1848. In: Thüringer Kalender 1925. Erfurt 1925, S.
43–46.
7 SIGFRIED ASCHE: Die Wartburg. Geschichte und Gestalt. Berlin 1962, S. 73. Bis 1960 hatte man
sich daran gemacht, die architektonischen «Fehlgriffe» des 19. Jahrhunderts, wo es möglich war,
zu tilgen. Vgl. hierzu: GÜNTER SCHUCHARDT: Restaurierungs- und Entrestaurierungskampagnen
auf der Wartburg. Das Baugeschehen im 19. und der Rückbau im 20. Jahrhundert. In: Jahrbuch
der Stiftung Thüringer Schlösser und Gärten. Forschungen und Berichte zu Schlössern, Gärten,
Burgen und Klöstern. 5(2001), Rudolstadt 2002, S. 140–148.

tem Zustand. 1994 wurde es der Fachhochschule Hildesheim/Holzminden zur Untersuchung übergeben. Nachdem Susanne Schubert 1995 die im Rahmen ihrer Diplomarbeit ermittelten Ergebnisse vorlegte[8], wurde das Korkmodell restauriert. Nach seiner Rückkehr erhielt es endlich eine reguläre Inventarnummer, wurde zunächst im Sonderausstellungsraum auf der Wartburg und 2004 im Rahmen der Weimarer Ausstellung «‹Ihre Kaiserliche Hoheit› Maria Pawlowna – Zarentochter am Weimarer Hof» präsentiert[9].

In seinem ausführlichen Beitrag von 1925 wusste Hermann Nebe hinsichtlich des Auftrags und der Datierung zu berichten, dass Großherzogin Maria Pawlowna, die Mutter des Erbgroßherzogs Carl Alexander und die in Eisenach lebende Herzogin Helene von Orleans mit dem Wunsch an Hugo von Ritgen herangetreten seien, seine Restaurierungspläne in einem Modell darzulegen. Der Architekt habe im Jahr 1848 diesem Anliegen entsprochen. Nebe benannte keinerlei Quellen und blieb die Beweise schuldig, woher er seine Informationen nahm[10].

Vergleicht man die Bau- und Entwurfszeichnungen mit den Bauten des Modells, so zeigt sich, dass der Anlage des Modells, wenigstens für die eigentliche Burg, tatsächlich Entwürfe Hugo von Ritgens zu Grunde gelegen haben müssen. Die frühe Datierung ist jedoch nicht haltbar, denn einige der Details waren 1848 weder geplant noch ausgeführt: Zum Beispiel entstand der kleine Balkon, der sogenannte Söller an der Südseite des Palas, erst 1851. Der Erker an der Ostseite der Neuen Kemenate, im Modell bereits vorhanden, erscheint in den Entwurfszeichnungen Hugo von Ritgens aus dem Jahr 1847 noch gar nicht. Die ersten bekannten Planungszeichnungen stammen von 1853, fertiggestellt wurde er 1857 (Abb. 7).

Hans von der Gabelentz bildete das Modell in seinem «Wegweiser» durch die Geschichte und Bauten der Wartburg ab und gab folgende Erklärung: «Modell der Wartburg, 1859 gefertigt von Ißleib nach einem nicht ausgeführten Plan von H. v. Ritgen und Bernh. von Arnswald. (Schloßmuseum).»[11] Gabelentz war bereits 1931 durch den Direktor des Thüringer Museums darüber informiert worden, dass das Modell «unter Aufsicht» Ritgens und Arnswalds entstanden sei[12]. Dieser Information folgte er, nicht aber der Datierung in das Jahr 1848, denn er setzte sie rund ein Jahrzehnt später an. Erstmals fällt

8 SUSANNE SCHUBERT: Ein bemaltes Korkmodell der Wartburg. Vorschläge zur Konservierung und Restaurierung unter Berücksichtigung spezifischer Schadensphänomene. Diplomarbeit 1995 an der Fachhochschule Hildesheim/Holzminden, Studiengang Restaurierung (Computerausdruck).
9 »Ihre Kaiserliche Hoheit«. Maria Pawlowna – Zarentochter am Weimarer Hof. Katalog und 2. Teil (CD-R) zur Ausstellung im Weimarer Schloßmuseum. München/Berlin 2004. Katalog, Kat.-Nr. 25.6 (Abb. 220): «Modell der Wartburg, 1848, unbekannt, Weimar».
10 NEBE, Wartburgmodell 1925 (wie Anm. 6) S. 45.
11 HANS VON DER GABELENTZ: Die Wartburg. Ein Wegweiser durch ihre Geschichte und Bauten. 3. Auflage. München [s. t. ca. 1940], S. 129, Abb. 29.

Abb. 7:
Hugo von Ritgen,
Entwurf für die
Ostseite der Neuen
Kemenate, 1853,
Wartburg-Stiftung
Eisenach, BE 378

der Name des Weimarer Hofkonditors August Ißleib, der dieses Modell angefertigt haben soll.

Sichtet man nun die Archivalien, so stellt sich heraus, dass 1857 häufiger die Rede von einem Modell ist, dass August Ißleib aus Weimar herstellte. Am 27. Juni 1857 schlug Hugo von Ritgen in einem Brief an Rat Vent in Weimar vor, dass es ein «Modell der Wartburg von Isleib verdient angekauft und zur Wartburg geschickt zu werden, zur Erklärung bei dem Feste im September.»[13] Bernhard von Arnswald vermerkte am 6. August 1857 in seinen Tageblättern, dass Hofkonditor Ißleib ihn aufgesucht habe, um die «Ergänzung des Wartburgmodells» zu besprechen. Bernhard von Arnswald berichtete über die

12 WSTA (wie Anm. 1) Akte KH 91, Abschrift eines Briefes von Museumsdirektor Wilhelm Stelljes an Hans von der Gabelentz, 3. 9. 1931.

13 Thüringisches Hauptstaatsarchiv Weimar (im Folgenden: ThHStAW) HMA 1628, 1857, Ritgen an Vent, 27. 6. 1857, Bl. 13r.

Geschehnisse des 5. September 1857[14], als sich im Rahmen der Weimarer Septemberfeste zahlreiche Besucher auf der Wartburg eingefunden hatten. Hugo von Ritgen hielt im Festsaal des Palas einen Vortrag über die Bau- und Restaurationsgeschichte und verwies anschließend auf seine ausgelegten Pläne und «ein von Herrn Hofkonditor Isleib in Weimar gefertigtes Modell, was die Wartburg in ihrer vormaligen und zukünftigen Gestaltung vor Augen führt.»[15] Nach diesem Septemberfesttag musste der Kommandant seinen Tageblättern allerdings anvertrauen, dass das Modell schlecht angekommen sei und nach Weimar zurückgeschickt werden müsse[16]. Der von Ritgen empfohlene Ankauf ist wohl nicht zustande gekommen, denn die Akten berichten weiter, dass Arnswald sich noch 1860 darum bemühte, dass dem Hofkonditor für seine Mühen bei der Herstellung des Modells ein Dank ausgesprochen werde[17]. Bereits 1857 ist also ein Wartburgmodell geschaffen worden, an dem Bernhard von Arnswald und August Ißleib gearbeitet haben.

Unabhängig von den unterschiedlichen Zuschreibungen und Datierungen stellt sich weiter die Frage, ob das Korkmodell der Wartburg als Entwurfs- bzw. Planungsmodell verstanden werden kann. Hermann Nebe vermutete, das Modell «zeigt die Wartburg wie sie nach den damaligen Plänen Ritgens werden s o l l t e.»[18] Er schränkte allerdings ein, dass es «kaum als offizielles Modell des mit der Wiederherstellung beauftragten Baumeisters zu werten»[19] sei, denn die zahlreichen Bauten außerhalb der Kernburg konnte er sich wohl nicht recht erklären. Er meinte deshalb: «Ritgen ergeht sich hier – anscheinend von seinen Forschungsergebnissen unmittelbar befruchtet oder vielleicht auch verleitet von dem romantischen Empfinden seiner Auftraggeberinnen (Helene von Orleans und Maria Paulowna) – in geradezu überschwenglichen, fast phantastischen Projekten eines Erneuerungsbaues.»[20]

Hans von Gabelentz setzte einen nicht verwirklichten Plan Hugo von Ritgens und Bernhards von Arnswald voraus, den dieses Modell dokumentiert[21]. Susanne Schubert bezeichnete das Korkmodell als «Idealentwurf der geplanten Wiederherstellung» und schrieb ihn allein Hugo von Ritgen zu[22].

---

14 WSTA (wie Anm. 1), Akte KH 91, Abschrift, BERNHARD VON ARNSWALD: Das Septemberfest, unpaginiert. Eine gekürzte Fassung dieses Berichts wurde als Artikel «Die Festfahrt zur Wartburg», Leipziger Illustrirte Zeitung, 3. Oktober 1857, S. 223–226 gedruckt. Zwei Zeichnungen Arnswalds dienten als Vorlage für die Illustrationen. Die Wartburg von Südosten; Wartburg-Stiftung Eisenach, Inv.-Nr. G 1638 abgebildet in GÜNTER SCHUCHARDT (Hrsg.): Romantik ist überall, wenn wir sie in uns tragen. Aus Leben und Werk des Wartburgkommandanten Bernhard von Arnswald. Regensburg 2002, S. 380, Nr. 446 und Abb. 11 in diesem Beitrag.
15 Wie Anm. 14.
16 WSTA (wie Anm. 1) Tageblätter Bernhards von Arnswald, 9. 9. 1857.
17 WSTA (wie Anm. 1) Akte KH 91, Arnswald an Vent, 1860, unpaginiert.
18 NEBE, Wartburgmodell 1925 (wie Anm. 6) S. 43.
19 NEBE, Wartburgmodell 1925 (wie Anm. 6) S. 43.
20 NEBE, Wartburgmodell 1925 (wie Anm. 6) S. 46.

Nimmt man nun die entsprechenden Bau- und Entwurfszeichnungen zu Hilfe, zeigt sich, dass durchaus nicht alle Bauten, die im Korkmodell erscheinen, durch entsprechende Entwurfszeichnungen zu erklären sind: Lediglich für die Gebäude des eigentlichen Burgbereichs vom Torhaus im Norden bis zum südlichen Ende finden sich erhaltene Entwürfe Hugo von Ritgens, die als Vorlagen dienten. Zum einen sind dies die Bauten, die zum Zeitpunkt des Modellbaus noch auf ihre Wiederherstellung warteten, deren zukünftiges Aussehen aber bereits bestimmt war: der Torturm über der Zugbrücke, die zweite Torhalle, die Dirnitz und das Ritterbad. Zum anderen stellt das Modell Gebäude dar, deren Wiederherstellung bereits vollendet war: die äußere Gestalt des Palas, die Neue Kemenate und der Bergfried. Wieder andere, wie der Südturm, die Vogtei und die Wehrgänge, sollten gar nicht oder nur minimal in die Restaurierung einbezogen werden. An der Stelle des späteren Gadems im zweiten Burghof befand sich ein Fachwerkgebäude – das Brauhaus.

Für die monumentale Bebauung der östlichen Schanze und der westlichen Seite vor der Burg, gibt es keinerlei Entwurfszeichnungen, weder von Ritgen noch von irgendeinem anderen an der Wiederherstellung beteiligten Architekten. Eine Ausnahme in besagter Gebäudegruppe bildet das Gasthaus, für das Hugo von Ritgen detaillierte Zeichnungen anfertigte.

Abb. 8:
Eingang in die Burg vor der Restaurierung, in: Hugo von Ritgen: Der Führer auf der Wartburg. Ein Wegweiser für Fremde und ein Beitrag zur Kunde der Vorzeit. Leipzig 1860, S. 18

21 GABELENTZ, Wegweiser 1940 (wie Anm. 11) S. 129. Diese Angabe wird von HANS REUTHER und EKHART BERCKENHANGEN: Deutsche Architekturmodelle. Projekthilfe zwischen 1500 und 1900. Berlin 1994, S. 148, Nr. 396 übernommen.
22 SCHUBERT, Korkmodell 1995 (wie Anm. 8) S. 4.

Verschiedene zeitgenössische Ansichten zeigen die Eingangssituation in die
Burg, wie sie sich vor der Restaurierung darstellte (Abb. 8). Torturm und
Ritterhaus waren unter einem Dach vereinigt, einfache Rechteckfenster glie-
derten den Bau; eine steinerne Brücke führte über den Halsgraben in die erste
Torhalle. Hugo von Ritgen plante, den angenommenen ursprünglichen
Zustand – einen Torturm über der Zugbrücke und das Ritterhaus in romanischen Formen – herzustellen. Die erste bekannte Entwurfszeichnung hierzu
stammt aus dem Jahr 1856 (Abb. 9, 10). Sie liegt dem fünfstöckigen Torturm
im Modell zu Grunde, denn der Aufbau von Tor- und Ritterhaus sind in

Entwurfszeichnung und Modell identisch. Das untere Geschoss des Torturms nimmt die Torhalle ein; über dem Torbogen kragt auf drei Konsolsteinen ein Erker, bei dem es sich in seiner Position über der Zugbrücke nur um das Zitat einer Pechnase handeln kann. Die drei oberen Stockwerke öffnen sich in Rundbogenfenstern. Analog zu allen anderen Türmen ist auch dieser von einem Zinnenkranz und einem spitz zulaufenden Kegeldach bekrönt[23]. Das westlich vom Torturm liegende Ritterhaus ist durch Rundbogenfenster gegliedert. Zwischen den westlichen Fenstern erhebt sich eine hohe Esse. Den Abschluss dieses Bauwerks bildet ein Staffelgiebel[24]. 1884 konkretisierte Hugo von Ritgen den Plan nochmals mit mehreren Entwurfszeichnungen. Die bauliche Realisierung des Torturms jedoch unterblieb. Lediglich der projektierte

---

23 Zwar fällt auf, dass das Türmchen an der nordöstlichen Ecke heute fehlt, doch eingedenk des überaus schlechten Zustandes, in dem sich das Modell noch im Jahr 1995 befand, ist das wenig verwunderlich, da offenbar auch an dieser Stelle ein Stück zerstört war. Dass bei der späteren Restaurierung das Türmchen nicht wieder angebracht wurde, sondern an seiner Stelle lediglich der Zinnenkranz geschlossen wurde, beweist die Abbildung bei Hans von der Gabelentz (wie Anm. 11).

Erker und die Zugbrücke wurden ausgeführt; die einstmals rechteckigen Fenster im zweiten Stock des Ritterhauses wurden durch Rundbogenfenster ersetzt.

Für die Bauten des ersten Burghofs, die Vogtei, Elisabethen- und Margare-thengang, waren keine Entwurfszeichnungen nötig, denn ihre Gestalt sollte

unverändert erhalten werden. Im Modell war also der Status quo wiederzuge-
ben. Am östlichen Wehrgang fehlt der große, weit auskragende Schützenerker,
der sogar im kleinen Modell von Franz Kuchenbuch präsent ist. Die augen-
scheinliche Liebe zum Detail am Korkmodell lässt das Fehlen eines solch mar-
kanten Bauelementes rätselhaft erscheinen.

Die Mitte der Burganlage stellte sich noch bis 1867 völlig anders dar, als es
im Modell zu sehen ist. Hier erhebt sich bereits der geschlossene Trakt aus
Neuer Kemenate, Torhalle und Dirnitz. Die Neue Kemenate entstand in weiten
Teilen 1856, der Erker an der Ostseite wurde 1857 vollendet. Für den mit diesem Bauwerk verbundenen Bergfried feierte man 1857 das Richtfest (Abb. 11).

Torhalle und Dirnitz existierten jedoch noch gar nicht; sie wurden zwischen
1865 und 1867 errichtet. Vom Vorgänger der späteren Dirnitz war zu Beginn
der Restaurierung, abgesehen von Resten eines Kellergewölbes und einer hin-
abführenden Treppe, so gut wie nichts erhalten geblieben. Die Existenz einer
Torhalle war aus der älteren Wartburgliteratur bekannt. Hugo von Ritgen hatte
in seinen ersten Entwürfen aus dem Jahr 1847 Ort und Aussehen der Gebäude
bestimmt. Das Korkmodell bezieht sich auf diese Zeichnungen, die den
Komplex in romanischen Formen angeben[25]. Die Dirnitz erstreckt sich über
drei Stockwerke und wird an der Nord- und Südseite von einem Staffelgiebel
bekrönt (Abb. 12 und 13). Auf Ritgens Blatt sind drei Ecken mit einem Filial-

Abb. 12:
Ausschnitt aus:
Hugo von Ritgen,
Entwurf der Nordseite
des Neuen Hauses,
des Bergfrieds, der
Torhalle und der
Dirnitz, 1847,
Wartburg-Stiftung
Eisenach, BE 88

türmchen versehen, wohingegen im Modell nur die Nordostecke des Gebäudes mit einem Türmchen verziert ist. Die Ansicht zeigt eine weitgehend
geschlossene Fassade, die wenige Fenster aufweist. Dominiert wird sie von
einem Kaminzug, der sich in der Mitte der Fassade über zwei Stockwerke
erstreckt und den First weit überragt. Den geschlossenen Eindruck unterstützt

Abb. 13:
Modell der Wartburg,
Ißleib 1857, Nordseite
der zweiten Torhalle,
Neuen Kemenate und
Dirnitz

---

24 Seine Vorstellung von einem «wiederhergestellten» Torturm ist darüber hinaus in einigen
   Zeichnungen Ritgens überliefert, die er unter anderen seinem Wartburgführer beigab. Vgl.
   Hugo von Ritgen: Der Führer auf der Wartburg. Ein Wegweiser für Fremde und ein Beitrag zur
   Kunde der Vorzeit. Leipzig 1860, S. 13.
25 Ab 1860 konnte sich auch der Leser von Ritgens Wartburgführer ein Bild der Nordseite dieser
   zukünftigen Gebäude machen. Ritgen, Wegweiser 1860 (wie Anm. 24) S. 23.

Abb. 14:
Hugo von Ritgen,
Entwurf der Südseite
des Bergfrieds, der
Torhalle und der
Dirnitz, 1847,
Wartburg-Stiftung
Eisenach, BE 87

Abb. 15:
Modell der
Wartburg, Ißleib
1857, Südseite der
zweiten Torhalle,
Neuen Kemenate
und Dirnitz

die Architektur der Torhalle, die bis auf wenige kleine Öffnungen fast fensterlos erscheint. Dem Stockwerk über der Torhalle ist ein zinnenbekrönter Söller vorgelagert. Mittig über dem Torbogen sitzt ein oben offener Erker.

Die Südseite der Torhalle und Dirnitz zeigen zur Hofburg ein völlig anderes Bild. Hier ist die Geschlossenheit der Fassaden zu Gunsten von repräsentativen Bogenfenstern mit eingestellten Säulen – analog zur Gestaltung des Palas – aufgegeben. Auch hier diente ein Entwurf Ritgens von 1847 als Vorlage (Abb. 14 und 15). Später musste Ritgen seine Zeichnungen für den romanischen Bau überarbeiten, da sich der Bauherr Carl Alexander schließlich für ein Gebäude gotischen Stils entschied. Wunschgemäß wurden die neoromanischen in neogotische Pläne geändert und 1865 ausgeführt, wobei man den Grundriss und die Struktur des bereits projektierten Bauwerks beibehielt.

Die Wiederherstellung der Palasarchitektur war 1852 beendet. An der Nordwand des Palas wurde im neoromanischen Stil ein Treppenhaus gebaut, das gleichzeitig die Verbindung zwischen Palas und der Neuen Kemenate herstellte. Die Gestalt des Ritterbades an der Südwand des Palas war zum Zeitpunkt der Herstellung des Modells nur durch den Ritgenschen Entwurf bekannt. 1888, kurz vor seinem Tod, konkretisierte Hugo von Ritgen die Pläne zum Ritterbad noch einmal. Er starb 1889, kurz vor Vollendung des Bades.

Der bereits angesprochene kleine Balkon an der Südseite des Palas bestand seit 1851, im Modell wurde allerdings das eher filigran wirkende Metallgeländer, durch eine massive steinerne Brüstung ersetzt (Abb. 16 und 17 auf der folgenden Seite). Der südliche Bereich der Burg erscheint im Modell besonders befestigt. An den Palas schließt sich die hohe zinnenbekrönte Südmauer mit einem Laufgang an. Am Südturm führt eine Treppe hinab in einen Graben vor der Südmauer, der wiederum durch eine zinnenbekrönte Mauer zum Burggelände hin gesichert ist.

Für diesen Teil der Wartburg dokumentiert das Korkmodell im Rahmen der Wiederherstellung projektierte und bereits vorhandene Bauten. Der Vergleich von Bauzeichnung und Modell zeigt, dass alle Zeichnungen der geplanten Gebäude, die in das dreidimensionale Objekt übertragen wurden, vor 1857 entstanden sind. Die jüngste Vorlage stammt aus dem Jahr 1856. Es kann also mit einiger Sicherheit davon ausgegangen werden, dass die archivalischen Nachrichten über dieses Wartburgmodell berichteten, dass 1857 zum ersten Mal öffentlich präsentiert worden ist.

Betrachtet man nun die Bebauung des Bergsporns westlich unterhalb der Burg und der sogenannten Schanze östlich der Zugbrücke, so lässt sich nur noch das Gasthaus durch Entwurfszeichnungen belegen. Es wurde ab 1860 als Fachwerkgebäude mit einem steinernen Turm errichtet. Im Modell ist wieder ein Projekt, das der Wartburgarchitekt 1856 vorlegte, verbindlich gemacht worden. Die Ansicht nach Norden zeigt eine Fassade, die zahlreiche Zitate der

Südseite des Landgrafenhauses mit dem Bad

Abb. 17:
Modell der
Wartburg,
Ißleib 1857,
Südansicht

von Ritgen projektierten Wartburgarchitektur aufnimmt: Die äußeren Begrenzungen bilden Staffelgiebel, die Ritgen bereits für das Ritterhaus und die Dirnitz geplant hatte (Abb. 18 und 19). In der Mitte erhebt sich ein Turm, der in der Zeichnung zinnenbekrönt ist, im Modell jedoch wieder mit einem westlichen und östlichen Staffelgiebel versehen wurde. Auch die große Esse erscheint schon am geplanten Ritterhaus und der Nordseite der Dirnitz. Die Westseite schließt mit einem Erker ab, den Ritgen sich überdacht vorgestellt hat, im Modell erscheint er jedoch als Altan. Die Südseite der Gasthauses ist

mit einem Fachwerkanbau versehen (Abb. 20)[26]. Später hat man die Entwürfe
für das Gasthaus mehrfach modifiziert, es wurde mit sehr viel mehr Fachwerk,
auch an der Nordseite, ausgeführt.

Alle weiteren Türme und Gebäude, die sich im Modell so imposant ausneh-
men, sind nun nicht mehr durch Aufrisszeichnungen zu belegen. Auch die
Frage, ob an dieser Stelle Fundamente auf frühere Bauwerke verwiesen haben,
ist heute, nach zahlreichen Veränderungen des Terrains, nicht mehr vollständig zu klären. Bernhard von Arnswald ging von deren Existenz aus, denn er
bemerkte bereits 1846 in seiner schriftlichen Kritik an den Wiederherstel-
lungsplänen Ferdinand von Quasts, dass «die Wiedererrichtung der hier
befindlichen Thürme, deren Grund noch zu erkennen, nicht weniger für die
vortheilhaftere äußere Ansicht der Burg erforderlich sein [dürfte], als die
Bebauung der rechten Schanze.»[27] Er machte es Quast sogar zum Vorwurf,
dass er diesen Bereich nicht in seine Planungen einbezogen habe: «Der Thurm
auf der rechten Schanzenspitze, von welchem die Substructionen vollständig
sichtbar und der zur Bezeichnung für die Größe der Burg besonders wün-
schenswerth erscheinen muss, fand ebensowenig Berücksichtigung, wie die
nach Abend zu gelegene, zuverlässig mit Gebäuden versehen gewesene Felsen-

---

26 Die Ausführung der Südseite des Gasthofes im Modell entspricht wiederum einer Entwurfszeichnung Hugo von Ritgens aus dem Jahr 1856: Wartburg-Stiftung, Bestand Bauzeichnungen,
 BE 1110.
27 ARNSWALD, Kritik 1846 (wie Anm. 1) S. 10.

abtheilung des Wartburgberges.»[28] Das einzige Fundament, das östlich der Burg heute sicher auf das Vorhandensein eines ehemaligen Turm schließen lässt, ist das des so genannten Fischerturms.

Hugo von Ritgen ging 1860 davon aus, dass die östliche Schanze «ihre frühere Befestigung mit Thurm und Zingeln wiedererhalten wird. Die zweite Schanze liegt zur Rechten gegen Westen etwas tiefer; auch dort standen ehemals Gebäude und Mauern, welche demnächst neu erstehen und in Zukunft die nötigen Räume für eine Gastwirtschaft bieten werden.»[29] Dass aber ausgerechnet der gründliche und eher sachliche Architekt «von seinen Forschungsergebnissen unmittelbar befruchtet ... in geradezu überschwenglichen, fast phantastischen Projekten eines Erneuerungsbaues»[30] geschwelgt haben soll, möchte man schwerlich glauben. Die wiederhergestellte Wartburg, die in seinem Wegweiser für Fremde abgebildet ist, zeigt beispielsweise keinerlei Bauten östlich unterhalb der Burg. Außer für das Gasthofprojekt werden ihm wohl keine Aufträge dafür erteilt worden sein und Ritgen legte in der Regel nur dann Entwürfe vor, wenn eine entsprechende Order an ihn erging.

Es war der Zeichenstift Bernhards von Arnswald, der in einigen seiner Wartburgdarstellungen Gebäude auf der östlichen und westlichen Seite vor der Burg darstellte. Vielleicht sind es diese Zeichnungen, die die fehlende Verbindung zwischen den bislang schwer deutbaren Gebäuden im Modell und ihrem Urheber herstellen könnten. Besonders ein Blatt zeigt eine ebenso ungewöhnliche Nordansicht wie das Modell, bei der man sich erst einmal orientieren muss, um aus der Unzahl der Bauten die eigentliche Wartburg zu erkennen (Abb. 21). Vor der Burg erhebt sich ein monumentaler zinnenbe-

Abb. 21:
Bernhard von
Arnswald,
Phantasiedarstellung
der Wartburg,
undatiert,
Wartburg-Stiftung
Eisenach, G 1642

28 ARNSWALD, Kritik 1846 (wie Anm. 1) S. 8. Man muss festhalten, dass es Ferdinand von Quast nicht vorzuwerfen war, für diesen Bereich keine Pläne gezeichnet zu haben, denn die Projektierung derartiger Bauten gehörte nicht zu seinem Auftrag. Vgl. hierzu die Maßgaben für

krönter Turm, die östliche Schanze ist mit einem Bauwerk besetzt, das im Modell seine Entsprechung findet. Ein Unterschied findet sich in der Anlage des Halbturms, in der Zeichnung ist er als Rundturm ausgeführt und befindet sich an der Nordseite des Gebäudes, während im Modell ein viereckiger Halbturm an der Südseite des Gebäudes sitzt. Auf den Fundamenten des Fischerturms, östlich unterhalb der Schanze erscheint in Arnswalds Zeichnung tatsächlich ein Turm; im Modell ist an dieser Stelle nur ein flacher Fachwerkbau angegeben (Abb. 22). Auf der Bergkuppe im Westen erhebt sich

Abb. 22:
Modell der Wartburg,
Ißleib 1857,
Blick von Südosten

auf Arnswalds Skizzenblatt ein massives Bauwerk, das mit hohen zinnenbekrönten Mauern, Torturm und Bergfried wie eine Burg vor der Burg anmutet. Der Kommandant hatte sich an dieser Stelle tatsächlich einen trutzigeren Bau gewünscht. Die geplante «leichtere Bauweise» des Gasthauses, das Fachwerk also, entsprach nicht seiner Ansicht, nach der «hier kein Holzhaus, sondern eine massive Vorburg, die dem ersten Angriff widerstehen könnte», stehen sollte[31].

---

die Entwürfe, die Ludwig Puttrich in seinem Gutachten formulierte. ThHStAW (wie Anm. 13) HMA 1613, LUDWIG PUTTRICH: Unmaßgebliches Gutachten über die zu unternehmenden Baue auf der Wartburg, 1847, Bl. 17r-21v.

29 RITGEN, Wegweiser 1860 (wie Anm. 24) S. 12 f.
30 NEBE, Wartburgmodell 1925 (wie Anm. 6) S. 43–46.
31 WSTA (wie Anm. 1) Tageblätter Bernhards von Arnswalds, 12. 1. 1860; vgl. auch ROSEMARIE DOMAGALA: Die Gaststätten auf der Wartburg. Teil II: Das Gasthaus auf der Gaiskuppe. In: Wartburg-Jahrbuch 1993. 2(1994), S. 115–130, hier S. 115.

In seiner romantischen Bildgeschichte «Dichtung in Wahrheit», die er seiner Rudolstädter Tante Sophie von Holleben widmete, hat der Kommandant «am Schlusse die von ihm so betriebene auf das ursprüngliche gegründete Restauration der Wartburg in Aussicht gestellt und ihr die anziehendste Beleuchtung verliehen»[32]. Die letzte Illustration seiner Geschichte zeigt ein Selbstporträt Arnswalds, in dessen Hintergrund die prächtige wiederhergestellte Wartburg thront, natürlich mit einer reichen Bebauung der Schanze vor der Burg (Abb. 23). Neben weiteren Skizzenblättern und Zeichnungen[33] verweist schließlich ein Grundriss der Wartburg aus dem Bauzeichnungsbestand auf Bernhard von Arnswald als Urheber der imposanten Burgvorbauten. Es ist der einzige Grundriss der Wartburg, der die gesamte Burganlage inklusive aller im Modell erscheinenden Türme und Gebäude östlich und westlich vor der Burg wiedergibt. Wer ihn ausgeführt hat, ist nicht bekannt, jedoch stammen die

Abb. 23:
Bernhard von
Arnswald,
Selbstporträt vor der
wiederhergestellten
Wartburg,
Albumblatt,
Wartburg-Stiftung
Eisenach, G 3367

32 «Die Abenteuer des neunzehnten Jahrhundert, oder Dichtung in Wahrheit, eine wohlillustrirte romantische Lebenscizze der Hochfürstlich Schwarzburg-Rudolstädtischen Hofdame Freiin Sophia von Holleben. In Stunden der Erholung zur Erheiterung entworfen im Winter 1837 von B. v. A», 3 Alben, Wartburg-Stiftung Eisenach, Grafikbestand, Inv.-Nr. G 3319 – G 3367; vgl. hierzu Grit Jacobs: Der Zeichner Bernhard von Arnswald. In: Schuchardt, Romantik 2002 (wie Anm. 14) S. 193–206, hier S. 201 f; S. 445–480, Nr. 585–637.

33 Vgl. etwa Bernhard von Arnswald: Architekturskizzen der Wartburg, 1848, Graphit, Wartburg-Stiftung Eisenach, Grafikbestand, Inv.-Nr. G 1635; Wartburgphantasie von Südosten, nach 1856, Aquarell, Graphit, Privatbesitz, Abb. in Schuchardt, Romantik 2002 (wie Anm. 14) S. 362, Nr. 410 und S. 359, Nr. 404.

Bezeichnungen der einzelnen Gebäude eindeutig von Arnswalds Hand. Hier finden sich Details, wie die doppelte Ringmauer im Süden der Burg oder auch andere Elemente, die vor allem die Wehrhaftigkeit der Anlage unterstreichen. Die gesamte Vorburg ist von Mauern umgeben, das Tal östlich unter der Burg, der sogenannte Nesselgrund, durch zwei massive Schildmauern abgeriegelt. Einlass erhält man durch kleine Eingänge in der Mitte dieser Mauern. Vielleicht wurde dieser Grundriss in Vorbereitung des Modellbaus geschaffen und stand August Ißleib mit den Entwurfszeichnungen Ritgens bei der Fertigung zur Verfügung (Abb. 24).

Zusammenfassend lässt sich feststellen, dass die Bauzeichnungen, die durch die Nachrichten in den Archivalien zu vermuten Entstehungszeit des Modells im Jahr 1857 belegen. Sämtliche Entwürfe Hugo von Ritgens entstanden vorher; die ältesten wurden 1847, der jüngste 1856 angefertigt. Spätere

Abb. 24:
Grundriss der
Wartburg mit
den im Modell
ausgeführten
Gebäuden,
Bezeichnungen
von Bernhard
von Arnswald,
undatiert,
Wartburg-Stiftung
Eisenach, BE 11

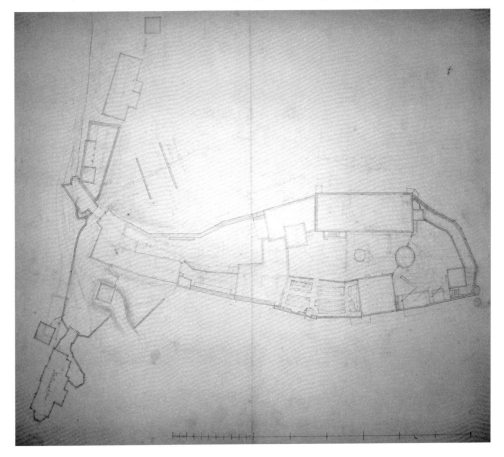

Bauzeichnungen dokumentieren oft schon die fortgesetzte Planungstätigkeit an den Gebäuden, die im Modell nicht berücksichtigt ist. Seine Entwürfe hat der Architekt zur Verfügung gestellt, ob er tatsächlich am Modellbau beteiligt war, bleibt ungewiss. Die Quellen berichten, dass es Bernhard von Arnswald war, der mit August Ißleib verhandelte, während Ritgen wohl lediglich den Ankauf zu vermitteln suchte. Es erscheint sogar naheliegender, dass Arnswald der Initiator des Modellbaus gewesen ist, der «die Wartburg in ihrer vormaligen und zukünftigen Gestaltung» darstellen wollte. Er legte die zur Verfügung stehenden Pläne des Wartburgarchitekten zu Grunde, auch da, wo er sich trutzigere Bauten wünschte, wie zum Beispiel beim Gasthaus.

Für die weitere Bebauung westlich und östlich der Burg, die zahlreichen Türme und das monumentale Gebäude auf der Schanze, lagen keine Entwürfe vor. Vielleicht gab Bernhard von Arnswald hier, wie schon in den Zeichnungen und Skizzen, seinen eigenen Vorstellungen von einer wehrhaften Burganlage Gestalt.

«Das ganze Streben beruht auf ... dem Pflichtgefühl, Mensch zu werden und Menschen zu erziehen.» – Briefe des nachmaligen Wartburgkommandanten Hermann von Arnswalds an den Reformpädagogen Friedrich Fröbel (1847/48)

Petra Schall

Friedrich Wilhelm August Fröbel (1782–1852) gilt weltweit als Begründer des Kindergartens; er hat diesen Begriff überhaupt erst geprägt. Der Thüringer Pädagoge sammelte in der von ihm 1816/17 gegründeten «Allgemeinen deutschen Erziehungsanstalt» praktische Erfahrungen und legte in seinem 1826 erschienenen Hauptwerk «Die Menschenerziehung» seine pädagogischen Gedanken nieder. Das Ausbildungsziel bestand darin, allseitig gebildete, körperlich gesunde Menschen zu erziehen, welche selbstständig dachten und fühlten, nationalbewusst und wissenschaftlich solide ausgebildet waren.

Nach fünfjährigem Aufenthalt in der Schweiz widmete sich Fröbel nach seiner Rückkehr 1837 verstärkt dem Kleinkindalter und gründete in Bad Blankenburg 1839 den ersten Kindergarten. Gleichzeitig setzte er sich für die Ausbildung von Kindergärtnerinnen ein. In der zweiten Hälfte der 40er Jahre unternahm Fröbel von Bad Blankenburg und Keilhau aus zahlreiche Vortragsreisen zur Verbreitung seiner Kindergartenidee. Dabei kam er u. a. nach Eisenach. Dass er hier auf fruchtbaren Boden stieß, ist sicherlich auch dem Kontakt zu seinem ehemaligen Schüler Hermann von Arnswald (1813–1894) geschuldet.

Abb. 1:
Friedrich Fröbel,
Druck von Dräwing
nach Unger

Die Wartburg-Stiftung erwarb vor nicht allzu langer Zeit aus dem Familienbesitz der Nachfahren der Arnswald-Familie neben einer umfänglichen Sammlung von Zeichnungen und Autographen des Wartburgkommandanten Bernhard von Arnswald (1807–1877) auch Briefe dessen Bruders Hermann, welche an Friedrich Fröbel adressiert und bereits einmal redaktionell bearbeitet worden waren (vgl. Anm. 54). Datiert zwischen Januar 1847 und August 1848 (zwei Ausnahmen 1845/46) umfasst die Sammlung 17 Briefe, wobei Hermann von Arnswald die Form der Tageblätter wählte, so dass mitunter mehrere Tageblätter in einem Brief vereinigt sind[1]. Fröbels Antwortbriefe befinden sich heute verstreut in drei Einrichtungen: dem Fröbel-Museum Bad Blankenburg, dem Deutschen Institut für pädagogische Forschung, Berlin und der Stiftung Preußischer Kulturbesitz, Staatsbibliothek Berlin.

DIE KEILHAUER ZEIT

Die Familie Arnswald – der Vater war Oberforstmeister und als Kammerherr zum Kreis des sächsisch-weimarischen Hofes gehörig – war seit 1810/11 in Eisenach ansässig. Hier wurde am 29. August 1813 Hermann als viertes Kind geboren[2].

Von 1823 bis 1827 besuchte Hermann von Arnswald gemeinsam mit seinem zwei Jahre älteren Bruder Georg (1811–1869) die Allgemeine deutsche Erziehungsanstalt, welche seit 1817 in Keilhau bei Rudolstadt bestand[3]. Gemeinsam mit Johann Wilhelm Middendorff (1793–1853) und Heinrich Langethal (1792–1879) setzte Friedrich Fröbel hier seine pädagogischen Erziehungsideen um. Alle drei kannten sich bereits aus der Zeit der Befreiungskriege gegen Napoleon, wo sie gemeinsam im Lützower Freikorps gekämpft hatten. Mit Johannes Arnold Barop (1802–1878) kam 1823 (ab 1826 ständig) ein ehemaliger Burschenschafter hinzu, welcher nach Fröbels Weggang 1831 die Leitung der Anstalt übernahm. Und so verwundert es nicht, dass Fröbel und seine Mitstreiter Vorstellungen von einer echten Nationalerziehung verwirklichen wollten[4].

---

1 Wartburg-Stiftung Eisenach, Archiv (im folgenden WSTA), Hs 3810–3826: Hs 3810 13. März 1845; Hs 3811 17. Mai 1846; Hs 3812 25. Januar 1847; Hs 3813 1./6./8./12. April 1847; Hs 3814 11. April – 16. Juni 1847; Hs 3815 23. Juli 1847; Hs 3816 20. September 1847; Hs 3817 27. September – 19. Oktober 1847; Hs 3818 3. November 1847; Hs 3819 24. Oktober – 6. Dezember 1847; Hs 3820 14. Dezember – 22. Dezember 1847; Hs 3821 o. D.; Hs 3822 14. April 1848; Hs 3823 7. Juni 1848; Hs 3824 21. Juli 1848; Hs 3825 23. Juli 1848; Hs 3826 10./11./14. August 1848.
2 Über die Familie Arnswald vgl. GÜNTER SCHUCHARDT (Hrsg.): Romantik ist überall, wenn wir sie in uns tragen. Aus Leben und Werk des Wartburgkommandanten Bernhard von Arnswald. Regensburg 2002, bes. S. 11–18, 592 f.
3 Historische Bibliothek Keilhau, Berechnungsbuch A der Keilhauer Erziehungsanstalt, S. 71: «Georg und Hermann, eingetreten am 27. Juni 1823, genannt Anton und Bernhard» und S. 87: «Mich. 1827 traten beyde Söhne, Anton und Bernhard von Arnswaldt aus der Anstalt und kamen auf das Gymnasium in Eisenach.» («Mich.» = Michaelis ist der 29. September.) Nach Beschluss des Ober-Konsistoriums von 1827 war Michaelis der einzige Tag im Jahr für die Aufnahme neuer Schüler ins Eisenacher Gymnasium, vgl. KARL KAHLE: Aus Eisenachs guten und bösen Tagen. H. 1. 1801–1810 (Beiträge zur Geschichte Eisenachs. 9.1). Eisenach 1898, S. 118.

Fröbel hatte in Keilhau aus der täglichen Praxis die Erkenntnis gewonnen, dass die ideale Struktur einer Erziehungsanstalt die eines Internats mit Familiencharakter sei. Ehemalige Schüler der Anstalt erinnerten sich stets mit Begeisterung an ihre Kinder- und Jugendzeit in Keilhau, so auch Hermann von Arnswald: «Ein halbes Jahrhundert vorüber, und noch wie lebendig stehen in der Erinnerung vor meiner Seele die schönen Bilder einer so glücklich verlebten Jugendperiode in Keilhau, gehoben und getragen von innigster Hochachtung und Liebe zu Fröbel, Langethal, Middendorf, dem Kleeblatt.

Wie wunderbar wusste der erzieherische Geist, den Gegensatz zu vereinen – unbedingter Gehorsam und individuelle Freiheit! – In vollster Hingabe zu dem Kleeblatt wahrer Männergestalten und in Gewohnheit so einfacher, ich möchte sagen, militärischer Lebensformen fühlte der Knabe, frische Lebenskraft bethätigend nur leise und gerne den Zügel der Leitung.»[5]

Neben der Ausbildung in den Bereichen Sprache, Mathematik, Kunst, Musik und Religion wurde in Keilhau besonderer Wert auf körperlichen Ausgleich gelegt, der «Körper- und Gliedergebrauch» als ein Werkzeug des Geistes. So findet sich unter den von den Eltern zu zahlenden Auslagen für Hermann und Georg u. a. auch die Anfertigung von Turnanzügen[6]. «In den Freistunden wurde geturnt und gespielt. Im Winter fuhr man Schlitten, Schlittschuhe etc. Oder die Knaben waren im Saal, wo jeder nach Geschmack pappte, drechselte, feilte etc. Die Abgeschlossenheit des Dorfes, der Umgegend, in welcher sich der Knabe frei bewegen konnte, das einfache, gesittete Leben der Lehrer, das Leben der Lehrer und der Knaben miteinander, füreinander, überhaupt der ganze Zuschnitt war derart, dass Ausgeburten gar nicht vorkommen konnten.

Alles Moralisieren, Schimpfen, Schlagen von Seiten der Lehrer ist mir nicht erinnerlich. Willig folgte der kleine Mensch, wenn er gegen die Hausordnung etc. gefehlt hatte, der Strafe, welche im Fasten bestand. Bei Tische lag ein Stück Brot auf dem Teller. Das war die Strafe. Der Gestrafte wurde nicht gehöhnt, verspottet, von seinen Mitschülern.

Harmonische Entwicklung des Körpers, des Geistes, des Gemütes, genährt von Selbstfertigkeitstrieb, ist die Seele der Erziehung.»[7]

In den Sommermonaten wurden Ausflüge und Wanderungen unternommen, u. a. auch auf die Wartburg. In den Gästebüchern der Burg finden sich zahlreiche Einträge von Keilhauer Lehrern, welche ihren Zöglingen die Burg

---

4 Über Fröbels Beziehungen zu burschenschaftlichem Gedankengut und der Universität Jena vgl. PAUL MITZENHEIM: Friedrich Fröbel und die Universität Jena – Zum 150. Todestag Fröbels am 21. Juni 2002. In: Blätter des Vereins für Thüringische Geschichte e.V. 12(2002)1, S. 22–26.

5 WSTA (wie Anm. 1) Abschrift «Ein alter Keilhauer», o. Nr.

6 Berechnungsbuch A (wie Anm. 3) S. 72.

7 WSTA (wie Anm. 1) Tageblatt Hermanns von Arnswald vom 6. 12. 1893.

Luthers nahe brachten. Am 27. August 1823 trugen sich Hermann und Georg von Arnswald mit ihren Mitschülern ins Stammbuch der Wartburg ein. Ihr begleitender Lehrer Middendorff ergänzte mit den Worten: «Freue dich der du hier dein Gemüth erheben kannst durch die große Natur und den Geist der Vergangenheit und Gegenwart.»[8] Der jährliche Gedenktag an das Wartburg-fest der Deutschen Burschenschaften gestaltete sich für Lehrer und Zöglinge zur feierlichen Zeremonie. «Auf hohem Berge wurde ein großes Freudenfeuer angezündet. Beim Lodern der hohen Flammen ertönten die kräftigen Volkslieder und aus dem Munde unserer Lehrer ... hörten wir begeisterte Worte ächt deutscher Vaterlandsstimmung.»[9]

Ende September 1827 verließ Hermann von Arnswald die Keilhauer Erziehungsanstalt, «gesund an Leib und Seele»[10]. Knapp zwanzig Jahre später knüpfte er erneut Kontakt zu seinem ehemaligen Lehrer und Erzieher Friedrich Fröbel, aus dem sich ein reger und interessanter Briefwechsel ent-wickelte.

BERUF UND FAMILIE

Nach seiner Keilhauer Zeit besuchte Hermann von Arnswald das Eisenacher Gymnasium. Seit dem frühen Tod des Vaters im Jahre 1831 – Hermann war gerade 18 Jahre geworden – lebte die Familie in bescheidenen Verhältnissen. Die Mutter war im Jahre 1832 von Eisenach zur Familie ihrer Schwägerin nach Ilmenau gezogen. Sein sechs Jahre älterer Bruder Bernhard hatte die Vaterstelle vertreten, wofür ihm Hermann sein Leben lang dankbar blieb. «Drei Jahre war ich sein Erzieher und Leiter. 11 Jahre dienten wir zusammen in Weimar, wahre Armut und Sorge teilend», erinnerte sich Bernhard von Arnswald[11]. Die beiden Brüder absolvierten ihre militärische Ausbildungs- und Dienstzeit in Weimar. Während der eine – öfter kränkelnd, aber mit musi-schen, insbesondere zeichnerischen Begabungen reich gesegnet – froh darüber war, als berufener Wartburgkommandant seine aktive militärische Laufbahn damit als beendet betrachten zu können, sah der andere im Beruf des Offiziers seine Erfüllung. Der Großherzog ernannte Hermann am 27. Januar 1835 zum Secondelieutnant[12]. Seit dem 21. Juli 1840 durfte er sich Kammerjunker nen-nen[13]. Am 17. Februar 1841 erhielt er sein Patent zum Premierleutnant[14]. Als

---

8   WSTA (wie Anm. 1) Stammbuch der Wartburg Bd. 8.
9   WSTA (wie Anm. 1) Erinnerungen eines alten Keilhauers, 1877, Abschrift.
10 Erinnerungen Keilhauers 1877 (wie Anm. 9).
11 WSTA (wie Anm. 1) Tageblatt Bernhards von Arnswald vom 21. Februar 1857.
12 Vgl. KARL KAHLE: Aus Eisenachs guten und bösen Tagen. H. 4. 1831–1840 (Beiträge zur Ge-schichte Eisenachs. 9.4). Eisenach 1907, S. 42.
13 KAHLE, Tage 4 (wie Anm. 12) S. 94.

Dreißigjähriger diente der junge Leutnant im II. Bataillon des Weimarischen Infanterieregiments, welches in Eisenach stationiert war.

Zur beruflichen Entwicklung gesellte sich das persönliche Glück: 1846 heiratete Hermann von Arnswald die Eisenacher Bürgerstochter Emma Carolina Jungherr (1820–1880), am 17. Juli 1847 wurde das erste von insgesamt fünf Kindern geboren[15]. Mutter und Schwester Marie zogen Anfang Juli 1847 von Ilmenau wieder nach Eisenach, um der jungen Familie zur Seite zu stehen. Schließlich waren – und blieben letztendlich – Hermanns Nachkommen die Stammhalter der Familie von Arnswald. Die verwandtschaftlichen Beziehungen waren von Herzlichkeit und Mitgefühl geprägt, das Band zwischen den Geschwistern sehr eng. In Abwesenheit seines Bruders Bernhard übernahm Hermann des Öfteren die Wartburgkommandantur. In der Eisenacher Gesellschaft etabliert, pflegte die Familie Kontakte zu Vertretern des Bildungsbürgertums. In der Clemdagesellschaft und verschiedenen Vereinen fand man sich zur Kommunikation zusammen. Arnswald selbst war Mitglied im Leseverein, einem Treffpunkt der intellektuellen Oberschicht. 1857 wurde Hermann von Arnswald nach Weimar versetzt und der Umzug der Familie mit großem Bedauern vollzogen. Nach ihrer Rückkehr ca. ein Jahrzehnt später

Abb. 2:
Hermann von
Arnswald mit seiner
Familie, um 1866
(vorn v. l. n. r.:
Bruder Bernhard,
Mutter Ernestine,
Ehefrau Karoline,
Hedwig; hinten
v. l. n. r.: eine
Freundin Berthas,
Bertha, Marie,
Hermann und Ernst
von Arnswald)

14 WSTA (wie Anm. 1) Hs 3832. Am 4. Juli 1848 erfolgte Hermanns Beförderung zum Hauptmann und am 26. Juni 1857 zum Major; vgl. KARL KAHLE: Aus Eisenachs guten und bösen Tagen. H. 5. 1841–1850 (Beiträge zur Geschichte Eisenachs. 9.5). Eisenach 1908, S. 122 und desgl. H. 6. 1851–1860 (Beiträge zur Geschichte Eisenachs. 9.6). Eisenach 1910, S. 110.
15 Vgl. SCHUCHARDT, Romantik 2002 (wie Anm. 2) S. 593.

bewohnte sie ein Haus in der marktnahen Georgengasse, welches bereits zuvor der jungen Familie als Heim gedient hatte.

Der Briefwechsel

Die Mitteilung über seine Hochzeit – so erinnert sich Hermann von Arnswald später – war vermeintlich Anlass und Beginn des nun folgenden Briefwechsels mit Friedrich Fröbel. Tatsächlich existieren aber bereits vor der Vermählung zwei Briefe, datiert auf den 13. März 1845 und 17. Mai 1846. Das erste Wiedersehen nach der Schulzeit in Keilhau ist wohl noch zwei Jahre früher anzusetzen. Äußerungen Eleonore Heerwarts – Gründerin des Eisenacher Fröbel-Museums (s. u.) – zufolge, trafen sich Fröbel und sein ehemaliger Schüler Hermann von Arnswald 1844 in Blankenburg wieder[16]. Arnswald verehrte seinen väterlichen Freund und sah in ihm den Reformator einer naturgemäßen Erziehung. Von Anfang an war er mit Begeisterung bei der Sache, unterstützte Fröbels Erziehungs- und Kindergartenpläne, verfolgte fortan alle Veröffentlichungen von und über seinen alten Lehrer und ließ sich ebenfalls die von Fröbel herausgegebenen «Sonntagsblätter» zusenden.

«Nicht wahr, ich darf mit Zuversicht rechnen, dass Du gern mein Leben verfolgst, gern die Gestaltung meines inneren Lebens, meines wachsenden Hauses mit geistigem Auge, väterlichen Blickes betrachtest», schrieb er zu Beginn ihrer erneuten Kontaktaufnahme. «Auch ich habe Deine Spuren gefolgt: Du bist ja ein Mann der Öffentlichkeit, eine Erscheinung der Jetztheit. Dein Name hat einen hellen, guten Klang, der auch zu einem bescheidenen Wehrmann tönt. Ja, ja Freund höre ich von Keilhau etwas, von ... dem Erziehungsverein, dem Kindergarten usw. da pocht mein Herz voll lauter Freude und meine größte Lust, wenn ich eine gleichdenkende Seele finde, da von Dir, von Deinem Streben, von Keilhau erzählen kann.»[17]

Der seit Januar 1847 bis August 1848 relativ kontinuierlich geführte Briefwechsel zeugt von einer tiefen Freundschaft und Vertrautheit zwischen den beiden; Hermann beredete mit Fröbel seine privaten Angelegenheiten und führte auch Grundsatzdiskussionen und theoretischen Gedankenaustausch über beide interessierende Themen. «Es fanden sich zwei verwandte Seelen, die am Wohl der Menschheit das wärmste Interesse hatten», formulierte Eleonore Heerwart[18]. Die zahlreichen und mitunter ausführlichen Mitteilungen Hermanns, beispielsweise über die Entwicklungsphasen seines Kindes, waren bewusst als «Futter» für Fröbel bestimmt. Hermann selbst brachte es auf

---

16 Vgl. Eleonore Heerwart: Friedrich Fröbels Beziehungen zu Eisenach. Eisenach 1906, S. 9.
17 WSTA (wie Anm. 1) Hs 3812.
18 Heerwart, Beziehungen 1906 (wie Anm. 16) S. 9.
19 WSTA (wie Anm. 1) Hs 3819.

den Punkt mit den Worten: «Du hast ja so eine Bienennatur, von allen Blumen den besten Saft zum Honig zu sammeln.»[19] Es war ein gegenseitiges Geben und Nehmen, welches die beiden Freunde, Lehrer und Schüler, Pädagoge und Offizier, für relativ kurze Zeit verband.

Inhaltlich konzentrierten sich die Briefe Hermann von Arnswalds auf folgende Themen, die in den nächsten Abschnitten behandelt werden:
*   Gedankenaustausch über Kindergartengestaltung und deren praktische Umsetzung;
*   Mitteilungen über Kleinkindentwicklung anhand der eigenen Erfahrungen (Tochter);
*   Suche nach Gleichgesinnten und Unterstützung bei Fröbels Kindergartenplänen in Eisenach;
*   militärtheoretische Betrachtungen zur Rekrutenausbildung.

ERZIEHUNG UND KINDERGARTEN

«Unsere verkehrte Erziehung kommt daher, dass wir uns von der Natur entfernt haben. Du willst und wirst uns zurückführen; darum Dank für Zeit und Ewigkeit!»[20] Hermann von Arnswald setzte sich gedanklich intensiv mit einzelnen Elementen der Fröbelschen Kindergartenidee auseinander. Schon der Begriff «Kindergarten» bedurfte einer Erklärung zum Selbstverständnis: «Viele denken sich unter Kindergarten weiter nichts, als einen Garten, worin die Kinder spielen sollen etc. ... [A]ber unter ‹Kindergarten› ist mehr ein Garten zu verstehen, worauf Kinder wachsen, ähnlich wie man von einem Blumengarten spricht. Eltern und Erzieher sollen demnach die Gärtner, die Kindergärtner vorstellen.»[21] Aber Gärtner allein zu sein, genüge nicht: «Gibt es nicht auch Gärtner und -innen, welche in ihrem Geschäftseifer begießen, hacken, jäten, sich sorgen und kümmern und sw. ohne sinnig ihrer Pfleglinge zu gedenken, ohne des Wachsthumes der freien Entwicklung der Pflanzen sich zu erfreuen.»[22] Je mehr sich Arnswald in die Sache vertiefte, desto detaillierter wurden die Gedanken und Vorschläge. Es wäre sicherlich vermessen, ihn als Erfinder des Sandkastens zu betiteln; seine Zuarbeit für Fröbel ist aber unumstritten: «Sollte eine Sandtafel nicht ein gutes belehrendes Spiel abgeben können?! Unter Sandtafel stelle ich mir nemlich ein niedriges Holzkästchen vor angefüllt mit klaren Sand ... Die Spiele mit dem Würfel und Bauklötzchen können sinnig vereinigt werden, vorzüglich dürfte es wohl das Kind erfreuen, wenn es die Figuren mit dem Stäbchen in den Sand eingedrückt erblickt ... Sand ein gefügiger Stoff. Ein Paar Tropfen Wasser und das Kind kann sich Berg und Thal bilden. Ich will doch einmal Probe ausführen ... Die Sandtafel für den

20 WSTA (wie Anm. 1) Hs 3814.
21 WSTA (wie Anm. 1) Hs 3817.

ersten Schreibunterricht geeignet; vielleicht mehr wie die Schiefertafel, worauf ein fester dicker Grundstrich nicht zu bemöglichen ist.»[23]

Vor allem die Umsetzung und Durchsetzung der uns heute so selbstverständlichen Einrichtung des Kindergartens stieß auf zahlreiche Hemmnisse, insbesondere finanzieller Art, aber auch in der Gesellschaft. Auch hier versuchte Arnswald, Anregungen zu geben, weiterzuhelfen. Die Frage der konfessionellen Bindung von Kindergärten beispielsweise rief bei Hermann heftigen Widerspruch hervor: «Nun höre, Freund, die Gründung eines Kindergartens beschäftigt fort und fort meine Seele; aber der Zusatz ‹im Geiste Luthers› wird er nicht störend einwirken auf das Allgemeine. Warum soll im Namen von Luther das heilige Panier ergriffen werden?! – Schön, dass Luther geläuterte Ansichten über Kindererziehung hegte und dunkel ahnte, was einen neuen Himmel auf Erden bringen würde; aber der Kindergarten, gehört er nicht der ganzen Menschheit an! – Es ist edel von Dir, dass Du Deinen Namen nicht ruhmsüchtig an der Spitze führen willst und dies ist ja auch christlich, denn nach christlicher Überzeugung bist Du das Werkzeug Gottes.

Der Kindergarten ist und bleibt ein durch Dich hervorgerufenes, der inneren menschlichen Natur entlocktes Zeugnis zum Frommen der ganzen Menschheit.

Du bist der Columbus, der Entdecker einer neuen Welt in der alten Welt! – Werden Juden, wohl gar Katholiken auch im Geiste Luthers Kindergärten gründen wollen?

Mit Niemand habe ich darüber gesprochen; aber das sind nach stiller Betrachtung Gedanken, deren Dasein so lange in mir bleiben werden, bis ich Deine Ansicht näher hierüber gehört haben werde.»

Die Antwort Fröbels ließ nicht lange auf sich warten; Hermann von Arnswald konnte sich stolz fühlen: «Du hast mir und Anderen Recht gegeben, so bleibe ich auch dabei, daß Du als Stifter weiter keinen Namen den Kindergärten unterlegen darfst. ... Ja, ja! Die Kindergärten werden sich auf der ganzen Erde verbreiten und in alle Welten hoffentlich eindringen und da werden die Kindchen schon getauft werden. Aber Du stehst über allen Parteien.»[25]

Von vornherein hatte Hermann von Arnswald seine Familie in die Freundschaft einbezogen, von Keilhau und den Erziehungsmethoden und -ideen Fröbels und seiner Mitstreiter berichtet, Neugierde und Bereitschaft zur Mitwirkung hervorgerufen. Nachdem Fröbel während einer seiner Vortragsreisen im Spätsommer 1847 auch in Eisenach Station gemacht und bei der Familie Arnswald übernachtet hatte, schrieb Hermann: «Du hast einen

---

22 WSTA (wie Anm. 1) Hs 3817.
23 WSTA (wie Anm. 1) Hs 3814.
24 WSTA (wie Anm. 1) Hs 3816.
25 WSTA (wie Anm. 1) Hs 3817.

wohlthätigen, segensreichen Eindruck in meiner Familie zurückgelassen. Den Kern, welchen Du in dieselbe gegraben, will ich treu pflegen; er soll Früchte tragen. Der Boden ist gut, dies hast Du selbst bekannt.»[26] Bereits kurze Zeit später wurden die Frauen der Familie aktiv bei der Ausarbeitung von Fröbels «Plan für die Ausbildung von Kindergärtnerinnen und Kinderpflegerinnen» hinzugenommen, machten nach ausführlicher Diskussion An- und Bemerkungen zu Fröbels und einen von Hermann verfassten Entwurf[27]. Letzterer hatte sich intensiv mit der «großen Unternehmung» auseinandergesetzt, betonte Fröbel gegenüber aber immer wieder seine Assistenzstellung: «Sieh den guten Willen für die That an. Wie ich den Plan geschrieben, wird wohl ohngefähr das sein, was ein Laie so dabei fühlen und denken mag. ... Doch sollte es mich freuen, wenn Du Etwas benutzen könntest.»[28]

Fröbels Ziel bestand darin, in Verbindung mit einem Kindergarten eine Schule zur Ausbildung von Kindergärtnerinnen zu gründen. Dagegen gab Hermann von Arnswald zu bedenken: «Die Idee ist herrlich und schön; aber wir müssen uns freilich sagen: die Ausführung hat große Schwierigkeiten ... Hauptgedanke ist, der sich mir immer aufdrängt: ‹dass eine solche Anstalt in Privathänden sich wohl schwerlich durchführen lassen wird›! Die Gründung einer solchen Anstalt erfordert zu bedeutende Summen ... Werden Vormünder, Witwen etc. Kinder einer Anstalt in Pflege geben, welche sich zum Zweck macht, Erzieherinnen zu bilden, so dass ihre Kinder die Gegenstände sein sollen, an welchen sich die Bildung der Erzieherinnen anknüpfen soll. Werden sie für ihre Kinder nicht vollkommen ausgebildete Wärterinnen etc. verlangen.»[29] Um vor allem das finanzielle Problem zu lösen, schlägt Arnswald die Einbeziehung eines Vereins oder staatlicher Einrichtungen wie z. B. Waisenhäuser vor.

VATERGLÜCK

Am 17. Juli 1847 wurde Hermann von Arnswalds erstes Kind – Tochter Marie – geboren. Der stolze Vater verkündete auch Fröbel sofort sein Glück; dieser gratulierte mit Sendung seiner 1844 erschienenen «Mutter- und Koselieder». Dem offenbar geäußerten Wunsch Fröbels nachkommend, schilderte Arnswald kontinuierlich die Entwicklung seines Kindes im ersten Lebensjahr. Dies setzte eine genaue Beobachtung des Verhaltens und der Reaktionen des Kindes voraus, welche der Vater mit Akribie betrieb und beschrieb. Mit Freude berichtete Hermann beispielsweise vom Spiel mit den Fingern, den verschie-

---

26 WSTA (wie Anm. 1) Hs 3816.
27 Vgl. WSTA (wie Anm. 1) Hs 3818.
28 WSTA (wie Anm. 1) Hs 3818.
29 WSTA (wie Anm. 1) Hs 3819.

Abb. 3:
Karoline von
Arnswald mit
zweijähriger Marie,
Bleistiftzeichnung
von Bernhard
von Arnswald,
1849

denen Reaktionen auf äußere Reize, der Fixierung auf bestimmte Personen usw.

Die Eltern wandten bewusst Fröbels praktischen Erziehungshinweise an, erkannten aber auch die mitunter auftretenden Schwierigkeiten in der Praxis: «Deine Bücher stehen in hohem Ansehen. Gott gebe, dass alle guten Vorsätze der betheiligten Personen, mich nicht ausgeschlossen, zur Hälfte durchgeführt werden. Jetzt die beste Gelegenheit, sich manchen Erziehungsfehler abzugewöhnen; jetzt versteht das Kind noch nicht die Worte, die unvorsichtig ausgesprochen werden und zur Zeit schädlich wirken. Ich habe nicht verfehlt, die betreffenden Glieder darauf aufmerksam zu machen.»[30] Hermann von Arnswald ließ sich auch die von Fröbel entwickelten Spielgaben – Würfel, Kugel, Walze – aus Blankenburg schicken.

Eine nicht unwesentliche Rolle bei der Kleinkinderziehung spielte die Musik. In der Arnswaldschen Familie wurde immer viel musiziert; Bernhard und Hermann waren ausgezeichnete Zither-Spieler. «Die Zither ein Element, was Du beachten solltest», schrieb letzterer an Fröbel. «Es ist leicht zu lernen ... Die Zither hat einen feinen Ton; die geringste Unreinheit in der Stimmung beleidigt das Ohr selbst das ungebildete; also fördert es die Singweise.»[31] Hermann dachte sogar daran, eine «allgemein verständliche Zitherschule» zu schreiben.

Der erste Geburtstag der Tochter gab Anlass, etwas tiefgründiger zu analysieren: «Die kleine Marie wird lebhaften Geistes und Gefühles werden; alle guten und bösen Richtungen des sogenannten sanguinischen Temperamentes in sich haben. So wie es in geistiger Beziehung eine rastlose Neugierde gibt, welche sich bei rechter Pflege in Wissbegierde umgestalten muß; bei nicht sorgsamer Pflege aber in Oberflächlichkeit und Zerstreutheit ausartet; so gibt es auch im Gefühlswesen einen rastlosen Trieb, alles zu empfinden etc., was leicht in Leichtfertigkeit, Vergnügungssucht ausarten kann. Leichtsinn muß sich im leichten Sinn umgestalten, nur am Guten, Wahren, Schönen soll das Gefühl Wohlgefallen finden; der wilden Sucht nach Zerstreuung des Geistes und des Herzens muß gesteuert werden ... Das sind unsre Betrachtungen, lieber Fröbel ... Es ist schon viel gewonnen, wenn Eltern und erziehende Umgebung zur sinnigen Beachtung des Kindes geführt sind.»[32]

AUF DER SUCHE NACH GLEICHGESINNTEN

Trotz der ersten Einschätzung der Eisenacher Verhältnisse – «Hier herrscht ein furchtbares Philistertum, ein geisttödender Schlendrian durch alle Klassen.» –

---

30 WSTA (wie Anm. 1) Hs 3817.
31 WSTA (wie Anm. 1) Hs 3819.
32 WSTA (wie Anm. 1) Hs 3825.

gelang es Hermann von Arnswald, hier potentielle Mitstreiter zu finden. «In Kapp habe ich eine Feuerseele gefunden; er lebt und webt in und für seinen Beruf als Lehrer. Wir beide haben uns eng angeschlossen, halten Zusammenkünfte, wo wir unsere Ideen, Erfahrungen pp. austauschen.»[33] Neben dem Lehrer Kapp erwähnte Arnswald in seinen Briefen als gewonnene Mitstreiter die beiden Gymnasialprofessoren Rein und Mahr sowie den Realschullehrer Dr. Senft. Vom anfänglichen Eifer des Dr. Trautvetter, dem Oberhaupt der protestantischen Geistlichkeit in Eisenach, riet Arnswald ab: «Ich glaube, er hat seine Stelle ausgespielt; ich werde ihn gerade zu fragen, ob er für die Sache noch Interesse hat und Etwas thun will. Was sollst Du Dich mit einem Pfaffen herumplagen.»[34] Als weitere Persönlichkeiten, welche einbezogen werden könnten, nannte er Oberbürgermeister Röse, die Lehrer Kühmstedt, Weissenborn und Mager, Buchdruckereibesitzer Göckel und Vizekonsistorialpräsident Nebe als alte Freunde der Familie Arnswald. Die häufigste Erwähnung in den Briefen findet zweifelsohne Dr. Günther Mey, dessen Aktivitäten Arnswald mit Freude verfolgte. Mey hatte seiner Töchtererziehungsanstalt im Jahre 1847 einen Kindergarten angegliedert, welcher «durch zweckmäßige Bethätigung der in dem Kinde schlummernden Kräfte unter erziehender Leitung auf den später eintretenden Schulunterricht vorbereiten» sollte.[35] Diese formulierte Zielsetzung unterschied sich wesentlich vom Zweck der bereits bestehenden Kinder-Bewahranstalten. Die zusätzliche Aufnahme von Knaben seit dem Jahr 1848 wertete Arnswald als weiteren Fortschritt[36].

Die Bemühungen Arnswalds gingen über die Gewinnung von Gleichgesinnten und der Propagierung der Fröbelschen Erziehungsmethoden hinaus. Ihr oben erwähnter großer Plan, in Eisenach einen Kindergarten und eine zugehörige Ausbildungsstätte für Kindergärtnerinnen zu gründen, brachte konkrete Überlegungen hervor. Selbst die Lokalität wurde schon erkundet: «Das beste Haus wäre das Bechtolsheimische auf dem Jacobsplan [es stand gerade zum Verkauf – d. Verf.]; es ist groß, liegt nach Morgen und Süden. Vor dem Haus der Jacobsplan mit Bäumen und Rasenanlage versehen und hinter dem Haus ein großer Garten.»[37] Luise Levin, eine Schülerin Fröbels und dessen spätere zweite Frau, sollte die Leitung übernehmen. Auch Dr. Mey erklärte sich bereit, seinen Kindergarten Fröbel zu übergeben. Doch die Pläne scheiterten, einerseits aus Geldmangel, andererseits ließen die revolutionären Ereignisse im Frühjahr 1848 alle diesbezüglichen Unternehmungen in den

---

33 WSTA (wie Anm. 1) Hs 3810.
34 WSTA (wie Anm. 1) Hs 3817.
35 Siehe Kahle, Tage 5 (wie Anm. 14) S. 862, 4. März 1847.
36 Nach dem frühen Tod von Dr. Mey übernahm seine Gehilfin Frl. Julie Trabert (1817–1887) – eine begeisterte Anhängerin Fröbels – den Kindergarten.
37 WSTA (wie Anm. 1) Hs 3820.

Hintergrund treten. Hermann von Arnswald arbeitete zudem an seiner Examensarbeit zum Hauptmann; der Briefwechsel mit Fröbel war für ein Vierteljahr unterbrochen.

Der Offizier und der Lehrer

Obwohl durch Beruf und Familie zeitlich stark beansprucht, bemühte sich Hermann von Arnswald bei allen sich ihm bietenden Gelegenheiten, im Sinne der humanitären Lehre Fröbels zu leben und zu agieren. «So beschränkt mein Wirkungskreis ist, ... mich hemmt es nicht, zu wirken ... das ganze Streben beruht auf ein klar erkanntes und somit kräftiges Pflichtgefühl, Mensch zu werden und Menschen zu erziehen.»[38] Fröbel seinerseits unterließ keine Gelegenheit, den Freund im Ringen für das gemeinsame Anliegen zu bekräftigen und zu stärken: «Du lieber Arnswald suchst auf dem Dir in Deinem Lebensberufe entgegenkommenden Wege in dem sich Dir öffnenden Kreise und durch die in demselben, Dir zu Gebote stehenden Mittel den Jüngling zum Manne mit solch einigenden und treuen Gesinnungen herauf zu bilden; und ich – ich suche frühe in dem Kinde den Keim zu solchen Gesinnungen zu wecken und zu pflegen, um durch eine richtig erkannte, recht angewandte und ächt durchlebte Kindheit und Jugend sich zu einer selbst- und freithätigen, bewussten Wirksamkeit im Lebensalter der Kraft hervor zu bilden.»[39]

Hermann hatte immer wieder über die Beschäftigung mit seiner Examensarbeit berichtet, nun konnte er Fröbel voller Stolz verkünden, dass er am 6. Juni 1848 sein Patent zum Hauptmann und damit eine Kompanie erhalten hatte[40]. Dem humanitären Anliegen der Fröbelschen Erziehung folgend, war Hermann von Arnswald auch in der praktischen Militärausbildung bestrebt, den Rekruten sowohl körperlich als auch geistig zu fordern und zu erziehen. «In meinem Beruf habe ich weniger meine Vorgesetzten, als meine Untergebenen vor Augen und zwar diese als Menschen»[41], schrieb er an Fröbel. Damit repräsentierte der junge Arnswald keineswegs die vorherrschende Einstellung des Offizierskorps zu den Soldaten. Um die Mitte des 19. Jahrhunderts herrschte in der Truppenausbildung noch der pedantisch betriebene Exerzierdienst vor, konzentrierte sich die Aufmerksamkeit der Ausbilder auf Drill und Gehorsam. Erst nach und nach setzten sich überfällig gewordene Militärreformen durch, beispielsweise die Aufnahme von Turnen und Gymnastik in die Ausbildung der Infanterie. Arnswald selbst schilderte in sei-

---

38 WSTA (wie Anm. 1) Hs 3810.

39 WSTA (wie Anm. 1) Brief Friedrich Fröbels an Hermann von Arnswald vom 19. Januar 1847, Kopie.

40 WSTA (wie Anm. 1) Hs 3823; Kahle, Tage 5 (wie Anm. 14) S. 122 nennt den 4. Juli 1848.

41 WSTA (wie Anm. 1) Hs 3810.

nen Briefen an Fröbel die Umbruchsituation: «Wir haben zwei wesentliche verschiedene Methoden, die Recruten auszubilden. Die erste will ich die alte Dressirmethode nennen. Hier wird die Bildung in verschiedene Abstufungen eingetheilt und nicht ehe zu neuen andern vorgeschritten, bis die vordre den Grad der Vollkommenheit erreicht hat. Hier liegen also die versch. Ziele der Bildung hintereinander. Die andre Methode (die Rohrsche) stellt die versch. strebbaren Ziele nebeneinander. Körper, Geist und Gemüth beschäftigt er gleichmäßig bei seinem Bildungsgang.»[42] Während bei der ersten Methode durch Zwang zunächst Gehorsam und eiserne Disziplin als Voraussetzung für alles Weitere anerzogen wird, plädiert die Rohrsche Methode für den Einsatz der eigenen Willenskraft des Rekruten, denn «der Gehorsam findet sich von selbst und zwar unter allen Verhältnissen, nicht blos auf dem Exercierplatz und unter Aufsicht der Führer ..., wenn erst und vorzügl. sein Denk- und Gemüthvermögen angeregt, wenn er zum selbstständigen Handeln angeleitet wird. Gleichzeitig kann der Körper geschickt und gewandt gemacht werden zu den kriegerischen Fertigkeiten.» Hermann von Arnswald bekennt sich eindeutig zu letzterer Methode: «Das Dresir- und Eintrichtersystem muß möglichst beseitigt werden. Recruten sind Kinder des Kriegsgottes, der Selbstthätigkeitstrieb muß geweckt und gepflegt werden ...»[44] Er selbst blieb nicht bei der Theorie stehen, sondern bemühte sich fortwährend um die Einführung neuerer, moderner Ausbildungsweisen. Zur jährlichen Rekruteneinziehung am 1. April unterwies er die Unteroffiziere seiner Kompanie, «wie sie als Lehrer der jungen Leute zu verfahren haben. – Wird den Formen ein lebendiger Geist eingehaucht, so kann der Wehrstand trefflich benutzt werden, den Jüngling zum Mann zu bilden.»[45] Damit dieser seine Kräfte kennen lerne, so Arnswald, solle die erste Zeit nach der Einberufung geturnt werden. Auch wandte er neue didaktische Wege an, um beispielsweise den Rekruten die Hornsignale «mit Verständnis zu lehren»[46].

Hermann von Arnswald zog Parallelen zu Fröbels Ausbildungsmethoden und erkannte, dass der Dreh- und Angelpunkt die Befähigung der Lehrer bzw. der Offiziere ist. «Was muß alles zusammenwirken, lieber Fröbel, um Deine Methode durchzuführen; welche Liebe und Ausdauer der Lehrer gehört dazu?! – Welche Liebe zum Beruf, welche Tüchtigkeit?! Nun das weißt Du so gut wie ich; aber Du hast die feste Überzeugung, die feste Hoffnung, dass das schöne Ziel erreicht wird, dass das wahre erziehende Element, durch die Menschheit durch, in seiner Klarheit und Reinheit auf Erden auftreten wird ...

42 WSTA (wie Anm. 1) Hs 3824.
43 WSTA (wie Anm. 1) Hs 3824.
44 WSTA (wie Anm. 1) Hs 3813.
45 WSTA (wie Anm. 1) Hs 3810.
46 Vgl. WSTA (wie Anm. 1) Hs 3814.

Abb. 4:
Hermann von
Arnswald,
Bleistiftzeichnung
von Moritz von
Schwind, 1854/55

Ja ich habe ein schönes Paradies vor Augen ... Wir wollen streben, geistesver-
wandte Seelen zu finden, alle unsre Kräfte aufbieten, das Reich Gottes auf
Erden zu fördern.»[47] Arnswald kam mitunter ins Schwärmen, träumte vom
Ideal der Kinder- und Jugenderziehung, wozu er als Vater und Offizier seinen
Beitrag leisten wollte. Im gleichen Tageblatt vom 14. August 1848 – welches
auch das letzte war – stellte er Überlegungen zur Verbindung von Kinder-
garten und Schule an: «Die bestehenden Schulen ... werden nicht aus ihrem
Geleise gehen, deshalb möchte ich stimmen, daß die Kindergärten so einge-

---

47 WSTA (wie Anm. 1) Hs 3824.

richtet werden könnten, dass die Kinder nach und nach in dies zur Zeit beste-
hende Geleise einlaufen können. Ich halte eine sogenannte Accomodation
[Anpassung, Angleichung] mit dem bestehenden Schulwesen für nöthig.»[48]
Zur gleichen Zeit fand in Rudolstadt die erste allgemeine Lehrerversammlung
statt, auf der eine Resolution verabschiedet wurde, welche ein einheitliches
Schulsystem vom Kindergarten bis zur Hochschule forderte.

Die Idee lebt weiter

Durch Hermann von Arnswalds berufliche Verpflichtungen als Kompanie-
chef, welche ihn 1848 für mehrere Wochen in den Neustädter Kreis und im
Frühjahr 1849 für mehrere Monate nach Schleswig verschlugen, brach der
briefliche Kontakt zu seinem alten Lehrer und väterlichen Freund ab.
Friedrich Fröbel starb 1852 in Marienthal bei Schweina. Dort hatte er zwei
Jahre zuvor eine Ausbildungsstätte für Kindergärtnerinnen gegründet; der
unter Mitwirkung der Arnswaldschen Familie entwickelte Ausbildungsplan
kam hier zur Anwendung.

Bereits kurz nach dem Tod Fröbels hatte sich dessen Witwe an Hermann
von Arnswald gewandt mit der Bitte, ihr seine Briefe zur Veröffentlichung zur
Verfügung zu stellen. Arnswald erinnerte sich: «Ich folgte ihrem Verlangen;
doch da der Buchhändler starb, welcher den Briefwechsel veröffentlichen
wollte, und Dr. Heinemann, der sich der Sache annahm, nach Amerika übersiedelte, war die Sache verschollen, und ich erhielt die Briefe, welche seinerzeit
in Abschrift genommen waren, zurück.»[49] Nachdem sich Dr. Heinemann im
Auftrag von Luise Fröbel[50] 1876 erneut an Hermann von Arnswald gewandt
hatte[51], erhielt dieser 1893 aus New York ein druckfrisches Exemplar der veröffentlichten Korrespondenz Fröbels, unter Verwendung seiner Briefe.

*

Nach dem Tod Fröbels waren es insbesondere seine Schülerinnen, seine
Freunde Middendorff und Diesterweg sowie seine Witwe, die für die
Bewahrung und Weiterführung seiner Gedanken eintraten. Hermann von
Arnswald hatte nach dem Tod seines Bruders Bernhard 1877 als pensionierter
Oberst die Stelle des Kommandanten auf der Wartburg übernommen, welche

48 WSTA (wie Anm. 1) Hs 3824.
49 Tageblatt 6.12.1893 (wie Anm. 7).
50 Luise Fröbel, geb. Levin besuchte im August 1876 die Wartburg und ihren Kommandanten
Bernhard von Arnswald. Sie trug sich ins Gästebuch des Kommandanten ein, vgl. WSTA (wie
Anm. 1) Stammbuch der Wartburg Nr. 27, S. 10. Während dieser Gelegenheit erfolgte offenbar
eine erneute Kontaktaufnahme zu Hermann von Arnswald.

er bis zu seinem Tod am 7. Februar 1894 bekleidete. Indes hatte sich, wie anderenorts und weltweit, auch in Eisenach der Kindergarten nach Fröbels Erziehungsmethoden durchgesetzt. Am 1. Mai 1877 war der erste Volkskindergarten gegründet worden. Arnswald war Mitglied des Kindergartenvorstandes. Als solcher und «alter Fröbelianer» war er in den folgenden Jahren so mancher Einladung zum Kinderfest gefolgt, konnte er sich nun über die Verwirklichung der Bestrebungen seines Freundes freuen: «Es war eine wahre Lust, zu sehen, wie die Kindergärtnerin mit Hilfe ihrer drei Schülerinnen die Schar von 70 vier- bis fünfjährigen Kindern sanft zügelte, und wie glückselig sich die Kinder bei Gesang und Spiel gebärdeten. Fräulein Heerwart aus Eisenach, eine hochbetagte Dame, welche in England eine große Zahl Kindergärten eingerichtet hat, und jetzt noch an der Spitze einer Bildungsanstalt für Kindergärtnerinnen steht, folgte mit sichtbarer Anerkennung der Leistungen der hiesigen Volkskindergärtnerin dem kindlichen Leben und Treiben, und zum Schluß erfreute sie die Alten mit einem Vortrag über das Wesen und Nutzen der Kindergärten, welcher ganz aus der Seele des alten Fröbel gesprochen war.»[52]

Eleonore Heerwart (1835–1911) war eifrigste Verfechterin der Fröbelschen Erziehungspädagogik. Als gebürtige Eisenacherin war sie 1853/54 in Keilhau zur Kindergärtnerin ausgebildet worden und nach ihrer über zwanzigjährigen Lehrtätigkeit in England ab 1883 wieder in Eisenach ansässig. Sie hatte 1902 ein kleines Fröbel-Museum gegründet, welches aus einer Sammlung insbesondere von Schriften und Briefen bestand, hauptsächlich aus eigenem Besitz und Nachlässen von Fröbel-Schülerinnen und der Witwe Luise Fröbel stammend[53]. Als Vorsitzende des Allgemeinen Internationalen Kindergärtnerinnen-Vereins gelang es ihr, Sponsoren aus Übersee und England zu gewinnen, mit deren Mitteln u. a. die Herausgabe von Fröbelschriften in Auswahl finanziert wurde. In der sog. Fröbel-Museum-Serie erschien 1905 als Heft Nr. 3 «Friedrich Fröbels Beziehungen zu Eisenach, mit Briefen von Hermann von Arnswald an Fröbel» von Eleonore Heerwart. Dies war eine auszugsweise Übersetzung der 1893 in New York erschienenen «Froebel Letters» von Arnold Heinrich Heinemann[54].

---

51 Vgl. WSTA (wie Anm. 1) Hs 3828 und 3829.
52 WSTA (wie Anm. 1) Tageblatt Hermanns von Arnswald vom 21. 9. 1889.
53 Das Museum bestand bis 1911 in Eisenach. Nach dem Tod von Eleonore Heerwart wurde es nach Bad Blankenburg verlegt.
54 Froebel Letters, edited with explanatory notes and additional matter by A. H. HEINEMANN, 1893.

REZENSIONEN UND BIBLIOGRAFIE

BURGHART WACHINGER: Der Sängerstreit auf der Wartburg.
Von der Manesseschen Handschrift bis zu Moritz von Schwind.
Berlin/New York: Walter de Gruyter 2004 (= Wolfgang Stammler
Gastprofessur für Germanische Philologie Nr. 12).

Mit Burghart Wachinger, dem langjährigen Inhaber des Tübinger Lehrstuhls
für Ältere deutsche Literatur, hat sich der wohl beste Kenner der
«Wartburgkrieg»-Dichtung und -Überlieferung dieser komplexen Materie und
ihrer Rezeption zugewandt. Ausgehend vom «Wartburgkrieg» des 13. Jahrhunderts und der spätmittelalterlichen Rezeption gelangt er in seinem konzi-
sen und souveränen Überblick bis zu Novalis, E. T. A. Hoffmann, Richard
Wagner und v. a. Moritz von Schwind mit seinen Fresken.

Im ersten Teil seines Vortrags zeigt Wachinger, wie in den 24 zwischen
1260 und 1280 entstandenen Strophen des «Fürstenlobs» Vergangenheit und
Gegenwart ineinander gespiegelt sind: Imaginiert wird die große Mäzenaten-
zeit unter Hermann I. (1190–1217), dem berühmtesten Gönner der mittelhochdeutschen Literatur, die ihrerseits ihr Licht auf die Gegenwart wirft, auf
die Zeit Heinrichs III. von Meißen (Heinrich der Erlauchte). In ihm, der selbst
Minnelieder verfasst hat und mehrfach als Gönner von Dichtungen gepriesen
wird, kann man mit guten Gründen den Auftraggeber des «Fürstenlobs» vermuten.

Für den ältesten Teil des «Wartburgkrieg»-Komplexes, das «Rätselspiel»,
entstanden um 1230, hebt Wachinger besonders den Gegensatz von *pfaffe* und
leie heraus. Der Dichter Wolfram, der leie, der mit seiner eigenen literarischen
Figur Klingsor, dem *pfaffen*, konfrontiert wird, beantwortet dessen Rätsel stets
so, dass er als der eigentlich weise erscheint. «Der programmatische alte Kern
des ‹Rästelspiels› setzt also das Wissen des frommen Laien, der sich seiner
Grenzen bewusst ist, gegen die Wissenschaft, die die Grenzen des dem
Menschen Zugänglichen missachtet. Dieser Kern ist dann in späteren Erweiterungen verunklärt worden zu einem bloßen literarischen Spiel, in dem auch
einmal Wolfram Rätsel stellt und Klingsor sie löst, wobei der Hof und die übrigen Meister den Tiefsinn der beiden Kontrahenten bewundern» (S. 21).

Das signifikante Moment der spätmittelalterlichen «Wartburgkrieg»-Rezeption bei Dietrich von Apolda liegt, so Wachinger, in der Prophezeiung von Elisabeths Geburt, wodurch die Dichtung historiographisch aufgewertet wurde: Der Dichterwettstreit auf der Wartburg fand, so konnte man nun erschließen, im Jahr vor Elisabeths Geburt 1207 statt – eine Konstruktion, durch die er zugleich mit Elisabeths Lebensgeschichte verbunden wurde.

Für die Neuzeit hebt Wachinger zum einen die konzeptionelle Aufwertung Klingsors in der romantischen Dichtung hervor, die noch Schwinds Fresken prägt, zum andern – und wichtiger noch – das erneute Ineinander von Vergangenheit und Gegenwart in Schwinds Fresken: «Das historische Geschehen soll rühmend und verpflichtend das Bewusstsein der Gegenwärtigen prägen» (S. 33). Schwind zielt damit, wie im Grunde schon der Dichter des «Fürstenlobs», auf ein allgemeineres Problem, auf die Frage nach den «Aufgaben und Möglichkeiten von Kunst und Wissenschaft in der Gesellschaft» und nach dem «Umgang mit den Konflikten, die in diesem Spannungsfeld aufbrechen können» (S. 35).

Der Druckfassung des Vortrags folgt ein umfänglicher Text- und Bildanhang.

Jens Haustein

Johannes Rothes Elisabethleben.
Aufgrund des Nachlasses von Helmut Lomnitzer
hrsg. von MARTIN J. SCHUBERT u. ANNEGRET HASSE.
Berlin: Akademie Verlag 2005
(Deutsche Texte des Mittelalters. 85).

Helmut Lomnitzer hatte seit 1990 das Vorhaben verfolgt, Johannes Rothes «Elisabethleben» in der traditionsreichen Reihe «Deutsche Texte des Mittelalter» vorzulegen. Sein Tod im Jahr 1997 machte diese Absicht zunichte. Nun haben Martin Schubert und Annegret Haase, auf der Grundlage der kontrollierten und erweiterten Materialien Lomnitzers, diese Edition vorgelegt, die damit endlich die von Johann Burckard Mencke aus dem Jahr 1728 ersetzt.

Johannes Rothe (ca. 1360–1434), in vielfältigen Funktionen und lebenslang in Eisenach tätig gewesen, hat den Elisabethstoff mehrfach aufgegriffen: in der «Eisenacher Chronik», der «Landeschronik» und seiner «Weltchronik». «Die Entstehung des «Elisabethlebens», nach 1421 im letzten Lebensjahrzehnt Rothes, muss also auf der Folie der Chroniken gesehen werden» (S. IX).

Der Text ist in zwei Fassungen erhalten. Sie heben sich durch zwei unterschiedliche Achrosticha voneinander ab. Die *Iohannes Scolast*-Fassung ist die stärker verbreitete; die *Iohannes Rote*-Fassung ist nur durch eine Handschrift vom Ende des 15. Jahrhunderts (München, Cgm 718) sowie vier jüngere, neuzeitliche Abschriften bezeugt – wie überhaupt eine Besonderheit der «Elisabethleben»-Überlieferung in der Tatsache begründet liegt, dass dieser Text vielfach in der Zeit des Buchdrucks weiterhin abgeschrieben wurde. Die Herausgeber standen vor der Frage, welche Handschrift sie ihrer Edition zugrunde legen sollten. Sie haben sich, wie es wohl auch Lomnitzer beabsichtigte, für die Coburger Handschrift mit der *Scolast*-Fassung entschieden. Deren durch Blattverlust entstandene Lücken werden nach einer Gothaer Handschrift (Chart. B 52) ergänzt. Die *Rote*-Fassung wird im dritten Apparat in diplomatischem Abdruck mitgeteilt. In zwei anderen Apparaten werden zum einen morphologische und lexikalische Varianten der Parallelhandschriften mitgeteilt, zum andern Quellenhinweise gegeben.

Ein besonderes Interesse verdient Rothes Quellenbehandlung. Sein «Elisabethleben» hängt wie viele andere Elisabethlegenden auch in den Grundzügen von Dietrichs von Apolda «Vita s. Elisabeth» ab, erfährt aber entscheidende Ergänzungen, ja Umwandlungen durch die vorgängige Inserierung des Stoffes in die drei Chroniken, auf die Rothe immer wieder zurückgreift. So hat schon Witzschel 1870 gesehen, dass der Legendenstoff mit Erzählepisoden aus den Chroniken (Ritterschlag des Landgrafen, die Fehde mit Siegfried von Mainz, Streit mit dem Grafen von Orlamünde, Zwist mit Ludwigs Halbschwester Jutta u. a.) durchwebt ist. Deshalb konnte auch Volker Honemann zurecht sagen, dass sich Rothes «Elisabethleben» «ebenso gut als Legende wie als Chronik ansprechen»[1] lasse. Darüber hinaus hat Rothe offenbar eine Reihe weiterer Quellen herangezogen. Die Herausgeber verweisen darauf, dass beispielsweise das Gespräch zwischen Ludwig und Friedrich II. auf der Insel Andrea aus der «Chronica Reinhardsbrunnensis» bekannt ist (S. LXVIII). Die Beschreibung von Elisabeths erneuertem Hausgesinde (nachdem Konrad von Marburg das alte weggeschickt hatte), der schwerhörigen Witwe und einer Magd, die so grässlich war, dass man mit ihr Kinder erschrecken konnte, hat ihre Entsprechung in der Elisabethlegende des «Passionals». Für die Zuordnung des Rosenwunders nicht zur Kindheit, sondern zur Zeit von Elisabeths Ehe, die sich so auch in franziskanischen Quellen wie in den Fresken in Creuzburg (um 1520) findet, nehmen die Herausgeber mit Witzschel sogar den Einfluss mündlicher Überlieferung an (S. LXIX). Eine besondere Rolle in den der Elisabeth-Tradition gegenüber ergänzten Passagen nimmt die Stadt Eisenach und ihre Institutionen ein: Georgen- und Marienkirche, Katharinen- und Barfüßerkloster werden genannt, Straßen und Plätze, ja selbst die Herbergen der Teilnehmer am Wartburgkrieg werden namentlich erwähnt.

Der Tendenz der Legende zur Lösung von historischen Bezügen wird so durch die Anbindung an landes-, ja lokalhistorische Ereignisse entgegengewirkt. Dies gibt Rothes «Elisabethleben» sein ganz eigenes Gesicht. Die sorgfältige und im Vorfeld des Elisabethjubiläums von 2007 besonders begrüßenswerte Edition beschließen ein Namensverzeichnis und ein Glossar.

Jens Haustein

---

1 Volker Honemann: Johannes Rothe in Eisenach. Literarisches Schaffen und Lebenswelt eines Autors um 1400. In: Walter Haug und Burghard Wachinger (Hrsg.): Autorentypen (Fortuna vitrea. 6). Tübingen 1991, S. 69-88, hier S. 82.

MAGDALENE MAGIRIUS: Figürliche Grabmäler
in Sachsen und Thüringen von 1080 bis um 1400.
Esens/Nordsee: Verlag Ed. Rust 2000. 463 S. brosch.

Die umfangreiche und grundlegende Arbeit geht auf eine im Jahr 2000 von
dem Fachbereich Geschichts- und Kulturwissenschaften der Freien Universität
Berlin angenommene Dissertation zurück. Nach den notwendigen Einfüh-
rungskapiteln zum Forschungsstand, zu den behandelten Geschichts-
landschaften Thüringen und Sachsen, zu den Bestattungsorten und zu Typus
und Form von Grabmälern beginnt der Text mit der Ikonographie der
Darstellung von Verstorbenen, fragt nach der Physiognomie, nach Gesten und
Attributen und untersucht die Inschriften. Dem grundsätzlichen Teil folgt die
Besprechung der Grabmäler in chronologischer Reihenfolge mit gleichzeitiger
Stilbestimmung in vier Abschnitten, am Anfang die frühen Beispiele mit der
Bronzeplatte Rudolfs von Schwaben (†1080) im Merseburger Dom, die
Grabmäler des 13., der ersten Hälfte des 14. – hierzu gehören die Grabsteine
der Ludowinger, auf deren Behandlung hier allein näher eingegangen werden
soll – und die Grabmäler der zweiten Hälfte des 14. Jahrhunderts. Am Schluss
stehen die unter böhmischem Einfluss entstandenen Grabmäler im weiteren
Umkreis von Erfurt (Arnstadt, Saalfeld, Querfurt). Nach der Zusammenfassung schließt sich ein gründlich gearbeiteter Katalog an, alphabetisch geordnet nach den Orten, an denen sich die Grabmäler gegenwärtig befinden.
    Die kurzen Passagen, die in vorliegendem Buch den Grabplatten der
Ludowinger gewidmet sind, reichen von Seite 172 bis 176 und im Katalogteil
von Seite 245 bis 261 (Kat.-Nr. 5 – 14). Man findet sie im Katalog unter Eisenach, denn im Chor der dortigen Georgenkirche sind die Grabplatten seit 1952
aufgestellt. Bis dahin befanden sie sich in Reinhardsbrunn. Das 1082 von
Ludwig dem Springer als ludowingisches Hauskloster und Grablege gegründete Benediktinerkloster der Hirsauer Reform, wo sich die Grabsteine ursprünglich befanden, bestand seit 1525 nicht mehr. An seiner Stelle war ein herzogli-
ches Renaissanceschloss mit einer Kapelle gebaut worden. Die Grabsteine
gelangten nach Gotha und kamen erst 1613 wieder nach Reinhardsbrunn
zurück. Im 19. Jahrhundert, nachdem 1826 das Herzogtum Sachsen-Coburg-
Gotha entstanden war, kam es in Reinhardsbrunn zu historistischen Neubauten mit der Tendenz, eine Ahnenstätte zu schaffen, die bis auf die Entste-

hungszeit der Landgrafschaft Thüringen zurückgeführt werden sollte, eine Tendenz, die auch in den anderen ernestineschen Herzogtümern zu beobachten war (Meiningen) und die mit der «Wiedergeburt» genannten Restauration der Wartburg ohne Zweifel ihren Höhepunkt gefunden hatte. Im Festsaal des neuen Schlosses von Reinhardsbrunn entstand eine (noch erhaltene) Ludowingergalerie, und in der neuromanischen Schlosskapelle erfuhren die Ludowingersteine eine repräsentative Aufstellung.[1] Die Umstände in Thüringen nach dem 2. Weltkrieg führten kirchlicherseits zu Bergungsmaßnahmen. Um ihrer Erhaltung willen wurden die Grabsteine nach Eisenach in die Georgenkirche überführt.

Einem Ahnengedenken verdankten die Grabplatten allerdings schon ihre Entstehung. Seit 1247 waren nicht mehr die Ludowinger, sondern die Wettiner die Landesherren. Ihnen war die Landgrafschaft Thüringen nach dem Tod von Heinrich Raspe IV. 1247 aufgrund einer Eventualbelehnung und nach dem für sie siegreichen Ausgang des thüringisch-hessischen Erbfolgekrieges 1263 endgültig zugefallen. Die Anfertigung der Grabplatten für den Ort der ludowingischen Bestattungen im Charakter von Stifterbildnissen – die Autorin vergleicht sie in den Abbildungen mit den Figuren im Naumburger oder im Nordhäuser Dom – mag, wenn die Auftraggeberschaft beim Landesherren lag, etwas mit der Legitimation der ererbten Herrschaft zu tun gehabt haben. Andererseits kann auch das Kloster selbst nach dem Aussterben der Gründerfamilie an einer Demonstration des geschichtlichen Ursprungs und Kontinuums interessiert gewesen sein.

Magdalene Magirius nennt die Kalksteinplatten mit den lebensgroßen Figuren der Landgrafen in relativ flachem Relief «recht archaisch» und erkennt im Anschluss an vorangehende Autoren eine ältere und eine jüngere Gruppe, die sie um 1300 und um 1340 datiert. Sie schließt sich damit Ernst Schubert an, der die gleichen Entstehungsdaten aufgrund der Schriftformen postuliert, während Paul Lehfeldt, der als erster «2 verschiedene künstlerische Auffassungen ... eine alterthümlich typisierende und eine jüngere charakterisierende Richtung ...» konstatierte, die Anfertigung erst nach 1350 angenommen hat.[2]

---

1 Friederike Kruse: Schloß Reinhardsbrunn bei Gotha (Studien zur thüringischen Kunstgeschichte. 3). Rudolstadt 2003, S. 135 ff; Udo Hopf: Die protestantische Schlosskirche auf dem Grimmenstein zu Gotha. In: Gothaisches Museums-Jahrbuch 2004. 7(2003), S. 42–66.

2 Ernst Schubert: Drei Grabmäler des Thüringer Landgrafenhauses aus dem Kloster Reinhardsbrunn. In: Friedrich Möbius und Ernst Schubert (Hrsg.): Skulptur des Mittelalters. Funktion und Gestalt. Weimar 1987, S.211–242, wiederabgedruckt in: Ernst Schubert: Dies diem docet. Ausgewählte Aufsätze zur mittelalterlichen Kunst und Geschichte in Mitteldeutschland. Köln/Weimar/Wien 2003, S.266–289; Paul Lehfeldt (Bearb.): Landratsamt Waltershausen, Amtsgerichtsbezirke Tenneberg, Thal und Wangenheim (Bau- und Kunstdenkmäler Thüringens Heft 11, Herzogtum Sachsen-Coburg-Gotha). Jena 1891, S. 20–23.

Zur älteren Gruppe sollen gehören: Ludwig der Springer (†1123), Ludwig III. (†1190) und Ludwig IV. (†1227), zur jüngeren Adelheid, die Gemahlin Ludwig des Springers (†1110), Ludwig I. (†1140), Ludwig II., der Eiserne (†1172) und Hermann II. (†1241). Der Grabstein der Jutta, der Gemahlin Ludwigs II., wird wegen der völlig anderen Gestaltung nicht hinzugerechnet und erst nach der Mitte des 14. Jahrhunderts datiert.

Die Argumente der Autorin sind weniger stilistischer als vielmehr – mit Bezug auf Ernst Schubert – historischer Art. Nach 1301, mit der Wahl des Abtes Hermann von Zimmern, sei es zu einer Konsolidierung des Klosters gekommen, verbunden mit einer Art Wallfahrt an das Grab Ludwigs IV., den als heilig verehrten Kreuzfahrer und Gemahl der heiligen Elisabeth von Thüringen. Die Cronica Reinhardsbrunnensis berichtet von Wundern, die sich am Grab Ludwigs ereignet hätten. In selbigem Werk wird ein 1301 im Kloster tätiger Bildhauer mit Namen Erasmus Postar genannt, dem man nun auch die Autorschaft für die ältere Gruppe der Grabmäler wie für ein gleichfalls ursprünglich in Reinhardsbrunn, jetzt aber in der Eisenacher Georgenkirche befindliches Kreuzigungsrelief zuordnen möchte. Die Inschrift in gotischen Minuskeln «erasm.postar.me.fe» am Fuße dieses Reliefs wird gelesen als «Erasmus Monachus me fecit 1301». Eine andere erst 1737 in Frankfurt am Main erschienene Schrift beschreibt sogar das Relief als Kreuz mit vier Figuren und nennt die Inschrift mit Namen und Datum. Tatsächlich erscheinen auf der linken Bildhälfte Maria und Johannes als eng verbundene Figuren, sorgfältigst mit beinahe malerisch-räumlichem Effekt gearbeitet, und auf der rechten Seite, sehr dominierend, der auf Christus weisende Hauptmann, hinter ihm, ebenfalls in der Überschneidung raumschaffend, aber weniger gut ausgearbeitet, ein Kriegsknecht. Frau Magirius nennt das Relief «ein recht primitives Werk, das zur Stilanalyse nicht viel beitragen kann.» Das immer wieder nach der Inschriftüberlieferung in den Quellen angeführte Datum 1301 findet sich jedoch an dem Relief nicht, und Stil und Komposition sprechen auch nicht für eine Entstehung am Anfang des 14. Jahrhunderts und schon gar nicht für einen stilistischen Zusammenhang mit den Grabsteinen, weder mit der früheren noch mit der späteren Gruppe. Quellennachricht und Sachzeuge passen hier nicht zusammen. Das Relief gehört in das spätere 14. Jahrhundert und sein Bildhauer kann nicht der für 1301 überlieferte Mönch gewesen sein.

Die Figuren der Landgrafen auf den Grabplatten sind im Gegensatz zu Stil und Komposition des eben besprochenen Kreuzigungsreliefs noch ganz der Plastik des 13. Jahrhunderts verpflichtet, den Stifterbildnissen und der Grabmalkunst. Die Autorin verweist im Katalog auf Pegau, auf das Grabmal des Wiprecht von Groitzsch (†1224), und auf Wechselburg, auf das Doppelgrabmal von Dedo (†1190) und Mechthild (†1189). Es wird am deutlichsten an der bei allen gleichen konventionellen Kleidung, dem gegürteten Untergewand und dem Mantelumhang mit einer nahezu gleichbleibenden Faltenführung, sowie den Gesten, der Armhaltung und der Beinstellung. Zur allgemeinen Darstellungsform gehört der Widerspruch zwischen Stehen und Liegen bei den leicht vertieft in flacher Mulde frontal gearbeiteten Relieffiguren. Alle haben ein Kissen unter dem Kopf, aber die Füße setzen, obwohl im Eindruck unentschieden, auf einer Bodenfläche oder einem Tier auf. Bei Ludwig II., dem Eisernen, fehlt das Kissen, hinter seinem Kopf liegt ein Helm mit Zier, und er ist auch der einzige, der eine Rüstung trägt, eine Anspielung auf seine geschichtliche Wertung? Er steht auf zwei Löwen (?), so dass er mehr Standbild ist als liegende Figur. Die Autorin lässt die Ursache für diese Abweichung von den anderen Figuren expressis verbis im Ungewissen, vermutet aber einen anderen Bildhauer und eine Entstehung wohl erst um die Mitte des 14. Jahrhunderts. Der mit aufgelegter linker Hand vor sich gehaltene Wappenschild und das an der Gürtung hängende Schwert sind obligatorische Attribute. Die Wappen tragen den gekrönten Löwen, nur bei Ludwig III. ist er durch einen Adler (nach Schubert der Reichsadler?) ersetzt, eine Lanze hält nicht nur er, sondern auch Ludwig I. mit der Rechten. Eine Pilgermuschel auf der Brust haben Ludwig III. und Ludwig IV., die beide auf einem Kreuzzug ums Leben gekommen sind. Ludwig der Springer und Adelheid haben beide als individuelles Attribut ein Kirchenmodell in der rechten Hand, ein Hinweis auf ihre Eigenschaft als Kirchen- oder Klostergründer. Das Modell in der Hand des Springers meint mit Sicherheit Reinhardsbrunn – die zweitürmige Kirche ähnelt dem Bild auf der Gnadenstuhlminiatur im Elisabethpsalter (fol. 167v). Auf welche Kirchen- oder Klostergründung das Modell in der Hand der Adelheid Bezug nimmt, scheint nicht bekannt zu sein. Die Inschriften benennen beide als Fundatoren des Klosters Reinhardsbrunn. Alles in allem kann man Kenntnis von der Biographie der jeweils Dargestellten nach den Beigaben voraussetzen. Die Auftraggeber müssen entsprechende Angaben gegenüber den Bildhauern gemacht haben. Dass auch die an sich doch sehr ähnlichen Physiognomien ebenfalls in diesem Sinne differenziert seien, meinen sowohl Ernst Schubert wie auch Magdalene Magirius und suggerieren damit einen Geschichtszyklus analog zu den stilistischen Vorbildern in den Domen des 13. Jahrhunderts.

Im Katalog sind noch zwei weitere Grabsteine aufgeführt, die zwar 1952 aus Reinhardsbrunn mit in die Georgenkirche gekommen sind, sich aber auch schon ursprünglich in Eisenach befunden haben: die Grabplatte Friedrichs des Freidigen (†1324) in dem gänzlich verschwundenen Zisterzienserinnen-Kloster St. Katharinen und die Grabplatte von dessen zweiter Gemahlin Elisabeth von Arnshaugk (†1359) in der Dominikanerkirche. Die Grabplatte Friedrichs gilt als stark überarbeitet (es ist die Frage, wie weit das nicht für alle Grabsteine gelten muss), dennoch kann der aufwendige Typ – die Figur des

Verstorbenen unter einem Baldachin und von Engeln und Wappenhaltern eingerahmt – einen Hinweis auf die wahrscheinlich mittelrheinische Herkunft des Bildhauers geben, der sich allerdings in einer Signatur als Berthold von Ysenach bezeichnet. Die Grabfigur der Elisabeth von Arnshaugk sieht die Autorin dagegen in Zusammenhang mit dem Grabstein des Heinrich von Friemar (†1353) in der Erfurter Augustinerkirche.

Ernst Badstübner

Glaube & Macht. Sachsen im Europa der Reformationszeit.
2. Sächsische Landesausstellung Torgau, Schloss Hartenfels 2004.
Eine Ausstellung des Freistaates Sachsen, ausgerichtet durch
die Staatlichen Kunstsammlungen Dresden.
2 Bände: Katalog, hrsg. Von HARALD MARX/ECKHARD KLUTH.
Aufsätze, hrsg. Von HARALD MARX/CECILIE HELLBERG.
Dresden: Michael Sandstein Verlag 2004. 388. 334 S.
(mit CD Fides et Potestas. Musik zur Ausstellung).
ISBN 3-937602-09-7. 937602-07-0.

Die mit großem und verdientem Erfolg vom 24. Mai bis zum 10. Oktober 2004 in Torgau gezeigte Ausstellung ist in einem stattlichen zweibändigen Begleitwerk dokumentiert. 20 Räume im Albrechtsbau, in der Schlosskapelle und in der Kurfürstlichen Kanzlei präsentierten über 600 Exponate in mehr als 40 Themenbereichen, von «Kirche und Frömmigkeit um 1500» bis zu «Die Kanzlei als Herrschaftszentrale». Alle Exponate sind im Katalogband gut beschrieben, die meisten auch abgebildet.

Der Aufsatzband enthält 26 Beiträge, eingeleitet von Harald Marx, der zwei Cranachbilder konfrontiert, um den Epochenbruch zu veranschaulichen und die Stichworte «Glaube» und «Macht» zusammenzubinden: den Katharinenaltar Cranachs d. Ä. von 1506 und «Elias und die Baalspriester» von 1542, vermutlich von Cranach d. J. stammend. 1506 werden auch die Heiden in ihrer Würde als Menschen respektiert, 1542 werden die Götzenpriester brutal abgeschlachtet.

In den beiden ersten Aufsätzen werden die großen und übergreifenden Themen der Ausstellung angesprochen. Günther Wartenberg erörtert «Die reformatorische Veränderung von Kirche und Gesellschaft. Das Werden der Wittenberger Reformation» (bis 1555), während Heinz Schilling das 16. Jahrhundert (mit den Stichworten Kirche und Religion; Staatsbildung und europäisches Mächtesystem; Bevölkerung und Wirtschaft; Kultur, Wissenschaften, Kommunikation; Unruhe der Menschen) in den Kontext des temps des reformes einordnet: «Europa oder die Christenheit zur Zeit der Reformation». Johannes Burkhardt stellt demgegenüber die sächsische Reichspolitik in die deutsche Geschichte der Reformationszeit; dabei benutzt (oder prägt?) er den merkwürdigen Begriff «Konfessionsbildner» für den Kreis reformatorischer Professoren und Prediger um die Universität Wittenberg.

Die folgenden Aufsätze behandeln spezifisch sächsische Themen: Reiner Groß, Ernestinisches Kurfürstentum und albertinisches Herzogtum Sachsen zur Reformationszeit; Heribert Smolinsky, Aspekte geistigen Lebens zur Zeit Herzogs Georgs des Bärtigen; Heiko Jadatz, Die evangelischen Kirchenvisitationen 1524–1540; Enno Bünz, Das Ende der Klöster in Sachsen; Ulrich Thiel, Die Bergstädte des sächsischen Erzgebirges. Bernd Moeller, Annaberg als Stadt der Reformation, untersucht eine Stadtgründung mit bestimmten Implikationen – Annaberg war topographisch eine moderne Gründungsstadt, aber «in ihren kommunalen Strukturen die mittelalterlichste Stadt in Sachsen». Von Herzog Georg bewusst als «sakrales Zentrum» gestaltet, konnte der Stadtherr dennoch trotz aller Repressivmaßnahmen nicht verhindern, dass die Bevölkerung in das benachbarte ernestinische Buchholz auslief, durfte auch gar nicht zu repressiv vorgehen, um den durch die ökonomische Krise der zwanziger Jahre ohnehin geschwächten Bergbau nicht vollends zu ruinieren. Gabriele Haug-Moritz berichtet über die sächsischen Fürsten und den Schmalkaldischen Bund, während drei Aufsätze Moritz von Sachsen gewidmet sind: Christian Winter, Die Außenpolitik des Kurfürsten Moritz von Sachsen; Uwe Schirmer, Moritz und die sächsischen Finanzen; Wieland Held, Moritz von Sachsen und seine Berater.

Es folgt ein Block von Beiträgen zur Architektur, eingeleitet durch einen umfassenden und gut bebilderten Aufsatz von Heinrich Magirius, Zur Ausbreitung der Renaissance in Mitteldeutschland in der ersten Hälfte des 16. Jahrhunderts. Ihm schließen sich an: Hans-Joachim Krause, Die Schlosskapelle in Torgau; Gabriele Wimböck, Die Kirchenausstattungen der Wettiner im Reformationszeitalter; Peter Findeisen, Der Große Wendelstein des Schlosses Hartenfels; Guido Hinterkeuser, Der Johann-Friedrich-Bau von Schloss Hartenfels in Torgau und das Berliner Schloss unter Kurfürst Joachim II.

Zwei Aufsätze stehen mit Lucas Cranach d. Ä. in Zusammenhang: Andreas Tacke, Die Wettiner, Cranach und die Konfessionalisierung der Kunst in den Anfangsjahrzehnten der Reformation; Edgar Bierende, Die Geschichtsmythen in der Bilderwelt Lucas Cranachs d. Ä.

Mehrere Beiträge gelten der Musik: Matthias Herrmann und Jürgen Heidrich untersuchen die altkirchlich-konservativen bzw. humanistischen Elemente in der Musik der Reformationszeit; Christoph Wetzel behandelt den «Vorrang der Musik vor den anderen Künsten während und nach der Reformation», während Friedhelm Brusniak das «volkstümliche Element in der Musik der Reformationszeit» erörtert und Wolfram Steudle den «reformatorischen Impulsen in der deutschen Musik» nachgeht.

Eine kuriose Coda beschließt den Band: Ruth von Bernuth, Glaube am Narrenseil. Claus Narr am ernestinischen Hof zu Beginn des 16. Jahrhunderts.

Eike Wolgast

Die Wartburg in neuerer Literatur
mit Schwerpunkt und Abschluss 2004

Hilmar Schwarz

In diesem Überblick sollen Forschungsergebnisse, Sachverhalte oder Hypothesen zusammengeführt und vorgestellt werden, die in der neueren Literatur verstreut vorkommen und
sich auf die Wartburg und ihre Geschichte beziehen.

Aus einem Kolloquium vom 15. November 1999 unter dem Titel: «Fragen, Probleme und Forschungsansätze zur rheinischen Skulptur des 12.-13. Jahrhunderts» erschienen im Bonner Jahrbuch von 2001 einige Beiträge. Stefanie Lieb (Köln) behandelt Wechselbeziehungen zwischen dem mitteldeutschen Raum und dem Rheinland[1] und äußert sich ausgiebiger zur Kapitellplastik der hochmittelalterlichen Wartburg. Das Thema wurde in den letzten ein bis zwei Jahrzehnten immer wieder aufgegriffen und erweitert. Wie problematisch eine Zusammenfassung momentan ist, spiegelt sich bei Lieb wider, die eingangs eine «erneute Zusammenschau der Ergebnisse sowie eine Systematisierung [für] wünschenswert» (S. 365)[2] ansieht und am Ende konstatiert, es bedürfe «weiterhin der gründlichen Aufarbeitung der Kapitellplastik einzelner Bauten sowie der Identifizierung und Zuordnung nicht mehr in situ befindlicher Werkstücke» (S. 374).

Die Verfasserin referiert die Diskussion zu Bauzeit und Bauzier der mit dem Wartburg-Palas verwandten Bauwerke, was nach mehrfacher Besprechung in Wartburg-Jahrbüchern nicht nochmals wiederholt werden soll. Allerdings rückt die Verfasserin weitere Arbeiten aus der zweiten Hälfte der 1990er Jahre ins Blickfeld. Die Beziehungen zwischen Rheinland und Thüringen behandelt sie anhand der drei Ludowingerburgen Wartburg, Burg Weißensee und Neuenburg. Für Wartburg und Weißensee geht sie auf Kapitellplastik und Ornamentik der Palasse ein, anhand der Doppelkapelle der Neuenburg darüber hinaus auf Zackenbogen, Lilienfenster und Mittelsäule. Als wohl wichtigstes Ergebnis konstatiert sie «zwei Stilphasen der Beeinflussung ... zwischen dem mitteldeutschen Raum und dem Rhein-Maas-Gebiet»: «die erste zwischen den 1150er Jahren und den 1170er Jahren und die zweite von 1190 bis

1 STEFANIE LIEB: Wechselwirkungen in der romanischen Kapitellornamentik zwischen dem mitteldeutschen Raum und dem Rheinland. In: Bonner Jahrbücher. 201(2001), S. 365–375.
2 Vgl. SCHMITT, Neuenburg 2004 (wie Anm. 3) S. 201, Anm. 42.

1220.» (S. 374) Beide Phasen rücken nach neuen Forschungen «teilweise auf ca. 1180/90 näher.»

Anhand des Wartburg-Palas verweist sie auf Restaurierungen des 19. Jahrhunderts, die durch Auswechslungen und Neuarbeiten von Kapitellen ein «verfälschendes Bild des ursprünglichen romanischen Kapitellbestandes» (S. 374) ergeben können. Es seien «achtzig Prozent der Kapitelle der Palasfassaden auf der Wartburg Werkstücke aus der Mitte des 19. Jahrhunderts.» (S. 374 f.) Nach Vorbildern der Kunstliteratur gearbeitete Stücke identifiziert sie am Wartburg-Palas anhand zweier Kapitelle vom Kreuzgang aus St. Gereon in Köln und anhand von Kapitellen aus der Krypta des Naumburger Doms (S. 375, vgl. S. 374 Abb. 17).

Anknüpfungen an Liebs These von zwei Phasen finden sich bei Reinhard Schmitt (Halle) im Begleitband zur 2003 eröffneten Ausstellung auf der Neuenburg[3]. Seine zweiteiligen Ausführungen zur Baugeschichte der Neuenburg stellen den aktuellen Stand der interessanten und ergiebigen bauarchäologischen Forschungen vor. Wieweit sie einen relativen Abschluss gefunden haben, wird sich noch zeigen müssen. Den beiden Phasen der Beeinflussung aus dem Rhein-Maas-Gebiet nach Mitteldeutschland bei Lieb stimmt Schmitt ausdrücklich zu (S. 144 f., S. 194, Anm. 11 und S. 201, Anm. 40).

Die Zackenbogen in der Kapelle der Neuenburg haben in Deutschland mit St. Andreas in Köln bisher eine einzige bekannte Parallele. Schmitt macht auf ein eventuell weiteres Beispiel aufmerksam, das für die Wartburg sehr aufschlussreich wäre, aber nicht mehr erhalten ist. Unter den Zeichnungen des Wartburg-Kommandanten Bernhard von Arnswald ist auf einem um 1850 entstandenen Albumblatt ein Zackenbogen zu sehen (S. 140 f., S. 198, Anm. 9–11)[4], der ein weiteres Indiz für ein abgerissenes Sakralgebäude – möglicherweise die oft vermutete, einzeln stehende Kapelle im Burgareal – sein könnte.

*

Am Anfang des Mäzenatentums von Landgraf Hermann I., zunächst nur Pfalzgraf von Sachsen, steht die Beendigung des Eneide-Epos durch Heinrich von Veldeke in den 1180er Jahren auf der Neuenburg. Bis vor einiger Zeit galt

---

3   Susanne Ansorg und Jörg Peukert (Red.): Burg und Herrschaft. Die Neuenburg und die Landgrafschaft Thüringen im hohen Mittelalter. Beiträge zu Ausstellung. Freyburg/Unstrut 2004, darin: Reinhard Schmitt: Zur Baugeschichte der Neuenburg I, S. 30–89, 172–188 und Zur Baugeschichte der Neuenburg II, S. 122–146, 194–201.

4   Wartburg-Stiftung Eisenach, Grafikbestand, Inv.-Nr. G 3349; abgebildet in: Günter Schuchardt: «Romantik ist überall, wenn wir sie in uns tragen...». Der Kommandant und Zeichner der Wartburgwiederherstellung, Bernhard von Arnswald. In: Jahrbuch der Stiftung Thüringer Schlösser und Gärten. Bd. 6 für das Jahr 2002. (2003), S. 125–132, hier S. 127, Abb. 4; Günter Schuchardt (Hrsg.): Romantik ist überall, wenn wir sie in uns tragen. Aus Leben und Werk des Wartburgkommandanten Bernhard von Arnswald. Regensburg 2002, S. 469, Nr. 616.

als gesicherte Vorgeschichte, dass auf der Hochzeit des Landgrafen Ludwig III.
mit Margarete von Kleve im Jahre 1174 in Kleve vom Bruder Heinrich Raspe
(III.) das unvollendete Manuskript gestohlen und damit in den Familienbesitz
der Ludowinger gebracht wurde[5]. Vor einem Jahrzehnt hatte Bernd Bastert
(Aachen) diese Vorgeschichte kritisch untersucht und in wesentlichen Teilen
verworfen[6], und unlängst korrigierte Tina Sabine Weicker (Lichtenfels-Sach-
senberg) die Version Basterts, ohne deshalb zur alten Fassung zurückzukehren.

Bastert hatte die Fertigstellung der Eneide auf der Neuenburg nicht bezweifelt und am ehesten ab Herbst 1184 angesetzt. An der Vorgeschichte bestritt er
vor allem einen Diebstahl des Manuskripts durch einen Ludowinger mit folgenden Argumenten[7]: Die Hochzeit von Ludwig III. und Margarete fand
weder in Kleve noch 1174 statt, sondern eher später und in Thüringen. Die
unvollendete Schrift habe nicht der Ludowinger Heinrich Raspe, sondern der
1184 tödlich verunglückte Graf Heinrich I. von Schwarzburg gestohlen. Nach
dessen Tod sei sie vermutlich durch die Vermittlung von dessen Bruder
Günther von Schwarzburg an die Ludowinger gelangt, die nun Veldeke die
Vollendung seines Werkes ermöglichen konnten. Bastert betonte selbst, dass
die «Entstehungschronologie ... natürlich nicht ohne Spekulationen und
Vermutungen» (S. 265) auskommt.

Ähnlich bemerkt Tina Sabine Weicker[8], bei ihren Überlegungen auf
«Spekulationen und scheinbare Unstimmigkeiten» angewiesen zu sein (S. 15 –
diese und die folgenden Seitenangaben zu Anm. 8). Sie geht wie Bastert von
einem Abschluss des Werkes in den 1180er Jahren aus, «vermutlich zwischen
1181 und 1186, vielleicht zwischen 1184 und 1186» (S. 15, vgl. bes. S. 12), und
akzeptiert die Nicht-Täterschaft Heinrich Raspes (S. 8). Ihre «hypothetische
Rekonstruktion» bezweifelt den Verlust des unvollendeten Manuskripts durch
einen Diebstahl (Zusammenfassung S. 14 f.). Wahrscheinlich habe Veldeke
seinen Gönner, eventuell die vor 1180 verstorbene Gräfin Agnes von Loon,

---

5 Vgl. zum Diebstahl auf der Klever Hochzeit: Herbert Wolf: Die deutsche Literatur im
   Mittelalter. In: Hans Patze und Walter Schlesinger (Hrsg.): Geschichte Thüringens. 2. Bd., 2.
   Teil. Hohes und spätes Mittelalter (Mitteldeutsche Forschungen, Bd. 48/II, Teil 2). Köln/Wien
   1973, S. 188–249, hierzu S. 202; Manfred Lemmer: «der Dürnge bluome schînet dur den snê».
   Thüringen und die deutsche Literatur des hohen Mittelalters (Schriften der Wartburg-Stiftung
   Eisenach. 1). Eisenach 1981, S. 22–24; Ludwig Wolff und Werner Schröder: Heinrich von
   Veldeke. In: Kurt Ruh, u. a. (Hrsg.): Die deutsche Literatur des Mittelalters. Verfasserlexikon.
   Bd. 3. Berlin/New York 1981, S. 899–918, hierzu Sp. 908 f.
6 Bernd Bastert: DÔ SI DER LANTGRVE NAM. Zur «Klever Hochzeit» und der Genese des
   Eneas-Romans. In: Zeitschrift für deutsches Altertum und deutsche Literatur. 123(1994), S.
   253–273.
7 Bastert, Hochzeit 1994 (wie Anm. 6) Zusammenfassung S. 265.
8 Tina Sabine Weicker: DÔ WART DAZ BÛCH ZE CLEVE VERSTOLEN. Neue Überlegungen zur Entstehung von Veldekes ‹Eneas›. In: Zeitschrift für deutsches Altertum und deutsche
   Literatur. 130(2001)1, S. 1–18.

verloren und danach die Schrift einer Gräfin von Kleve übergeben, die Landgraf Ludwig III. heiratete und die Weiterleitung an Hermann I. beeinflusste. Um Basterts Version zu erschüttern, entlastet sie vor allem Heinrich von Schwarzburg, der «als Dieb von Veldekes Manuskript genauso wenig in Frage [kommt] wie Heinrich Raspe III.» (S. 11).

Zur Hochzeit Ludwigs III. möchte sie im Gegensatz zu Bastert nicht ausschließen, dass sie 1174 in Kleve stattfand, doch sei der Zeitpunkt zunächst ziemlich offen (S. 6) und eine Heimführung der Braut vor der Hochzeit nach Thüringen, wie Bastert glaubt, keineswegs zwingend (S. 7). Andererseits mißtraut sie der Namensüberlieferung Margaret(h)e für die Klever Gattin und glaubt an eine Verwechslung. Johannes Rothe habe in seiner 1421 abgeschlossenen Thüringischen Weltchronik diesen Namen verwandt, der in der zeitgenössischen österreichischen Herzogsfamilie sehr häufig vorkam (S. 4). Eine ältere Chronik hatte Ludwig III. mit einer österreichischen Herzogstochter verbunden. Dabei hält sie Rothe für den einzigen thüringischen Überlieferer des Namens Margarete für die Gemahlin Ludwigs III. (S. 5, Anm. 28).

Genau zu diesem Punkt äußerte sich in jüngerer Zeit Reinhard Hahn (Jena)[9]. Zunächst verwies er auf Rothes 1417/19 abgeschlossene thüringische Landeschronik. Diese fußt auf der Eccardiana und diese wiederum auf der 1395/96 im Eisenacher Dominikanerkloster beendeten Pistoriana, deren Zitat zu Margareta als Gattin Ludwigs III. Hahn wiedergibt (S. 245). Der Abstand vom Geschehen bis zur erstmaligen Erwähnung des Namens von über 200 Jahren bleibt aber immer noch erheblich. Hahn akzeptiert im Unterschied zu Weicker die Auffassung Basterts von der Eheschließung im ludowingischen Herrschaftsbereich und nicht in Kleve. Den «Manuskriptdieb» möchte er aber in Heinrich Raspe und nicht in Heinrich von Schwarzburg sehen (S. 252). Als Ort der Vollendung des Werkes hält er die Neuenburg für nicht bestätigt; sicher sei «lediglich Doringen», worunter der «Hof des Pfalzgrafen», möglicherweise die Wartburg oder ein anderer Ort, zu verstehen sei (S. 256). Schließlich meldet er Zweifel an, ob der Epilog zur Eneide wirklich allein auf Heinrich von Veldeke zu fixieren sei. Als Hypothese möchte er «drei verschiedene Abschlüsse» aus den Überlieferungen herauslesen (S. 262 f.), die nicht sämtlich von jenem stammen müssen.

*

Der 1998 emeritierte Burghart Wachinger äußerte sich jüngst erneut zum Sängerkrieg auf der Wartburg[10]. Der Tübinger Literaturwissenschaftler ist einer der besten Kenner der Thematik, wovon insbesondere eine Monographie und

---

9 REINHARD HAHN: unz her quam ze Doringen in daz lant. Zum Epilog von Veldekes Eneasroman und die Anfänge der höfischen Dichtung am Thüringer Landgrafenhof. In: Archiv für das Studium der neueren Sprachen und Literaturen. 237(2000)2, S. 241–266, hierzu S. 244 f.

der entsprechende Beitrag im Verfasserlexikon zeugen[11]. Eine Werksübersicht von 1960 bis 2003 (S. 73–78) legt Zeugnis über seine Leistungen zur mittelalterlichen deutschen Epik ab. Die neue Publikation dürfte die erweiterte und vervollständigte Fassung seines Vortrags vom Herbst 2001 im Rahmen seiner Wolfgang-Stammler-Gastprofessur (S. 71) an der Universität in Freiburg/ Schweiz sein.

Zeitlicher End- und Zielpunkt ist das 1855 [ungenau «1856» auf S. 63] von Moritz von Schwind im Sängersaal der Wartburg geschaffene Sängerkriegs-Fresko. Zum Anliegen hat sich Wachinger das Skizzieren der «Hauptlinien der langen und komplizierten Stoffgeschichte, die dem Bild Moritz von Schwinds vorausgeht» (S. 13) gemacht. Er gliedert seine Ausführungen in drei Teile (S. 13 f.). Der erste Teil beschäftigt sich mit den mittelalterlichen Textgrundlagen, der zweite mit Dichtungen der Früh- und Spätromantik und der dritte mit Moritz von Schwind. In der vorliegenden Besprechung können nur die Grundlinien und einige Detailaussagen nachgezeichnet werden, während viele Einzelheiten wegen ihrer großen Anzahl unbeachtet bleiben müssen.

Zum ersten Teil bemerkt Wachinger über das Fürstenlob des Sängerkrieges u. a., dass es wohl zwischen 1260 und 1280 entstand (S. 16), als Gönner am ehesten den meißnischen Markgrafen Heinrich den Erlauchten (†1288) meint (S. 18) und «wie ein Gerichtskampf inszeniert» ist (S. 17). Die Sage beruht vor allem auf «drei pseudohistorischen Konstrukten» (S. 24, vgl. S. 13): Dem «Fürstenlob», dem «Rätselspiel» und der Elisabeth-Prophezeiung Klingsors bei Dietrich von Apolda. Letztere Passage ordnet er gegen Monika Rener und mit Matthias Werner nicht einer Entnahme aus der «Gesta Ludowici» des ludowingischen Kaplans Berthold zu, sondern einer der Zutaten Dietrichs (S. 22, Anm. 13). Erhaltene Mittler bis in die Neuzeit hinein sind die Cronica Reinhardsbrunnensis, das Ludwigsleben Dietrichs von Friedrich Ködiz und vier Werke des Johannes Rothe (S. 23 f.).

Im zweiten Teil über die Rezipienten seit Ende des 18. und aus der ersten Hälfte des 19. Jahrhunderts möchte Wachinger «hier nur auf die drei wichtigsten kurz» eingehen (S. 25). Der «Heinrich von Ofterdingen» des Novalis, postum 1802 erschienen, ist das «erste Signal eines neuen Interesses für den Wartburgkrieg» (S. 26). Während Novalis ziemlich weit den eigenen Intentio-

---

10 BURGHART WACHINGER: Der Sängerstreit auf der Wartburg. Von der Manesseschen Handschrift bis zu Moritz von Schwind (Wolfgang Stammler Gastprofessur für Germanische Philologie. Vorträge 12). Berlin [u. a.] 2004.

11 BURGHART WACHINGER: Sängerkrieg. Untersuchungen zur Spruchdichtung des 13. Jahrhunderts (Münchener Texte und Untersuchungen zur Deutschen Literatur des Mittelalters. 42). München 1973; BURGHART WACHINGER: ‹Der Wartburgkrieg›. In: BURGHART WACHINGER, u. a. (Hrsg.): Die deutsche Literatur des Mittelalters. Verfasserlexikon. Bd. 10. Berlin/New York ²1998, Sp.740–766.

nen Raum gab, hielt sich E. T. A. Hoffmann in seiner Novelle «Der Kampf der Sänger» von 1818 «inhaltlich viel enger an die mittelalterliche Tradition» (S. 27). Das dritte literarische Rezeptionszeugnis ist der bekannte «Tannhäuser» Richard Wagners (S. 29).

Im dritten Teil zu Moritz von Schwind geht Wachinger auf die Textvorlagen, das Heranreifen der Bildkomposition und den Bildinhalt des Sängerkriegs-Freskos ein (S. 30-35). Schwind hatte sich weit mehr als die drei romantischen Dichter «um Quellentreue bemüht» (S. 30). Die Ausformung von Schwinds Vorstellungen sieht der Autor vor allem durch die thüringische Sagensammlung Ludwig Bechsteins beeinflusst, wobei er den Grafen von Montalembert nicht nennt, der sicherlich die Ausgestaltung der Elisabeth-Fresken, aber nicht nur diese, sehr nachhaltig beeinflusst hat[12]. Die bildkünstlerische Beschäftigung mit dem Thema durch Schwind reißt er kurz an (S. 31) und nennt «die älteste Skizze ... wohl aus dem Jahre 1837» (vgl. S. 66 Abb. 4), eine darauf basierende Aquarellfassung (vgl. S. 67 Abb. 5) und das heute im Städelschen Institut in Frankfurt/M. befindliche Ölbild von 1846 (vgl.S.69 Abb. 7).

Neben dem Fachtext (S. 13-37) enthält die Publikation einen Abbildungsteil (S. 63–69) und einen Abschnitt mit Textwiedergaben (S. 38–61), in dem die mittelalterlichen Vorlagen von Johannes Rothe und von Wartburggedichten des 13. Jahrhunderts neben die Verarbeitung durch Ludwig Bechstein gestellt werden. Wachinger bietet nicht überraschend Neues, dafür aber eine ansprechende Zusammenfassung. Der historische Längsschnitt bis zu Moritz von Schwind kann zu Vergleichen mit dem recht zeitnahen und thematisch nahezu parallelen Beitrag von Stefan Schweizer[13] über die Ortsfindung der Sage genutzt werden.

*

Die wichtigsten erzählenden Quellen zur hl. Elisabeth hat Sybille Schröder (Berlin) hinsichtlich der Aussagen zum Hofleben ausgewertet[14]: Die im Zuge der Kanonisierungsvorbereitung entstandene Elisabethbiographie Konrads von Marburg und die Aussagen der Dienerinnen (Libellus), die Biographien von Caesarius von Heisterbach und Dietrich von Apolda, die biographischen

---

12 Zur Schilderung des Sängerkrieges vgl. CHARLES FORBES DE TYRON MONTALEMBERT: Leben der heiligen Elisabeth von Ungarn, Landgräfin von Thüringen und Hessen. (1207–1231)/dt. Hrsg.: J. PH. STÄDTLER. Aachen/Leipzig 1837, S. 6-9.

13 STEFAN SCHWEIZER: «Der Saal wird zur mächtigen Halle von ehedem» oder: Wie der ‹Sängerkrieg auf der Wartburg› seinen Ort und seine ‹Bilder› fand. In: Wartburg-Jahrbuch 2003. 12(2004), S. 47–88.

15 SYBILLE SCHRÖDER: Höfisches Leben und Alltag am Landgrafenhof von Thüringen zur Zeit der heiligen Elisabeth. In: Zeitschrift des Vereins für Thüringische Geschichte. 57(2003), S. 9–42.

Werke über Ludwig IV. von Kaplan Berthold und von Friedrich Köditz (S. 15 f.). Im «Zentrum» des Beitrags soll der «Alltag am Hofe der Landgrafen» stehen (S. 13). Obwohl mit «Topoi und Übertreibungen» zu rechnen sei, dürften die Informationen zum Alltag «glaubwürdig» (S. 15) und die Aufzeichnungen eine «sehr wertvolle Quelle» für «das alltägliche Leben am Hofe des Landgrafen von Thüringen» (S. 42) sein. Tatsächlich erlauben die Schilderungen der Lebensumstände Elisabeths und Ludwigs IV. weit tiefere Einblicke als andere chronikalische oder urkundliche Überlieferungen.

Die Verfasserin lotet eine Vielzahl von Bemerkungen aus den genannten Quellen auf ihren gesellschaftlichen Hintergrund aus und versuchte, sie in drei «Funktionsbereiche» einzuteilen: 1. «die Organisation des täglichen Lebens», 2. «Regierungshandlungen» und «Herrschaftsrepräsentation» und 3. die «sozial und kulturell integrative Funktion» (S. 17). Wie problematisch dieses Schema ist, zeigt sich an der Kleiderordnung, die sowohl beim «täglichen Leben» (S. 28) als auch bei der «Herrschaftsrepräsentation» (S. 29 – 31) mit teilweise denselben Fakten zur Sprache kommt. Insgesamt bietet der Beitrag eine Vielzahl von Einzelheiten aus dem biographischen Material, die in anderer Literatur verstreut vorkommen und hier tiefgründiger untersucht werden. Angesichts des weit gespannten Themas verwundert es nicht, wenn einiges nicht erwähnt ist wie Elisabeths Reitkünste und wenn manche Literaturangabe wie der maßgebliche Beitrag zur Herkunft der Isentrud von Hörselgau (S. 11, Anm. 8)[15] fehlt.

In der abschließenden Zusammenfassung konstatiert die Autorin, «daß der landgräfliche Hof ... in ein Netzwerk[16] höfischer Kontakte eingebunden war» (S. 41). Das «alltägliche, durch festliche Ereignisse gesteigerte Leben am Hofe» habe vermutlich nicht nur «Prestige» und «Herkunft» des Fürsten gestärkt, sondern auch eine «integrierende Wirkung für die am Hofe anwesenden Ministerialen und Adligen ausgeübt» (S. 41).

Wenn die Wartburg ins Blickfeld gerät, fällt manch interessante Bemerkung, macht sich aber auch die Unkenntnis neuerer Literatur zu diesem Gegenstand bemerkbar. Die «Rolle der Wartburg als Herrschaftsmittelpunkt» möchte die Verfasserin auf Grund fehlender Urkundenausstellungen bis zu Heinrich Raspe «differenziert betrachten» und erst seit Ludwig IV. ansetzen (S. 18). Auch hält sie die «hygienischen oder medizinischen Bedingungen» auf der Wartburg für unzureichend (S. 25) und verweist dabei auf Elisabeths Entbindungen, von denen erst die zweite 1224 hier stattfindet.

---

15 Lutz Fenske: Thüringische Amtsträger des Deutschen Ordens in der Frühzeit des Ordensgeschichte: Ludwig von Hörselgau, Deutschordensmarschall 1215 in Akkon. In: Michael Gockel (Hrsg.): Aspekte thüringisch-hessischer Geschichte. Marburg 1992, S. 63 – 91, hierzu S. 89 – 91.

16 «Netzwerk» scheint ein inflationär gebrauchter Begriff zu werden; vgl. in diesem Literaturbericht Anm. 90 bei Haufe.

Die weitreichenden Bemerkungen Lemmers[17] zu letzterem sind nicht erwähnt. Unbeachtet blieben vor allem die tiefergehenden Erkenntnisse zur zentralen Funktion der Landgrafenburg[18] vor Ludwig IV. Die Vermutung von «Wohnräumen» auf der Wartburg, die der «anwesenden Öffentlichkeit des Hofes etwas stärker entzogen waren» (S. 24), macht sie an der anekdotischen Begebenheit mit der verwechselten Fußzehe beim nächtlichen Wecken durch eine Dienerin fest. Die sagenhafte Bändigung des ausgebrochenen Löwen durch Ludwig IV. scheint ihr «nicht besonders glaubwürdig», sondern «eher ein Topos» zu sein (S. 36). Die Nutzung des Festsaals «zu repräsentativen Zwecken» leitet sie zwar richtig von seiner Ausstattung und Raumgröße ab, verweist dabei aber nur auf sekundäre Literatur (S. 33 f., Anm. 110).

Interessant könnte der Hinweis auf einen «Baumgarten» als «Teil des architektonischen Ensembles der Wartburg» schon zur Zeit Elisabeths (S. 21) sein. Die Anlegung eines Baumgartens im Burgareal erwähnt erst im frühen 15. Jahrhunderts Hermann Rothe für das Jahr 1319 durch Friedrich den Freidigen[19].

Die Stelle aus dem Bericht von Elisabeths Dienerin Isentrud übersetzt bzw. zitiert die Autorin mit «an einer geheimen Stelle des Baumgartens» (S. 21, vgl. Anm. 48)[20]. Ob allerdings «pomerium» (Mauerstreifen) mit dem «pomarium» (Obstgarten) gleichzusetzen ist, wie dies die Autorin offenbar tut, sollte überprüft werden. Außerdem fehlt an dieser Stelle des Isentrud-Berichts die Erwähnung einer Burg oder gar der Wartburg.

∗

Den 450. Jahrestag der Fertigstellung der Kirche im Schloss Grimmenstein über Gotha nimmt Udo Hopf (Gotha) zum Anlass für eine «vorrangig aus bisher kaum ausgewerteten Archivalien zusammengetragene Baugeschichte» (S. 64)[21]. Sie war der «zweite fertiggestellte Neubau einer protestantischen

---

17 MANFRED LEMMER: Die Wartburg – Musensitz unter Landgraf Hermann I.? In: Dialog. Schule und Wissenschaft, Deutsch und Geschichte. Acta Ising 1990. (1991), S. 17–34, hier S. 22 und 31; vgl. Wartburg-Jahrbuch 1993. 2(1994), S. 237 f.

18 Vgl. Wartburg-Jahrbuch 1995. 4(1996), S. 32–34; GÜNTER SCHUCHARDT (Hrsg.): Der romanische Palas der Wartburg (Bauforschung an einer Welterbestätte. Bd. 1). Regensburg 2001, S. 16–19.

19 JOHANN ROTHE: Düringische Chronik/Hrsg.: R. v. LILIENCRON (Thüringische Geschichtsquellen. 3. Bd.). Jena 1859, S. 543, cap. 636; darauf beziehen sich: MAX BAUMGÄRTEL (Hrsg.): Die Wartburg. Ein Denkmal deutscher Geschichte und Kunst. Berlin 1907, S. 138; GERD STRICKHAUSEN: Burgen der Ludowinger in Thüringen, Hessen und dem Rheinland. Studien zu Architektur und Landesherrschaft im Hochmittelalter (Quellen und Forschungen zur hessischen Geschichte. 109). Darmstadt/Marburg 1998, S. 205.

20 ALBERT HUYSKENS: Der sog. Libellus de dictis quatuor ancillarum s. Elisabeth confectus. Kempten/München 1911, S. 17, Zeile 440 f.: «in secreto pomerii sui».

21 UDO HOPF: Die protestantische Schlosskirche auf dem Grimmenstein zu Gotha. In: Gothaisches Museums-Jahrbuch 2004. 7(2003), S. 42–66.

Schlosskirche nach Torgau (1544)» (S. 65, vgl. S. 42). Nach Verlust des Kurkreises mit Torgau und nach seiner Freilassung hatte sie Johann Friedrich der Großmütige von 1552 bis 1554 durch den bekannten Baumeister Nickel Gromann errichten lassen. Mit der Zerstörung des Grimmensteins fiel die Kirche bereits 1567.

Daneben geht Hopf dem Schicksal der Reinhardsbrunner Landgrafensteine der Ludowinger seit Mitte des 16. Jahrhunderts[22] nach (S. 52–57), die nach Abbruch in Reinhardsbrunn mit dem gewonnenen Baumaterial «spätestens 1553» (S. 54) auf den Grimmenstein gelangten. In diesem Jahr besserte sie laut Baurechnungen der Bildhauer Simon Schröter aus. Zur Ausgestaltung der Schlosskirche wurden sie «in die Wände eingebunden» (S. 54). Nach dem am 27. Juli 1567 begonnenen Abriss des Sakralbaus wurden sie geborgen und wohl noch im gleichen Jahr im Gothaer Gießhaus eingelagert. Durch den Rektor M. Andreas Wilke entgingen sie der schon angeordneten Vernutzung für den 1605 bis 1607 erfolgten Umbau des örtlichen Gymnasiums. Dadurch konnte die Herzogin Dorothea Maria, Witwe des Herzogs Johann von Sachsen-Weimar (1570-1605), sie für den Ausbau des Amtshauses von Reinhardsbrunn zu ihrem Witwensitz zurückbringen lassen, was der herzogliche Rat Hortleder am 8. September 1613 besorgte (S. 56). Nach «steinmetzmäßigen Ergänzungs- und Ausbesserungsarbeiten» wurden sie 1614 an der südlichen Außenmauer des Kirchengebäudes unter einer kleinen Schieferabdachung[23] aufgestellt.

Während des Neubaus der Kirche von 1857 bis 1874 wurden die Steine nochmals einer Restauration unterzogen – diesmal 1864 durch den Hofbildhauer Wolfgang aus Gotha – und dann an den Innenwänden im westlichen Vorraum der Kirche angebracht.

Bei den verschiedenen Ortsveränderungen, die mit dem Herausbrechen aus dem Verbund begannen, erlitten die Grabsteine Schäden. Durch die drei fassbaren Überarbeitungen von 1553, 1614 und 1874 – eventuell noch mehr – dürfte «kaum etwas von den originalen Oberflächen übriggeblieben» sein (S. 57), wodurch sowohl die Gesichter als auch die Inschriften verändert wurden. Das zwingt m. E. vor allem zu einem kritischen Herangehen an die Inschriftentexte, wenn man sie als historische Quelle benutzt.

---

22 Vgl. Carl Polack: Die Landgrafen von Thüringen. Zur Geschichte der Wartburg. Gotha 1865, S. 312–315 (hier auch zum Grabstein und den Gebeinen Friedrichs des Freidigen); Sigmar Löffler: Geschichte des Klosters Reinhardsbrunn nebst einer Baugeschichte des Schlosses Reinhardsbrunn. Erfurt/Waltershausen 2003, S. 213, 221 und 284.

23 Abbildungen vgl. Ludwig Puttrich (Bearb. u. Hrsg.): Mittelalterliche Bauwerke in den Herzogthümern Sachsen-Coburg-Gotha (Denkmale der Baukunst des Mittelalters in Sachsen. Abth. 1, Bd. 2, H. 4). Leipzig 1849, S. 9 und Tafel 8; Löffler, Reinhardsbrunn 2003 (wie Anm. 22) S. 254; Wilfried Warsitzka: Die Thüringer Landgrafen. Jena 2004, S. 201; Friederike Kruse: Schloß Reinhardsbrunn bei Gotha (Studien zur thüringischen Kunstgeschichte. 3). Rudolstadt/Jena 2003, S. 22.

Bekanntlich kamen die Grab- bzw. Gedenksteine 1952 zu ihrem jetzigen Standort in der Eisenacher Georgenkirche, wo sie in der Nähe der Epitaphe Friedrichs des Freidigen (gest. 1323) und dessen Gemahlin Elisabeth (gest. 1359) stehen. Von ihrem ursprünglichen Platz im Eisenacher Katharinenkloster[24] ließ die beiden Letzteren Johann Friedrich der Großmütige zu einem unbekannten Zeitpunkt zu einem «neuen fürstlichen Erbbegräbnis» (S. 52) ebenfalls auf den Grimmenstein bringen. Allerdings wurden sie nicht in der neuen Burgkapelle von 1552/54 untergebracht, sondern in einer «in den Bauakten erwähnten Unterkirche» (S. 52).

Die Gebeine Friedrichs des Freidigen, heute ebenfalls in der Eisenacher Georgenkirche, waren mit dem Grabstein von der Katharinenkirche nach Gotha gekommen (S. 52) und lagerten in der Unterkirche. Wohl zusammen mit den Ludowinger-Steinen kamen sie nach Reinhardsbrunn zurück und wurden in der Kirche beigesetzt, wo sie 1702 wieder aufgefunden wurden (S. 56).

*

Zur Wartburggeschichte in der Frühen Neuzeit äußert sich Heiko Laß (Marburg)[25], wobei er den Zeitraum vom Lutheraufenthalt bis zum ersten Goethebesuch erfasst, also von 1521/22 bis 1777. Eingangs konstatiert er den Eindruck aus den Veröffentlichungen, wonach die Wartburg in jener Zeit «keine große Bedeutung gehabt habe und langsam verfallen sei» (S. 111). Dem stellt er im Ergebnis seiner Ausführungen gegenüber, dass sie «in der Frühen Neuzeit eine wichtige, wenn nicht gar einzigartige Funktion im Rahmen landesherrlicher Selbstdarstellung» wahrnahm (S. 116).

Laß hat Nachrichten über Baugeschichte, Inventar und Stellenwert der Wartburg gesammelt und wiedergegeben. In der ersten Hälfte des 17. Jahrhunderts habe Herzog Johann Ernst (gest. 1638) einen «dynastischen Repräsentationsort» geschaffen (S. 114), was die jüngere Linie des Hauses Eisenach fortführte und die Burg zu einem «persönlichen Memorialort der Eisenacher Speziallinie» ergänzte (S. 115). Nach deren Aussterben 1741 habe dann allerdings der neue Landesherr Herzog Ernst August I. versucht, die «Erinnerung an die vorangehende Dynastie zu vernichten» (S. 116), und nun «setzte auch bald der Verfall ein» (S. 112). Verfall und Bedeutungsverlust («Vergessenheit» – S. 116) der Wartburg haben also nicht bereits im 16., sondern erst Mitte des

---

24 Hopf hält wie andere das Katharinenkloster für den Ort von Elisabeths Grabstätte, die sich wie ihre Grabplatte aber im Eisenacher Dominikanerkloster befand; vgl. Magdalene Magirius: Figürliche Grabmäler in Sachsen und Thüringen von 1080 bis um 1400. Esens 2000, S. 259, Anm. 59.

25 Heiko Lass: Zwischen Luther und Goethe. Die Wartburg in der Frühen Neuzeit – ein dynastisches Museum der Ernestiner. In: Marburger Correspondenzblatt zur Burgenforschung. 4(2003/2004), S. 111–118.

18. Jahrhunderts begonnen und nicht ein «Vierteljahrtausend», sondern nur «eine Generation» (S. 116) bis zur «Wiederentdeckung» gedauert.

Mit seinem Beitrag weist Laß berechtigt auf die bisher ungenügende Würdigung des Zeitabschnitts von Mitte des 16. bis zum dritten Viertel des 18. Jahrhunderts hin, wozu es keine befriedigende Darstellung der Wartburggeschichte gibt, der im Vergleich zur Gesamtgeschichte der Burg allerdings auch ereignisarm erscheint. Der Verfasser unterläßt den Hinweis auf die materialreichste Behandlung jenes Zeitraums in dem von ihm nicht erwähnten Wartburg-Werk von 1907[26]. Zur dynastischen Bedeutungsaufwertung unter Johann Ernst hat R. Lührmann einiges herausgearbeitet[27], deren Beitrag Laß zwar nennt, aber nicht in diesem Zusammenhang (S. 111, Anm. 3).

Wie tief die Zäsur beim Übergang an das Haus Sachsen-Weimar 1741 für die Wartburg war, sollte weiter ausgelotet werden. Natürlich schwand der Standort Eisenach/Wartburg von einer Haupt- zu einer Nebenresidenz mit Nachteilen für die Instandhaltung der übernommenen Bauwerke. Allerdings setzte der Verfall schon vorher ein, wie am Wartburg-Bergfried in der zweiten Hälfte des 17. und der ersten Hälfte des 18. Jahrhunderts zu sehen ist, und dürfte grob auf die Zeit von 1740 bis 1840 anzusetzen sein. Damit ist aber auch gesagt, dass die Wartburgaufenthalte Goethes von 1777 bis 1784 keine baugeschichtliche Zäsur markieren. In historischer Hinsicht sind sie es durch die Person des Dichters, aber die Wiederentdeckung der Wartburg vollzog sich durch einen viel größeren Personenkreis und war vorerst überwiegend ideeller Natur.

Die von Laß behauptete Missachtung durch die neue Dynastie kann vielleicht kurzfristig gewirkt haben, bestand aber nicht langfristig. Die zutreffend herausgestellten Programmpunkte «heilige Elisabeth, Luther und die landesherrliche Dynastie» (S. 116) galten nicht nur für Johann Ernst und die jüngere Eisenacher Herzogslinie, sondern auch für das Herzogshaus von Sachsen-Weimar. Dass «viele Exponate also keinen Bezug mehr zur Residenz hatten» (S. 116) und nun eher störten, führte keineswegs zu einer abrupten Ausdünnung des Inventars. Selbst die Kleider und Bewaffnung des 1684 vor Ofen tödlich verwundeten Erbprinzen Friedrich August von Sachsen-Eisenach (S. 113, 115) verblieben auf der Burg und wurden weiterhin an exponierter Stelle gezeigt[28], ähnlich das angebliche Modell der Festung Grimmenstein

---

26 BAUMGÄRTEL, Wartburg 1907 (wie Anm. 19) S. 147–161.

27 RENATE LÜHRMANN: Das «große herrliche Gemälde» von der «gutthätigen Elisabeth» in der Kapelle der Wartburg. In: Wartburg-Jahrbuch 2000. 9(2002), S. 134–179, hierzu S. 170, 176.

28 Vgl. (JOHANN CARL SALOMO THON): Schloß Wartburg. Ein Beytrag zur Kunde der Vorzeit. Gotha 1792, S. 154 f.; JOHANN WILHELM STORCH: Topographisch-historische Beschreibung der Stadt Eisenach sowie der sie umgebenden Berg- und Lustschlösser, insbesondere der Wartburg und Wilhelmsthal nebst Regenten-Geschichte. Eisenach 1837, S. 528.

(S. 114). Die meisten Verluste am Inventar traten nicht bald nach 1741, sondern in der Wartburg-Restauration der 1840er und 1850er Jahre ein.

Schließlich bleibt zu beachten, dass die «einzigartige Funktion im Rahmen landesherrlicher Selbstdarstellung» (S. 116) ein sehr kleines Herzogtum Sachsen-Eisenach betraf, wofür die Bezeichnung Duodezfürstentum noch übertrieben ist und deshalb die mindere Beachtung jener Zeit in der Wartburgliteratur begreiflich macht.

*

Das nicht unproblematische Verhältnis des Großherzogtums Sachsen-Weimar-Eisenach zum revolutionären Frankreich geht von den Dokumenten aus der US-amerikanische Germanist W. Daniel Wilson[29] in einer Zusammenstellung und Auswertung von 2004 an[30]. Die Wartburg gerät dabei nur zwei Mal in den Fokus der Aufmerksamkeit, und auch dies nur am Rande. Trotzdem soll beides kurz angemerkt werden.

Zum einen informierte der Geheimrat Schnauß, dessen Verbundenheit mit der Wartburg durch eine 1743 entstandene Zeichnung vor Kurzem neu entdeckt wurde[31], am 6. Juni 1793 Herzog Carl August über den «politischen Spion» Anton Focke, seinerzeit Kastellan auf der Wartburg, was wohl nicht mit moderner Begrifflichkeit fassbar ist und allen Regeln der Konspiration widersprochen hätte.

Zum anderen wird auf den «Streit um Fronden für Reparaturen an der Wartburg» Anfang der 1790er Jahre verwiesen (S. 50 f., vgl. Dokument S. 417, Nr. 268). Der Herzog wollte die Fronlast für die Bauern in eine Geldabgabe umwandeln, doch verweigerten die Landstände eine solche Zahlung, worauf er 1794 das entsprechende Untertanengesuch ablehnte. Die kurzen Bemerkungen sollten als Anregung aufgegriffen werden, die Fronden der Bauern umliegender Ämter einmal eingehender auszuwerten und die Wartburggeschichte von dieser bisher kaum beachteten Seite zu beleuchten. Es gibt diesbezüglich lediglich einen kleinen Beitrag zum Widerstand der Bewohner des Amtes Krayenberg[32] und eine Studie zum Ehrensteig, der ehemaligen Hörigensiedlung der Burg[33]. Zu diesem Thema liegt Archivmaterial vom 17. bis 19. Jahrhundert in Weimar vor[34].

29 Von ihm ist das nicht unumstrittene Buch: W. DANIEL WILSON: Das Goethe-Tabu. Protest und Menschenrechte im klassischen Weimar. München 1999; vgl. JOACHIM BAUER und GERHARD MÜLLER: «Des Maurers Wandeln, es gleicht dem Leben». Tempelmaurerei, Aufklärung und Politik im klassischen Weimar (Zeitschrift des Vereins für Thüringische Geschichte. Beiheft. 32). Rudolstadt/Jena 2000, S. 13–23.

30 W. DANIEL WILSON (Hrsg.): Goethes Weimar und die französische Revolution. Dokumente der Krisenjahre. Köln/Weimar/Wien 2004.

31 HANS-JÜRGEN LEHMANN: Der Elisabethen- und der Margarethengang in der Vorburg der Wartburg. Ältere und neueste Baureparaturen. In: Wartburg-Jahrbuch 2002. 11(2003),

Der Sonderforschungsbereich «Ereignis Weimar-Jena. Kultur um 1800» der Friedrich-Schiller-Universität hielt vom 20. bis 23. September 2000 in Jena ein internationales Kolloquium zum Thema «Goethe und die Weltkultur» ab. Der Tagungsband erschien 2003 und enthält einen Beitrag von Helmut G. Walther (Jena) über die Haltung Goethes zu Mittelalter und Reformation anhand der Einstellung zur Wartburg[35].

Einführend zu Goethes Aufenthalten ab 1777 stößt der Autor auf dessen Ignorierung des historischen und architektonischen Denkmals. Bis 1782 blieb die Burg für den Dichter «wahrgenommener Fluchtort» (S. 427) und nach 1784 war sie vor allem «Natur, wurde ihm nie zur Historie.» (S. 429) «Vom Straßburger Münster und dem Götz von Berlichingen führt für Goethe kein direkter Weg zur Architektur der Wartburg» (S. 429), was allerdings nicht verwundert, da die im Wartburg-Palas verborgene romanische Architektur zu seinen Lebzeiten noch nicht bekannt war.

Erstaunlich ist die «erst später und dann auch nur peripher» gewordene Wahrnehmung der Wartburg «als Erinnerungsort des hochmittelalterlichen Minnesangs» (S. 429). Nach einem Kurzbesuch von 1801 sollte Goethe sie bekanntlich in seinen letzten Lebensjahrzehnten nicht mehr betreten. Bei Durchreisen ging der Blick «freilich öfters ... nach oben zur Burg» (S. 430), und auch in Gedanken und Konzeptionen kehrte er wiederholt zu ihr zurück, wie Walther instruktiv herausarbeitet. Um die Zeit des letzten Aufenthaltes begann für Goethe der «Ort eigener lebensgeschichtlicher Erinnerung ... mit dem Ort des kollektiven kulturhistorischen Gedächtnisses» (S. 434) zu verschmelzen.

S. 185–198, hierzu 195–198; GRIT JACOBS: Nicht was gewesen ist, ist die Geschichte, sondern was groß gewesen ist. Carl Alexander Simon: Die Wartburg. eine archäologische Skizze. In: Wartburg-Jahrbuch 2003. 12(2004), S. 108–157, hierzu S. 120, Abb. 11 und 12. Das inzwischen verschollene Original ist wahrscheinlich wiedergegeben bei: HANS VON DER GABELENTZ: Die Wartburg. Ein Wegweiser durch ihre Geschichte und Bauten. München [¹1931], Abb. 7 unten. Vermutlich diente es auch als Vorlage für den im Titelblatt abgedruckten Kupferstich bei: THON, Wartburg 1792 (wie Anm. 28).

32 MAX SAUERBREY: Der Kampf der Bewohner des Amtes Krayenberg um die Frondienste zur Wartburg. In: Das Thüringer Fähnlein. 11(1942)7/8/9, S. 84–88; dazu etwas bei: WILSON, Goethe-Tabu 1999 (wie Anm. 29) S. 145–158.

33 Max Kürschner: Der Ehrenstein. Eine Zugehörung der Wartburg. Eisenach (1974).

34 Thüringisches Hauptstaatsarchiv Weimar, Eisenacher Archiv, Fronsachen, Nr. 102-110 zum Widerstand der Crayenburger; weiter zu Frondiensten für die Wartburg: Nr. 44, 50, 120a, 168, 197–202, 244, 245, 249, 290, 414, 422 einschließlich 415a; Eisenacher Archiv, Militär- und Kriegssachen, Nr. 1093; Eisenacher Archiv, Repertorium Ämter und Städte, Nr. 23.

35 HELMUT G. WALTHER: Altdeutsche Zeit? Wechselnde Perspektiven im Blick auf das Mittelalter anläßlich von Goethes Wartburgaufenthalten. In: KLAUS MANGER (Hrsg.): Goethe und die Weltkultur (Ereignis Weimar-Jena. 1). Heidelberg 2003, S. 425–436.

Zwei Entwicklungen verleideten dem Dichter und Staatsmann die Hinwendung zur Wartburg: erstens der «Monopolanspruch der Romantiker» und zweitens die «politische Inanspruchnahme ... durch die Nationalbewegung seit 1815» (S. 429). Anhand von Novalis, Friedrich Schlegel und Friedrich Baron de la Motte Fouqué (S. 432 f.) zeigt Walther den Versuch der Romantiker, die Vorstellung vom Mittelalter «politisch aufzuladen» (S. 341) und insbesondere die Blütezeit des mittelalterlichen deutschen Kaisertums als Vorbild zu reklamieren.

Während er sich gegen die Romantiker der Wartburg verstärkt zuwandte, bewirkte die Auseinandersetzung mit der Nationalbewegung eine gewisse Abkehr: «Die eindeutig politischen Einvernahmeversuche der Wartburg durch die Nationalbewegung nach 1817 ließen Goethe wieder auf Distanz zum Altdeutschen wie zur Wartburg gehen.» (S. 435) Ausgerechnet kurz vor dem Burschenschaftstreffen von 1817 reiften Pläne, «die Wartburg als mittelalterliches Monument mit Zeugnissen der altdeutschen Kultur auszustatten» und «zum Gedächtnisort der altdeutschen Kultur» auszugestalten (S. 435). Die beabsichtigte Platzierung mittelalterlicher Schnitzkunst im Burginnern, womit Goethe übrigens nicht völlig zu Unrecht die Idee des später verwirklichten Wartburgmuseum zugeschrieben wird, hielt lediglich «bis Frühjahr 1817» an (S. 435). Walther glaubt, das studentische Wartburgfest vom Oktober 1817 für den Rückzug Goethes verantwortlich machen zu können. Das geht so weit, dass er später die Ausstattung ganzer Zimmer in «altdeutscher oder gotischer Art», also das einst eigene Projekt für die Wartburg, als «bloße Maskerade» betrachtet (S. 436). Das hypothetische Resümee kleidet Walther in Frageform: «War ihm [Goethe] die Wartburg endgültig durch ihre Politisierung und romantische Literarisierung verleidet?» (S. 436).

*

Die Stiftung Weimarer Klassik und Kunstsammlungen zeigte im Gedenken an den Einzug der russischen Zarentochter vor 200 Jahren vom 20. Juni bis 26. September 2004 im Weimarer Schloss die Ausstellung: »Ihre Kaiserliche Hoheit«. Maria Pawlowna - Zarentochter am Weimarer Hof. Das zweiteilige Begleitbuch besteht aus dem Katalog zu den Exponaten und aus einem thematisch geordneten Sammelband von Beiträgen [36]. Dieser zweite Teil liegt mit fast 600 Seiten lediglich als CD-R vor, was die Benutzbarkeit erschwert.

Im Beitragsband vergleicht Martin Steffens (Berlin) die Einrichtung von Gedenkräumen in Weimar und auf der Wartburg unter dem Einfluss der Großherzogin [37]. Zunächst behandelt er die Dichterzimmer im Weimarer

---

36 »Ihre Kaiserliche Hoheit«. Maria Pawlowna – Zarentochter am Weimarer Hof. Katalog und 2. Teil (CD-R) zur Ausstellung im Weimarer Schloßmuseum. München/Berlin 2004.

Schloss (S. 215 f., 229–233), wobei er die Ausstattung des Südflügels der Münchener Residenz von 1828 bis 1835 als ein Vorbild ausmacht (S. 229 f.). Der Wartburg-Abschnitt enthält natürlich überwiegend bekannte Tatsachen. Der Auftrag zum Sängerkriegsbild Carl Alexander Simons[38] könnte auf dem «Nachwirken des Münchener Residenzbaus» mit einem Deckengemälde zum gleichen Thema beruhen (S. 233, Anm. 73).

Das Gemälde soll 1837 auf einer Ausstellung des Kultur-Instituts in Weimar gezeigt worden sein. Hier vermutet Steffen eine Vorstudie, da die Fertigstellung erst am 12. Juni 1838 gemeldet wurde (S. 232, Anm. 70). Allerdings steht in einem Beitrag in Schorns Kunstblatt vom November 1838, worauf sich die Angabe stützt, dass die Ausstellung im «verflossenen September»[39] stattfand. Damit könnte durchaus der September des Jahres 1838 gemeint sein und die Chronologie dann ohne jene vermutete Studie auskommen.

Die finanzielle Unterstützung Maria Pawlownas für die Wartburgerneuerung unter ihrem Sohn Carl Alexander betrug «etwa ein Drittel der gesamten Baukosten» (S. 234 und Anm. 87). Die von ihr erworbenen Kunstgegenstände bilden «bis heute Kernbestand der Sammlung der Wartburgstiftung» (S. 234).

Als Fazit des Beitrags nennt Steffens die Wiederherstellung der Wartburg und die Einrichtung der Dichterzimmer im Weimarer Schloss eine «konzeptionelle Einheit» (S. 234 f.) mit der Absicht, «die Erinnerung an herausragende historische Persönlichkeiten (vor allem Schriftsteller) mit einer fürstlichen Repräsentation zusammenfallen zu lassen.» (S. 235) Allerdings hätte zum seit 1853 für Luther geplanten Freskenzyklus (S. 234 oben) der Hinweis gehört, dass er nicht durch Fresken, sondern durch Ölgemälde auf Leinwand und Holz verwirklicht wurde. Des Weiteren waren Weimar und Wartburg die enge räumliche Verbindung von Gedenken und Wohnen gemeinsam (S. 234 unten). In beiden Fällen standen neu eingerichtete Bibliotheken «im Kontext der Gedenkräume» (S. 234, vgl. S. 235, Anm. 92). Das Gedächtnis erschöpfte sich also nicht nur durch «die äußerliche Demonstration einer historischen Kontinuität, sondern wurde nachempfunden und nacherlebt.» (S. 235).

*

---

37 MARTIN STEFFENS: »Sie feiern das Land und seine Fürsten, zumeist aber die Dichter«. Maria Pawlowna und die Einrichtung von Dichtergedenkräumen in Weimar und auf der Wartburg. In: Maria Pawlowna, 2. Teil 2004 (wie Anm. 36) S. 215–235.

38 Zum Sängerkriegsbild Simons: JUTTA KRAUSS: «Leben, Tat oder Tod» – der Wartburgerneuerer Carl Alexander Simon. In: Wartburg-Jahrbuch 2003. 12(2004), S. 89–107, hier S. 93 f.; HARTMUT RECK: Maria Pawlowna als Initiatorin der politischen Memorialkultur. In: Maria Pawlowna, 2. Teil 2004 (wie Anm. 36) S. 147–172, hier S. 163 und Abb. 11 S. 167.

39 Kunst-Blatt, Nr. 104, 27. 12. 1838, Beilage zum Morgenblatt für gebildete Leser. 28. 12. 1838, S. 422.

Das Jahrbuch der Stiftung Thüringer Schlösser und Gärten für 2002, erschienen 2003, enthält drei Beiträge mit expliziter Berührung von Wartburg-Themen. Burghauptmann Günter Schuchardt widmet sich den Wartburgzeichnungen seines Amtsvorgängers Bernhard von Arnswald (1807–1877)[40]. Wie bei anderen Beiträgen des Jahrbuchs hielt der Verfasser den entsprechenden Vortrag auf dem Herbstsymposium der Stiftung am 8./9. November 2002[41]. Andererseits entstand die Abhandlung im Zusammenhang mit der Ausstellung und dem «opulenten Katalog» (S. 131) zum bildkünstlerischen Schaffen Bernhards von Arnswald unter demselben Anfangszitat[42]. Vor dem Kernthema führt Schuchardt einiges zum Gesamtverständnis ein: zum Tagungsthema über die Begriffe «Burgenromantik» und «Theaterwelt», zur Biographie Arnswalds und zum Verlauf der Wartburgwiederherstellung.

Zu seinem Hauptanliegen, den Wartburgzeichnungen Arnswalds (S. 129 f.), stellt Schuchardt nicht die Gesamtheit des Bestandes vor, sondern nennt jeweils Beispiele zu bestimmten Bildthemen: 1. die Wartburg vor und während der Restaurierung, 2. «phantasievolle Wartburgvariationen», 3. «Sehenswürdigkeiten», womit Architekturdetails und Sammlungsobjekte gemeint sind, 4. Personen mit Wartburgbezug und 5. die Schilderung gesellschaftlichen Lebens auf der Burg. Der Arnswald-Katalog von 2002 enthält weitaus mehr Wartburg-Zeichnungen[43], doch immerhin scheint das thematische Gerüst eine instruktive Grundlage für eine Systematisierung von Arnswalds Wartburg-Œuvre zu sein.

Barbara Krafft (München) und Ulrich Nefzger (Salzburg) suchen nach Beziehungen des Franz Graf von Pocci (1807–1876) zur Wartburg[44]. Der Graf diente am Hofe dreier bayerischer Könige von Ludwig I. bis zu Ludwig II. und machte sich als Zeichner und Dichter einen Namen. Obwohl er «nie auf der Wartburg» (S. 163) war, gab es nach Erkenntnissen beider Autoren etliche «Querverbindungen zur Wartburg» (S. 164). Vor allem die Bekanntschaft und

40 GÜNTER SCHUCHARDT: «Romantik ist überall, wenn wir sie in uns tragen...». Der Kommandant und Zeichner der Wartburgwiederherstellung, Bernhard von Arnswald. In: Jahrbuch der Stiftung Thüringer Schlösser und Gärten. Bd. 6 für das Jahr 2002. (2003), S. 125–132.
41 Vgl. Jahrbuch, Bd. 6 2003 (wie Anm. 40) S. 204 f.; Wartburg-Jahrbuch 2002. 11(2003), S. 174–178, hier S. 176.
42 SCHUCHARDT, Romantik 2002 (wie Anm. 4); vgl. Wartburg-Jahrbuch 2002. 11(2003), S. 157–162; Wartburg-Stiftung Eisenach, Archiv, Zur Wartburggeschichte in neueren Publikationen [Abschluss 2002, unveröffentlicht, computerschriftlich], S. 22.
43 SCHUCHARDT, Romantik 2002 (wie Anm. 4) Wartburg-Zeichnungen in den Beiträgen S. 83–102 und S. 103–124, Katalog-Abschnitte S. 358–444 mit Nr. 403–584 und S. 456–480 mit Nr. 604-637, Verstreutes wie Nr. 380, 604 f. und 636 f.
44 BARBARA KRAFFT und ULRICH NEFZGER: Vom Würmsee zur Wartburg. Franz Graf von Pocci und sein Sommergast Moritz von Schwind. In: Jahrbuch der Stiftung Thüringer Schlösser und Gärten. Bd. 6 für das Jahr 2002. (2003), S. 161–168.

«Geistesverwandtschaft» (S. 163) mit Moritz von Schwind geraten ins
Blickfeld. Sie verkehrten miteinander in Schwinds Münchener Zeiten nach
1828 (S. 164) und ab 1847 (S. 165). Im Jahre 1853, also unmittelbar vor der
Entstehung der Wartburg-Fresken, gewährte Pocci der Familie Schwind einen
Monatsaufenthalt im Schloss Ammerland am Würmsee (heute Starnberger
See, S. 165). Künstlerisch-geistige Verwandtschaft wird in «religiös-poetischer»
und in «naturromantischer» Hinsicht ausgemacht (S. 167).

Die anderen Kontakte Poccis zur Wartburg erscheinen etwas weit hergeholt
und spekulativ. Zum Wartburgkommandanten Bernhard von Arnswald (1807-
1877) bedürfe es nicht der «nahezu identischen Lebensdaten», denn beide ver-
binde als «Kinder einer Zeit ... eine erzählfreudige, anekdotische und stimmungsvolle Darstellungsweise ..., die Neigung zum Karikieren und die Freude
am Burgenmalen» (S. 162). Der Akteur des Burschenschaftsfestes von 1817
und Germanist Hans Ferdinand Maßmann wurde «Zielscheibe diverser Pocci-
Karikaturen» (S. 164). Gemeinsam mit Ludwig Bechstein gab Pocci 1839 ein
Bändchen in Bild und Reim heraus (S. 164). In einer Zeichnung soll er angeblich «deutlich die Wartburg» zitiert haben (S. 164), doch ähnelt das Abbild (S.
165 Abb. 7) kaum dem Original, weist markante Abweichungen auf und dürfte
eine der Phantasieburgen des Zeichners sein (vgl. S. 162 Abb. 2).

Ein Zusammentreffen Poccis in München mit Großherzog Carl Alexander
auf dessen 1858er Tirolreise wird ansatzweise vermutet (S. 164).

Obwohl «Entwürfe für das Schloss Neuschwanstein» erwähnt sind (S. 162),
entging den Verfassern die Vorbildwirkung entsprechender Pocci-Studien für
die Ausmalung des Wappensaal im Wartburg-Hotel 1914 durch den Elsässer
Leo Schnug[45]. Die Wartburg strahlte also nicht nur auf Neuschwanstein aus (s.
im Folgenden zum Beitrag von Hojer), sondern erhielt auch Inspirationen
zurück.

Ebenfalls der Beziehung zwischen Neuschwanstein, der Wartburg und,
gemäß dem Tagungsthema «Theaterwelt», der Wagnerschen Opernbühne
widmet sich der Beitrag von Gerhard Hojer (München)[46]. Die Wartburg stand
gewissermaßen Pate für die Errichtung der zunächst Neue Burg Hohen-
schwangau, jetzt Neuschwanstein genannten und meistbesuchten deutschen
Burg. Der Initiator und Bauherr König Ludwig II. von Bayern (1845–1886)
erhielt die Anregungen zum Bau seines märchenhaften Bergschlosses vor
allem durch die thüringische Vorzeigeburg, die in dem Artikel fassbar gemacht
werden. Zunächst zeigten die farbigen Umschlagbilder seiner Tagebücher von

45 ROSEMARIE DOMAGALA: Die Gaststätten auf der Wartburg. Teil III. In: Wartburg-Jahrbuch 1994.
    3(1995), S. 117–137, hierzu S. 124–126.
46 GERHARD HOJER: Neuschwanstein, Wartburg und die Opernbühne Richard Wagners. In:
    Jahrbuch der Stiftung Thüringer Schlösser und Gärten. Bd. 6 für das Jahr 2002. (2003), S. 107–
    114; vgl. Wartburg-Jahrbuch 2002. 11(2003), S. 174 f.

1866 Bilder die Wartburg als Ziel einer Prozession (S. 114, Anm. 2). Dann besuchten der König und sein Bruder Otto am 31. Mai 1867 auf Veranlassung Richard Wagners den «Schauplatz» des Sängerkriegs. Im folgenden Jahr schickte Ludwig II. den für die Finanzierung verantwortlichen Hofsekretär Lorenz von Düfflipp, den ursprünglich vorgesehen Architekten Eduard Riedel und den Theatermaler Christian Jank zur Besichtigung des kurz zuvor im Wesentlichen vollendeten Vorbildes nach Thüringen (S. 107). Der Wartburg-kommandant Bernhard von Arnswald schreibt davon in einem Bericht an seinen Großherzog vom 22. Mai 1868[47] und meint zutreffend, Ludwig II. wolle «auf Hohen Schwangau ein Stückchen Wartburg» (S. 107) bauen.

Das einprägsamste Wartburg-Zitat auf Neuschwanstein ist bekanntlich der am großen Wartburg-Festsaal orientierte Sängersaal, wozu im Beitrag etwas unglücklich formuliert ist, auf Neuschwanstein «bezieht sich die Sängerhalle auf das Bühnenbild zum zweiten Akt des Tannhäuser, das seinerseits auf die Sängerhalle der Wartburg zurückgeht.» (S. 107, vgl. S. 109) Die Sängerlaube im Nordteil das Wartburg-Sängersaals lieferte das Vorbild für die Neuschwansteiner Sängerlaube (S. 109 f.). Auch einiges an der Raumordnung hält der Verfasser für entlehnt von der Wartburg (S. 109, 112). Ansonsten steht noch eine Kopie von Ritgens Minnesängerschrank[48] heute im Wohnzimmer des Königs auf Neuschwanstein (S. 112). Für die Wartburg interessant ist der Hinweis auf eine Dokumentation von Wartburgabbildungen mit Details wie den Wandbildern des Festsaals, die Michael Welter für Ludwig II. anfertigte[49](S. 109, 112). Ähnlich verhält es sich mit den im Artikel nicht erwähnten Aufzeichnungen Christian Janks über den Wartburgbesuch von 1868[50]. Die Einbeziehung dieses authentischen Materials über die Wartburg aus dem 19. Jahrhundert sollte unsererseits angestrengt werden.

*

Die Deutsche Burgenvereinigung richtete vom 15. bis 17. Oktober 1999 in Koblenz eine Tagung zum Thema «Burgenrestaurierung zwischen Romantik und Postmoderne» aus. Wegen Geldmangels kann der geplante Sonderband nicht verwirklicht werden, doch sollen nach und nach die Tagungsbeiträge in

---

47 HANS VON DER GABELENTZ: Wartburgschicksal. Aus dem Leben eines deutschen Romantikers. Hamburg 1934, S. 253 f.

48 Minnesängerschrank, Entwurf Hugo von Ritgen, 1858, Eiche, geschnitzt, teilweise Ölmalerei, Wartburg-Stiftung Eisenach, Inv.-Nr. KM 40; vgl. BARBARA MUNDT: Sammlungsschrank mit Minnesangmotiven. In: Wartburg-Jahrbuch 1996. 5(1997), S. 261–264.

49 Vgl. HANS-GERHARD EVERS: Ludwig II. von Bayern. Theaterfürst – König – Bauherr. Gedanken zum Selbstverständnis. München 1986, S. 186, S. 254 Anm. 990 und 991.

50 Vgl. GEORG BAUMGARTNER: Königliche Träume. Ludwig II. und seine Bauten. München 1981, S. 81: Mappe mit Zeichnungen von Christian Jank im Depot des König Ludwig II. Museums. Des Weiteren zwei Wartburg-Aufrisse vermutlich von Eduard Riedel.

der Vereinzeitschrift «Burgen und Schlösser» erscheinen, so im ersten Heft von 2004, wo sich Ernst Badstübner (Berlin) zu Historismus und Denkmalpflege bei der Wartburg-«Restauration» des 19. Jahrhunderts äußert[51].

Den Terminus «Restauration» verwandten die Wartburgerneuerer des 19. Jahrhunderts, und man müsse ihn «wohl in doppelter Bedeutung» (S. 19) und «im Kontext ambivalent» (S. 26) verstehen. Damit meint Badstübner offenbar einerseits die denkmalpflegerische Erhaltung des Bestehenden und andererseits die historistische Neugestaltung. Er hat die schon mehrfach behandelte Wartburgerneuerung diesmal hinsichtlich des Verhältnisses von Historismus und Denkmalpflege analysiert. Aus den Konzeptionen des Bauherrn, des Großherzogs Carl Alexander, und des Architekten Hugo von Ritgen zieht er das Fazit: «Der Architekt des 19. Jahrhunderts war bauender Historist und Denkmalpfleger zugleich. Dass er dabei der Ideologie des Historismus prioritätsetzend unterlag, schließt den denkmalpflegerischen Aspekt nicht aus.» (S. 26) Der Autor möchte verdeutlichen, dass die «Erneuerung der Wartburg historistisch intendiert, aber auch denkmalpflegerisch motiviert war», wobei das «Ergebnis ein ganzheitliches» war (S. 27). So habe Ritgen beim Palas zwischen dem «historischen Denkmal» und dem «neu erbauten Gebäude» unterschieden (S. 27).

Zuvor betrachtete Badstübner nochmals die Wartburg-Architekten Johann Wilhelm Sältzer, Carl Alexander Simon, Ferdinand von Quast und Hugo von Ritgen. Bei Sältzer wäre wahrscheinlich eine «bloße Reparatur und Erhaltung des noch Vorhandenen» herausgekommen (S. 19). Simon charakterisiert er einerseits als «nicht übermäßig begabten ... Maler», andererseits sei sein Vorschlag zur Wartburg «grandios und entbehrt nicht der Faszination» (S. 19). Dessen zwei Aquarell-Skizzen «scheinen Neuschwanstein zu antizipieren» und «gleichzeitig eine Rezeption niederrheinischer (Spät-)Romanik» vorzunehmen (S. 20). Ferdinand von Quast überrascht bei seinen Entwürfen «mit einer Neigung zur Hypertrophie» und «anglisierenden Elementen» (S. 20). Ritgens konzeptionelle Äußerungen zum Luther-Bereich der Wartburg lesen sich wie eine Vorwegnahme «der Ikonographie des Berliner Doms» (S. 26).

Der «Tenor» von Ritgens Restaurations-Bericht unterscheide sich gar nicht so sehr «von neueren Äußerungen von Denkmalpflegern über ihre Leistungen» (S. 26). Offenbar möchte Badstübner nicht nur auf die Problematik der «Entrestaurierung» der «Nachkriegsgeneration» nach dem 2. Weltkrieg (S. 24) aufmerksam machen, sondern auch auf die Veränderungen am Burgbild durch die «gegenwärtige [um 1999/2000] durchgeführte Verputzung von Palas und Südturm» (S. 24).

*

Die 2. Thüringische Landesausstellung in Sondershausen vom 15. Mai bis 3. Oktober 2004 unter dem Titel «Neu entdeckt. Thüringen – Land der Residenzen» wartete mit einer ungewöhnlichen Themenvielfalt und 1700 Exponaten auf. Wie oft in ähnlichen Fällen ist der Aussagewert der begleitenden Publikationen, hier zwei Katalogbände und ein Essayband[52], ergiebiger als die Rezeptionsmöglichkeiten eines Ausstellungsbesuchs.

Ein Beitrag zur Wartburg und Burgenromantik des 19. Jahrhunderts von Jutta Krauß (Eisenach)[53] legte die bekannten Tatsachen zur Geschichte bzw. Baugeschichte der Burg bis in die erste Hälfte des 19. Jahrhunderts dar und verwies dann auf die etwa zeitgleichen Neu- und Ausbauten im Sinne der Burgenromantik in West- und Südthüringen (S. 380 f.): Coburger Stadtschloss seit 1810, Schloss Rosenau 1808 bis 1817 und Schloss Callenberg seit Ende der 1820er Jahre – beide bei Coburg –, Landsitz Reinhardsbrunn (Kirche 1857 bis 1874), Veste Coburg seit 1838 bis 1860, Schloss Landsberg bei Meiningen seit 1836 und die Heldburg seit Ende der 1820er Jahre. Sie beeinflussten teilweise die Neugestaltung der Wartburg und spiegeln zusammen mit ihr «ein europaweites Phänomen des 19. Jahrhunderts wider, dem bei aller Multifunktionalität das Streben nach Statussymbolen und gesellschaftlicher Legitimation zugrunde lag» (S. 381).

Der voluminöse Essayband vereint über 40 Beiträge. Durch Literatur-, Personen-, Orts- und Autorenverzeichnis erhöht sich die Erschließbarkeit auch für die beiden Katalogbände, was andererseits durch die Form des Inhaltsverzeichnisses erschwert wird. Der Vielzahl von Themen und Problemkreisen kann hier nicht nachgegangen werden. Der Schwerpunkt liegt eindeutig auf dem 19. Jahrhundert. Einen expliziten Wartburg-Beitrag gibt es nicht, aber die Burg erscheint mehrfach, wenngleich oft nur als Beispiel und meist mit bekannten Tatsachen verwoben. Dennoch ist im Querschnitt nicht uninteressant, zu welchen Themen die Wartburg herangezogen wird.

An verschiedenen Stellen fallen Bemerkungen zur Bedeutung und Symbolik der Wartburg, die eng mit dem gesamten Thüringer Land verbunden sind. Bereits im Mittelalter galt, wer die Wartburg innehatte, der «beherrschte ganz Thüringen»[54]. Im 19. Jahrhundert stieg sie nach 1819 zu

51 Ernst Badstübner: Die «Restauration» der Wartburg – Aspekte des Historismus und der Denkmalpflege. In: Burgen und Schlösser. 45(2004)1, S. 18–28.

52 Konrad Scheurmann und Jördis Frank (Hrsg.): Neu entdeckt. Thüringen – Land der Residenzen. [1485–1918] [2. Thüringer Landesausstellung Schloss Sondershausen, 15. Mai–3. Oktober 2004]. Katalog 1 und 2. [Teil 3] Essays. Mainz 2004.

53 Jutta Krauss: Die Wartburg und die Burgenromantik des 16. Jahrhunderts. In: Scheurmann/Frank, Katalog 2, 2004 (wie Anm. 52) S. 378–382.

54 Brigitte Streich: Die Anfänge der Residenzbildung in Thüringen. Dynastische Verbindungen, Teilungen, Haupt- und Nebenresidenzen. In: Scheurmann/Frank, Essays 2004 (wie Anm. 52) S. 27–42, hier S. 32.

«‹Deutschlands heiliger Gralsburg› ... mit der Kombination der Elisabeth- und Luther-, Sänger- und Befreiungskriegsmythen» auf [55]. In Verbindung mit anderen Stätten wie «Wartburg und Kyffhäuser», «Wartburg und Weimar» oder «Wartburg-Wittenberg-Weimar» symbolisiert sie Thüringen als «deutsche Gefühls- und Seelenlandschaft» und «mythischen Kernraum» [56]. Auf Erfurt und die Wartburg bezogen sich die thüringischen Reformations- und Luthermythen. Auch die Wahrnehmung Thüringens als «Reichsregion» beruhte auf «mythenreichen und auratischen nationalen Symbolstätten» wie der Wartburg [57]. Die «kulturelle Reichsregion» knüpfte nicht zuletzt an die unter Carl Alexander geformte Wartburg als «neugestaltetes Nationalsymbol» an [58]. Der Schutz und die Erhaltung der Burg über die DDR-Zeit hinweg soll durch ihren Ruhm und ihre Bedeutung gleichsam im Selbstlauf geschehen sein [59].

Die Neugestaltung im 19. Jahrhundert wird in mehreren Beiträgen angeschnitten. Der schon mehrfach zu diesem Thema hervorgetretene Ernst Badstübner (Berlin) verweist insbesondere auf das durch den Architekten Hugo von Ritgen verfolgte Ziel, durch bauliche Erneuerung und fürstliche Wohnfunktion die Geschichte der Burg zurückzurufen [60]. Joachim Berger (Mainz) verfolgt unter Anknüpfung an Etienne François [61] die Absichten des Weimarer Fürstenhauses bei der Restauration der Wartburg [62]. Sie sollte sich zu einem «Erinnerungsort für das gesamte Großherzogtum, ja die gesamte deutsche (protestantische) Nation entwickeln.» Mit der Wartburg wollte die Dynastie «ein symbolisches Bollwerk gegen die Auflösung der alten Ordnung» schaffen und «mittels einer konstruierten Tradition ... der sich formierenden Nationalbewegung des protestantischen Deutschlands einen dynastischen Anker» einziehen. Die zu bestimmten Anlässen genutzte Burg beanspruchte den Rang eines «Nationalheiligtums». Der «Wartburg-Mythos» begründete für Hof und Dynastie «die Legende von der Disposition des Weimarer Fürstenhauses für die Künste», die von Schwind im Sängerkriegsfresko ins Bild gesetzt

---

55 Jürgen John: Thüringenbilder – alte Klischees, neu entdeckt? In: Scheurmann/Frank, Essays 2004 (wie Anm. 52) S. 65–81, hier S. 73.

56 John, Thüringenbilder 2004 (wie Anm. 55) S. 71.

57 John, Thüringenbilder 2004 (wie Anm. 55) S. 72.

58 John, Thüringenbilder 2004 (wie Anm. 55) S. 73.

59 Werner Paravicini: Vom Wert der Residenzenforschung. In: Scheurmann/Frank, Essays 2004 (wie Anm. 52) S. 8–12, hier S. 8.

60 Ernst Badstübner: Schlossbau in Thüringen. In: Scheurmann/Frank, Essays 2004 (wie Anm. 52) S. 184–194, hier S. 193.

61 Etienne François: Die Wartburg. In: Etienne François und Hagen Schulze (Hrsg.): Deutsche Erinnerungsorte. II. München 2001, S. 154-170.

62 Joachim Berger: Beschleunigung und Stillstand. Antworten auf die Legitimationskrise der Höfe im «Silbernen Zeitalter». In: Scheurmann/Frank, Essays 2004 (wie Anm. 52) S. 490–506, das Folgende S. 496.

wurde. Bergers Feststellung, dass der Erinnerungsort Wartburg «vor allem im Medium der Druckgrafik popularisiert wurde», hat zwar viel für sich, ist aber m. W. noch nicht durch eine tiefgründige Studie abgesichert.

Auf eine andere Sicht der Wartburgrestaurierung wird anhand des Romans «Königliche Hoheit» von Thomas Mann aus dem Jahre 1909 verwiesen, in dem eine mittelalterliche Burg mit einem «Kostenaufwand, der viel Gerede hervorgerufen hatte», wiederhergestellt worden war, wobei die «Silhouette der Wartburg erscheint»[63]. Wie bereits im Katalogband Krauß verweist Badstübner auf das 1826 bis 1840 neu errichtete Schloss Landsberg als «Vorläufer der Wartburgerneuerung»[64]. Ohne die identitätsstiftende Wartburg-Silhouette wäre seiner Meinung nach das Schloss Heidecksburg über Rudolstadt zum «Wahrzeichen Thüringens» geworden[65].

Die Wohn- und Residenzfunktion der Wartburg in vorherigen Zeiten und durch die Restauration des 19. Jahrhunderts neu belebt, wird an mehreren Stellen des Bandes angeschnitten. Schon zur Zeit der Ludowinger war sie deren «bedeutendster Herrschaftssitz»[66]. Auch die neuerdings herausgearbeitete Funktion als «kurzzeitige königliche Residenz» unter Heinrich Raspe wird kurz angemerkt[67]. In wettinischer Zeit behielt sie zunächst ihre Bedeutung. Mit der allgemeinen Tendenz des 13. Jahrhunderts, den Hof von der Höhenburg in die Residenzstadt zu verlegen, verlagerten sich die Aufenthalte der Landgrafen von der Wartburg mehr und mehr nach Eisenach[68]. Die höfische Dependenz, wie die Wartburg noch Mitte der 1770er Jahre im «Weimar-Eisenacher Hof- und Adreßkalender» genannt wurde, betraf eine «eher selten genutzte Anlage», war aber «für das Selbstverständnis und die Rückversicherung des Hofes»[69] unverzichtbar.

Die im 1331 gegründeten Franziskanerkloster unterhalb der Wartburg bewahrten Reliquien und ihre heilbringende Wirkung wird im Zusammenhang damit gesehen, dass sich wettinische Fürstinnen bei ihrer Niederkunft des Öfteren auf die Wartburg zurückzogen wie auch 1406 Landgraf Balthasar auf sein Sterbelager[70].

Erwähnt werden auch eine Reihe von Einzelereignissen der Wartburg, so die Besitzergreifung durch Friedrich den Freidigen von 1307 und die innerdy-

---

63 BERNHARD POST: Von der Fürstenzeit zur Weimarer Republik. In: SCHEURMANN/FRANK, Essays 2004 (wie Anm. 52) S. 524–543, hier S. 534.
64 BADSTÜBNER, Schlossbau 2004 (wie Anm. 60) S. 193.
65 BADSTÜBNER, Schlossbau 2004 (wie Anm. 60) S. 192.
66 STREICH, Residenzbildung 2004 (wie Anm. 54) S. 41.
67 JOHN, Thüringenbilder 2004 (wie Anm. 55) S. 79.
68 STREICH, Residenzbildung 2004 (wie Anm. 54) S. 41.
69 ANDREAS KLINGER und MARCUS VENTZKE: Hof, Regierung und Untertanen. In: SCHEURMANN/FRANK, Essays 2004 (wie Anm. 52) S. 123–133, hier S. 129.
70 STREICH, Residenzbildung 2004 (wie Anm. 54) S. 33.

nastische Vertragsregelung beim Tod Friedrichs des Ernsthaften 1349[71] sowie die Gefangenschaft des betrügerischen Freimaurers Johnssen seit 1765[72]. Zum Studententreffen von 1817 stellte der Großherzog sogar die Burg zur Verfügung[73]. Das bekannte Bild vom Zug der Studenten zur Wartburg wird als «zeitgenössischer Stahlstich eines Unbekannten» ausgewiesen[74]. Bisher ist in der Literatur kaum beachtet worden, dass der Eisenacher Zeichenlehrer Heinrich Hose die Vorlage geliefert hat[75].

Richard Wagners Oper «Tannhäuser und der Sängerkrieg auf der Wartburg» wurde in Weimar am 16. Februar 1849 erstaufgeführt und «entwickelte sich in den 1850er Jahren zur Weimarer ‹Nationaloper›»[76]. Als 1857 die Feiern zum 100. Geburtstag des (Groß-)Herzogs Carl August in Weimar stattfanden, fuhr die ganze Festgesellschaft zum Abschluss auf die Wartburg, womit Carl Alexander die Kontinuität des «Mäzenatentums, der Bürgernähe und der Wohltätigkeit» aus seiner Zeit über das 18. Jahrhundert hinweg «bis ins Mittelalter verlängern»[77] wollte. Die Aufführung von Liszts «Oratorium der Hl. Elisabeth» 1867 war der «Höhepunkt» der «memorialpolitischen Bemühungen» des Weimarer Hofes nach der 1848er Revolution[78].

Interessant für das 20. Jahrhundert ist der Hinweis auf die Zeugnisse über die sich bis Ende 1921 hinziehenden Aussprachen zur Vermögensauseinandersetzung um die Wartburg, die m. W. bisher nicht ausgewertet sind[79]. In diesem Rahmen konnten lediglich die unmittelbar die Wartburg betreffenden Aussagen zusammengestellt und referiert werden. Eine Gesamtauswertung der Begleitbände zur 2. Thüringischen Landesausstellung wird wohl so schnell nirgends erfolgen, sondern eher eine Bewertung einzelner Beiträge. So

---

71 Streich, Residenzbildung 2004 (wie Anm. 54) S. 29.

72 Joachim Bauer und Gerhard Müller: Von Tempelherren und Freimaurern in thüringischen Residenzen. In: Scheurmann/Frank, Essays 2004 (wie Anm. 52) S. 146–158, hier S. 150.

73 Joachim Bauer und Gerhard Müller: »Kleinod« der Ernestiner – die Herzoglich Sächsische Gesamt-Universität Jena und die Höfe. In: Scheurmann/Frank, Essays 2004 (wie Anm. 52) S. 324–336, hier S. 333.

74 Hans-Werner Hahn: Kleinstaaten und Nation. Die thüringischen Staaten und die deutsche Frage im 19. Jahrhundert. In: Scheurmann/Frank, Essays 2004 (wie Anm. 52) S. 392–405, hier S. 397 Abb. 70.

75 Johann Heinrich Hose (1765–1841), Lehrer an der freien Zeichenschule in Eisenach, zeichnete den Aufzug der Studenten zur Wartburg 1817; vgl. Eva Schmidt: Johann Heinrich Hose. Ein Bildhauer und Zeichner der Goethezeit in Eisenach. [Weimar 1974]. [Herzogin Anna Amalia Bibliothek Weimar, maschinenschr., unveröffentlicht], S. 118.

76 Berger, Legitimationskrise 2004 (wie Anm. 62) S. 499.

77 Berger, Legitimationskrise 2004 (wie Anm. 62) S. 498.

78 Berger, Legitimationskrise 2004 (wie Anm. 62) S. 504.

79 Karl-Eckhard Hahn: Residenzen nach 1918. Funktionswandel und Funktionsverlust. In: Scheurmann/Frank, Essays 2004 (wie Anm. 52) S. 544–557, hier S. 547 und S. 555 Anm. 30: «am 4. und 17. November 1921 beraten. 8. und 12. Sitzung der Gebietsvertretung Weimar, in:

wird sich erst nach und nach herausstellen, wie weit ein wissenschaftlicher Zugewinn vorliegt.

*

Ein 2004 erschienener Sammelband zu Großherzog Carl Alexander von Sachsen-Weimar-Eisenach (1818–1901) beschäftigt sich vor allem mit dessen kunstmäzenatischem Wirken[80]. Nach dem Jubiläum von 2001 veranlasst diesmal kein runder Jahrestag das Vorhaben; vielmehr soll der Band als «Zwischenstadium ... weitere wesentliche Erkenntnisse» vorstellen (S. 12). Dabei bedient er sich der wichtigsten Vorträge einer Weimarer Tagung von 2001 unter fast dem gleichen Titel «Carl Alexander – Erbe, Mäzen, Politiker» (S. 11). Im Folgenden werden wiederum Beiträge und Bemerkungen erfasst, welche die Wartburg tangieren.

Jutta Krauß (Eisenach) untersucht die Bedeutung des Großherzogs für die Denkmalpflege[81]. Das Thema trägt zu einer «thüringischen Denkmalpflege» bei, «deren Geschichte bisher noch ungeschrieben ist» (S. 244). Thüringen befindet sich darin im Gegensatz zu den benachbarten Bundesländern Sachsen[82] und Sachsen-Anhalt[83]. Wie um andere «thüringische Landesfürsten des 19. Jahrhunderts» sollte eine solche Geschichte vor allem an Carl Alexander «nicht vorbeikommen», wobei er nicht zu einem «modernen Denkmalpfleger» zu machen sei (S. 244). Der Begriff der Denkmalpflege ist «erst seit etwa 1880 im heutigen Sinne gebräuchlich» (S. 242), als die entsprechenden Aktivitäten zumeist bereits hinter dem Großherzog lagen; insbesondere war die Restauration der Wartburg in ihren denkmalpflegerisch relevanten Teilen im Wesentlichen beendet. Carl Alexanders Engagement betraf in Sachsen-Weimar-Eisenach die Liboriuskapelle bei Creuzburg, die Doppelburgruine Brandenburg bei Lauchröden, die Kirche des ehemaligen Benediktinerklosters in Thalbürgel, die Stadtkirche in Weida und die Ruine Kunitzburg bei Jena (S. 231–234).

Verhandlungen der Gebietsvertretung Weimar, S. 82–97 und S. 124–142.» Dies betrifft: Verhandlungen der Gebietsvertretung von Weimar 1921–1923. Drucksachen, Weimar [1921–1923], darin: Stenographische Berichte, S. 1–168. Drucksachen, S. 1–98.

80 Lothar Ehrlich und Justus H. Ulbricht (Hrsg.): Carl Alexander von Sachsen-Weimar-Eisenach. Erbe, Mäzen und Politiker. Köln/Weimar/Wien 2004.

81 Jutta Krauss: Die Bedeutung des Großherzogs Carl Alexander von Sachsen-Weimar-Eisenach in der thüringischen Denkmalpflege. In: Ehrlich/Ulbricht, Carl Alexander 2004 (wie Anm. 52) S. 229–245.

82 Heinrich Magirius: Geschichte der Denkmalpflege. Sachsen. Von den Anfängen bis zum Neubeginn 1945. Berlin 1989.

83 Peter Findeisen: Geschichte der Denkmalpflege. Sachsen-Anhalt. Von den Anfängen bis in das erste Drittel des 20. Jahrhunderts. Berlin 1990.

84 Schuchardt Günter: Die «Burg des Lichtes». Zur Restaurierungsgeschichte der Wartburg als

Die Kosten überstiegen die staatlichen Möglichkeiten der Zeit, etwa den «Etat des Weimarer Kulturministeriums», weshalb «fürstliche Fürsprache und eventuelle Zuwendungen» unentbehrlich waren (S. 234). Auch der 1852 vergleichsweise spät gegründete Verein für thüringische Geschichte und Altertumskunde musste trotz Ehrenmitgliedschaft Carl Alexanders 1871 seine finanzielle Überforderung konstatieren (S. 236 und 238).

Die Autorin verweist auf eine spezifische Bedeutung der Wartburgrestaurierung für die Denkmalpflege des Großherzogtums. Der maßgebliche Wartburgarchitekt des 19. Jahrhunderts, Hugo von Ritgen, kam aus Hessen und hatte beim «hessischen Hofbaumeister Georg Moller studiert» (S. 237). Auf Moller ging das «modern anmutende Gesetz» des Großherzogtums Hessen-Darmstadt zurück, an dem sich der Großherzog für sein Land orientierte (S. 237 f.).

Der Burghauptmann der Wartburg Günter Schuchardt behandelt die Restaurierungsgeschichte unter Carl Alexander hinsichtlich eines national-dynastischen Denkmalprojekts[84]. Die Wartburg-Restauration des 19. Jahrhunderts wurde von ihm und anderen Autoren in den letzten anderthalb Jahrzehnten mehrfach dargestellt, wodurch diesmal keine wesentlich neuen Erkenntnisse möglich waren. Nach einigen Ausführungen zur ideellen Vorgeschichte im 18. und frühen 19. Jahrhundert (S. 201–203) konzentriert er sich im Hauptteil (S. 203–213) auf die Wartburgarchitekten und kommt zum «Resümee»: «sechs Architekten haben sich an der Wartburg versucht: Simon, Ziebland, Sältzer, Quast, Eschwege und Ritgen.» Die drei Erstgenannten «besaßen keine klar formulierte Aufgabenstellung ... und mußten daran scheitern.» Die drei Letztgenannten verfügten über den Auftrag, «Repräsentations- und Wohnfunktion miteinander zu verknüpfen.» (S. 212) Der Auftraggeber Carl Alexander beabsichtigte «mit der erneuerten Wartburg ein in die Welt wirkendes nationales Gesamtkunstwerk als national-dynastisches Denkmal zu schaffen» (S. 212). Im letzten Abschnitt geht Schuchardt auf den «scheinoriginalen Rückbau» unter Direktor Sigfried Asche in den 1950er Jahren ein, der das «großherzogliche Wiederherstellungskonzept nicht ausradieren» konnte (S. 215).

Die Gründe für das Scheitern des Dichters Joseph Victor von Scheffel an seinem Wartburg-Roman versucht Hansgeorg Schmidt-Bergmann (Karlsruhe) zu ermitteln[85]. Die Veröffentlichung des historischen Romans «Ekkehard» 1855 führte zwei Jahre später zur Einladung des Autors Scheffel zur Einweihung des Goethe-Schiller-Denkmals nach Weimar (S. 220). Bei einem Besuch der Wartburg am 15. November 1857 gab er das «folgenschwere Versprechen,

---

nationaldynastisches Projekt. In: Ehrlich/Ulbricht, Carl Alexander 2004 (wie Anm. 80) S. 201–215.

85 Hansgeorg Schmidt-Bergmann: Stationen des Scheiterns. Joseph Victor von Scheffel, Carl

einen Roman über die Wartburg zu schreiben.» (S. 222) Seit Beginn von Zweifeln verfolgt, arbeitete er «tausende Seiten» von Entwürfen auf, vermochte jedoch die «Teile nicht zu einem Ganzen zu fügen» (S. 227). Wenigstens publizierte er von den «Bruchstücken und Fragmenten» aus dem Kontext des Wartburg-Romans einige Teile (S. 227).

Die Ursachen für Scheffels Scheitern sieht Schmidt-Bergmann einmal in den hohen Anforderungen an den ausgewählten Stoff des Sängerkrieges. Neben der enormen Materialfülle befand er sich in Konkurrenz mit anderen namhaften Dichtern des 19. Jahrhunderts (S. 225). Doch «nicht allein überwältigt von den Stoffmassen, sondern von dem Ansinnen, das hinter dem Auftrag stand», ließ Scheffel von seinem Auftrag abrücken (S. 226). Zum Ausgangspunkt macht Schmidt-Bergmann die Prägung des jungen badischen Dichters durch das Revolutionsjahr 1848 und die «großen Hoffnungen für die demokratisch-liberalen Bestrebungen» (S. 217). Daher lehnte er das dem Wartburg-Roman zugrunde liegende Ansinnen «grundsätzlich ab», nicht allein ein «idealisiertes Mittelalter» zu erneuern, «sondern auch die politische Ordnung nach aristokratischem Muster» (S. 226). Damit stellt sich Schmidt-Bergmann gegen das «tradierte Scheffel-Bild ... als beliebten Autor eines nationalliberalen Bildungsbürgertums» und ordnet ihn einem «historisch-politischen Umfeld» zu, das «über die Möglichkeiten der bürgerlichen Gesellschaft» desillusioniert war (S. 218). Scheffels späterer Abschied von seinen Idealen aus den 1850er Jahren und die Hinwendung bis zu Huldigungsgedichten veranlassten ihn nicht zur Vollendung seines Wartburg-Romans (S. 227). Im Übrigen stellt der Verfasser klar, dass Scheffel nie als Bibliothekar der Wartburg tätig war (S. 220).

Carl Alexanders Kolonialpolitik nimmt sich Alfred Rößner vor[86], wobei er mehrfach die Vereinbarkeit mit dessen Engagement für die Wartburg hinterfragt. Die hier enthaltenen Bestandteile eines früheren Beitrags zum Thema Wartburg-Afrika sind bereits besprochen worden[87].

Der Großherzog zeigte seit 1850 über ein halbes Jahrhundert hinweg ein «kontinuierliches koloniales Interesse» (S. 49) und besaß in Deutschland auf diesem Gebiet eine «politische Vorreiterrolle» (S. 47). Wieweit diese «Facette» im Wirken des Großherzogs mit «seinem Bild vom Romantiker auf dem Fürstenthron» einschließlich der Wartburg als Kulturstätte beeinträchtigt,

Alexander und der «Wartburg-Roman». In: EHRLICH/ULBRICHT, Carl Alexander 2004 (wie Anm. 80) S. 217-227.

86 ALF RÖSSNER: Weimar, Wartburg, Windhuk. Carl Alexanders «warmes Herz» für die deutsche Kolonialpolitik. In: EHRLICH/ULBRICHT, Carl Alexander 2004 (wie Anm. 80) S. 47–90.

87 ALF RÖSSNER: Die Wartburg in Afrika. Auf der Suche nach Spuren Thüringer Kolonialbegeisterung. In: Heimat Thüringen. Kulturlandschaft, Umwelt, Lebensraum. 8(2001)4, S. 27–30; vgl. dazu Wartburg-Jahrbuch 2001. 10(2002), S. 173.

88 JOCHEN GRASS: Ein thüringischer Vermittler europäischer Dimension. Zum 101. Todestag des

durchzieht den gesamten Beitrag. Rößner bestreitet den Zwiespalt keineswegs, möchte ihn aber mit einigen Hinweisen mildern. Im Sinne des Adels «als Elite der Gesellschaft» sah der Großherzog in der «Umsetzung der Kolonialpolitik» ein durchaus «ehrenvolles Betätigungs- und Bewährungsfeld» (S. 77) und leitete für sich «persönlich die missionarische Aufgabe» der Wahrnehmung eines «kulturbringenden Einflusses» (79) ab. Des Weiteren sollte der heutige «Nachgeborene» berücksichtigen, dass jener «den tatsächlichen Verlauf der Geschichte und die realen Auswirkungen des Kolonialismus» nicht kennen konnte (S. 84).

Hinsichtlich der Missionsaufgabe schlägt Rößner eine Brücke zur mittelalterlichen Wartburg in ihrer Funktion als «Thüringische Gralsburg», von der deutsche Ritter zum Kreuzzug nach Palästina aufbrachen (S. 79). Ansonsten vermutet er beim Großherzog in den Berichten der «weitgereisten Forscher und Abenteurer» das gleiche Bestreben wie bei der Zurückversetzung ins Mittelalter durch Hoffeste auf der Wartburg, nämlich aus der «Enge seines eigenen Hofes» zu entfliehen (S. 52).

Die Verbindung zur Kolonialpolitik macht Rößner an drei Personengruppen fest, mit denen Carl Alexander verkehrte und von denen etliche die Wartburg aufsuchten. Die erste Gruppe bestand aus den Pionieren des deutschen Vordringens, die zweite, zum Teil sich mit der ersten überschneidende Gruppe aus Amtsinhabern und Einwohnern des Staates Sachsen-Weimar-Eisenach und die dritte Gruppe aus dem familiären Umfeld des Großherzogs, besonders über die Gattin, deren niederländische Heimat alte Kolonialmacht war. Sein Vatersbruder Carl Bernhard (1792–1862) war Kommandeur holländischer Kolonialtruppen im heutigen Indonesien, und dessen holländischer Ehrendegen zierte eine Säule in der Wartburg-Kapelle (S. 59).

Nachzutragen ist ein Artikel von Jochen Grass zum Wartburg-Erneuerer Carl Alexander über dessen nationale und internationale Vermittlungsbemühungen auf der politischen Bühne[88]. Da das «politische Gewicht Weimars ... naturgemäß gering» war, zählten bei der Einflussnahme «allein die Persönlichkeit des Großherzogs und seine verzweigten verwandtschaftlichen Bindungen» (S. 121). Im Einzelnen schildert der Verfasser dessen Anstrengungen zur Konfliktmilderung in verschiedenen Konstellationen zwischen den europäischen Hauptmächten Preußen, Österreich/Habsburg, Rußland, Frankreich und England in der zweiten Hälfte des 19. Jahrhunderts. Nicht durch «spektakuläre Ergebnisse», sondern durch «unzählige Gespräche und Briefe» vermochte er «sehr persönlich zu mehr Frieden in einer unruhigen Zeit beizutragen» (S. 134). Die Würdigung der Wartburg-Wiederherstellung Carl Alexanders (S. 120) leitet Grass mit dem Hinweis auf das «beträchtliche

Großherzogs Carl Alexander von Sachsen am 5. 1. 2002. In: Blätter für deutsche Landesgeschichte. 137(2001), S. 117–134.
89 MARIA ZIMMERMANN-NOEHLES: Ausmalung der Wartburg durch Moritz von Schwind. In:

Privatvermögen» der niederländischen Gattin und Cousine des Großherzogs
ein, womit diese erst verwirklicht werden konnte.

*

Im Mitteldeutschen Jahrbuch zu 2004 erinnert Maria Zimmermann-Noehles
kurz an die Wartburg-Ausmalung durch Moritz von Schwind vor 150 Jahren[89].
Neben einer Reihe zutreffender Äußerungen stehen eingangs einige unglückli-
che Formulierungen. So bemerkt die Verfasserin unzutreffend, die Wartburg
Carl Alexanders solle «keine bewohnbare Residenz, sondern ein ‹Denkmal
vaterländischer Geschichte›» werden (S. 231). Dass der Großherzog sowohl
auf Residenz als auch auf Denkmal intendierte, wurde in letzter Zeit mehrfach
thematisiert. Die zwar richtige Feststellung, dass in Schwinds Fresken «Luther-
episode oder das Studentenfest von 1817» ausgeklammert blieben (S. 231),
steht etwas unkommentiert im Raum.

Die Verfasserin nimmt die Wartburg vor der Restauration des 19. Jahrhunderts als «Ruine» (S. 231) wahr und kann deshalb nicht erkennen, dass Carl
Alexanders Anliegen, die Wartburg zu einem Museum für sein eigenes
Herzogshaus zu machen, bereits Herzog Johann Ernst (†1638) angegangen
hatte.

Schwinds Wartburgfresken zählt die Verfasserin «zum Besten ... was die
Historienmalerei der deutschen Spätromantik hervorgebracht hat, wohl nur
übertroffen durch die Karlsfresken Alfred Rethels in Aachen (1847–52).» (S.
233)

*

Ein Artikel von Rüdiger Haufe (Weimar) ist im Titel kaum als Beitrag zur
Wartburggeschichte erkennbar[90], doch behandelt er ausführlich Hermann
Nebe, der von 1925 bis 1952 als Burgwart und Museumsdirektor im Dienste
der Burg stand. In der Überschrift zitiert er einen Buchtitel von Heinrich
Alexander Winkler[91], worunter biographische Beiträge aus der Zeitschrift
«Thüringer Monatshefte. Der Pflüger»[92] von 1930/31 nachgedruckt worden
waren (S. 205). Haufe hatte Nebe schon einmal verknappt mit der völkisch-
national-konservativen Literatur in Verbindung gebracht[93]. Jetzt widmet er

---

Mitteldeutsches Jahrbuch für Kultur und Geschichte. 11(2004), S. 231–233.

90 Rüdiger Haufe: «Männer von Thüringens Pforte». Akteure eines bildungspolitischen Netz-
    werkes im 20. Jahrhundert. In: Zeitschrift des Vereins für Thüringische Geschichte. 57(2003), S.
    205–234.

91 Heinrich Alexander Winkler: Männer von Thüringens Pforte. Flarchheim 1931.

92 Vgl. zu Hermann Nebe: Thüringer Monatshefte. Der Pflüger. 7(1930), S. 492–497.

93 Rüdiger Haufe: «Deutschem Wesen stets bereit» – Die Wartburg in nationaler Deutung. Zur
    «Wartburg-Lyrik» 1890–1933. Weimar 2000, S. 67 f.; vgl. Wartburg-Jahrbuch 2000. 9(2002),
    S. 325.

sich ausführlicher seiner Biographie (S. 209–218). Der 1877 in Halberstadt geboren Hermann Nebe wurde von der Wartburg-Stiftung eingestellt, erhielt 1926 die offizielle Bezeichnung Burgwart, wurde 1946 als Museumsdirektor eingesetzt, schied mit 75 Jahren 1952 aus und verstarb 1961. Herausragend waren seine Vortragstätigkeit – bis 1945 1.012 Vorträge (S. 210) – und sein schriftstellerisches Wirken (S. 211). Übrigens ist sein Porträtfoto vertauscht (falsch S. 219 statt S. 208 Abb. 1).

Der «Zeit seines Lebens parteilose Nebe» (S. 215) mit seiner «deutschnationalen Gesinnung» (S. 214) nahm nach 1933 eine «zwiespältige» Haltung (S. 213) ein. Bis 1944 hielt er Vorträge vor NS-Gremien und -Veranstaltungen, und auch seine Dichtungen gingen «weit über eine bloße Anpassung an den nationalsozialistischen Zeitgeist des Dritten Reiches hinaus.» (S. 214) Die von Nebe selbst dementierte Vermeidung des Führergrußes (S. 213) und ein angebliches Redeverbot ermöglichten 1946 seine offizielle Einstufung als «Antifaschist» (S. 215) und 1947 die Einsetzung als Leiter des Wartburgmuseums. Haufe drückt sein Befremden über «solcherart freiwillige Gleichschaltung» aus, die «bedenklich und erschreckend, ... aber keineswegs ungewöhnlich» war [Hätte Nebe sich weiter zum Nazi-Reich bekennen sollen?], räumt allerdings ein, dass es «keine Alternative zu einer gesellschaftlichen Integration der ehemaligen Mitläufer gab.» (S. 231) M. E. sollte neben dem auf Selbsterhalt gerichteten Opportunismus jedoch nach Bekanntwerden aller Verbrechen und der Tiefe der nationalen Niederlage die Möglichkeit eines partiellen Umdenkens nicht abgesprochen werden – gerade bei einer Person «deutschnationaler» Gesinnung.

Nebes Position nach 1945 könnte man wohl ebenfalls mit «zwiespältig» charakterisieren. Einerseits genoss er von offizieller Seite Ehrungen wie zum 70. und 75. Geburtstag, die Ernennung zum Professor h. c. und die Zuerkennung der Intelligenz-Rente (S. 216 f.). Andererseits wurde ihm von einigen Funktionärskreisen misstraut, geriet er 1950 «ins Schussfeld kulturpolitischer Kritik» (S. 216) und schied freiwillig aus der Wartburg-Stiftung aus, immerhin im Alter von 75 Jahren, «auch aus dem zunehmenden politischen Druck» heraus (S. 217).

Seit Beginn seiner Wartburgtätigkeit 1925 vermochte Nebe sich in drei unterschiedlichen politischen Systemen zu behaupten und Anerkennung zu erwerben. Er und der ebenfalls behandelte Wilhelm Greiner (1879–1957, S. 218–224) gehörten zu einer «lokal verankerten, bildungsbürgerlichen ‹Deutungs-Elite›, die das öffentlich-kulturelle Leben der Stadt [Eisenach] seit der Zeit des späten Kaiserreiches und bis in die frühe DDR-Zeit hinein maßgeblich mitbestimmte» (S. 232). Beide agierten vor dem Hintergrund eines «aufs engste personell und organisatorisch verzahnten Netzwerkes von Heimat- und Wandervereinen» (S. 232). Haufe nennt die Mitgliedschaft und

Vorstandstätigkeit im «Thüringerwald-Verein» ThWV (S. 224), im «Bund Heimatschutz für das Eisenacher Land» (S. 228), im Eisenacher Geschichtsverein, im Verein «Freunde der Wartburg» als Teil des «Bundes der Thüringer Berg-, Burg- und Waldgemeinden» (S. 229 f.) und schließlich in der lokalen Sektion der «Natur- und Heimatfreunde» und in der Fachgruppe «Sommergewinn» des Kulturbundes (S. 217). Nebe und Greiner «galten über politische Zäsuren hinweg als lokale und regionale Bewahrer und Vermittler eines kulturellen Erbes, das sie, wie viele vor, neben und nach ihnen, national und zugleich scheinbar unpolitisch, real jedoch politisierend und ideologisierend interpretierten. In diesem nur scheinbar unpolitischen Kulturnationalismus lag die Anpassungsfähigkeit wie die Kontinuität der Deutungsmuster ihrer Vermittler begründet ... Diese Politisierung kultureller Deutungsmuster konnten Nebe und Greiner ohne einen direkten politischen Bezug bzw. direktes politisches Engagement in den jeweiligen Systemen vollziehen.» (S. 233)

Wartburgliteratur –
Neuerscheinungen und Nachträge

1. LOTHAR EHRLICH und JUSTUS H. ULBRICHT (Hrsg.): *Carl Alexander von Sachsen-Weimar-Eisenach. Erbe, Mäzen und Politiker.* Köln/Weimar/Wien 2004

2. REINHARD FAUER: Die Wartburg, Joseph Viktor von Scheffel, «Der Vogt von Tenneberg» und die Scheffellinde in Waltershausen. In: *Hörselberg-Bote.* Nr. 58. 2004. Herbstausgabe, S. 16–23

3. RÜDIGER HAUFE: «Männer von Thüringens Pforte». Akteure eines bildungspolitischen Netzwerkes im 20. Jahrhundert. In: *Zeitschrift des Vereins für Thüringische Geschichte.* 57(2003), S. 205–234

4. GERHARD HOJER: Neuschwanstein, Wartburg und die Opernbühne Richard Wagners. In: *Jahrbuch der Stiftung Thüringer Schlösser und Gärten.* Bd. 6 für das Jahr 2002. (2003), S. 107–114

5. BARBARA KRAFFT und ULRICH NEFZGER: Vom Würmsee zur Wartburg. Franz Graf von Pocci und sein Sommergast Moritz von Schwind. In: *Jahrbuch der Stiftung Thüringer Schlösser und Gärten.* Bd. 6 für das Jahr 2002. (2003), S. 161–168

6. JUTTA KRAUSS: Die Bedeutung des Großherzogs Carl Alexander von Sachsen-Weimar-Eisenach in der thüringischen Denkmalpflege. In: LOTHAR EHRLICH und JUSTUS H. ULBRICHT (Hrsg.): *Carl Alexander von Sachsen-Weimar-Eisenach. Erbe, Mäzen und Politiker.* Köln/Weimar/Wien 2004, S. 229–245

7. JUTTA KRAUSS: Die Wartburg und die Burgenromantik des 19. Jahrhunderts. In: KONRAD SCHEURMANN und JÖRDIS FRANK (Hrsg.): *Neu entdeckt. Thüringen – Land der Residenzen.* Katalog-Handbuch zur Landesausstellung in Schloss und Marstall, Sondershausen, 15. 5.–3. 10. 2004. 2 Bde. Mainz 2004. Bd. 2, S. 378–382

8. HEIKO LASS: Zwischen Luther und Goethe. Die Wartburg in der Frühen Neuzeit – ein dynastisches Museum der Ernestiner. In: *Marburger Correspondenzblatt zur Burgenforschung.* 4(2003/2004), S. 111–118

9. STEFANIE LIEB: Wechselwirkungen in der romanischen Kapitellornamentik zwischen dem mitteldeutschen Raum und dem Rheinland. In: *Bonner Jahrbücher.* 201(2001), S. 365–375

10. ALF RÖSSNER: Weimar, Wartburg, Windhuk. Carl Alexanders «warmes Herz» für die deutsche Kolonialpolitik. In: LOTHAR EHRLICH und JUSTUS H. ULBRICHT (Hrsg.): *Carl Alexander von Sachsen-Weimar-Eisenach. Erbe, Mäzen und Politiker.* Köln/Weimar/Wien 2004, S. 47–90

11. HANSGEORG SCHMIDT-BERGMANN: Stationen des Scheiterns. Joseph Victor von Scheffel, Carl Alexander und der «Wartburg-Roman». In: LOTHAR EHRLICH und JUSTUS H. ULBRICHT (Hrsg.): *Carl Alexander von Sachsen-Weimar-Eisenach. Erbe, Mäzen und Politiker.* Köln/Weimar/Wien 2004, S.217–227

12. SYBILLE SCHRÖDER: Höfisches Leben und Alltag am Landgrafenhof von Thüringen zur Zeit der heiligen Elisabeth. In: *Zeitschrift des Vereins für Thüringische Geschichte.* 57(2003), S. 9–42

13. GÜNTER SCHUCHARDT: «Romantik ist überall, wenn wir sie in uns tragen…». Der Kommandant und Zeichner der Wartburgwiederherstellung, Bernhard von Arnswald. In: *Jahrbuch der Stiftung Thüringer Schlösser und Gärten.* Bd. 6 für das Jahr 2002. (2003), S. 125–132

14. GÜNTER SCHUCHARDT: Die «Burg des Lichtes». Zur Restaurierungsgeschichte der Wartburg als nationaldynastisches Projekt. In: LOTHAR EHRLICH und JUSTUS H. ULBRICHT (Hrsg.): *Carl Alexander von Sachsen-Weimar-Eisenach. Erbe, Mäzen und Politiker.* Köln/Weimar/Wien 2004, S. 201–215

15. STEFAN SCHWEIZER: Der Großherzog im Historienbild. Die Vergegenwärtigung des Mittelalters auf der Wartburg als fürstliche Legitimationsstrategie. In: OTTO GERHARD OEXLE, u.a. (Hrsg.): *Bilder gedeuteter Geschichte. Das Mittelalter in der Kunst und Architektur der Moderne* (Göttinger Gespräche zur Geschichtswissenschaft. 23). 2 Teilbde. Göttingen 2004, Teilbd. 2, S. 383–446

16. MARTIN STEFFENS: »Sie feiern das Land und seine Fürsten, zumeist aber die Dichter«. Maria Pawlowna und die Einrichtung von Dichtergedenkräumen in Weimar und auf der Wartburg. In: »*Ihre Kaiserliche Hoheit*«. *Maria Pawlowna – Zarentochter am Weimarer Hof.* 2. Teil (CD-R) zur Ausstellung im Weimarer Schloßmuseum. München/Berlin 2004, S. 215–235

17. MANUELA VERGOOSSEN: Authentizität und Historismus. Moritz von Schwinds ‹Sängerstreit auf der Wartburg› als Repräsentation bürgerlicher Geltungsansprüche. In: BEATE KELLNER, u. a. (Hrsg.): Geltung der Literatur. Formen ihrer Autorisierung und Legitimierung im Mittelalter (Philologische Studien und Quellen. 190). Berlin 2005, S. 111–125

18. BURGHART WACHINGER: Der Sängerstreit auf der Wartburg. Von der Manesseschen Handschrift bis zu Moritz von Schwind (Wolfgang Stammler Gastprofessur für Germanische Philologie. Vorträge 12). Berlin [u.a.] 2004

19. HELMUT G. WALTHER: Altdeutsche Zeit? Wechselnde Perspektiven im Blick auf das Mittelalter anläßlich von Goethes Wartburgaufenthalten. In: KLAUS MANGER (Hrsg.): Goethe und die Weltkultur (Ereignis Weimar-Jena. 1). Heidelberg 2003, S. 425–436

20. WILFRIED WARSITZKA: Die Thüringer Landgrafen. Jena 2004

21. TINA SABINE WEICKER: DÔ WART DAZ BÛCH ZE CLEVE VERSTO-LEN. Neue Überlegungen zur Entstehung von Veldekes ‹Eneas›. In: *Zeitschrift für deutsches Altertum und deutsche Literatur.* 130(2001)1, S. 1–18

22. MARIA ZIMMERMANN-NOEHLES: Ausmalung der Wartburg durch Moritz von Schwind. In: *Mitteldeutsches Jahrbuch für Kultur und Geschichte.* 11(2004), S. 231–233

JAHRESÜBERBLICK 2004

1.«NEU ENTDECKT». Thüringen – Land der Residenzen 1485–1918
2. Thüringer Landesausstellung in Sondershausen
vom 15. Mai bis zum 3. Oktober 2004

Günter Schuchardt

Anlässlich des 250. Todestages des in Eisenach geborenen Johann Sebastian Bach hatte sich der Freistaat entschieden, das andernorts in mehrerlei Hinsicht bewährte Mittel von Landesausstellungen auch in Thüringen einzuführen. In der Erfurter Predigerkirche sah man von Juni bis Oktober 2000 die 1. Landesausstellung «Der junge Bach», die sich vor allem mit den ersten 32 Thüringer Jahren des weltweit berühmten Komponisten auseinandersetzte. Längst vor dieser Premiere war die Entscheidung für eine 2. Landesausstellung gefallen. Der Thüringer Museumsverband war der eigentliche Initiator, sein Blick dabei allerdings mehr ins östliche Nachbarland gerichtet, wo die 1. Sächsische Landesausstellung «Zeit und Ewigkeit» 1998 im Zisterzienserinnenkloster St. Marienstern in Panschwitz-Kuckau mit insgesamt 365.000 Besuchern ein gewaltiger Erfolg war.

Ein Thüringen-Thema mit Alleinstellungsmerkmalen lag auf der Hand: Eine Ausstellung, die sich der Residenzkultur in all ihren Facetten und Begleiterscheinungen widmet, schien das ideale Medium zu sein, die hiesige Museumslandschaft in ihrer ganzen Breite und Vielfalt vorzustellen und nachhaltig zu dokumentieren. Dass der Kulturraum Thüringen eine wichtige Region europäischer Kulturgeschichte ist und dass Reformbereitschaft und Weltoffenheit über Jahrhunderte – gerade wegen des Fehlens einer zentralen politischen Macht und Metropole – zu einer weit gefächerten kulturellen Kompetenz von hohem Rang geführt haben, war ebenso bewusst, wie die Tatsache, dass die Dichte der Fürstensitze und Hofhaltungen als Herrschafts- und Aufenthaltsorte der regierenden Häuser in Deutschland eine historische Besonderheit darstellt.

Eine Liegenschaft der staatlichen Stiftung Thüringer Schlösser und Gärten sollte als Ausstellungsort gefunden werden; zur Auswahl stand neben den Schlössern Altenstein im Wartburgkreis und Hummelshain im Saale-Holzland-Kreis die einstige Schwarzburger Residenz in Sondershausen, deren Marstall sich mit guten Chancen einer kulturellen Nutzung auch nach dem Ereignis empfahl.

Allerdings blieb das ehrgeizige konzeptionelle Anliegen, das eine engagierte Arbeitsgruppe unter der Leitung von Lutz Unbehaun (Thüringer Landesmuseum Schloss Heidecksburg, Rudolstadt) anging, «auf der Strecke», weil Zweifel an Kompetenz und Leistungsfähigkeit des Verbandes aufkamen und die Verwalter des Steuergeldes sich schließlich umorientierten. Das waren die ganz eigenen Anfänge dieser Ausstellung.

Als man am 15. Mai 2004 die Pforten öffnete, wussten nur wenige von den Mühen und Irritationen des Beginns. Der Sondershäuser Marstall präsentierte sich ebenso wie das benachbarte Achteckhaus nach aufwändiger Sanierung und Umbau in aller Schönheit – schon allein das darf man loben.

Die ursprüngliche Konzeption des Museumsverbands hatte den «Organismus Residenz» als Zentrum eines geschlossenen Herrschaftsbereichs in den Blickpunkt des Betrachters stellen wollen. «Dort – und in der topographischen Erweiterung zur Residenzstadt – befinden sich die erforderlichen Einrichtungen für die Entfaltung des höfischen Lebens und die Erfüllung der Regierungsaufgaben. Durch entsprechende Baulichkeiten ist für Räume oder Häuser der Behörden, für Beratungs- und Audienzsäle, für Einrichtungen der Lustbarkeit und Unterhaltung wie auch der religiösen Besinnung und des Kultes gesorgt.»[1]

Sechs überschaubare Themenkomplexe waren auf einer Ausstellungsfläche von 1660 m² im Marstall und in einigen Räumen im Westflügel des Schlosses vorgesehen: Dynastien und Territorien, vom Leipziger Schied 1485 bis zum Ende des Dreißigjährigen Krieges, Residenz und Stadt, Macht und Herrlichkeit, Kunst und Wissenschaft, Rückzug oder Aufbruch? (1830–1918)[2].

«Als Gemeinschaftsleistung der thüringischen Museen sollen deren interessanteste und aussagefähigste Sachzeugnisse – soweit konservatorisch vertretbar – in der Ausstellung zusammengeführt werden. Darüber hinaus ist für das Gelingen die enge Zusammenarbeit mit den Thüringer Archiven sowie mit Museen und Archiven anderer Bundesländer notwendig. Die Landesausstellung ‹Thüringen – Land der Residenzen 1485–1918› bietet die einmalige Chance, die gegenwärtigen kulturellen und touristischen Potenzen Thüringens auch neben der Achse Jena-Weimar-Gotha-Eisenach bewusst zu verdeutlichen.»[3]

Ende 2001 wurde alles anders, denn jetzt hatte auch die Landesregierung das sächsische Modell im Auge und berief einen externen Kurator im Range eines Generalbeauftragten für die Ausstellung, der die für ihn bezeichnende Titelzeile «NEU ENTDECKT» einfügte. Das alte Konzept verschwand in der

1 Gert Melville: Herrschertum und Residenzen in Grenzräumen mittelalterlicher Wirklichkeit. In: Hans Patze und Werner Paravicini (Ed.): Fürstliche Residenzen im spätmittelalterlichen Europa (Vorträge und Forschungen. XXXVI). Sigmaringen 1991, S. 9–73.

2 Lutz Unbehaun, Antje Vanhoefen und Rainer Krauss: Thüringen – Land der Residenzen 1485 bis 1918. Konzeptionelle Überlegungen zur 2. Landesausstellung des Freistaats Thüringen 2004 im Marstall des Schlosses Sondershausen. Gera/Rudolstadt 2001.

3 Unbehaun, Thüringen 2001 (wie Anm. 2) S. 11.

Schublade und wurde durch eine «gleitende Konfusion» ersetzt, an der viele
Leihgeber zu verzweifeln drohten, denn immer wieder und bis kurz vor
Eröffnung änderten sich Leihersuchen hinsichtlich der begehrten neu ent-
deckten Objekte. Schließlich wurden es ein Prolog und zwölf Kapitel für mehr
als 1.700 Exponate. Weitere Schlossräume und ein Saal in der Karl-Günther-
Kaserne für die militärgeschichtliche Abteilung kamen hinzu. Aus dem
Organismus wurde ein Fächer, weitgehend ohne erkennbaren roten Faden.

«Auch hat sich während der Vorbereitungszeit immer wieder gezeigt, dass
gerade der unbekannte Ort als Forum der Präsentation und das weit gefächerte
Thema des Thüringer Kulturreichtums als das zu präsentierende Gut schon im
Vorfeld der Ausstellung einen großen Reiz auf das Publikum ausüben.
Entgegen des Trends zu den Zentren fasziniert das Dezentrale, das Schürfen
nach verborgenen Quellen, das Neu-Entdecken unbekannter oder in Ver-
gessenheit geratener Schätze, Personen und Fakten in weit größerem Maße, als
es die Verfechter der reinen ‹Leuchtturmlehre› gerne wahrhaben wollen. Vom
Ursprung eigentlich unbeabsichtigt und deswegen so auch eher zufällig setzt
die aus einer konzeptionell aufbereiteten Idee des Museumsverbands
Thüringen e.V. hervorgegangene 2. Thüringer Landesausstellung in dieser
Form dann doch einen Kontrapunkt im Konzert der Präsentationen großer
Namen, Sammlungen und Themen.»[4]

Und genau so muss sich die Ausstellung dem ungeübteren und weniger aus-
stellungserfahrenen Besucher, der weder eine Führung noch einen Audio-
Guide als museumsdidaktisches Hilfsmittel in Anspruch nahm, schließlich
auch dargeboten haben[5]. Die Vielzahl der zugegeben hochinteressanten und
zum Teil erstmals präsentierten Objekte stand im Widerspruch zu den
Erfahrungswerten der individuellen Aufnahmefähigkeit bei einem durch-
schnittlich 1,5 Stunden währenden Rundgang.

Ein durchgängiges Gestaltungskonzept als Einheit von Raum, Objekten,
Technik, Beleuchtung und Didaktik war nur schwer auszumachen; das Entree
mit der Plastik des letzten mittelalterlichen Thüringer Landgrafen Heinrich Raspe
aus der Eisenacher Predigerkirche und einigen Urkunden wirkte wenig einladend.

Gelungen hingegen bot sich die visualisierte Baugeschichte des Sonders-
häuser Schlosses dar. Von Architekturentwürfen für den protestantischen
Kirchenbau, über Schinkels neugotischen Wandschirm mit 28 Bildnissen zum
Altenburger Prinzenraub, einem Partiturautographen Johann Sebastian Bachs,

---

4 KONRAD SCHEURMANN: Vorwort. In: KONRAD SCHEURMANN und JÖRDIS FRANK (Hrsg.): Neu entdeckt. Thüringen – Land der Residenzen. [1485–1918] [2. Thüringer Landesausstellung Schloss
Sondershausen, 15. Mai – 3. Oktober 2004]. Katalog 1. Mainz 2004, S. 10–14, hier S. 10.

5 Dem hohen Anteil von 41% geführter Ausstellungsbesucher (18.949) stehen nur 5% Audio-
Guide-Nutzer (2.274) gegenüber – vgl. MARTIN SALESCH: 2. Thüringer Landesausstellung.
Auswertung der summativen Evaluation [Manuskript]. Sondershausen 2004, S. 10.

über den Sarg des Heinrich Posthumus, Leichenzüge, Jagddarstellungen bis
hin zu bedeutenden Werken der Weimarer Malerschule reichte das Spektrum
der zu bestaunenden Einzelstücke. Am überzeugendsten wirkten die Exponate
des Abschnitts 9 «Von der fürstlichen Sammlung zum Museum», seien es die
Fächer Herzog Augusts von Sachsen-Gotha-Altenburg, orientalische Handschriften, Ägyptica, Antiken und frühe italienische Tafelbilder aus Altenburg,
prächtige Naturalien aus Rudolstadt, Mineralien, Habituspräparate, Himmels-
globen, wissenschaftliche Geräte und eben vieles mehr. Krönung und augen-
zwinkernder Abschluss bildete die Gegenüberstellung zweier Plastiken:
Goethe in Betrachtung des Schädels Schillers von Gustav Heinrich Eberlein
und – wenn auch als Replik – Hugo Reinholds Affe in Betrachtung eines
menschlichen Schädels. Im Westflügel des Schlosses schließlich, nach Nietz-
sche, Graf Kessler und dem Weimarer Bauhaus, waren die acht Abdankungs-
urkunden der sieben Thüringer Fürstenhäuser zu sehen. Nur wenige Besucher
dürften den kaum überzeugenden Abschnitt 12 zur Thüringer Militär-
geschichte in der städtischen Kaserne gesehen haben.

Die Resonanz der Landesausstellung bezog sich deshalb auch auf die Fülle
der Exponate. In der schriftlichen Auswertung liest man, es sei positiv vermerkt
worden, dass so viele Exponate zu sehen waren, während sich die negative Kritik
überwiegend dahingehend äußerte, dass es zu viele Exponate gewesen seien[6].

Im Finanzplan der Ausstellung war mit 100.000 Besuchern kalkuliert worden, laut Ausstellungsmacher und Medien seien es am Ende 91.000 gewesen.
Doch beziehen sich diese Angaben auf die elektronische Erfassung an den drei
Eingängen im Schlosskomplex, die individuell sogar an verschiedenen Tagen
zu besichtigen waren. Tatsächlich war es nicht einmal die Hälfte der hart-
näckig verbreiteten falschen Zahl: Nur, oder aber immerhin 44.836 Eintritts-
karten wurden insgesamt ausgegeben[7].

Eine kluge Marketingstrategie hätte dem sicher auch abhelfen können. Im
öffentlichen Bewusstsein war die Ausstellung wenig und erst sehr spät präsent.
Die 38 Satellitenausstellungen der Thüringer Museen – nicht im Budget der
Landesausstellung enthalten – konnten dann weitere 320.000 Besucher zählen.
Dennoch, auch wenn die in den hinzugezogenen Kurator gesetzten Erwartungen
nicht erfüllt wurden, ist das Projekt in seiner touristischen Wirkung auf die Stadt
Sondershausen und die nordthüringische Region als Erfolg zu buchen.

Wesentlich klarer strukturiert als die Ausstellung sind der zweibändige
Katalog und der erst nach Abschluss erschienene Essayband mit mehr als 40
Aufsätzen. Hier bewahrheitet sich wieder einmal das mittlerweile schon geflü-
gelte Wort: «Was bleibt, ist der Katalog» – und das ist in diesem Falle gut so.

---

6 SALESCH, Auswertung 2004 (wie Anm. 5) S. 19.
7 SALESCH, Auswertung 2004 (wie Anm. 5) S. 4.

2. »Ihre Kaiserliche Hoheit«. Maria Pawlowna – Zarentochter am Weimarer Hof. Ausstellung vom 20. Juni bis 31. Oktober 2004 im Schlossmuseum Weimar

Jutta Krauß

Die diesjährige Sonderausstellung zum Leben und Wirken der einstigen Großherzogin von Sachsen-Weimar-Eisenach – laut Pressemitteilung eine der erfolgreichsten Ausstellungen der Stiftung Weimarer Klassik und Kunstsammlungen – schloss ihre Pforten nach einem Monat der Verlängerung. 42.000 Besucher sahen sie, mehr als 3.000 Kataloge wurden verkauft.

Mit diesen achtbaren Zahlen zog sie wohl mit der in Sondershausen gezeigten 2. Thüringer Landesausstellung «Neu entdeckt – Thüringen. Land der Residenzen» gleich beziehungsweise sogar an ihr vorbei, obwohl sie doch «nur» Weimars lokaler Beitrag zu jener wichtigsten thüringischen Präsentation sein sollte[1]. Auf den Hinweis des thematischen Zusammenhangs verzichteten die Veranstalter vor Ort allerdings ganz und gar. So erfreulich sich die beabsichtigte landesweite museale Kooperation anfangs auch dargestellt haben mochte, faktisch hat sie nicht stattgefunden, und der Schau im Schlossmuseum – zudem am 200. Jahrestag des Einzugs der Zarentochter in Weimar festgemacht – hätte jeder Besucher die absolute Autonomie bestätigen können.

Maria Pawlowna (1786–1859), Tochter des Großfürsten Paul Petrowitsch von Russland und Enkelin Katharinas der Großen, vermählte sich nach fünfjährigen Heiratsverhandlungen im Sommer 1804 in St. Petersburg mit dem Erbprinzen Carl Friedrich von Sachsen-Weimar-Eisenach. Wenig später zog das junge Paar in die kleine Residenz an der Ilm ein; die damals benutzte Reisekutsche präsentierte man als erstes Ausstellungsstück im Entree. Die vielfältigen Hoffnungen, die sich an die reiche, geistvolle Braut und künftige Landesmutter geknüpft hatten, sollten nicht enttäuscht werden: «Eine der besten und bedeutendsten Frauen unserer Zeit, auch wenn sie keine Fürstin wäre», lautete Goethes Lob, das Thüringens Ministerin für Wissenschaft, Forschung und Kunst in ihrem Geleitwort zum Ausstellungskatalog zitierte[2]. Wie sehr Maria Pawlowna jedoch gerade Fürstin und Großfürstin war, wie sehr ihre für viele Bereiche nachhaltige Bedeutung vor allem in hochadeliger Herkunft und Beziehungsgeflecht, Erziehung und Vermögen seitens der Romanows gründete, daran ließen bereits die ersten Ausstellungsräume keinen Zweifel aufkommen: Die Zarenfamilie

---

1 Henryk Goldberg: Wie Weimar. In: Thüringer Allgemeine vom 19. 6. 2004.

2 »Ihre Kaiserliche Hoheit«. Maria Pawlowna – Zarentochter am Weimarer Hof. Katalog und 2. Teil (CD-R) zur Ausstellung im Weimarer Schlossmuseum. München/Berlin 2004, hier Katalog S. 11.

konnte es sich leisten, ihre Töchter den zukünftigen Gemahl – selbst wenn jener «nur Mantel und Degen» besessen hätte – nach «dem Herzen» auswählen zu lassen[3]. Obwohl zeitlebens der russischen Familie eng verbunden, identifizierte sich Maria Pawlowna mit ihrer neuen Rolle als Landesmutter voll und ganz, sorgte für Fortgang und neue Blüte der Kultur in Weimars so genannten «Silbernen Zeitalter», engagierte sich im Sozialwesen und zeigte sich bis zu ihrem Tod als kluge und umsichtige Herrscherin.

Das Standesbewusstsein des russischen Kaisers «von Gottes Gnaden» und Maria Pawlownas Vater, Alexander I., widerspiegelte sich im eingangs platzierten Großporträt und kontrastierte dabei aufs Eindringlichste mit dem vis-à-vis hängenden Bildnis des von ihm als französischer «Parvenu» abgewerteten Napoleon im prachtvollen Habitus römischer Imperatoren und mit allen Insignien der Macht. Gleichsam unter den Augen der beiden weltpolitischen Kontrahenten betrat der Besucher die Ausstellungsabteilung, die Maria Pawlownas Kindheit und Jugend behandelte. Freilich vermochte er anhand der hier gezeigten Exponate – Ansichten aus dem großzügigen, weitläufigen St. Petersburg, der landschaftlich reizvollen Sommerresidenz Pawlowsk u. a. – bestenfalls erahnen, wie gewaltig sich dieses Lebensumfeld von den kleinlichen Weimarer Verhältnissen abgehoben haben muss, die sich der jungen Braut bei ihrer Ankunft 1804 darboten. Mit dem im ehemaligen Treppenhaus gezeigten Weimarer Stadtmodell von 1827/28 erklärte sich die Provinz dann vollends, die allerdings, gestalterisch kenntlich gemacht durch drei hohe graue Kegel mit den Namenszügen Wielands, Goethes und Schillers, von den «großen Geistern» zum kulturellen Mekka Europas aufgewertet wurde. Das eigentliche Anliegen dieses Komplexes – Maria Pawlownas distanzierte Sicht auf die widersprüchliche Situation im «Ilm-Athen» mit Hilfe früher Tagebücher und Briefe darzustellen – ging daneben unter.

Der Ausstellungsbesucher konnte sich auch das ehrfürchtige Staunen vorstellen, mit dem die Weimarer Bürger den im Fürstenhaus öffentlich zur Schau gestellten Brautschatz der Zarentochter besichtigt haben mochten. Von den «Dingen des ersten Bedarfs»[4] – Möbel, Teppiche, Marmorkamine, Hausrat, Wäsche, Garderobe, Schmuck, die Ausstattung der orthodoxen Kapelle und vieles andere, was in 144 Kisten und in 79 Pferdewagen verpackt, teils auf Land-, teils auf Wasserwegen nach Thüringen transportiert wurde – hat sich in Weimar nicht alles erhalten. Daher handelte es sich bei der im Festsaal präsentierten Auswahl nicht immer um authentische Stücke wie etwa das viel bewunderte Prunkbett. Doch wusste man diesem Mangel mit ganz ähnlichen Schätzen der an verschiedene andere europäische Höfe verheirateten Schwestern Maria Pawlownas abzuhelfen und lieferte damit zugleich ein breites Spektrum St. Petersburger Kunsthandwerks von höchster Qualität.

---

3 Maria Pawlowna, Katalog 2004 (wie Anm. 2) S. 47.
4 Maria Pawlowna, Katalog 2004 (wie Anm. 2) S. 47.

So unverzichtbar brillante Ausstellungsexponate auch immer sind, stellen sie den höfischen Luxus doch lediglich optisch dar, während der Besucher, wenn überhaupt, vom lebendigen Organismus «Fürstenhof» nur sehr vage Vorstellungen besitzt. Die rund um die leicht erhöhte zentrale «Schaubühne» angeordneten Fahnen gaben mit ihren kurzen Informationen und Übersichten zur Struktur von Hof und Staat, zum Personal des Hofstaats – unterteilt in den erbgroßherzoglichen, den regierenden und den verwitweten – einen erhellenden Hintergrund dazu ab. Gleiches galt auch für die Aufschlüsselung von Maria Pawlownas Einnahmen und Ausgaben und deren Verwendungszwecke.

Stimmige Ausstellungseinbauten und leise Sakralgesänge unterstrichen den intimen Charakter der mit «Orthodoxie in Weimar» überschriebenen Abteilung und vermittelten mit den hier gezeigten Kultgegenständen etwas von der Exklusivität, mit der die Großfürstin im Kernland der Reformation ihre griechisch-katholische Religion in der Residenzstadt ausübte.

Dagegen schoben die eigenwillig gestalteten Designervitrinen bzw. Sockel in leuchtendem Blau die ihnen zugeordneten Exponate zu «Krise, Krieg und Frieden» eher in den Hintergrund, während die Thematik in Aspekte von unterschiedlicher Wertigkeit auseinander fiel und etwas verwirrte. Mit dem Porträt der jugendlichen Maria Pawlowna aus dem Jahre 1805 am Anfang wurde «die neue Familie» und familiäres Geschehen vorgestellt, um dann zur großen und kleineren Geschichte überzugehen, in die ihr Leben fortan eingebunden war: Die Schlacht bei Jena 1806, die Begegnung zwischen Herzogin Louise und Napoleon, der Erfurter Fürstentag 1808, Goethes Audienz bei Napoleon, die Befreiungskriege 1813–1815 und der Wiener Kongress 1815. Bei der dort vollzogenen politischen Neuaufteilung Europas wurde aus dem bisherigen Herzogtum das in seiner Fläche fast verdoppelte Großherzogtum Sachsen-Weimar-Eisenach, wobei die Einflussnahme Maria Pawlownas auf den Zaren zugunsten eines noch größeren Gebietszuwachses hinter den Erwartungen Carl Augusts zurückblieb.

Dennoch: auch fernerhin waren es nicht quantitative Dimensionen, sondern Qualitäten, durch die sich Land und Fürstenhaus auszeichneten. Nach Goethes Tod 1832 ging es zum einen um die Erinnerung an Weimars Geistesgrößen, wofür die von Maria Pawlowna maßgeblich mitbestimmten Dichterzimmer im Westflügel des Schlosses mustergültige Exponate abgaben. Andererseits war die kulturelle Neubelebung der Residenzstadt durch die Anstellung von Franz Liszt vor allem das Verdienst der Großherzogin. Welch überragende Bedeutung diesem Komponisten tatsächlich zuzumessen ist, und dass Maria Pawlownas hoch zu würdigendes Mäzenatentum gerade an diesen Genius gebunden werden muss, vermittelte die Ausstellung nicht: In der Abteilung «Maria Pawlowna und die Musikstadt Weimar» erschien Liszt dem Besucher eher als einer unter vielen, war auch nicht von den fatalen Bedingungen die Rede, unter denen Liszt seine Aufführungen zustande brachte. Weder Weimars ablehnende Haltung gegen die neue Musik noch der höchst bemerkenswerte Plan des Komponisten, das Wagnersche Festspielhaus in Weimar zu errichten, wurden hier thematisiert. Liszt begründete zwar Weimars musikalischen Ruhm, ist jedoch an Weimar gescheitert.

Die so harmonisch dargestellte Ära beinhaltete also durchaus Verwerfungen und Brüche, die ebenfalls aufzuzeigen der Würdigung keinen Abbruch getan hätten. In diesem Sinne aufmerken ließ den Besucher das Gegenüber von Luthers angeblicher Augustinerkutte und einer Thüringer Eisenbahneruniform mit dem Modell der Wartburg dazwischen. Hier stießen Traditionspflege, Memorialpolitik und neue Lebensverhältnisse optisch aneinander, wodurch das zeitgenössische Spannungsfeld – überschrieben mit «Revolutionen» – auch dem Publikum deutlich gemacht wurde. Das um 1857 gefertigte Burgmodell veranschaulichte eines der wichtigsten, in doppeltem Sinn zu verstehenden Restaurationsprojekte im Großherzogtum. Finanziell maßgeblich gefördert und ideell begleitet von Maria Pawlowna und ihrer Schwiegertochter Sophie aus dem Königshaus von Oranien entstand mit der zwischen 1838 und 1890 erneuerten Burg die Dependance zur national relevanten Kulturstadt Weimar, gleichfalls mit dem deutlich formulierten Anspruch eines Nationaldenkmals. Die Ausstellung endete chronologisch mit Zeugnissen zu Maria Pawlownas Tod 1859 und entließ ihre Besucher in das großzügige, mit Büsten berühmter Persönlichkeiten bestückte Treppenhaus. Nicht ganz unähnlich der Walhalla oder der Münchener Ruhmeshalle präsentierte sich Weimars Größe nochmals in personalisierter Form und wirkte wie ein Epilog zum absolvierten Ausstellungsbesuch.

Der 255 Seiten umfassende Katalogband lässt mit seinen zahlreichen Abbildungen und komprimierten Informationen die Ausstellung Revue passieren und ermöglicht einen guten Überblick zum Thema. Ergänzt wird er durch einen zweiten Teil mit Essays und ergänzenden Objekttexten, der als CD-R vorliegt und in der Handhabung daher nicht ganz befriedigt. Leider finden sich im Beitrag, der sich u. a. der Wartburgwiederherstellung widmet, einige durchaus vermeidbare Fehler wie etwa der Plan des Erbgroßherzogs Carl Alexander für den Bau einer Campo-Santo-Anlage an der Südseite der Burg[5]. Unverständlich ist auch, weshalb zur Erläuterung des Maskenzuges «Der Sänger-Wettstreit auf der Wartburg» von 1830 die entsprechende Literatur[6] unberücksichtigt blieb.

---

5 Hartmut Reck: Maria Pawlowna als Initiatorin der politischen Memorialkultur. In: Maria Pawlowna, Teil 2 2004 (wie Anm. 2) S. 147–172, hier S. 164.

6 Renate Müller-Krumbach: Carl August Bernhard von Arnswald. Lieutenant in Weimar zur Goethezeit. In: Günter Schuchardt (Hrsg.): Romantik ist überall, wenn wir sie in uns tragen. Aus Leben und Werk des Wartburgkommandanten Bernhard von Arnswald. Regensburg 2002, S. 2–60.

3. Friedrich Preller der Ältere.
Eine Ausstellung des Thüringer Museums
zum 200. Geburtstag des Künstlers

Katrin Kunze

Am 25. April 2004 jährte sich zum 200. Mal der Geburtstag Friedrich Prellers d. Ä. (1804 – 1878)[1], des bedeutenden Vertreters der heroischen Landschaftsmalerei. Beeinflusst von den Veränderungen in der deutschen Landschaftsmalerei des 19. Jahrhunderts, die geprägt war vom Ideal der italienischen Landschaft, orientierte sich Preller zunächst an klassischen Vorbildern wie Claude Lorrain oder Jacob van Ruisdael.

Seine Kindheit und Jugend verbrachte der gebürtige Eisenacher in Weimar, wo sein Vater in der Hofkonditorei angestellt war. Dieser erkannte schon früh das zeichnerische Talent seines Sohnes. Während gemeinsamer Wanderungen durch die Wälder Thüringens entwickelte Friedrich Preller eine ausgeprägte Naturliebe, wobei ihn besonders die düsteren melancholischen Elemente anzogen. Während seiner Ausbildung an der Weimarer Zeichenschule ab 1814 bei Heinrich Meyer entstanden erste Zeichnungen und Bilder, die einheimische Natur darstellend. Nachdem Johann Wolfgang von Goethe auf das zeichnerische Talent Friedrich Prellers aufmerksam wurde, unterstützte er diesen Zeit seines Lebens. Zunächst wurde der junge Preller mit dem Zeichnen von Wolken vertraut gemacht, bevor ihn Goethe mit einer Empfehlung an Carl Gustav Carus nach Dresden schickte. Dort konnte Preller anatomische Studien durchführen und erhielt freien Zugang zur Dresdener Gemäldegalerie. So entstanden während der Aufenthalte zwischen 1821 und 1823 Kopien wie «Viehweide» von Paulus Potter oder «Schloss Bentheim» von Jacob van Ruisdael. Diese kaufte Goethe für die Zeichenschule. An Prellers erster selbständiger Arbeit «Eisfahrt auf den Schwanseewiesen», die 1823 ausgestellt wurde, fand Großherzog Carl August von Sachsen-Weimar-Eisenach so viel Gefallen, dass er seinen Schützling, ausgestattet mit einem Stipendium, nach Antwerpen zu dem Historienmaler Mathieu van Bree schickte, der ihn die genaue Anatomie des menschlichen Körpers lehrte. In Antwerpen lernte Friedrich Preller seine spätere Frau Marie Erichsen, eine Kapitänstochter, kennen, die er erst nach einem mehrjährigen Italienaufenthalt heiraten konnte. Von den drei Söhnen eiferte insbesondere der junge Friedrich seinem Vater

---

1 Zu Leben und Werk von Friedrich Preller d. Ä. vor allem: Otto Roquette: Friedrich Preller. Ein Lebensbild. Frankfurt a. M. 1883; Julius Gensel: Friedrich Preller d. Ä. Leipzig 1904; Ina Weinrautner: Friedrich Preller d. Ä. (1804 – 1878). Leben und Werk. Münster 1996.

nach. Er hatte dessen zeichnerisches Talent geerbt und vom Vater Unterricht erhalten.

Nach der Antwerpener Ausbildung gelangte Preller mit Hilfe eines großherzoglichen Stipendiums nach Italien, wo er eine tiefe Freundschaft zu dem Maler Joseph Anton Koch[2] aufbaute. Dieser war ein Vertreter der idealen heroischen Landschaftsdarstellung und gilt als der Begründer der neueren deutschen Landschaftsmalerei. Seine detailgetreuen idealisierten Landschaften mit geschickt eingefügten Staffagefiguren beeinflussten Preller so stark, dass er sich selbst als Jünger Kochs bezeichnete.

Als Preller 1831 nach Weimar zurückkehrte, blieben ihm die Hilfe Goethes und des Hofes sowie die Unterstützung der Großherzogin Maria Pawlowna, die zahlreiche Bilder ankaufte, erhalten. Nach dem Bezug des Ateliers im Jägerhaus trat Preller 1832 als Leiter der freien Zeichenschule die Nachfolge Meyers an.

Von seinem Freund, dem Verleger Hermann Härtel aus Leipzig, erhielt Preller erstmals einen lukrativen umfangreichen Auftrag. In der Villa des Großunternehmers im so genannten «Römischen Haus» in Leipzig entstand ein Zyklus von sieben Odysseelandschaften mit ergänzendem Figurenfries. 1834/1837 arbeitete Preller an Temperabildern für eines der Dichterzimmer im Weimarer Schloss. Im Auftrag der Großherzogin Maria Pawlowna gestaltete er das Wielandzimmer mit Szenen aus «Oberon und Musarion». Friedrich Preller konzentrierte sich nach dem Tod Goethes 1832 wieder mehr auf einheimische Themen und malte zahlreiche Bilder von der Thüringer Heimat. Seinem Naturell entsprechend und beeinflusst durch seine Reisen nach Rügen 1837/1839, Norwegen 1840 und ins Riesengebirge 1849 widmete sich Preller nun des Malens herber, wilder Landschaften unter Überbetonung dramatischer Stimmungen. 1844 wurde er zum Hofmaler und Professor ernannt. Als engagiertes Mitglied des Neu-Weimar-Vereins stand der Künstler in den 50er und 60er Jahren mit namhaften Zeitgenossen wie Liszt, Hebbel, Bülow und Fallersleben in Kontakt.

Als eigentlichen Höhepunkt seines Lebens bezeichnete Preller eine erneute Italienreise 1859, die ihn inspirierte, das Thema «Odyssee» wieder aufzugreifen und in 16 Bildern in Wachsfarben auf Kalkplatten für die so genannte Prellergalerie in Weimar auszuführen. Der ursprüngliche Auftrag, für Großherzog Karl Alexander von Sachsen-Weimar-Eisenach einen Odyssee-Zyklus als Fresko für ein eigens dafür konzipiertes Gebäude zu schaffen, kam nicht zur Ausführung. Die Prellergalerie erstreckt sich lediglich über einige Räume des neuen Museums in Weimar. Zwischen 1869 und 1876 entstanden weitere

---

2 Hans Geller: 150 Jahre deutsche Landschaftsmalerei. Ihre Entwicklung von 1800 bis zur Gegenwart/Hrsg.: Erhard Bunkowsky. Erfurt 1951, S. XVII; Johann Eckart von Borries: Joseph Anton Koch. Heroische Landschaft mit Regenbogen (Bildhefte des Staatlichen Kunsthalle Karlsruhe. 3). Karlsruhe 1967.

Odyssee-Darstellungen, darunter eine Holzschnittfolge, die 1871 bei Alphons Dürr veröffentlicht wurde. Neben dem großen Thema Odyssee spielten im Spätwerk Prellers vor allem alttestamentarische Themen eine Rolle. 1868 gestaltete er für seinen verstorbenen Freund Bonaventura Genelli einen Figurenfries im eigenen Haus, das er sich mit seiner zweiten Frau in Weimar eingerichtet hatte. Obwohl die spätklassizistische Malweise des alten Friedrich Preller in jener Zeit als bereits überholt galt, war der Künstler bis zu seinem Tod hoch geachtet und anerkannt. Dieser Umstand ist nicht zuletzt darauf zurückzuführen, dass griechisch-mythologische Themen wie die Odyssee zum festen Bestandteil des Schulstoffes gehörten und sich besonderer Beliebtheit beim Bildungsbürgertum erfreuten. Die Werke Prellers waren vertreten bei Ausstellungen des Sächsischen Kunstvereins Dresden, im Kunstsalon Berlin und bei der Münchener Kunstausstellung 1858. Friedrich Preller wurde zum Ehrenbürger Weimars ernannt und war Mitglied der Akademie der Künste Berlin und Wien.

Zur neu gegründeten Kunstschule in Weimar unter Graf Leopold von Kalckreuth hatte Preller, stoisch auf seine klassizistisch geprägte Form heroischer Landschaftsmalerei beharrend, ein äußerst gespanntes Verhältnis[3]. Während Preller detaillierte Zeichnungen in der freien Natur anfertigte und diese minutiös im Atelier in Ölbildern umsetzte, gaben die Vertreter der Weimarer Malerschule die thüringische Landschaft naturalistisch ungeschminkt wieder.

Friedrich Preller der Ältere starb am 23. April 1878 und fand seine letzte Ruhestätte auf dem Weimarer Friedhof. Nach dem Tode wurde sein umfangreiches Werk sporadisch zu Jubiläen in Ausstellungen präsentiert, aber nie vollständig zusammengetragen. Während eine Gedächtnis-Ausstellung im Jahr 1904 lediglich das Thema Odyssee dokumentierte, präsentierte anlässlich des 50. Todestages des Künstlers eine umfangreiche Werkschau im Thüringer Museum ein reiches Spektrum an Gemälden aus den verschiedenen Schaffensperioden[4]. Die Exposition wurde am 22. April 1928 durch Bürgermeister Hofferbert und den damaligen Kurator des Thüringer Museums, Wilhelm Stelljes, im großen Saal der Elschner-Galerie im Schloss eröffnet. Zu diesem Zeitpunkt befanden sich noch zahlreiche Gemälde in Besitz von Eisenacher Familien und konnten die Ausstellung bereichern. Hinzu kamen Leihgaben von Galerien und Privatpersonen aus Leipzig, Dresden, Heidelberg, Weimar, Jena und Oberammergau. Besonders hervorgehoben wurden in der zeitgenössischen Presse Bilder mit thüringischen Naturdarstellungen, Skizzenbücher

3   WALTHER SCHEIDIG: Die Weimarer Malerschule. Erfurt 1950, S. 23.

4   Eisenacher Zeitung, 21. 4. 1928, «Die Gedächtnis-Ausstellung»; Eisenacher Zeitung, 23. 4. 1928, «Preller-Gedächtnis-Ausstellung in Eisenach»; Eisenacher Tagespost, 21. 4. 1928, «Friedrich Prellers 50. Todestag».

und Entwürfe zur Odyssee aus dem Besitz der Familie Eichel in Eisenach. Die Eröffnungsrede hielt der Reichskunstwart Dr. Edwin Redslob, ein ehemaliger Direktor des Erfurter Museums, dessen Urgroßvater mit Preller bekannt war. Er hob vor allem den «Waldmenschen» und «Wikingermenschen» hervor und stellte dem «Odyssee-Preller» den «Wartburg-Preller» gegenüber[5]. Erst 1954 sollte die nächste Preller-Ausstellung in Heidelberg stattfinden. Das Kurpfälzische Museum bewahrt einen Großteil des umfangreichen grafischen Werkes von Friedrich Preller und einige Ölskizzen aus dem Nachlass der Familie, welche anläßlich des 150. Geburtstages des Künstlers gezeigt wurden[6]. Der Bestand an Gemälden der Stiftung Weimarer Klassik und Kunstsammlungen wurde 1978 gemeinsam mit einem Ausstellungskatalog von Rainer Krauß zum Gedenken an den 100. Todestag Friedrich Prellers vorgestellt[7].

Nachdem das Thüringer Museum Eisenach 1997 eine kleine Kabinettausstellung mit Preller-Gemälden aus dem eigenen Bestand im Museum Predigerkirche präsentieren konnte, gelang es, zum 200. Geburtstag von Friedrich Preller d. Ä. ein umfangreiches Spektrum an Bildern aus allen Lebensphasen des Künstlers zu präsentieren[8], wobei ein Abzielen auf Vollständigkeit aufgrund der Fülle von Werken nicht möglich war. Auch das Erarbeiten eines Kataloges musste aus finanziellen Gründen zurückgestellt werden. Dennoch konnten einige wertvolle Leihgaben für die Ausstellung gewonnen werden, und auf der Grundlage der Dissertation von Ina Weinrautner[9] entstand ein umfassendes Künstlerporträt.

Während im Foyer der Ausstellung vor allem grafische Arbeiten vorgestellt wurden, die Prellers Beziehungen zu Eisenach und der Wartburg dokumentieren, fanden die Ölbilder, weitestgehend chronologisch geordnet und nach Themen wie thüringische Landschaften, italienische Landschaften oder Seebilder gegliedert, Präsentation im Marstall des Eisenacher Schlosses.

Einen guten Grundstock für die Ausstellung boten die 13 Ölbilder und 12 grafischen Werke des Thüringer Museums. Während die Gemälde zumeist der

---

5 «Hier in dem Odyssee-Preller, dessen Werke und Bild allzu einseitig im Bewußtsein der Kunst und ihrer Freunde lebt, dort der Wartburg-Preller, der recht eigentlich erst jetzt entdeckt wurde. Diese Entdeckung ist vielleicht das stärkste Erlebnis, der überwältigendste Eindruck, den die Gedächtnis-Ausstellung hinterläßt, die Prellers Geburtsstadt Eisenach zu Ehren ihres dritten großen Sohnes in diesen Wochen veranstaltet.» Eisenacher Zeitung, 23. 4. 1928.

6 KLAUS MUGDAN und ANNELISE STEMPER (Bearb.): Gedächtnis-Ausstellung zur 150. Wiederkehr des Geburtstages von Friedrich Preller d. Ä. (26. April 1804). Kurpfälzisches Museum der Stadt Heidelberg. Heidelberg 1954.

7 RAINER KRAUSS: Friedrich Preller. Ausstellungskatalog der Kunstsammlungen Weimar anläßlich seines 100. Todestages. Weimar 1978.

8 KATHRIN KUNZE: Faltblatt zur Ausstellung Friedrich Preller d. Ä. – zum 200. Geburtstag des Malers. Eisenach 2004.

9 WEINRAUTNER, Preller 1996 (wie Anm. 1).

Abb. 1:
Bewegte See,
Friedrich Preller
d. Ä, Öl auf
Leinwand, 1838,
Curt-Elschner-
Stiftung

Abb. 2:
Seesturm,
Friedrich Preller
d. Ä, Öl auf Pappe,
1846?, Curt-
Elschner-Stiftung

Abb. 3:
Blick zur Wartburg,
Friedrich Preller d. Ä,
Öl auf Leinwand,
um 1842,
Curt-Elschner-Stiftung

Curt-Elschner-Stiftung angehören, befinden sich die Aquarelle und Zeichnungen im Besitz des Thüringer Museums. Titel wie «Bewegte See», «Sintflut», «Sonnenuntergang am Meer» oder «Seestück» verweisen auf die Schaffensperiode der 40er und 50er Jahre, in der sich Preller meist den düsteren oder melancholischen Stimmungen nordischer Landschaften zuwandte. In dieser Zeit entstanden aber auch zahlreiche Bilder von der thüringischen Heimat, so das Ölbild «Blick zur Wartburg» und eine «Baumstudie». Aus der späteren Schaffenszeit Prellers befinden sich zwei Gemälde im Thüringer Museum. Die Landschaft in der Campagna (Torre die Schiavi) malte Preller 1870. Besonders interessant erscheint das großformatige Ölbild «Ideale Landschaft» aus dem Jahr 1873. Bereits 1870 verwendete Preller den Landschaftshintergrund – ein Blick über die Serpentara auf die Volkserberge, rechts die Pränestiner Berge, im Hintergrund der Monte Cavo – für das Gemälde «Barmherziger Samariter». 1871 entstanden dann zwei weitere Gemälde mit der gleichen Hintergrundlandschaft: «Landschaft mit Dionysos, Bacchantinnen und Faunen» und «Arkadische Landschaft». Diese beiden haben mit dem Eisenacher Bild nicht nur die Landschaft im Hintergrund gemeinsam. Auch die mythologische Szene im Vordergrund, «Dionysos mit tanzenden Bacchantinnen», wurde in leicht abgewandelter Form übernommen. Die «Arkadische Landschaft» konnte als Leihgabe des Angermuseums Erfurt neben der später entstandenen «Idealen Landschaft» des Thüringer Museums in der Ausstellung gezeigt werden, so dass ein Vergleich der beiden sehr ähnlichen Bilder möglich war.

Abb. 4:
Buchenstudie,
Friedrich Preller
d. Ä, Öl auf Pappe,
um 1837, Curt-
Elschner-Stiftung

Als kulturhistorisch besonders bemerkenswert einzuschätzen ist ein Selbstbildnis des jungen Preller, das sich bereits seit längerer Zeit im Thüringer Museum befindet, aber erst durch die Auswertung von Akten des Stadtarchivs Eisenach 1998 identifiziert werden konnte[10]. Aus den Unterlagen geht hervor, dass das Bild 1929 unrechtmäßig von einem Max Sternau für 1.000,00 Mark an die Curt-Elschner-Galerie verkauft wurde. Da Max Sternau nicht der Besitzer des Bildes war, führte der rechtmäßige Besitzer Wilhelm Eckardt einen langwierigen Rechtsstreit mit der Stadt Eisenach, des Weiteren mehrere Gläubiger des Max Sternau. Welchem Umstand es zu verdanken ist, dass das Ölbild in der Elschner-Galerie verblieb, geht aus den Akten nicht hervor. Den Unterlagen war ein Echtheitszertifikat einer Henriette Liebkers aus Weimar angefügt. Sie bestätigte, dass der Künstler sich in jungen Jahren selbst porträtiert hatte und das Bild bis zu seinem Tod in seinem Atelier hing. Frau Liebkers war mit Preller persönlich bekannt. Da es kaum ein Jugendbildnis von Preller ohne Bart gibt (Preller als Hintergrundfigur in dem Bild «Eislauf auf den

---

10 Stadtarchiv Eisenach, Akten zur Curt-Elschner-Stiftung.

Schwanenseewiesen»), sind Vergleichsanalysen kaum durchzuführen. Dennoch kann von der Echtheit des Bildes ausgegangen werden.

Als weitere Leihgeber für die Ausstellung engagierten sich die Kunstsammlungen Weimar mit zehn Gemälden aus verschiedenen Schaffensperioden des Künstlers. Aus den reichhaltigen Beständen konnten in der Mehrzahl «Hühnengräberlandschaften auf Rügen» und «Gebirgslandschaften» gezeigt werden. Sechzehn Farbskizzen zur Odyssee in Wachsfarben auf Leinwand entstanden zwischen 1863 und 1865. Sie gelangten aus dem Besitz der Familie Eichel in Eisenach 1941 in Reichsbesitz. Die Leihgabe der Bundesrepublik Deutschland befindet sich heute in der Kunsthalle in Kiel und konnte in der Exposition präsentiert werden. Die Wartburg-Stiftung Eisenach unterstützte das Projekt mit grafischen Wartburgdarstellungen. Von den zahlreichen Privatleihgebern sind besonders Margot Kahmann aus Hamburg, Dr. Barthold C. Witte aus Bonn, Beate Schimpke-Glas aus Willershausen und Julie Braasch aus Eisenach zu nennen.

Ihnen ist es zu verdanken, dass auch familiäre Aspekte in die Ausstellung einfließen konnten. Eine originale Haarlocke Johann Wolfgang von Goethes, die Friedrich Preller einst zum Dank für die Bleistiftzeichnung «Goethe auf dem Totenbett» von dessen Schwiegertochter Ottilie erhalten hatte, und die

Abb. 5:
Ideale Landschaft
(Plateau der
Serpentara bei
Olevano),
Friedrich Preller d. Ä,
Öl auf Leinwand,
1873, Curt-Elschner-
Stiftung

auf abenteuerliche Weise die Jahrhunderte überstand[11], war gleich neben einer der wenigen Kopien der genannten Zeichnung zu sehen. Das Keilhauer Album widerspiegelt Seite um Seite ein Stück Lebensgeschichte Friedrich Prellers. Dort sind Porträts seiner Kinder und seiner zahlreichen Freunde mit Bleistift skizzenhaft charismatisch festgehalten. Dass Preller eng mit Eisenach verbunden blieb, war sicherlich auf die verwandtschaftlichen Beziehungen zurückzuführen, die auch nach dem Weggang der Familie nach Weimar weiter bestanden. Der damalige Hofgärtner Johann Gottlieb Friedrich Dietrich war der Patenonkel Friedrich Prellers und durchstreifte mit diesem die Eisenacher Umgebung. Friedrich Preller d. J. hatte zahlreiche Aufträge in Eisenach, so bei der Familie von Eichel. Ein Brief des jungen Friedrich an die Geschäftsfrau Ida von Eichel aus dem Jahr 1878 gibt Auskunft über die Anfertigung von Odyssee-Bildern für deren Villa im Grabental. Diese sind heute verschollen.

Die Ausstellung des Thüringer Museums zum 200. Geburtstag von Friedrich Preller dem Älteren wurde von zahlreichen Veranstaltungen wie Bildbeschreibungen, einem Vortrag von Dr. Barthold C. Witte zum Thema «Der Italienmaler Friedrich Preller – Johann Wolfgang von Goethe und die Locke»[12]; einer «Plauderei über Preller» mit Volkmar Schumann, Goethegesellschaft Eisenach e. V. und einer umfangreichen Finissage mit den Prellernachfahren begleitet. Das Thüringer Museum sagt noch einmal all jenen Dank, die zum Erfolg dieses umfangreichen Ausstellungsvorhabens beigetragen haben.

---

11 Vgl. Anm. 12.

12 BARTHOLD C. WITTE: Der Italienmaler Friedrich Preller, Johann Wolfgang von Goethe und die Locke. In: Goethe-Jahrbuch 1994. 111(1995), S. 291–298. Der Verfasser hatte dieses Thema bereits in einem Vortrag vor der deutsch-italienischen Gesellschaft in Bonn am 17. Februar 1994 behandelt.

4. «Abcontrafactur und Bildnus».
Wettinische Ahnengalerien des 16. Jahrhunderts.
Sonderausstellung auf der Wartburg
vom 4. Mai bis 31. Oktober 2004

Hilmar Schwarz

Im Jahre 2004 richtete Thüringen in Sondershausen seine zweite Landesausstellung unter dem Thema «‹Neu entdeckt›. Thüringen, Land der Residenzen. 1485–1918» aus. Die Wartburg-Stiftung stand neben der Unterstützung
durch Leihgaben für Sondershausen vor der Aufgabe einer begleitenden, thematisch korrespondierenden Sonderausstellung. Dazu bot sich die erstmalige
Präsentation einer 36 Porträts umfassenden Gemäldereihe aus dem Magazin-
bestand an, was sich über das anfänglich überschaubare Maß hinaus als zutreffend erwies. Die Reihe aus dem Umfeld der Cranach-Werkstatt entstand
wahrscheinlich in der zweiten Hälfte des 16. Jahrhunderts und bildet eine
Personenfolge, die für Stammstuben wettinischer Schlösser jenes Jahrhunderts
bestimmt war.

Eine seit Februar 2003 laufende Forschungsarbeit zur Vorbereitung der
Sonderausstellung[1] brachte beachtenswerte neue Erkenntnisse und fügte verstreut vorhandenes Wissen zu einem neuen Ganzen zusammen. Bisher war
unbeachtet geblieben, dass die Wartburg eine zweite, allerdings unvollstän-
dige Porträtfolge des gleichen Typs besitzt. Die über mehrere Dynastien hin-
wegschreitende Folge hatte ihren Ursprung in der Geschichtsschreibung des
welfischen Niedersachsens im 13. Jahrhunderts und fügte die Inhaber des
sächsischen Herzogsamtes zusammen. Der Urtyp der Gemälde entstand wahrscheinlich um 1500 in Wittenberg.

Die Gemälde boten die Möglichkeit, ein übergreifendes Thema mit eigenen Exponaten und damit in Zeiten schwieriger Finanzen kostengünstig
bestreiten zu können. Seit Anfang 2004 wurden die Bilder durch den
Restaurator Jürgen Scholz (Breitungen) der notwendigen Überarbeitung unterzogen[2]. Zum einen waren Farbschäden auf der Maloberfläche zu beheben.

---

1 Wartburg-Stiftung Eisenach, Archiv, Nr. Ma 61, Verschollene Fürstenbildnisse wettinischer
 Stammstuben des 16. Jahrhunderts und ihre erhaltenen Pendants auf der Wartburg. Eisenach
 2003. [ungedruckt, computerschriftlich]; vgl. den Beitrag zu dem Thema in diesem Wartburg-
 Jahrbuch.
2 Vgl. Wartburg-Stiftung Eisenach, Archiv, JÜRGEN SCHOLZ: Objekt: sächsische Ahnenzyklen.
 Kurzdokumentation zu restauratorischen Maßnahmen. Winne 2004.

Dabei traten intensive Übermalungen originaler Farbschichten und komplette Ergänzungen unvollständiger Malflächen durch die Restaurierungen der vergangenen Jahrhunderte zutage. Auf Leinwand, oft durch eine unterklebte zweite gesichert, waren Öl und Schellacklasuren (Harz) aufgetragen worden. Zum anderen fehlten an neun Gemälden die Rahmen, deren Neuanfertigung sich an denen aus der Mitte des 19. Jahrhunderts stammenden orientierte.

Wandabwicklung und grafische Gestaltung oblag der Restauratorin der Wartburg-Stiftung Monika Stein. Die Gemälde wurden zweizeilig und nach den Dynastien blockweise angeordnet. Die Ansicht sämtlicher ringsum platzierter Gemälde war von einem Standort aus möglich und wurde nur unwesentlich von einer Vitrine mit passenden Exponaten gemindert. Musik aus der Zeit um 1600 von Michael Praetorius (1571–1621) aus dem nahen Creuzburg und anderer Komponisten vertiefte den atmosphärischen Eindruck. Die in sich stimmige Sonderausstellung ließ den Betrachter sogar etwas von der ursprünglichen Intention der kreisrunden Stammstuben in den wettinischen Schlössern nachempfinden.

Abb.:
Blick in den Sonderausstellungsraum mit der Sonderausstellung zu den Fürstenbildern der Wartburg-Stiftung

An drei Beispielen wurden die bildlichen Mehrfachausfertigungen veranschaulicht: beim Liudolfinger Otto dem Erlauchten (†911), beim Welfen Heinrich dem Löwen (†1195) und beim Askanier Rudolf (†1356). Als jeweils originale Pendants der anderen, hochformatigen Wartburgreihe und der originalgroßen Kopien von Fassungen aus Schloss Ambras von 1578/79 sowie Holzschnitten von 1563 und 1586 verdeutlichen die Gleichartigkeit der Motive trotz unterschiedlicher Ausfertigung.

Die Exponate zweier Tischvitrinen dienten der Erläuterung weiterer Zusammenhänge. Zum einen wurde die Verbindung zum Sächsischen Stammbuch von 1500 und zu Zeugnissen für die verlorenen Bildreihen in den Schlössern von Wittenberg (um 1500) und Torgau (um 1537) aufgezeigt. Zum anderen konnte ein bekanntes Bildnis der Wartburg-Stiftung mit Herzog Johann dem Beständigen (†1532) aus der Cranachwerkstatt, das ursprünglich mit einem biographischen Text unter dem Porträt versehen war, nunmehr einer Gedächtnisreihe aus den Jahren 1532/33 zugeordnet werden.

Die offizielle Eröffnung am 4. Mai 2004 bediente sich des historischen Ankunftsdatums Luthers auf der Wartburg, das immer wieder zu Höhepunkten im Stiftungsleben genutzt wird. Die Ausstellung wurde bis zum Reformationstag am 31. Oktober 2004 gezeigt und machte die mehrere Jahrzehnte ein halbes Jahrhundert ins Magazin verbannte Gemäldefolge wieder einmal der Öffentlichkeit zugänglich. Der interessante Einblick in die Denkweise des 16. Jahrhunderts, den sie vermittelte, und die neu gewonnenen Erkenntnisse sollten beachtet bleiben.

Baugeschehen

Bericht über die Baumaßnahmen der Wartburg-Stiftung
im Jahre 2004 mit bauhistorischen Erkenntnissen
zu einigen Objekten

Hans-Jürgen Lehmann

Auch im Jahre 2004 wurden die geplanten konservatorischen sowie Bau- und
Werterhaltungsarbeiten in Zusammenarbeit mit dem Thüringischen
Landesamt für Denkmalpflege, dem Thüringer Kultusministerium und dem
Bund (Beauftragter für Kultur und Medien) vorbereitet. Eine Million EUR
Fördermittel einschließlich des Eigenanteiles der Wartburg-Stiftung wurden
bereitgestellt, so dass Baumaßnahmen fortgeführt, einige abgeschlossen und
andere begonnen werden konnten.

1. Arbeiten innerhalb der Burgmauern

Die Steinkonservierung in der Torhalle zwischen erstem und zweitem Burghof
wurde als besonders wichtige konservatorische Baumaßnahme aus dem
Vorjahr weitergeführt[1], wobei noch der erste Bauabschnitt Innenbereich an-
stand, dem ab Ende August 2004 der zweite Bauabschnitt an den Außenfassaden folgte. Zunächst wurde die Konservierung an den Rhätsand-
steinbereichen und Mauerziegelgewölben im Innern (Abb. 1) fortgeführt. Auf
Grund der hohen Salzbelastungen waren viele Zyklen von Entsalzungs-
kompressen an diesen Bauteilen erforderlich. Erst danach konnte mit dem
Aufbringen des Applikationsmörtels an den Mauerziegelgewölben und an den
Torlaibungen aus Rhätsandstein weitergearbeitet werden.

In den Gewölben mussten an einigen Stellen, nach Ausbau der desolaten
Mauerziegel, extra nachgefertigte Mauerziegel im Reichsformat eingebaut werden, was ab 14. Februar 2004 bis Ende des Monats geschah. Die besonders ver-
schlissenen Torangelsteine konnten durch den Einbau von Passstücken aus
Rhätsandstein sowie im übrigen Bereich auch über die Steinkonservie-
rungsmaßnahmen in den Einbaustellen verbleiben und damit in der Substanz
gerettet werden.

Auch die runde Pechausgussöffnung aus Rhätsandstein konnte konserviert
und erhalten werden. Danach waren umfangreiche Verfugungsarbeiten mit

einem eingefärbten, von der Materialforschungs- und -prüfanstalt (MFPA) Weimar entwickelten Verfugungsmörtel erforderlich. Dieser Betrieb hatte bereits die Rezeptur für die Applikationsmörtel der Rhätsandstein- und Mauerziegelergänzungen erarbeitet.

Der 1963 eingebaute Fußboden aus Sandsteinplatten war stark beschädigt und musste abgebrochen werden, was am 5. April 2004 begann. Bei diesem Abbruch wurden im südwestlichen Bereich alte Mauerreste entdeckt (s. Abschnitt 3), über die zur Bestandsicherung eine diffusionsoffene Folie (Erdtextil) gedeckt wurde. Dann erfolgte, wie bereits erwähnt[2], der Fußbodenaufbau mit keramischen, nach den Mustern des 19. Jahrhunderts ornamental verzierten Fußbodenplatten. Der Aufbau der Fußbodenschichten in den Seitenschiffen wurde im Gefälle zur Durchfahrt von unten nach oben folgendermaßen durchgeführt:

Schichtdicke	Material
50–100 mm	Ausgleichsschicht aus gebrochenem Material Ø 5–10 mm
50–60 mm	Ausgleichsestrich mit sulfatbeständigem Zement und verzinkter Estrichausgleichsmatte mit darauf verlegter Sperrschicht
50–55 mm	Verlegung der Keramikplatten und ockerfarbenen Bändern im Kalk-Zementmörtel (sulfatbeständig) bei 3–4 mm Breite der Fugen und einer Plattendicke von 40 mm

Die Verfugung wurde als Festverfugung ausgeführt und in ihrer Farbigkeit den roten Keramikplatten und den ockerfarbenen Bändern angepasst. Nach Fertigstellung des westlichen und östlichen Schiffs der Torhalle erfolgten außerhalb der Öffnungszeiten der Burg der Ausbau der desolaten Sandsteinplatten in der Fahrspur, der Einbau der Splittschicht auf dem Felsuntergrund, das Einbringen der Pflastersteine (Breite x Länge: 8–12 cm x 12–17 cm) aus Tambach-Dietharz-Naturstein und die Verfugung mit einer Masse aus eingefärbtem Epoxydharz. Zur Ableitung des Oberflächenwassers wurde Drän-Verfugungsmörtel in den Randbereichen der Fahrbahn und in den Fugenbereichen zu den aufgehenden Wänden eingebracht. Parallel dazu sanierte die Fa. Bennert die Natursteintreppen in der Torhalle. Die Bauhütte der Wartburg reparierte und erneuerte die Fenster der Torhalle.

---

1 Hans-Jürgen Lehmann: Bericht über die Baumaßnahmen der Wartburg-Stiftung im Jahre 2003, mit bauhistorischen Erkenntnissen zum Erdgeschoss der Vogtei und zum Dirnitzkeller. In: Wartburg-Jahrbuch 2003. 12(2004), S. 266–282, hierzu S. 266–268.
2 Lehmann, Bericht 2003 (wie Anm. 1) S. 266.

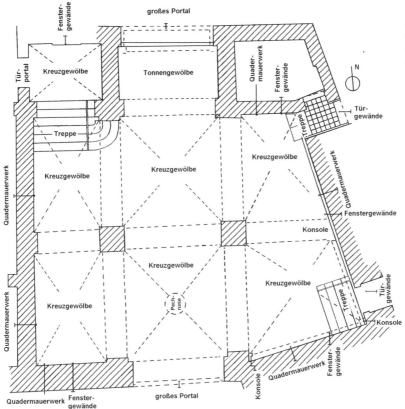

Abb. 1:
Grundriss der
oberen Torhalle
der Wartburg

Ab Juni 2004 malten die beiden Restauratoren Jürgen Scholz und Gert Weber die Kreuzgewölbe und Gurtbögenbereiche entsprechend des ursprünglichen Zustands des 19. Jahrhundert aus. Am 14. und 15. September 2004 bauten die Handwerker der Bauhütte und ein Kollege der Fa. A. Schäfer aus Eisenach unter Zuhilfenahme eines Gabelstaplers die schweren Eichenholztore ein. Danach wurden von den Handwerkern der Bauhütte die vier Torflügelwände repariert, die Beschläge aufgearbeitet, die Tore mehrmals gestrichen und die Elektrobeleuchtung komplett erneuert. Die Bauarbeiten im Innenbereich der Torhalle wurden am 17. September und die Sanierung der Holztore am 30. September 2004 beendet.

Am 27. August 2004 begann der Gerüstbau für den zweiten Bauabschnitt an den Außenfassaden der Torhalle, danach erfolgten die Einhausung der Gerüste, die Beseitigung der desolaten Verfugungen, die maschinelle Reinigung der Fassaden im Wirbelstrahlverfahren, die partielle Festigungen mit Kieselsäure-

ester OH (Steinfestiger) und die KSE-Basisverfestigungen der Naturstein-
bereiche. Bis Jahresende 2004 wurden an der südlichen und nördlichen Fassade
der Dirnitzlaube die Verfugungen vorgenommen. Die übrigen Arbeiten des
zweiten Bauabschnitts müssen im Jahre 2005 abgeschlossen werden.

Auch 2004 verbesserte man weiterhin den Brandschutz der Burg. So wurden im Januar/Februar 2004 in den westlichen Räumen des ersten Obergeschosses des Gadems und im Vogteikeller die alten Aluminium-Elektroleitungen und Verteilungen abgebaut und durch neue Kupferleitungen ersetzt.
Dies war nur im Rahmen von Instandsetzungs- bzw. Sanierungsarbeiten in
den betreffenden Räumen möglich. Eine neue Brandschutztür wurde im
ersten Obergeschoss des Ritterhauses eingebaut.

Im Gadem galt es gleichzeitig Putzausbesserungen an Wänden und Decken
vorzunehmen. In zwei Räumen wurden die desolaten Fußbodenbeläge einschließlich der Dielung abgetragen und von den Tischlern der Bauhütte durch
Eichendielenfußböden ersetzt. Die aus dem späten 19. Jahrhundert stammenden Wartburg-Sprüche über einigen Türen wurden gesichert bzw. restaurato-
risch herausgearbeitet sowie ein Teil der Rundbogentüröffnungen des um
1874 erbauten Gebäudes wurden entsprechend dem Bestand wieder geöffnet.
Diese Türöffnungen erhielten die einstigen Rundbogentüren aus Eichen-
bohlen einschließlich ihrer teils überarbeiteten Beschläge. 2005 sollen die
Arbeiten in den südlichen Räumen sowie in Flur und Treppenhaus weitergeführt werden.

Erforderliche Elektroarbeiten und umfangreiche Sanierungsarbeiten führten die Handwerker der Bauhütte im Vogteikeller durch; diese begannen am
12. Januar 2004. Des Weiteren mussten Wasser- und Abwasserleitungen,
Warmwasser- und Heizungsleitungen abgebaut und erneuert, desolate Decken-
und Wandputze abgenommen und durch neuen Putz ergänzt werden. Der
dabei geschaffene Durchbruch zum Kelleraufenthaltsraum dient als Flucht-
weg (Brandschutz). Die Natursteintreppe am Südgiebel musste neu verlegt
werden und die Fußböden wurden mit roten keramischen Platten ausgelegt.
Einige Wände blieben steinsichtig erhalten, während die geputzten Decken
und Wandflächen geweißt wurden. Am 25. Mai 2004 waren die Arbeiten am
Vogteikeller vollendet.

Für die Instandsetzung des Dirnitzdachs mit den Ziegeltyp «Mönch und
Nonne» bekam nach entsprechender Planung und Ausschreibung die Rost
Bedachungen GmbH aus Erfurt den Auftrag. Am 3. Juli 2004 begannen die
Dachdeckerarbeiten für das Umdecken, also das partielle Abdecken und wie-
der Eindecken im Mörtelbett einschließlich neuer Dachlattung und Ergän-
zungen sowie die Neuanbringung der Kupferbleche an den zu reparierenden
Ortgängen und an der Schornsteineinfassung. Der Blitzschutz wurde kom-
plett erneuert. Die Verbretterungen der Schleppgauben mussten durch die

Handwerker der Bauhütte teilweise erneuert und alle Flächen mehrmals farb-
lich gestrichen werden. Die Giebelortsteine und der Schornsteinkopf wurden
neu verfugt. Alle Arbeiten am Dirnitzdach waren am 6. August 2004 fertig
gestellt und abgenommen.

Im Laufe des Jahres führte die Bauhütte der Wartburg Putzausbesserungen
und Malerarbeiten am Südgiebel des Gadems und an der Vogteifassade aus.
Umfangreiche Reparaturen waren an den Holztüren und Geländern erforderlich.

Ab 15. November 2004 wurde die schadhafte Holztreppe in der Vogtei vom
ersten Obergeschoss (Lutherstube) bis ins Erdgeschoss abgebaut und durch die
Tischlerei Bäthe aus Oberdorla erneuert. Die Treppe erhielt neue Eichentritt-
stufen, der Treppenlauf und das Geländer wurden grundhaft repariert. Die
Arbeiten dauerten bis zum 30. November 2004.

Im April 2004 erhielten die Flurbereiche am unteren und oberen
Palaseingang großflächige Spezialabtrittmatten, um die Verschmutzung der
Palasräume durch die Besucherströme zu reduzieren.

Putzreparaturen waren in Innenbereichen wie den Museumsräumen und
besonders im Margarethengang erforderlich. Der Fugenverstrich der Fittich-
ziegel, besonders im Elisabethgang wurde fortgeführt. Ebenso galt es auch besonders häufig Türen, Türschlösser, Fensterflügel sowie Elt-Wasser- und
Heizungsleitungen durch die Handwerker der Bauhütte zu reparieren.

Kleinreparaturen, wie Schlosser- und Kunstschlosserarbeiten, Bleivergla-
sung, Blitzschutzarbeiten und Malerarbeiten wurden teilweise auch von
Fremdfirmen ausgeführt. So erhielten der Dirnitzkeller eine neue Stahltreppe,
die Plattform des großen Bergfriedes Metallgeländer vor den Scharten-
öffnungen sowie Palas und Museum neue Metallabsperrungen. Bleiglasfenster
in den Gebäuden wurden repariert und Sonderausstellungsraum, Vogteikeller
und Außenfenster sowie im ersten Obergeschoss des Gadems gemalt.

Die Vorplanungsarbeiten für konzeptionelle Veränderungen im zweiten
Burghof konnten im vierten Quartal erledigt werden. Vorgesehen sind die
Verbesserung des Bodenbelags durch polygonal verlegte Natursteinplatten
und die Sanierung der Zisterne. Gleichzeitig soll die Lösung für eine
Spielstätte gefunden werden, die flexible Sitzmöglichkeiten und eine Bühne
über der Zisterne beinhalten. Bereits 2004 erhielt das Planungsbüro Danz und
Zapfe aus Rudolstadt den Planungsauftrag für das Folgejahr, damit in der zwei-
ten Hälfte 2005 mit dem ersten Bauabschnitt begonnen werden kann.

2. Arbeiten ausserhalb der Burgmauern

Auch 2004 war die Baustelle Tugendpfad ein erstrangiges Vorhaben der Wartburg-Stiftung. Zunächst gab es durch Insolvenz der ausführenden Fa. Gerdum und Breuer seit Herbst 2003 eine Bauunterbrechung[3], bevor im Frühjahr 2004 die restlichen Ausbauarbeiten am westlichen Tugendpfad dann doch noch von dieser Firma geleistet wurden. Der Einbau der Natursteinstufen, das Vergießen des Pflasters mit Epoxydharzverfugungsmasse bzw. der Dehnungsfugen mit Bitumen, der Aufbau des Stahlgeländers mit Holzhandlauf sowie der Aufbau der Wegebeleuchtung konnten am 21. April 2004 beendet und abgenommen werden.

Am vorderen westlichen Tugendpfad, zuerst im Minnegarten, begannen am 3. Mai 2004 die Handwerker der Wartburg-Bauhütte mit den Sanierungsarbeiten. Dankenswerterweise hatte die Fa. Bennert von auszubildenden Steinrestauratoren im Frühjahr 2004 das Brunnentrogbecken, ein ehemaliges Taufbecken[4], restauriert. Nach dem Rücktransport am 26. April 2004 wurde es vom Hotel aus per Autokran in den Minnegarten gehoben, wo es wieder auf das Fundament seiner Natursteingrundplatte gestellt wurde. Vorher waren im Erdbereich die Wasserleitung und die Entwässerungsleitung neu verlegt worden. Dadurch konnte das Brunnenbecken wie schon im 19. Jahrhundert ähnlich einem Trinkbrunnen mit Wasserzuführung durch einen Kleinwasserstrahl und mit Über- bzw. Ablaufrohr versehen werden.

Nach einem Projekt des Gartenarchitekten Herrmann aus Eisenach wurde die Gestaltung des Minnegartens gemäß dem Bestand von um 1900 geplant. So war ein kompletter Erdaustausch im Minnegarten erforderlich. Danach brachten die Handwerker der Bauhütte den Mutterboden für die Rosenrabatten und Rasenflächen ein. Die Wegeflächen wurden im unteren Bereich geschottert und mit feinkörnigem Bergkies abgedeckt, verdichtet und planiert sowie die Rabatten mit Rosen alter Sorten neu bepflanzt. Parallel dazu mussten die Mauerkronen der Brüstungsmauern wieder aufgeführt und verfugt werden. Ebenso war der Treppenzugang mit einem Metallgeländer und einem Türchen zu erneuern. Die Pflanzarbeiten waren bis Mitte Mai und die Bauarbeiten bis September 2004 beendet.

Ab Mai 2004 wurde im vorderen westlichen Teil des Tugendpfades des Weiteren an den Treppen, an den Brüstungsmauern, am Wegebau und an der Verlegung von Elektrokabeln und Wasserleitungsrohren gearbeitet. Die Wegebereiche über dem Heizkanal vor dem Spitzboden, einem Hotelnebengebäude, und im Anschluss an den Ausbaubereich der Fa. Gerdum & Breuer (s. o.) wurden bei entsprechendem Unterbau gepflastert.

---

3 Vgl. Lehmann, Bericht 2003 (wie Anm. 1) S. 271.

Abb. 2:
nordwestliche
Türpforte zum
Tugendpfad mit
eingebautem
historischen
Sandsteinbogen

4 Becken, 13. Jahrhundert, Sandstein, aus Bischofroda, Wartburg-Stiftung Eisenach, Inv.-Nr. B 98.

Bei den Erdarbeiten fand man am Tugendpfad gleich links hinter dem Eingang einen Gewändebogen aus Rhätsandstein, der eine lichten Öffnungsbreite von 1,00 m, Außenmaße von 1,54 m und einen Querschnitt von 0,27 m x 0,24 m mit Hohlkehle aufweist. Der Bogenstein besitzt eine flächige Oberflächenbearbeitung bzw. Überarbeitungen, teilweise mit Randschlag sowie geringfügigen Beschädigungen. Das Werkstück könnte vom Ritterhaus oder der Vogtei, also aus der Renaissance, stammen. Die Eingangspforte zum Tugendpfad war um 1900 in Holz mit japanisch anmutendem oberen Dach erbaut und nach 1945 abgebrochen worden. Später entstand hier eine unschöne Mauer mit Abdeckung und Holztür, die zur Schaffung der Baufreiheit für die Baumaßnahmen am mittleren westlichen Tugendpfad beseitigt werden musste.

Es bot sich also an, den geborgenen Sandsteinbogen für die jetzt zu erbauende Türpforte zum Tugendpfad zu nutzen (Abb. 2). Zur Ergänzung waren je zwei Gewändesteine pro Anschlag erforderlich, die von der Fa. A. Schäfer Eisenach angefertigt, geliefert und in Zusammenarbeitet mit der Bauhütte mit entsprechenden Edelstahlankern versetzt wurden. Rechts und links der neuen Pforte zwischen Gewändesteinen und Fels wurde je ein Abschnitt Natursteinmauer eingefügt. Die Mauerkrone wurde jeweils mit einer Reihe Fittichziegeln in Mörteleinbettung abgedeckt.

Diese Arbeiten endeten im November 2004, so dass noch im laufenden Jahr der Ausbau des Tugendpfades in Höhe des Gadems mit Erdabtrag und Schottereinbau fortgesetzt werden konnte. Die Arbeiten sollen 2005 weitergeführt werden. Außerdem ist, wie schon berichtet[5], die Anlage eines Burgenbaulehrpfades geplant, auf dem eine mittelalterliche Bauhütte, die jeweiligen Handwerksberufe und damaligen Produktionsmittel gezeigt werden sollen.

Die Wartburg-Bauhütte erledigte eine Reihe von größeren Ausbesserungsarbeiten, so an Geländern des «Eselswegs», des Steinwegs und der Schanze sowie am Parkplatz. Auch zur Wege- und Hofreparatur und zum Setzen einer Brüstungsmauer mit Geländer am oberen Steinweg mussten die Handwerker der Bauhütte eingesetzt werden. Unterhalb der öffentlichen WC-Anlage war ein größerer Bereich des Fachwerkgebälkes auszuwechseln. Dort mussten die Gefache ausgebrochen, Fachwerk-Holzkonstruktionen erneuert und die Gefache neu ausgemauert, geputzt und gestrichen werden.

Im Kellergeschoss des Wartburg-Hotel entstand im Mai/Juni 2004 nach Ausschreibung durch Fremdfirmen eine Sauna. In Hotelzimmern, Fluren und Treppenhäusern wurden wiederum Reparaturarbeiten in den Gewerken Malerarbeiten und Fliesenlegen sowie Sanitärtechnik durchgeführt, ferner die Dächer des nördlichen Hotelflügels und über der Hofeinfahrt repariert.

---

5 Vgl. Lehmann, Bericht 2003 (wie Anm. 1) S. 269–271.

Ein weiterer Schwerpunkt waren die Reparatur- und Instandhaltungs-arbeiten an der historischen Wasserleitung sowie der Abwasserleitungen. Im November/Dezember 2004 musste nach einer Havarie ein Teilbereich der Abwasserleitung unterhalb des Gadems neu verlegen werden. Die Arbeiten wurden nach der Ausschreibung von der Firma Reinhard Feickert GmbH, Allgemeiner Ingenieurbau in Witzleben/Ilm bei Baukosten von 60.000 EUR ausgeführt.

3. Wissenschaftliche Vermessungsarbeiten, Bauforschung sowie Kartierung und archäologische Vorarbeiten

Das Freie Institut für Bauforschung und Dokumentation e. V. Marburg erstell-te steingerechte Aufmaße als Ergänzungen an der Nordfassade der Torhalle, am Bergfried und für die Westfassade der Dirnitz im Maßstab 1:20 sowie Grundrisse mit Oberflächenstrukturen der Hofburg und eines Teils der Außenanlagen des westlichen Tugendpfades im Maßstab 1:50.

Sicherung und Erhaltung der Schwindfresken wurden 2004 fortgeführt, in der Elisabethgalerie Proben zur Vorbereitung der Restaurierung entnommen und analysiert, die wissenschaftlichen Dokumentationen zum Zustand der Dekorationsmalerei sowie das Restaurierungskonzept erarbeitet. Am Fresko «Der Krämer und sein Esel» im Landgrafenzimmer wurden Restaurierungs-proben durchgeführt, eine Pause abgenommen und Entsalzungsmaßnahmen vorgenommen.

Für die geplante Teilklimatisierung der Räume mit Schwindfresken im Palas legte das Ingenieurbüro Lobers & Partner (Dresden) ein Vorprojekt zur Heizungs- und Lüftungskonzeption vor, das in weiteren Planungsphasen 2005 vervollkommnet werden muss.

Für die archäologische Auswertung der Grabungen in den 1950er und 1960er Jahren am Elisabethplan, wo die hl. Elisabeth um 1226 ein Hospital und die Franziskaner ab um 1330 ein kleines Kloster betrieben, konnte das Thüringische Landesamt für Archäologische Denkmalpflege (TLAD) in Weimar gewonnen werden. Die Vermessung zur Festlegung der Koordinaten sowie der Vermessungsplan wurden durch das Vermessungsbüro Hohlbein, C. & Kirsch, F. in Eisenach erarbeitet. Außerdem fanden im November 2004 Magnetfeldmessungen zur Ortung von Fundamentresten statt. Eine Vor-auswertung erbrachte einige noch vorhandene Mauerzüge. Die endgültige Auswertung erfolgt 2005. Eine eventuelle Grabung im Jahre 2006 soll für das Jubiläum 2007, zum 800. Jahrestag der Geburt der hl. Elisabeth, den noch vor-handenen baulichen Bestand zeigen und die einstigen Anlagen nachvollzieh-bar machen.

Auf Antrag des Burghauptmanns Günter Schuchardt wurde die Wartburg

Abb. 3:
Mauerrest im süd-
westlichen Joch der
oberen Torhalle der
Wartburg

Abb. 4:
Kartierung des histori-
schen Fundaments im
südwestlichen Joch der
oberen Torhalle der
Wartburg mit mögli-
chem mittelalterlichen
Mauerverlauf

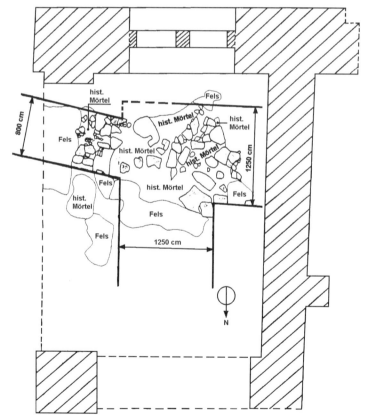

2004 in das interdisziplinäre Forschungsprogramm mit der Bezeichnung «ONSITEFORMASONRY» einbezogen, ein EU-Projekt zu denkmalgerechten Untersuchungsmethoden am historischen Baukörper. Am 15. und 16. Januar 2004 fanden am Palas zerstörungsfreie Messungen an der nördlichen Giebelwand und der westlichen inneren Längswand des Landgrafenzimmers statt. Das vorgegebene Ziel war es, in der Giebelwand nach Hinweisen auf romanische Türöffnungen (Bögen/Gewände) zu forschen. Die thermografische Untersuchung (Erwärmung der Wandoberfläche um 8–15° C) durch das eine Team erbrachte zwei Türöffnungen, wovon eine mit einem romanischen Bogen überwölbt sein könnte.

Ein zweites Team sollte feststellen, ob sich hinter der Malschicht der Fresken an der inneren Längswand des Landgrafenzimmers im Putzuntergrund Hohlstellen befinden, um der Frage einer Ablösung der Malschicht nachzugehen. Das geoelektrische Verfahren, das Impulsradar, konnte von der gegenüberliegenden Wandseite aus die relative Homogenität des Mauerwerkes (verwendete rotliegende Natursteine) nachweisen, lieferte aber leider keine klaren Ergebnisse zur gestellten Frage.

Beim Abbruch des Fußbodens der Torhalle (s. Abschnitt 1) konnten im südlichen Bereich des westlichen Schiffs alte Mauerreste entdeckt werden (Abb. 3 und 4). Sie verlaufen flächig im Abstand von 25 cm bis 45 cm von der südlichen Außenwand der Torhalle. Die einstige Mauer war durch den Neubau dieser südlichen Wand der Torhalle sowie der westlichen Wand im 19. Jahrhundert teilabgebrochen worden, da sie unter diesem Mauerbereich verlief. Der noch verbliebene Mauerrest hat eine Breite von 0,80 m bis 1,35 m und eine Gesamtlänge von ca. 2,30 m. Er besteht aus Natursteinmauerwerk (Rotliegendem) und dem mittelalterlichen Kalkmörtel. Der ca. 80 cm breite vordere Mauerrest in Höhe des Toranschlagpfeilers verläuft in Richtung des ehemaligen Bergfriedes und könnte somit der Mauerzug für das mittelalterliche zweite Tor bzw. den Torbau gewesen sein.

Der anschließende breitere Mauerzug (≥1,35 m), ca. 1,60 m lang, könnte vom Unterbau einer südöstlichen Gebäudeecke mit Mauerdicken von 1,25 m und einer südlichen Außenwand mit 1,25 m stammen. Damit wäre bewiesen, dass im Hochmittelalter eine Mauer- oder Torabgrenzung der Hofburg von der Vorburg bestand und dass, etwa in der Grundrissfläche der jetzigen Dirnitz etwas nach Osten verschoben, ein Vorgängerbau (Haus der Handmühlen) bestand[6].

---

6 Siehe zur Felsentreppe und dem romanischen Torbogen im Dirnitzkeller: LEHMANN, Bericht 2003 (wie Anm. 1) S. 280–282.

Chronik 2004 der Wartburg-Stiftung

15. und 16. Januar
Am 15. und 16. Januar werden am Palas zerstörungsfreie Messungen an der nördlichen Giebelwand und der Westwand des Landgrafenzimmers durchgeführt. Sie laufen im Rahmen des Forschungsprogramms «ONSITEFORMASONRY», eines EU-Projekts zu denkmalgerechten Untersuchungsmethoden an historischen Baukörpern.

21. Januar
Anlässlich des 200. Geburtstags von Moritz von Schwind wird für die Dauer von drei Monaten eine kleine Sonderausstellung von Handzeichnungen und Druckgrafik im Sammlungsraum 2 eröffnet.

Januar/Februar
In den westlichen Räumen des ersten Obergeschosses des Gadems und im Bereich des Vogteikellers werden die alten Aluminium-Elektroleitungen und Verteilungen abgebaut und durch neue Kupferleitungen ersetzt.

FEBRUAR

2. Februar
Der Thüringer Ministerpräsident Dieter Althaus (CDU) eröffnet mit der BMW-Gruppe eine neue Gesprächsrunde «Thüringen in Bewegung – Wege in die Zukunft». In den Festsaal der Wartburg sind 200 Vertreter aus Wirtschaft, Politik und Kultur eingeladen. Der Vorsitzende des Forschungsinstituts für anwendungsorientierte Wissensverarbeitung in Ulm und Mitglied des Club of Rom, Prof. Dr. Franz Josef Rademacher, referiert zum Thema «Standort Deutschland – Im Kontext der Globalisierung – Herausforderung für die neuen Bundesländer».

MÄRZ

13. März
Der Wartburg-Preisträger 1999, Alterzbischof von Wien Franz Kardinal König, stirbt 98-jährig.

26. März
Zum Thema «Kürzere Ausbildung – breiteres Fundament» findet auf der Wartburg das 4. Regionalforum der Wirtschaftsinitiative Westthüringen mit Kultusminister Dr. Michael Krapp statt.

APRIL

5. April
In der Torhalle beginnt die Sanierung des Hallenbodens. Die Seitenschiffe

sollen keramische Fußbodenplatten im Muster des 19. Jahrhunderts erhalten. Die Fahrspur wird mit Tambacher Naturstein gepflastert.

9. bis 12. April
Täglich von 10.00 bis 17.00 Uhr ist der 8. Ostereiermarkt auf der Wartburg geöffnet. Wegen der positiven Resonanz in den Vorjahren beteiligen sich Künstler und Hobbymaler aus allen Teilen Deutschlands.

22. April
35. Sitzung des Stiftungsrates der Wartburg-Stiftung im Ratssaal des Rathauses der Stadt Eisenach unter Vorsitz von Ministerin Prof. Dr. Schipanski:
• Der Stiftungsrat nimmt den Bericht des Burghauptmanns für 2003 und das I. Quartal 2004 zur Kenntnis. Die Vielfalt der Veranstaltungen auf der Wartburg findet Lob; ausführlich wird über Reserven bezüglich neuer Veranstaltungen diskutiert. Burg und Stadt erhielten seit der Ausstrahlung der Serie «Dr. Kleist» eine sehr gute Publicity.
• Der Stiftungsrat entlastet den Burghauptmann für das Haushaltsjahr 2003 und nimmt Bilanz und GuV (Gewinn- und Verlustrechnung) der Wirtschaftsbetriebe Wartburg GmbH 2003 zur Kenntnis.
• Über Veranstaltungen im Winterhalbjahr muss die Auswertung der Konsulentenberatung zur Erhaltung der Schwindfresken abgewartet werden.

• Auf große Zustimmung stößt ein Vorschlag, zu den Jahren 2006 (800 Jahre Sängerkrieg) oder 2007 (Elisabeth) den Druck einer Sonderbriefmarke oder die Prägung einer Münze zu beantragen.
• Hinsichtlich des Sanierungsbedarfs der Straße von der Stadt Eisenach auf die Wartburg informiert Oberbürgermeister Schneider, dass der städtische Eigenanteil zur Verfügung stehe und 2001 Anträge auf Förderung zum Bau der Straße eingereicht wurden. In diesem Jahr sei er jedoch vom Land vor die Wahl gestellt worden, die Fördermittel entweder für den Straßenbau oder – wie geschehen – für die Heizung im Automobilmuseum zu verwenden.

24. April
Zum ersten diesjährigen Konzert im Festsaal des Wartburpalas musiziert das Trio «Los Otros» – Hille Perl, Lee Santana und Steve Player – unter dem Motto «D'un gout étranger» (Ausländer überall) mit Werken von G. Schenk, G. Postils, M. Marais u. a.

26. April
Der Brunnentrog, eigentlich ein früheres Taufbecken, wird nach Restaurierung durch Fa. Bennert und Rücktransport vom Hotel aus per Autokran in den Minnegarten gehoben, wo es wie schon im 19. Jahrhundert mit einer Wasserzuführung versehen wird.

MAI

1. Mai
311. Wartburg-Konzert, Senderkonzert von DeutschlandRadio:
Franz-Liszt-Kammerorchester (Ungarn) unter Leitung von János Rolla;
Werke von W. A. Mozart, B. Bartok,
F. Liszt und S. Tschaikowsky

3. Mai
Im Minnegarten beginnt die Wart-
burg-Bauhütte mit den Sanierungs-
arbeiten, der nach einem Projekt des
Gartenarchitekten Herrmann aus
Eisenach gemäß dem Bestand von
um 1900 gestaltet wird. Nach einem
kompletten Erdaustausch wird er mit
Rosen alter Sorten bepflanzt. Die
Kronen der Brüstungsmauern werden
wieder aufgeführt und verfugt. Die
Pflanzarbeiten sind Mitte Mai, die
Bauarbeiten bis September 2004
beendet.

4. Mai
Vom 4. Mai bis 31. Oktober 2004
ist im Sonderausstellungsraum der
Dirnitz die Ausstellung «‹Abcontra-
factur und Bildnus› – Wettinische
Ahnengalerien des 16. Jahrhunderts»
zu sehen. Mit ihr begleitet die
Wartburg-Stiftung die 2. Thüringer
Landesausstellung «‹Neu entdeckt› –
Thüringen, Land der Residenzen.
1485–1918» vom 15. Mai bis
3. Oktober 2004 in Sondershausen.
Den Hauptteil bildet eine groß-
formatige Porträtfolge von 36 fikti-
ven oder tatsächlichen sächsischen
Königen und Kurfürsten eines

Jahrtausends. Die Bilder entstanden
nach 1550 im Umfeld der Cranach-
Werkstatt.

4. Mai
In der Wartburgkapelle beginnt zu
Luthers Ankunftstag auf der Wartburg der meist 14-tägliche Sommerzyklus der evangelisch-lutherischen
Gottesdienste. Weitere Termine:
15. Mai, 19. Juni, 3. und 17. Juli,
7. August, 4. und 11. September,
9. und 23. Oktober.

7. Mai
Das Thüringer Landestheater Eisenach führt im Palas-Festsaal die Oper
«Tannhäuser» von Richard Wagner
konzertant auf. Am 22. Mai erfolgt
eine weitere Aufführung.

8. Mai
Das Konzert von Otto Sauter, Trompete, mit Werken von J. M. Molter
und J. S. Bach und der sizilianischen
Sopranistin Lucia Aliberti in Begleitung des Pianisten Christian Schmitt
mit Werken von A. Vivaldi, G. Fr.
Händel und A. Scarlatti eröffnet das
erstmals ausgetragene Festival
«Zauber des Barock». Der von Otto
Sauter initiierte Zyklus vom 8. bis
15. Mai 2004 umfasst vier Konzerte
mit namhaften Künstlern.

9. und 10. Mai
Bei Kongress und Festakt der Landes-
regierungen Thüringen – Hessen –
Niedersachsen und der Europäischen
Kommission mit etwa 350 Unter-
nehmern und Managern treffen die

CDU-Ministerpräsidenten Dieter Althaus, Roland Koch und Christian Wulff auf der Wartburg zusammen. Konzert und Festakt finden im Palas-Festsaal, die Tagung im Wappensaal des Hotels statt. Das Motto «Die Zukunft unserer Unternehmen im erweiterten Europa» bezieht sich auf die diesjährige EU-Osterweiterung.

13. Mai
Konzert in der Reihe «Zauber des Barock» mit Otto Sauter, Trompete, und Christian Schmitt, Orgel; Werke von J. S. Bach, T. Albinoni und A. Vivaldi

14. Mai
Konzert in der Reihe «Zauber des Barock» mit dem Blechbläserquintett «Spanish Brass»; Werke von J. S. Bach bis J. F. Bellon

15. Mai
Konzert in der Reihe «Zauber des Barock» mit Justus Frantz, Klavier, Josef Lendvai, Violine, Eva Maria Klose, Viola und Alexandre Bagrintsev, Violoncello; Musik von J. A. Mozart und J. Brahms; ein Filmteam zeichnete die Aufführung für eine DVD-Produktion auf.

29. Mai
312. Wartburg-Konzert, Senderkonzert von DeutschlandRadio: Shlomo Mintz, Violine und Itamar Golan, Klavier (beide Israel); Werke von C. Debussy, F. Mendelssohn-Bartholdy und A. Dvorak

30. Mai
Zum vierten Mal findet im Palas-Festsaal das diesjährige Finale des studentischen Diskussionswettbewerbs «Der kleine Cicero» statt, der wiederum von AMECOM WartburgMedien-Training gestiftet wurde. Veranstalter sind diesmal die Debattiergesellschaft Jena und die Wortfechter Erfurt, wobei der Rektor der FSU Jena, Prof. Dr. Karl-Ulrich Meyn, die Schirmherrschaft übernahm. Sieger bei den Einzelrednern ist Christian Rauda (Mainz), bei den Mannschaften der Debattierclub JG Mainz I.

Mai
Von Mai bis November 2004 wird im vorderen westlichen Teil des Tugendpfades an den Treppen, an den Brüstungsmauern, am Wegebau und an der Verlegung von Elektrokabeln und Wasserleitungsrohren gearbeitet.

JUNI

2. und 3. Juni
Konferenz der Innenminister und –senatoren der Bundesländer auf der Wartburg

3. Juni
Die Instandsetzung des Dirnitzdaches durch die Rost Bedachungen GmbH aus Erfurt beginnt (Fertigstellung und Abnahme am 6. August).

4. Juni
Am 4. Juni findet auf dem Burghof der Wartburg die Feierstunde des «Deutschen Burschentags» statt, zu

dem die Obotritia Rostock für den 3. bis 7. d. M. nach Eisenach eingeladen hat. Die Generaldebatte in der Werner-Aßmann-Halle steht unter dem Motto «Burschenschaften und Parteilichkeit». Zum Festkommers an gleicher Stätte hält der Rektor der TU Ilmenau, Prof. Heinrich Kern, die Festrede. Zum Ehrenmitglied wird der Leiter der Bauhütte der Wartburg, Hans-Jürgen Lehmann, für seine Verdienste um den Erhalt des Eisenacher Burschenschaftsdenkmals ernannt.

12. Juni
Zum vierten Mal in jährlicher Folge musizieren Absolventen der Musikhochschule «Franz Liszt» Weimar unter Leitung von Musikprofessor Wolf-G. Leidel, der auch durch das Programm führt. Zu Gehör kommen die Klassiker Wagners.

13. Juni
Zur Landtagswahl in Thüringen überträgt der ZDF-Länderspiegel eine Life-Sendung von der Wartburg.

25. Juni
feierliche Übergabe der Abiturzeugnisse an Absolventen des Elisabeth-Gymnasiums Eisenach

26. Juni
313. Wartburg-Konzert, Senderkonzert von DeutschlandRadio: Streichersept «Ars Antiqua Austria» (Österreich) unter Leitung von Gunar Letzbor, Rezitation durch den Schauspieler Martin Schwab; Werke von Heinrich Ignaz Franz von Biber

27. Juni
feierliche Übergabe der Abiturzeugnisse an Absolventen des Abbe-Gymnasiums Eisenach

28. Juni
feierliche Übergabe der Abiturzeugnisse an Absolventen des Luther-Gymnasiums Eisenach

30. Juni
Der 2003 gewählte neue Generalsekretär des Ökumenischen Rates der Kirchen (ÖRK, auch Weltkirchenrat), Samuel Kobia (Kenia), besucht auf einer Reise durch mehrere deutsche Städte die Wartburg.

Juni
Ab Juni 2004 erneuern die beiden Restauratoren Jürgen Scholz (Winne) und Gert Weber (Gräfenhain) die Ausmalung der Kreuzgewölbe und Gurtbögenbereiche der neoromanischen Torhalle nach Befunden des 19. Jahrhunderts.

JULI

2. Juli
Das vom Thüringer Landestheater Eisenach aufgeführte Ballett «Der Widerspenstigen Zähmung» (Sommertheater auf der Wartburg) muss wegen starkem Regen vorzeitig abgebrochen werden. Aus dem gleichen Grund entfällt die Aufführung für den nächsten Tag.

10. Juli
Beginn des diesjährigen MDR-Musiksommers der Reihe «Konzerte auf der
Wartburg» unter dem Motto «Vocal
genial» mit sechs Gesangsgruppen:
Die englische Vokalgruppe «The
Hilliard Ensemble» bietet ihr Programm «Fire and Ice» mit Werken
von englischen, italienischen und
französischen Renaissance-Kompo-
nisten und dem Schweizer Komponisten Rudolf Keltenborn dar.

15. Juli
Nach einer gründlichen Überholung
der Jehmlich-Orgel in der Kapelle
wird die Reihe «Orgelkonzerte auf
der Wartburg» mit Wolfgang Strauss,
Violine und Barbara von Berg, Orgel
(beide Weimar) und Werken von
J. S. Bach, F. Händel und A. Corelli
fortgesetzt.

16. Juli
Die Landeskapelle unter Leitung des
Gastdirigenten Alexander Livenson
beschließt die Konzertsaison 2003/04
mit einer Hommage an den großen
tschechischen Komponisten Anton
Dvořak zu dessen 100. Todestag.

17. und 18. Juli
Auf dem Burghof führt die Eisenacher Landeskapelle das Ballett
«Der Widerspenstigen Zähmung» auf,
das nach anderthalbjähriger Spielzeit
zum letzten Mal dargeboten wird.
Das Ballettensemble nimmt in seiner
derzeitigen Zusammensetzung ebenfalls Abschied, so auch die Leiterin
Sabine Pechuel, die für Inszenierung
und Choreographie verantwortlich ist.

23. Juli
MDR-Musiksommer unter dem Titel
«Vocal genial»: Vokalgruppe «Singer
Pur» aus ehemaligen Regensburger
Domspatzen mit dem Projekt
«Ahi Vita» sowie Michael Riessler,
Klarinette, und Sebastian Hess,
Violoncello; Werke von C. Monte-
verdi, M. Riessler u. a.

24. Juli
314. Wartburg-Konzert, Sender-
konzert von DeutschlandRadio:
Windsbacher Knabenchor (Deutsch-
land) unter Leitung Karl-Friedrich
Beringer, zwölfköpfiges Bläser-
Ensemble «Bach, Blech & Blues»;
Motto «Klangwelten – Musik von der
Renaissance bis zur Gegenwart»,
Chor von Cl. Monteverdi, Werke
von H. Schütz, J. S. Bach, A. Pärt,
V. Miskinis, St. Schorn und
T. F. Weser; Ausstrahlung am
1. August 2004

31. Juli
MDR-Musiksommer unter dem Titel
«Vocal genial»: Vokalsextett «The
King's Singers» (Großbritannien) mit
«Vokalmusik aus vier Jahrhunderten»

AUGUST

6. August
MDR-Musiksommer unter dem Titel
«Vocal genial»: Ensemble «Rajaton»
(Finnland) mit sechs finnischen
Sängern und Sängerinnen; Motto
«Finnische Finessen», irische und
finnische Volksweisen, Musical-
melodien, Gospels und Spirituals

7. August
Die 7. Museumsnacht ist durch limitierten Kartenverkauf auf 650 Besucher beschränkt und gilt inoffiziell als «Nacht der Eisenacher». Das Thema «Abend der Romantik» wird durch zahlreiche Mittelalter-Beigaben gestaltet. Zu den Mitwirkenden zählen das Gauklerduo «Raduga», das Mittelaltermusik-Trio «Varius coloribus», das Duo Reichert (Eisenach), die Mittelaltergruppe «Die Freidigen» (Lauchröden), das Puppentheater «Pupper La Papp», der Scherenschneider Jean-Yvews Dousset (Frankreich) und Rudolf Preiß (Pößneck) mit zwei zahmen Jagdfalken. Mit großem Turm, Verlies im Südturm und Ritterbad sind sonst geschlossene Bereiche der Burg für die Besucher zugänglich.

12. August
Orgelkonzert, Eva Johanna Schauer, Hannover (Alt), Uthmar Scheidig, Gotha (Orgel), Werke von J. S. Bach, F. Händel und J. A. Mozart

13. August
Die 3. Wartburg-Bluesnacht muss aufgrund eines Unwetters kurzfristig in das Eisenacher Bürgerhaus verlegt werden. Es spielen die deutsche Bluesformation «Gumbolaya» und als Höhepunkt Lousiana Red und «The Boogaloo Kings» (USA).

20. August
MDR-Musiksommer unter dem Titel «Vocal genial»: «Calmus Ensemble Leipzig», Klavierbegleitung durch

Fredo Jung; «cross-over close-harmony» - Querschnitt des a-capella-Gesangs mit Werken von J. Stephani, D. Friderici, L. Senf, F. Schubert, J. S. Bach und A. Vivaldi

21. August
315. Wartburg-Konzert, Senderkonzert von DeutschlandRadio: Ludwig-Trio (Niederlande) mit Klarinette, Violoncello und Hammerklavier; Werke von C. Kreutzer, L. v. Beethoven, M. Glinka und C. M. von Weber

24. August
Der lettische Ministerpräsident Indulis Emsis stattet während eines Aufenthalts bei der Fa. MITEC engine.tec GmbH in Eisenach-Krauthausen auch der Wartburg einen Besuch ab.

27. August
Mit Gerüstbauarbeiten beginnt der zweite Bauabschnitt an der neoromanischen Torhalle, der die Außenfassaden betrifft. Bis Jahresende werden an der südlichen und nördlichen Fassade der Dirnitzlaube die Verfugungen vorgenommen.

27. August
Sonderkonzert des Pianisten Axel Zwingenberger, eines Stars der europäischen Boogie-Woggie-Szene

28. August
letztes Konzert des diesjährigen MDR-Musiksommers unter dem Titel «Vocal genial»: «ensemble in Canto

weimar», Leitung Tilo Krause, Jörg
Leitz, Posaune; Programm «Renais-
sance-Reflexe» mit Werken von
R. Füting und J. Obrecht

SEPTEMBER

2. September
Orgelkonzert in der Wartburg-
Kapelle mit Erdmute Geuther,
Querflöte, Gunter Sieberth, Oboe
und Hartmut Haupt, Orgel (alle
Jena); Werke von J. S. Bach, Ph. Tele-
mann, J. Haydn und A. Dvořak

9. und 10. September
Sinfoniekonzerte der Landeskapelle
Eisenach unter GMD Wolfgang
Wappler, Werke von W. A. Mozart,
J. Brahms und A. Dvořak

14. und 17. September
Am 14. und 15. September werden
an der oberen Torhalle die schweren
Eichenholztore wieder eingebaut und
bis zum 30. September repariert. Mit
dem Abschluss der Bauarbeiten am
17. September endet der erste Bauabschnitt der Sanierung, der seit 2003
den gesamten Innenbereich der Torhalle betraf.

18. September
316. Wartburg-Konzert, Senderkonzert von DeutschlandRadio:
zum 10-jährigen Jubiläum von
DeutschlandRadio liest der Schriftsteller Peter Härtling aus seinem 1996
erschienenem Buch «Schumanns
Schatten», Festkonzert «Dichterliebe

– Ein Robert Schumann-Abend» mit
dem Tenor Jan Kobow und dem Pianisten Gottlieb Wallisch (Österreich)

18. September
Vom Hof der Wartburg startet das
Thüringer Landestheater Eisenach
einen Umzug mit einem «Thespis-
karren» zur Eröffnung seiner Spielzeit
2004/05 unter dem neuen Intendan-
ten Dr. Michael Schlicht. Unter dem
Motto «Vor dem Start: Plätze einnehmen!» führt die Parade über die wichtigsten Plätze von Eisenach bis zum
Theater.

25. September
Der Eisenacher Schubert-Chor gibt
ein Konzert mit den Solisten Monika
Dehler, Mezzosopran, Günter
Moderegger, Tenor, und Dagmar
Linz, Klavier.

25. September
Am 15. Wartburg-Gespräch der
katholischen Burschenschafter unter
Federführung der Bonner Sigfridia
nehmen am 25. und 26. September
mehr als 200 Burschenschafter auf der
Wartburg teil. Zu den Referenten
zum Thema «Die Globalisierung –
eine Herausforderung für die neue
Weltordnung und die Bedeutung der
Medien» gehören der Thüringer
Kultusminister Jens Goebel, der
Intendant der Deutschen Welle Erik
Bettermann und der Präsident der
Universität Erfurt Prof. Wolfgang
Bergsdorf.

OKTOBER

2. Oktober
317. Wartburg-Konzert, Sender-
konzert von DeutschlandRadio:
Christian Elsner, Tenor, und das
Henschel-Quartett mit Schuberts
«Winterreise»

8. Oktober
In der Reihe «Gedanken auf der
Wartburg» spricht der Publizist und
Kulturforscher Prof. Hermann Glaser
zum Thema «Der Berg ruft. Zur
Kultur- und Ideologiegeschichte der
Erhabenheit». Glaser war von 1964
bis 1990 Schul- und Kulturdezernent
der Stadt Nürnberg.

16. Oktober
Ein Galakonzert der Landeskapelle
rundet das 4. Wartburgfest des För-
dervereins der Freunde des Thüringer
Landestheaters ab. Die einleitende
Festrede hält der Vorsitzende Dr.
Peter Harth. Nach einer gescheiterten
Kooperation waren im letzten Jahr
schmerzhafte Kürzungen und Um-
besetzungen zu verkraften. Drei
Akteure werden mit einem Preis von
je 1.000 Euro geehrt: Susanne Beyer
und Susan Möbius-Huß, beide
Sopran, und Roland Hartmann,
Bariton.

25. Oktober
Im Hotel auf der Wartburg wird die
Diskussionsreihe «Thüringen in
Bewegung – Wege in die Zukunft»
unter Beteiligung von Minister-
präsident Dieter Althaus fortgesetzt.

Den Vortrag hält Prof. Jürgen W.
Falter von der Johannes Gutenberg-
Universität Mainz zum Thema:
«Deutschland zwischen Reform und
Blockade – gibt es einen Ausweg?».

29. Oktober
12. Arbeitsberatung des Wissenschaftlichen Beirats der Wartburg-
Stiftung:
• Zur Ausstellung zum 800. Geburtstag der heiligen Elisabeth 2007: Der
Wissenschaftliche Beirat und die
Wartburg-Stiftung gehen davon aus,
dass Kabinett und Parlament des
Freistaates die 3. Thüringer Landesausstellung auf der Wartburg beschließen und dafür 1,5 Millionen
Euro zur Verfügung stellen werden.
Kultusminister Goebel soll um die
Berufung des Ausstellungskurato-
riums gebeten werden. In der für 2004
verbleibenden Zeit erfolgt ein Ideen-
wettbewerb verschiedener Gestalter,
so dass die ersten Werbeflyer bereits
zur ITP im Frühjahr 2005 verteilt
werden können. Der Titel für die vom
7. Juli bis 19. November vorgesehene
Ausstellung lautet: «Elisabeth von
Thüringen – eine europäische
Heilige». Die Konzeption liegt in
den Händen von Prof. Werner (Jena).
Die technisch-organisatorischen
Aufgaben übernehmen Mitarbeiter
der Wartburg-Stiftung. Ein Kolloquium ist für Frühjahr 2006 und die
Vorlage der Manuskripte für den
Ausstellungskatalog bis Februar 2007
vorgesehen.
• In der Restitutionsangelegenheit
Wartburg - Haus Sachsen-Weimar-

Eisenach können der vereinbarte Beitrag von 500.000 Euro durch öffentliche und private Spenden sowie Sponsoren aufgebracht und dadurch der drohende Verlust von Inventar (Bestecksammlung) abgewendet werden.

• Für das Wartburg-Jahrbuch 2004 bestätigt der Beirat die vorgesehenen Beiträge.

• Anlässlich seines 200. Geburtstages soll der Maler, Schriftsteller und eigentliche Initiator der Wartburgwiederherstellung Carl Alexander Simon (1805–1852) mit einer Sonderausstellung gewürdigt werden. Begleitschrift und Katalogteil befinden sich in Arbeit.

31. Oktober
Abschluss des diesjährigen Sommerzyklus der evangelisch-lutherischen Abendgottesdienste in der Wartburgkapelle.

NOVEMBER

1. November
Im Festsaal findet für 230 neue Studenten die Immatrikalutionsfeier des 7. Jahrgangs der Eisenacher Berufsakademie statt. Die Begrüßungsrede zu Beginn des dreijährigen Studiums hält der Direktor der BA, Dr. Benno Kaufhold, die Festrede der Vizepräsident der IHK-Erfurt, Reimund Lehmann.

3. November
Ministerpräsident Dieter Althaus eröffnet in der Thüringer Landes-

vertretung in Berlin-Mitte die Ausstellung «Eisenacher Museen stellen sich vor». Die bis zum 15. Dezember 2004 gezeigte Ausstellung ist vom Bachhaus in Kooperation mit den anderen Eisenacher Museen erarbeitet worden. Die Wartburg-Stiftung beteiligt sich vor allem mit Teilen der Egloffstein'schen Bestecksammlung.

9. November
Bei einem Besuch des Freistaates Thüringen auf Einladung von Ministerpräsident Althaus kommt der estnische Ministerpräsident Juan Parts auch auf die Wartburg.

15. November
Vom 15. bis 30. November 2004 erneuert die Tischlerei Bäthe aus Oberdorla die von der Lutherstube in das Erdgeschoss führende Holztreppe.

18. November
36. Sitzung des Stiftungsrates der Wartburg-Stiftung im Jägerzimmer des Hotels auf der Wartburg unter Vorsitz von Minister Prof. Dr. Goebel:

• In der Funktion des stellvertretenden Vorsitzenden begrüßt Oberbürgermeister Schneider den neuen Vorsitzenden. Die Landtagswahl vom 13. Juni 2004 ergab eine knappe absolute Mehrheit der Mandate für die CDU, worauf der weiterhin amtierende thüringische Ministerpräsident Dieter Althaus im Zuge einer Regierungsumbildung Prof. Goebel zum Kultusminister ernannt hat.

• Der Stiftungsrat nimmt den Bericht des Burghauptmanns über das laufende Jahr zur Kenntnis. Bis 31. Oktober wurden 15.000 Besucher mehr als im Vergleichszeitraum des Vorjahres gezählt. Auch die Veranstaltungstätigkeit hat weiter zugenommen. Neun Mal war die Wartburg internationaler Tagungsort, zwei Mal Ziel ausländischer Ministerpräsidenten bei offiziellen Staatsbesuchen. Die Wartburg war mit 28 Leihgaben und einer begleitenden Sonderausstellung an der 2. Thüringer Landesausstellung in Sondershausen beteiligt.

• Die Sanierung der Torhalle, Konsulentenberatungen in Vorbereitung der Konservierung und Restaurierung der Schwind-Fresken, zerstörungsarme Wanduntersuchungen im Palas durch ein internationales Expertenteam und Sicherungsarbeiten am Elisabethplan gehörten zu den wichtigsten wissenschaftlich-denkmalpflegerischen Projekten. Das Wartburg-Jahrbuch 2003, 14. Band seit 1992, liegt vor.

• An der Vorbereitung des Jubiläums anlässlich des 800. Geburtstages der hl. Elisabeth 2007 wird bereits gearbeitet. Ein enges Zusammenwirken erfolgt mit der Landesuniversität Jena und der Historischen Kommission für Thüringen. Im Dezember werden die Wettbewerbsergebnisse für Erscheinungsbild und Marketingkonzept vorgestellt. Eine feste Positionierung des Landes zu einer Landesausstellung ist noch nicht erfolgt.

• Der Stiftungsrat bestätigt mit einigen Anmerkungen einstimmig den Entwurf des Haushaltsplanes der Wartburg-Stiftung für 2005. Er ist zwar ausgeglichen, doch wegen des spürbaren Rückgangs der Zuschüsse aus öffentlicher Hand extrem ausgedünnt.

• Nicht zuletzt in Auswertung des Brandes in der Weimarer Herzogin Anna Amalia Bibliothek am 2./3. September 2004 wird zur Verbesserung des Brandschutzes ein Beauftragter ernannt, dessen Planstelle aus der Bauhütte in die Wartburg-Stiftung herausgelöst wird.

• Zum Stand der Verpflichtungen aus der gütlichen Einigung mit dem ehemaligen großherzoglichen Haus Sachsen-Weimar-Eisenach kann konstatiert werden, dass die Wartburg-Stiftung ihren Anteil von 500.000 Euro durch folgende Spender aufbringen und die Egloffschein'sche Bestecksammlung damit auf der Wartburg verbleiben kann:
• Kulturstiftung der Länder 166.667 Euro
• Wirtschaftsbetriebe Wartburg GmbH 160.000 Euro
• die Beauftragte der Bundesregierung für Kultur und Medien 50.000 Euro
• Spendenkonto der Wartburg-Stiftung 33.333 Euro
• Stadt Eisenach (der Beschluss des Stadtparlaments steht noch aus) 30.000 Euro
• Sparkassen-Kulturstiftung Hessen-Thüringen 30.000 Euro
• ein ungenannter Privatspender 30.000 Euro.

• Im Stiftungsrat wird festgestellt, dass es im Jahr 2004 keine Wartburgpreis-Verleihung geben wird. Einstimmig

wird verabredet, dass ein Wartburg-
preis-Gremium von bis zu fünf
Persönlichkeiten berufen werden soll,
das dem Stiftungsrat zur jeweiligen
Herbstsitzung des Vorjahres einen
Preisträger vorschlägt. Weiterhin
muss das Statut dahingehend geändert werden, dass der Stiftungsrat
einmal im Jahr einen Wartburgpreis
vergeben kann. Bis 15. Dezember
2004 soll der Burghauptmann einen
Vorschlag zur Änderung des Statuts
übermitteln.
• Das dringende Problem der Wart-
burgauffahrt kann nicht gelöst werden. Der Vorsitzende will sich für
diese Angelegenheit engagieren.

19. November
Im großen Festsaal des Wartburg-
Palas erfolgt die Verleihung der
«Thüringer Rose» für ehrenamtliches
soziales Engagement. Unter den von
Thüringens Sozialminister Klaus Zeh
Ausgezeichneten befindet sich der
bei der Eisenacher Volkssolidarität
wirkende 84-jährige Ralf Jacobi.

19. November
katholischer Gottesdienst zum
Tage der hl. Elisabeth

November
Im November werden am Elisabethplan geoelektrische Messungen zur
Ortung von Fundamentresten durchgeführt.

4. Dezember
Unter dem Titel «Menschenbild und
Glaubenswelt. Kontemplation im
Werk des Tilman Riemenschneider»
ist vom 4. bis 31. Dezember 2004 im
Sonderausstellungsraum der Dirnitz
die Ausstellung des Eisenacher
Fotografen Ulrich Kneise zu sehen.

*4. und 5., 11. und 12., 18. und 19.
Dezember*
Der 4. Historische Weihnachtsmarkt
auf der Wartburg findet am zweiten,
dritten und vierten Adventswochen-
ende jeweils 11 bis 19 Uhr mit Be-
sucherzahlen von je 10.000 an den
beiden ersten und 8.000 am letzten
Wochenende statt. Sonderbusse
pendeln zwischen Bahnhof und
Wartburg. Handwerker wie Schmied,
Töpfer und Korbmacher illustrieren
das Bild. Die 38 Händler sind in
historische Kostüme gekleidet. Das
Berliner Gauklertrio «Narrtrium»,
die Gruppe «varius coloribus» und
das Eisenacher Duo Reichert sorgen
für stimmungsvolle Umrahmung,
wobei eine Märchenbühne zum
Anziehungspunkt wird.

4. und 5. Dezember
Adventskonzerte mit Musik aus der
Neuen Welt unter dem Motto
«Swinging Christmas» – weihnacht-
liche Melodien von Bing Crosby bis
Frank Sinatra, mit «Joe Wulf and The
Gentlemen of Swing» und Big Mama

9. Dezember
Für die Elisabeth-Ausstellung 2007 werden die Wettbewerbsergebnisse zum Erscheinungsbild und Marketingkonzept vorgestellt.

11. und 12. Dezember
Adventskonzerte des A-capella-Ensembles «amarcord» mit Weihnachtsliedern aus aller Welt

18. Dezember
Adventkonzert der Gruppe «IOKULATORIS»

20. Dezember
In Gütlicher Einigung mit dem Groß-herzogshaus Sachsen-Weimar-Eisenach nimmt die Wartburg-Stiftung die Zahlung von 500.000 Euro an das Land vor, die in den Gesamtfonds einfließen.

25. Dezember
evangelischer Gottesdienst in der Wartburg-Kapelle

Besucher der Wartburg im Jahr 2004

Januar	7.809
Februar	13.674
März	17.344
April	36.506
Mai	50.960
Juni	49.345
Juli	49.925
August	53.624
September	49.029
Oktober	50.509
November	13.950
Dezember	41.114
insgesamt 2004:	433.789

Autorenverzeichnis

ERNST BADSTÜBNER,
Prof. em. Dr., Daspar-David-
Friedrich-Institut der Ernst-Moritz-
Arndt-Universität Greifswald

KATHARINA GLANZ,
Dr., Kunsthistorisches Seminar und
Kustodie der Friedrich-Schiller-
Universität Jena sowie Institut für
Kunst- und Musikwissenschaft,
Fachbereich Kunstgeschichte der
TU Dresden

JENS HAUSTEIN,
Prof. Dr., Institut für Germanistische
Literaturwissenschaft der Friedrich-
Schiller-Universität Jena

MICHAELA HINSCH,
Dr., Kunsthistorikerin, Hamburg

GRIT JACOBS,
M. A., wissenschaftliche Mit-
arbeiterin, Wartburg-Stiftung
Eisenach

ANETTE KINDLER,
M. A., Kunsthistorikerin, Jena

JUTTA KRAUSS,
Diplom-Philosophin, Leiterin der
Abteilung Wissenschaft,
Wartburg-Stiftung Eisenach

KATRIN KUNZE,
Diplom-Museologin,

Thüringer Museum Eisenach
HANS-JÜRGEN LEHMANN,
Diplom-Ingenieur, Leiter der
Bauhütte der Wartburg

CLAUDIA LICHTE,
Dr., Museumsleiterin, Mainfränkisches Museum Würzburg

RENATE LÜHRMANN,
geb. Stockhusen,
Studienassessorin a. D., Geschichts-
und Literaturwissenschaftlerin
Marburg

RALF-JÜRGEN PRILLOFF,
Dr., Archäozoologe, Farsleben

PETRA SCHALL,
Diplom-Historiker,
wissenschaftlicher Mitarbeiter,
Wartburg-Stiftung Eisenach

GÜNTER SCHUCHARDT,
Diplom-Kulturwissenschaftler,
Burghauptmann der Wartburg

MANFRED SCHÜRMANN,
M. A., Kunsthistoriker, Restaurator,
Offenbach

HILMAR SCHWARZ,
Dipl.-Historiker, Wartburg-Stiftung
Eisenach

EIKE WOLGAST,
Prof. Dr., Historisches Seminar der
Universität Heidelberg

Bildnachweis

Wartburg-Stiftung Eisenach, Archiv und Fotothek:
S. 90, 104 f., 112, 114, 122 (2 x), 128, 145, 150 (2 x), 152,153, 154 (2 x), 156 (2 x), 158 (2 x), 159 (2 x), 161,
163, 164, 165, 166, 167 (2 x), 168 (2 x), 170, 171, 172 (2 x), 173, 174, 175, 176, 177, 179, 183, 188, 193, 259,
263, 267, 270 (2 x), 285
Hamburger Kupferstichkabinett/M. Hinsch: S. 148
Thüringer Museum Eisenach/R.-M. Kunze: S. 252 (2 x), 253, 254, 255, 256
Weimar, HAAB: Beilage – Reihe V (3 x)
Erfurt, Angermuseum : S. 118, 136
Kunsthistorisches Museum Wien: Beilage – Reihe V (2 x)
K. Glanz, Jena: S. 35
A. Kindler: S. 134, 138, 141, 143 (2 x)
U. Kneise, Eisenach: S. 45, 47, 48, 49 oben u. unten, 50, 51, 60, 61, Beilage – sämtliche Reihen I – IV
R.-J. Prilloff, Farsleben: S. 9,12,13
M. Schürmann, Offenbach: S. 52 (2 x), 56 (4 x), 59 (2 x)
zugänglichen Publikationen entnommen: S. 16, 22, 23, 27, 30, 32, 34 (2 x), 38, 42,

© 2005 Wartburg-Stiftung Eisenach
Alle Rechte vorbehalten
Wartburg-Jahrbuch 2004, 13. Jahrgang 2005
Herausgegeben von der Wartburg-Stiftung
Redaktion: G. Jacobs, J. Krauß, P. Schall, G. Schuchardt
Redaktionsschluss: 28. 9. 2005

Gesamtgestaltung: Gerd Haubner, Erfurt
Herstellung: Druck und ReproVerlag OHG, Erfurt